filosofia feminista

Dados Internacionais de Catalogação na Publicação (CIP)
(Simone M. P. Vieira – CRB 8ª/4771)

Borges, Maria de Lourdes
Filosofia feminista / Maria de Lourdes Borges, Marcia Tiburi, Susana de Castro (Orgs.). – São Paulo: Editora Senac São Paulo, 2023.

Bibliografia.
ISBN 978-85-396-3943-4 (Impresso/2023)
e-ISBN 978-85-396-3444-6 (ePub/2023)
e-ISBN 978-85-396-3445-3 (PDF/2023)

1. Filosofia   2. Feminismo   3. Filosofia feminista   4. Correntes do feminismo   5. Educação   I. Título.   II. Série.

22-1807g

CDD – 100
107
BISAC PHI000000
SOC010000

Índice para catálogo sistemático:
1. Filosofia : Filosofia feminista   100
2. Filosofia : Educação   107

MARIA DE LOURDES BORGES
MARCIA TIBURI
SUSANA DE CASTRO
(ORGS.)

filosofia feminista

EDITORA SENAC SÃO PAULO — SÃO PAULO — 2023

ADMINISTRAÇÃO REGIONAL DO SENAC NO ESTADO DE SÃO PAULO
Presidente do Conselho Regional: Abram Szajman
Diretor do Departamento Regional: Luiz Francisco de A. Salgado
Superintendente Universitário e de Desenvolvimento: Luiz Carlos Dourado

EDITORA SENAC SÃO PAULO
Conselho Editorial: Luiz Francisco de A. Salgado
Luiz Carlos Dourado
Darcio Sayad Maia
Lucila Mara Sbrana Sciotti
Luís Américo Tousi Botelho

Gerente/Publisher: Luís Américo Tousi Botelho
Coordenação Editorial: Ricardo Diana
Prospecção: Dolores Crisci Manzano
Administrativo: Verônica Pirani de Oliveira
Comercial: Aldair Novais Pereira

Edição de Texto: Eloiza Mendes Lopes
Preparação de Texto: Karen Daikuzono
Coordenação de Revisão de Texto: Janaina Lira
Revisão de Texto: Bruna Baldez e Maitê Zickuhr
Coordenação de Arte: Antonio Carlos De Angelis
Projeto Gráfico, Editoração Eletrônica e Capa: Manuela Ribeiro
Imagem de Capa: AdobeStock | Naufal
Coordenação de E-books: Rodolfo Santana
Impressão e Acabamento: Gráfica Melting Color

Proibida a reprodução sem autorização expressa.
Todos os direitos desta edição reservados à

Editora Senac São Paulo
Av. Engenheiro Eusébio Stevaux, 823 – Prédio Editora
Jurubatuba – CEP 04696-000 – São Paulo – SP
Tel. (11) 2187-4450
editora@sp.senac.br
https://www.editorasenacsp.com.br/

© Editora Senac São Paulo, 2023

SUMÁRIO

Nota do editor   7

Apresentação   9

PARTE I: CORRENTES DA FILOSOFIA FEMINISTA

1. **Ética do cuidado** | Tânia A. Kuhnen   15

2. **O feminismo universalista de Martha Nussbaum** | Maria de Lourdes Borges   47

3. **Questões pós-hegelianas: problemas de reconhecimento em Judith Butler** | Carla Rodrigues   61

4. **Ecofeminismos: gênero e natureza como plataforma de pensamento crítico** | Fabio A. G. Oliveira, Maria Alice da Silva   77

5. **Ai de nós, escravas! Apenas algumas notas para a crítica de toda escravidão** | Suzana Guerra Albornoz   107

6. **Feminismo e teoria crítica** | Nayara Barros de Sousa   125

7. **Feminismo decolonial** | Susana de Castro   141

PARTE II:
ÁREAS DA FILOSOFIA
E SUAS VERSÕES FEMINISTAS

8. **Ética canônica e ética feminista: o *ethos* obducto do ponto de vista moral masculinista** | Príscila Teixeira de Carvalho — 159

9. **Filosofia feminista e direitos humanos** | Milene Consenso Tonetto — 185

10. **Filosofia política feminista** | Ilze Zirbel — 213

11. **Filosofia grega feminista** | Susana de Castro — 235

12. **Epistemologia feminista** | Janyne Sattler — 255

13. **Estética feminista: ações de guerrilha afetiva** | Caroline Marim — 283

PARTE III:
TEMAS FEMINISTAS

14. **Aborto: um problema moral?** | Ana Carolina da Costa e Fonseca — 313

15. **Filosofia feminista e novos movimentos da juventude** | Felini de Souza — 335

16. **O que as filósofas têm a dizer sobre violência?** | Graziela Rinaldi da Rosa — 355

17. **Beleza** | Maria de Lourdes Borges — 379

18. **Nota introdutória sobre a natureza humana através das três ondas do feminismo** | Marina dos Santos — 397

19. **Direito em perspectiva ecofeminista** | Daniela Rosendo — 415

20. **Feminismo dialógico** | Marcia Tiburi — 445

SOBRE OS AUTORES
473

NOTA DO EDITOR

É notório que o feminismo e os debates feministas vêm ganhando espaço cada vez maior na sociedade e na mídia atual, principalmente com as redes sociais e a maneira como a informação vem sendo disseminada, dando lugar ao ciberativismo, uma forte característica do que é considerado por muitos a quarta onda do feminismo.

Para além do feminismo e das questões feministas, este livro busca ajudar a solidificar a filosofia feminista, que aborda os temas centrais do feminismo em si e os temas da filosofia com recorte de gênero, sendo feminismo com prática filosófica e filosofia com prática feminista ao mesmo tempo. Aqui se apresenta um compilado de escritos de diversas estudiosas que fazem um panorama geral do tema filosofia feminista discutindo ideias de escritoras feministas renomadas e levantando outras indagações que servirão de objeto para a filosofia feminista do presente e do futuro.

Com este lançamento, o Senac São Paulo contribui para os estudos das humanidades, mais especificamente da filosofia, e discute temas da atualidade concernentes a questões de gênero com o objetivo de ampliar o conhecimento e o debate entre professores, estudantes e o público geral interessado no assunto.

APRESENTAÇÃO

Reconhecidamente um espaço masculino, excludente de corpos não masculinos e não brancos, a filosofia vem sendo paulatinamente reescrita por aqueles e aquelas que sempre foram excluídos de seus espaços, entre essas pessoas, nós, mulheres feministas.

O feminismo almeja uma aliança entre mais da metade da humanidade. Jamais houve um movimento político com tamanha abrangência. Todas compartilhamos da percepção de que a mulher está em desvantagem em relação ao homem em nossas sociedades e que só a luta contra o estado de coisas conhecido como patriarcado pode combater essa desigualdade. Apesar de as reivindicações não serem as mesmas para todas as mulheres, a falta de direitos das mulheres sobre seu corpo (estupro, abuso sexual, impossibilidade de interromper uma gravidez indesejada, imposição de ideal de beleza feminina para corresponder ao desejo e aos padrões masculinos) sempre foi uma dimensão comum de luta. O sofrimento humano provocado pela desigualdade de gênero ainda é muito grande. O movimento político feminista tem travado inúmeras batalhas nos últimos tempos e conquistado avanços importantes, criando coalizões e empoderando mulheres. E o feminismo que almejamos entende a importância das lutas passadas. Não iniciamos uma nova era e deixamos toda a opressão patriarcal para trás. Muitas mulheres, em séculos anteriores, lutaram contra a opressão patriarcal e colonial. Nossa luta é a continuação de suas lutas. O feminismo não começou no século XX, apenas ganhou um nome nesse século.

Nesse momento histórico, uma pergunta recoloca em cena a potencialidade da própria filosofia, que precisa se expandir para além de limitações patriarcais. Trata-se da questão: "O que é a filosofia feminista?". Essa pergunta merece uma resposta que vem sendo dada por diversas pensadoras em escala histórica, geográfica e geopolítica. O conjunto da filosofia feminista vem a ser a soma dos gestos e atos de cocriação entre pesquisadoras, professoras e militantes em rede. A filosofia feminista é uma resposta teórica que é prática, e uma resposta prática que é teórica a uma exigência do movimento feminista em geral.

De um ponto de vista histórico, a filosofia pode ser lida a partir de uma sequência de temas, problemas e questões em um vasto diálogo entre pensadores e seus comentadores. De um ponto de vista epistemológico, a filosofia pode ser lida como método, pelo qual é preciso realizar as perguntas capazes de abrir horizontes desconhecidos.

Este livro faz parte do esforço de inúmeras feministas pelo mundo todo em construir não apenas alternativas epistemológicas, mas também éticas e políticas em filosofia, considerando que aspectos patriarcais e machistas têm limitado o alcance do pensamento filosófico. A reunião das abordagens oferecidas neste livro compõe um retrato possível dentro do que vem sendo produzido por estudiosas brasileiras.

A filosofia feminista se diz de várias formas, e seu significado é compreendido de maneira diferente pelas pensadoras que se debruçaram sobre o tema. Ela vem sendo construída por um sem-número de trabalhos de pensadoras e pesquisadoras em linhas e vertentes que exigem nossa atenção e nos interpelam dialogicamente. Desse modo, na primeira parte do livro, apresentamos as correntes da filosofia feminista, desde sua vertente com base no liberalismo político até versões mais abrangentes, como o ecofeminismo.

Na segunda parte, abordamos as áreas tradicionais da filosofia, como epistemologia, ética, estética e política, na sua construção feminista. Por último, na terceira parte, apresentamos temas caros ao feminismo sob uma ótica filosófica.

O objetivo geral desta coletânea é apresentar a estudantes, professoras e professores, bem como a pesquisadores e pesquisadoras da filosofia, uma visão geral sobre o tema da filosofia feminista. Esperamos que sua leitura produza mais e mais diálogos e faça avançar a reflexão brasileira sobre o tema.

MARIA DE LOURDES BORGES
MARCIA TIBURI
SUSANA DE CASTRO

PARTE 1

CORRENTES DA FILOSOFIA FEMINISTA

CAPÍTULO 1

TÂNIA A. KUHNEN

ÉTICA DO CUIDADO

Diversas funções baseadas na atividade de cuidar têm sido destinadas às mulheres ao longo da história da sociedade patriarcal ocidental, sobretudo àquelas situadas em determinadas posições sociais. Ainda hoje, o perfil de uma mulher ideal no contexto patriarcal é o daquela que assume as funções de cuidar em diferentes espaços de relações privadas e públicas: a mulher que cuida da casa, a mãe que cuida dos filhos, a filha que cuida dos pais, a professora que cuida dos alunos, a empregada doméstica que cuida das crianças do patrão, a secretária que cuida do chefe, a funcionária que mantém a harmonia no ambiente de trabalho.

Embora tenham conquistado direitos e espaço significativo na esfera pública, os diferentes papéis exercidos pela mulher na sociedade ainda permanecem, muitas vezes, atrelados a funções que envolvem o cuidar. Até mesmo no mercado de trabalho, os cargos e as funções nos quais as mulheres foram mais aceitas são aqueles em que as atividades de cuidado integram à profissão, por exemplo, no caso da enfermagem e da educação. Em grande medida, em meio ao ordenamento patriarcal da sociedade ocidental, que absorveu as mulheres na esfera pública e as tornou aliadas do capitalismo, mas as manteve em suas funções tradicionais de cuidado e sustentação das relações na esfera privada, o reconhecimento social da importância da mulher ainda depende predominantemente do seu bom desempenho nas tarefas de cuidado.

De modo adicional, as atividades e as funções vinculadas ao cuidado recebem pouco reconhecimento na sociedade patriarcal e capitalista. Essas funções sequer são percebidas como essenciais para o próprio funcionamento desse modelo socioeconômico e para a própria possibilidade da vida em coletividade. Tradicionalmente, o trabalho de cuidado desempenhado na esfera privada é financeira e socialmente pouco valorizado, tanto que em geral se configura como um trabalho não remunerado; em relação à esfera pública, o trabalho desenvolvido por mulheres e que envolve atividades de cuidado muitas vezes é mal remunerado, quando comparado a outras funções, e não é socialmente reconhecido como um trabalho fundamental à manutenção da própria estrutura social.

É preciso considerar ainda, nesse contexto, o agravamento da situação de gênero por meio de marcadores sociais, como classe, raça e localização geográfica. Mulheres negras, muito antes das mulheres brancas de classe média ingressarem no mercado de trabalho, já eram exploradas pelas famílias escravocratas com trabalhos de cuidado. Atualmente, mulheres pobres e racializadas com frequência se tornam cuidadoras mal remuneradas de famílias socialmente favorecidas, enquanto seus próprios filhos ficam mais vulneráveis diante das limitações da estrutura social e da ausência de políticas de cuidado por parte do Estado. Mulheres do sul global, de países que sofreram processos de colonização e têm sua exploração aprofundada pelo neoliberalismo, migram para países do norte global capitalista para exercer trabalhos de cuidado. Por isso, enquanto fator limitador do desenvolvimento individual, as funções, as tarefas ou as atividades do cuidado impactam de maneira mais significativa a vida de certas mulheres na sociedade quando comparada à de outras. O peso do cuidado associado ao gênero, portanto, não pode ser desatrelado de outros marcadores sociais de opressão que atravessam profundamente a subjetividade de diferentes mulheres.

Em meio a essa realidade em que o cuidado permanece um elemento limitador do potencial de desenvolvimento de muitas mulheres como seres humanos livres e autônomos, pode-se questionar: como uma concepção ética pautada em relações de cuidado pode ser feminista e auxiliar na transformação da sociedade patriarcal? Ou tratar-se-ia apenas de um reforço de papéis tradicionais do sistema binário de gênero, assentados em noções idealizadas e restritas de feminino e masculino, e atravessados por outros marcadores de opressão? Diante dessas questões, não se pode negar que, em meio às discussões morais hodiernas sobre autonomia, liberdade, privacidade, reconhecimento de direitos e respeito às diferenças, seguem sendo relegadas às mulheres, majoritariamente, as funções de cuidado na sociedade patriarcal e capitalista.

O objetivo deste capítulo consiste em trazer essas questões para o debate a partir da defesa da importância da valorização e do reconhecimento da habilidade humana de cuidar como um aspecto fundamental de uma sociedade preocupada em superar a estrutura patriarcal opressora. Com base nos estudos desenvolvidos por Carol Gilligan em *In a different voice* (1982) e em *Joining the resistance* (2011) sobre a habilidade humana de cuidar e sua relevância na construção de uma sociedade em que a constituição de *selves* e as relações morais não sejam limitadas por habilidades específicas e predefinidas a partir do dualismo de gênero, procura-se defender a importância da ética do cuidado feminista como forma de constituir uma compreensão mais ampla das relações morais na direção de uma sociedade pós-patriarcal.

A reflexão feminista sobre a moralidade tem realizado contribuições enriquecedoras no campo da filosofia, em parte, por trazer ao debate temas marginalizados na história da filosofia moral, que se ocupou prioritariamente das relações do espaço público. Conforme pontua Annette Baier (1993), em *What do women want in a moral theory?*, as mulheres (e alguns homens) têm se engajado na teorização moral em um sentido amplo, com novas questões e problematizações, para oferecer um retrato mais completo das vivências morais. Para tanto, procuram demonstrar como as teorias até hoje desenvolvidas carecem de uma completude, mas sem propor um novo sistema acabado de pensamento e construído de maneira rigorosamente sistemática para dar conta de toda a moralidade. Baier pontua o valor do cuidado nesse debate; e uma abordagem que integre elementos como o cuidado, o amor, a confiança e a empatia, junto com o que se construiu até o presente em termos teóricos, tem o potencial de proporcionar uma visão mais coerente da moralidade vivida em sociedade. Analogamente, Angélica V. Sesma (2016) salienta a importância da integração entre razão e emoção, princípios universais e virtudes a fim de alcançar teorias éticas mais completas, superando as visões parciais históricas que sobrevalorizam as características atribuídas e esperadas tradicionalmente de homens no espaço público. Para isso, é fundamental transpor abordagens morais que releguem ao segundo plano qualidades humanas tornadas femininas em meio a uma história patriarcal de desvalorização e exclusão das mulheres.

Diante do potencial da reflexão feminista sobre a moralidade, o presente capítulo parte de uma breve reconstrução do cenário da psicologia cognitiva, centrada nos estudos de Lawrence Kohlberg, momento em que se deu o nascimento da concepção de uma ética baseada no cuidado nas relações a partir dos delineamentos iniciais do cuidado desenvolvidos por Gilligan. Na sequência, busca-se reconstruir algumas críticas advindas do próprio pensamento feminista à ética do cuidado e, por fim, argumenta-se a favor do potencial transformador da habilidade do cuidado na superação de uma sociedade patriarcal.

ANTECEDENTES DA PROPOSTA DE UMA ÉTICA DO CUIDADO

A contribuição teórica de Carol Gilligan no livro *In a different voice: psychological theory and women's development* (1982) tornou-se uma das mais reconhecidas para o campo da ética do cuidado, ainda que a autora não tenha propriamente formulado uma teoria moral, mas investigado as origens da habilidade de cuidar muitas vezes desenvolvida por mulheres como um elemento constitutivo de sua própria identidade. Os estudos de Gilligan (1982) tiveram início na segunda metade do século XX, na forma de um questionamento à então perspectiva dominante na psicologia cognitiva sobre o desenvolvimento moral humano. Assim, buscar a origem da abordagem ética voltada para o reconhecimento e a valorização do cuidado nas relações torna importante olhar para os estudos sobre o desenvolvimento moral realizados por Kohlberg. A proposta de Gilligan apresenta-se de maneira crítica ao modelo moral construído por tal pesquisador e cristalizado em uma escala de sequência linear invariável de desenvolvimento de supostas habilidades morais humanas.

Para chegar a sua concepção de desenvolvimento moral, influenciado pela proposta de Piaget sobre o desenvolvimento cognitivo da criança, Kohlberg estudou a emissão de juízos morais em respostas a dilemas, acompanhando indivíduos de diferentes idades com o fim de identificar como as respostas se encaixavam em três níveis de desenvolvimento por ele propostos: pré-convencional, convencional e pós-convencional. Na escala de Kohlberg (1974), o desenvolvimento passa de um estágio inicial, no qual decisões são tomadas a partir do risco de ser castigado pela autoridade, até um estágio final – o estágio seis –, representado pela capacidade de internalização de princípios morais abstratos, abrangentes e consistentes. Indivíduos que alcançam essa etapa tornam-se deontólogos kantianos. Trata-se, segundo o autor, de uma fase alcançada por poucos indivíduos moralmente maduros, que aprendem a se guiar por princípios éticos abstratos. O autor chega a admitir que a falha em encontrar indivíduos que estejam no estágio seis nos estudos evidencia que tal estágio é basicamente "uma construção teórica sugerida pelos escritos de figuras de 'elite' como Martin Luther King, e não um construto em desenvolvimento confirmado empiricamente" (KOHLBERG, 1978, p. 86). Ainda assim, para comprovar a validade de seu modelo formal de desenvolvimento, Kohlberg (1974, 2004) realizou diversos estudos transculturais e longitudinais ao redor do mundo.

A escala de Kohlberg é proposta, portanto, para defender uma perspectiva moral ideal voltada para a assunção de regras e princípios morais de caráter universal, como os propostos nas abordagens utilitarista e

FILOSOFIA FEMINISTA

kantiana. Esses princípios envolvem elementos comumente pertencentes a uma moralidade pública, como justiça, reciprocidade e igualdade de direitos. Além disso, essa escala é apresentada como válida
universalmente e caracterizada por sua estrutura interna invariável,
que se direciona de níveis mais vinculados à concretude e ao modo
como as consequências afetam os envolvidos na situação em particular para níveis mais elevados e marcados pela capacidade de distanciamento e abstração do problema por meio da internalização de
princípios éticos.

Uma das inferências de Kohlberg a partir da realização das pesquisas
empíricas com indivíduos dos sexos feminino e masculino foi que
meninos por vezes se destacavam e alcançavam etapas mais eleva-
das da escala enquanto meninas permaneciam abaixo. Isso porque
meninos tendiam a resolver problemas morais a partir da aplicação
de critérios de justiça e de noções de direitos individuais, ao passo que
meninas costumavam ficar mais atreladas às relações de proximidade
presentes nos dilemas e procuravam resolvê-los sem o rompimento
das relações identificadas. Com isso, prevalecia nas respostas de meninas aos dilemas certo sentido de responsabilidade atrelado à situação
sem necessariamente conseguir realizar abstrações a partir da aplicação de princípios e regras. Com essa forma de análise, as meninas mais
dificilmente alcançam o estágio pós-convencional da moralidade. Tais
tendências identificadas por Kohlberg levaram-no a sugerir que meninas poderiam ter um desenvolvimento moral inferior ao de meninos.

Diante das constatações das pesquisas de Kohlberg, com quem inicialmente trabalhou, Gilligan realizou seus próprios estudos empíricos e identificou outra forma de solucionar problemas morais não
captada pela escala sequencial hierárquica de Kohlberg, a qual foi por
ela denominada de "uma voz diferente", pautada na habilidade do cuidado e da preocupação responsável e ativa nas relações com os outros.
A elaboração do problema moral por parte de muitas meninas, adolescentes e mulheres adultas não era captada na escala, não fazendo jus
ao processo de desenvolvimento e maturidade moral da voz diferente.

Com isso, Gilligan coloca em dúvida até que ponto há um problema no desenvolvimento das meninas ou um problema com a própria escala de Kohlberg, construída a partir de uma noção de desenvolvimento que não inclui a totalidade de experiências do mundo moral de seres humanos. A disparidade da experiência de muitas mulheres, registrada como um problema de desenvolvimento, é, para Gilligan (1982, p. 2), "um problema de representação, uma limitação do conceito de condição humana, uma omissão de certas verdades sobre a vida". A autora, precursora da ética do cuidado, considera então problemática em Kohlberg a omissão da possibilidade de haver modos distintos de falar sobre problemas morais.

O fato de a escala representar apenas parcialmente o desenvolvimento individual de diferentes sujeitos leva Gilligan a reconhecer a existência de modos não tradicionais de resolução de problemas morais considerados socialmente menos eficazes. Como aponta Linda Nicholson (1993), o que Kohlberg classifica como "falha" no desenvolvimento pode ser visto, de outra perspectiva, como contraexemplo à escala, à medida que prioriza os valores tradicionalmente característicos da socialização masculina, o modelo de sociedade moderna ocidental com sua tradicional separação entre o público e o privado e uma abordagem moral que ganhou destaque desde a modernidade por recorrer a uma concepção de razão esvaziada de desejos como a única possibilidade de chegar a uma decisão moral válida.

Na escala parcial de Kohlberg, opta-se por uma forma de pensamento moral dualista, hierárquica e androcêntrica, que percebe o outro como separado, dotado de autonomia e direitos, não devendo ser objeto de intervenção, e somente por meio do distanciamento e da abstração torna-se possível resolver o problema moral de maneira correta, garantindo a aplicação de princípios e a justiça. Todavia, esse tipo de raciocínio não alcança muitas das situações morais reais vivenciadas pelos sujeitos morais, sejam eles mulheres ou não, sobretudo os que têm sua vida atrelada ao contexto da esfera privada ou vivenciam de modo mais frequente situações de vulnerabilidade. A escala de Kohlberg é também

FILOSOFIA FEMINISTA

incompleta por se afastar da realidade de vivências morais de muitas pessoas, cujas experiências concretas de proximidade, interdependência e preocupações situacionais são desvalorizadas por estarem supostamente vinculadas a sentimentos e emoções.

A tendência dualista e androcêntrica da abordagem de Kohlberg é referida criticamente por Marianna G. Furnari (2004). Os resultados da escala de Kohlberg, quando interpretados na forma de uma menor possibilidade de meninas avançarem na escala, confirmariam o entendimento de alguns filósofos modernos, como Rousseau e Kant, sobre as mulheres, qual seja, que seu valor seria menor por dar mais espaço aos sentimentos opostos à razão, e às questões privadas em detrimento das políticas. Dessa maneira, por serem consideradas inferiores aos homens, as mulheres acabavam anuladas na construção de teorias sobre o desenvolvimento, bem como nas próprias teorias morais elaboradas a partir do modelo de raciocínio moral padrão de tendência androcêntrica.

A partir dos escritos de Gilligan, é possível, portanto, apontar três limitações na proposta de desenvolvimento moral de Kohlberg, a saber: 1) o fato de tornar uma modalidade de desenvolvimento moral, em geral mais bem-sucedida em homens na sociedade patriarcalmente estruturada, em um padrão único, não reconhecendo o valor da existência de qualquer outra forma de resolver situações morais; 2) a inferiorização de uma forma distintiva de resolver problemas morais – a voz diferente –, que empiricamente, pelo menos nas sociedades ocidentais investigadas, costuma ser encontrada nas mulheres em virtude de sua constituição psicológica e sua educação moral estarem mais voltadas para o cuidado dos outros em meio ao patriarcado; 3) a proposta de uma escala de desenvolvimento moral enviesada e androcêntrica por valorizar certas habilidades morais em detrimento de outras também fundamentais para a organização das relações em sociedade.

É nesse contexto que Gilligan (1982) faz referência a uma ética do cuidado nas relações, para a qual aponta o desenvolvimento de muitas mulheres no contexto da sociedade patriarcal. Trata-se de uma ética não baseada prioritariamente na aplicação de direitos, noções de justiça e princípios abstratos, mas na preocupação empática e na responsabilidade de cuidar nas relações. A existência dessa abordagem, segundo a psicóloga, manifesta-se na forma como muitas meninas e mulheres procuram resolver problemas morais não simplesmente pela aplicação de princípios e pelo reconhecimento de direitos, mas também pela tentativa de reformular o dilema de modo a dissolvê-lo ao repensar as relações e as condições nas quais ele surge.

A identificação empírica da presença da voz do cuidado na moralidade de muitas mulheres não significa que elas sempre reproduzem essa prática e que não a possam rejeitar, resolvendo um problema conforme é proposto na escala de Kohlberg. Além disso, o modo como o cuidado se apresenta ao longo do desenvolvimento moral de indivíduos orientados para essa abordagem pode variar, desde um padrão de autossacrifício, passando por uma fase de questionamento sobre a própria obrigação de cuidar, até chegar, muitas vezes, a um equilíbrio entre as próprias necessidades do *self* e as demandas de cuidado por parte de outros. Não se trata, portanto, de colocar todas as mulheres, de maneira essencialista, sob uma única voz e um único sentido do cuidado, mas, antes, reconhecer como sob o sistema de opressão do patriarcado as experiências morais de muitas mulheres são simplificadas, invisibilizadas e, consequentemente, tidas como pouco relevantes para refletir sobre questões morais e para propor teorias normativas.

Importa salientar que, ao identificar a existência da voz diferente e sua negligência nas abordagens do desenvolvimento moral, Gilligan não propõe de fato uma teoria ética. É Nel Noddings (2003) uma das primeiras autoras a deslocar o processo moral decisório de princípios e regras e propor uma concepção moral exclusivamente baseada na ideia de cuidado, a ser adotada pelos diferentes indivíduos na sociedade. A autora não exclui por completo os princípios morais e admite que mulheres e homens podem empregá-los para justificar em certa medida seus atos, sobretudo quando se trata de atos que podem causar algum dano a alguém, mas defende que eles não são tão centrais para a vida moral. Nesse sentido, a autora constrói um modelo ético alternativo às abordagens tradicionais centradas em princípios, o que, de certa maneira, termina por se contrapor à própria proposta do cuidado de Gilligan, voltada para o reconhecimento de uma integração complementar entre as vozes morais, e não a substituição de uma ética de princípios e justiça pela abordagem do cuidado. A descoberta da convergência entre uma moralidade de direitos, assentada na igualdade e na justiça, e uma moralidade da responsabilidade nas relações, pautada no reconhecimento das diferentes necessidades de cuidado a serem atendidas de maneira equitativa, conforme Gilligan (1982), é uma evidência da maturidade moral. Por isso, ao destacar a importância da habilidade do cuidado, Gilligan não objetiva defendê-la como uma alternativa a princípios, pois estaria também assim oferecendo um retrato incompleto e parcial da moral. A partir das contribuições da psicóloga, diferentes autoras passaram a integrar o rol de filósofas feministas a fazer considerações sobre a ética do cuidado e sua integração e compatibilidade com outros elementos da moralidade, a exemplo de Annette Baier, Virginia Held, Eva Feder Kittay, Joan C. Tronto e Marilyn Friedman.

Ao sugerir que se olhe para a voz diferente, as contribuições de Carol Gilligan abrem espaço para reflexões sobre como na sociedade hodierna indivíduos são formados de modo a assumir papéis morais atrelados ao gênero que os levam a entender e a responder a problemas morais de modos específicos, pressupondo a noção de um sujeito autônomo e racional. Uma teoria ética, que se proponha a transformar essas relações limitadoras em termos morais, necessita reconhecer essa constituição de agentes morais a fim de propor alternativas que permitam o desenvolvimento pleno das habilidades morais de indivíduos adultos competentes e responsáveis nas mais diversas esferas sociais, em vez de simples reprodutores de papéis de gênero morais tradicionais que garantem privilégios a uns, ao passo que geram desvantagens e exclusões a outros, sobrecarregando-os com funções de cuidado, por exemplo.

A ética do cuidado permite também chamar a atenção para o fato de que teorias morais centradas em alguma concepção de justiça, de direito e em algum princípio moral podem não dar conta da totalidade das experiências morais de seres humanos. Conforme pontua Tronto (1997), pensar as inter-relações sociais a partir da ideia de cuidar de outros difere fundamentalmente da forma atual de conceber relações em termos de realização do autointeresse de seres autônomos e racionais. A ética do cuidado desafia a perspectiva que entende que "a moralidade começa quando e onde indivíduos racionais e autônomos confrontam-se mutuamente para executar as regras da vida moral" (TRONTO, 1997, p. 196), e volta-se para a vivência concreta diária de humanos, no contexto de decisões particulares e específicas sobre quando e de que forma proporcionar cuidado ao outro e quando parar de fornecê-lo.

CRÍTICAS À ABORDAGEM DO CUIDADO

Desde seu surgimento, a ética do cuidado representa um espaço de renovação no debate moral contemporâneo. Por meio dela, é possível sustentar uma crítica às teorias morais tradicionais ocidentais de grande alcance por deixarem de fora uma série de elementos da vida moral concernentes à esfera privada, por desvalorizarem formas de resolver problemas morais não dependentes do seguimento estrito de princípios gerais e universais, e por elegerem as experiências morais do espaço público como proeminentes na delimitação do campo daquilo que é moralmente relevante e os sujeitos que o ocupam como os que podem construir uma teoria moral consistente a partir dessas experiências. Conforme destaca Nicholson (1993), os estudos feministas no campo da moralidade têm mostrado que o gênero – ao lado de categorias como raça e classe – influencia a perspectiva e a teoria moral produzida pelos filósofos que alcançaram destaque na história do pensamento moral por suas pretensas teorias de representação da condição humana universal. A ética do cuidado apresenta-se, assim, como uma ampliação do debate sobre a moralidade que pretende compreender de um modo mais profundo as possibilidades de experiências morais humanas silenciadas ou excluídas por meio da aplicação de escalas de desenvolvimento moral enviesadas por gênero.

As discussões promovidas em torno da ética do cuidado vão ao encontro do próprio projeto da filosofia feminista, conforme referido por Nagl-Docekal (2004). Para a autora, a reivindicação central do pensamento feminista é confrontar o campo da filosofia com o problema das relações hierárquicas entre os sexos, o que pode ser claramente percebido na distribuição desigual das tarefas de cuidar na sociedade. Para tanto, a filosofia feminista não busca apenas explicitar abordagens teóricas misóginas e tornar visíveis padrões androcêntricos do pensar, mas também recorrer à filosofia como meio para dar visibilidade à discriminação contra as mulheres e desenvolver novas concepções que forneçam a base teórica para eliminar assimetrias existentes, como se pretende com a ética do cuidado.

Além da promoção da expansão do debate moral contemporâneo, trazendo para a discussão à luz da categoria gênero os escritos de cânones como Aristóteles, Hume, Kant, Bentham e Mill, a ética do cuidado representa um campo fértil de disputas no próprio contexto interno à filosofia feminista. Neste tópico, serão justamente abordadas algumas críticas à ética do cuidado levantadas em meio à abordagem feminista com o fim de sustentar o potencial social transformador dessa corrente iniciada por meio das contribuições de Carol Gilligan.[1]

Um primeiro ponto de divergências supõe que a ideia da existência de uma voz diferente promoveria a manutenção da submissão das mulheres na sociedade e a prevalência de estereótipos essencialistas, como o que afirma que mulheres nasceram para cuidar dos outros.

---

1 Para outras críticas em relação à abordagem de Gilligan, às quais a autora responde diretamente, conferir os escritos de Blum, de Broughton, de Nunner-Winkler, de Greeno e Maccoby, de Luria e de Puka na obra *An ethic of care: feminist and interdisciplinary perspectives*, organizada por Mary Jeanne Larrabee (1993).

Esse é o ponto levantado por Joan Scott (1995) e retomado por Louise Antony (1998), por exemplo, segundo o qual o modelo moral das vozes diferentes assentar-se-ia na reivindicação de diferenças essenciais e irreconciliáveis entre homens e mulheres na forma de pensar sobre problemas morais, promovendo a sustentação de um binarismo oposicionista e essencialista de gênero, a-histórico e universal. De maneira análoga, Furnari (2004) aponta a presença de uma ambiguidade no pensamento de Gilligan à medida que inicialmente permanecem dúvidas sobre quanto da voz diferente está enraizada na ideia de ser mulher como condição biológica ou histórica-social, isto é, se de fato a voz é feminina.

Sobre essa questão, desde *In a different voice* (1982), Gilligan afirma que a voz diferente não é caracterizada pelo gênero de modo essencial, mas pela temática moral que lhe dá conteúdo e pela forma de pensar problemas morais. O fato de a voz ignorada na teoria sobre desenvolvimento moral cognitivo estar comumente associada às mulheres é apenas uma constatação empírica, não absoluta, derivada da estrutura de ordenação patriarcal da sociedade, que pode ou não ser reproduzida de acordo com a intensificação dos elementos de dominação e subordinação em diferentes sociedades.

Ao tratar da voz diferente, Gilligan (1982) também não realiza generalizações sobre os sexos nem avalia sua distribuição em uma população mais ampla ou em grupos culturais ao longo do tempo. Mas a autora esclarece que as diferenças entre as vozes emergem em contextos sociais marcados pela combinação entre fatores como *status* social e poder, bem como pela biologia reprodutiva "para dar forma à experiência de masculinos e femininos e a relação entre os sexos" (GILLIGAN, 1982, p. 2). Em outras palavras, trata-se de identificar o aparecimento da voz diferente em uma sociedade que define papéis e funções distintos para os indivíduos de acordo com seu sexo, produzindo, com isso, dois gêneros fortemente opostos e com relações hierárquicas entre si. A voz diferente só emerge, e permanece sendo considerada diferente, em uma sociedade patriarcal em que o gênero continua como um elemento fundamental de construção de identidades e de estruturação de relações sociais e morais. Por isso, infere-se da proposta da autora uma tentativa de evidenciar a existência de uma voz silenciada, e não uma associação necessária de cada voz possível de ser identificada a um dos gêneros, evitando reforçar um binarismo de gênero.

Outra linha de crítica, apontada por Tong (2014), aproxima-se desse ponto ao tratar do risco do conservadorismo e ao afirmar que, mesmo mulheres sendo melhores cuidadoras do que homens (seja qual for a razão por trás disso), pode ser imprudente em termos éticos, políticos e epistêmicos anunciar essa situação em razão do ordenamento social patriarcal, que promove a visão de mulheres cuidadoras. As mulheres que prestam cuidado a seus maridos, por exemplo, podem enxergar nisso um reforço para seu trabalho não recompensado e considerar que devem continuar se sacrificando para cuidar de quem a explora, como sempre fizeram.

Acerca dessa crítica, à medida que o discurso de Gilligan se afasta da ideia do cuidado como uma tarefa feminina e não naturaliza as diferenças entre as vozes, também procura se distanciar do ideal de mulheres cuidadoras por natureza. Para evitar esse equívoco, Gilligan inclusive revisa a nomeação da voz, preferindo manter a expressão "voz diferente" em vez de "voz feminina". É nesse sentido que Tronto (1997) também afirma que a compreensão "feminina" do cuidar não pode se constituir no ponto de partida para uma abordagem mais ampla sobre o papel adequado do cuidado na sociedade. Por isso, torna-se relevante superar os aspectos femininos do cuidado, uma vez que, de fato, isso poderia reafirmar a tradicional ideia de uma tendência natural das mulheres ao cuidado, promovendo sua subordinação e mantendo uma diferenciação na responsabilidade pelo cuidar de acordo com o gênero. Furnari (2004) também aponta a necessidade de quebrar a vinculação entre ética do cuidado e gênero e, com isso, reverter a função de cuidado que desproporcionalmente se aplica e sobrecarrega mulheres, sobretudo no cuidado dos filhos. Mas, ao apontar a complementaridade entre as perspectivas morais e o comprometimento com a superação de papéis tradicionais de gênero, a abordagem de Gilligan (1982; 2011) vai ao encontro desse ideal. Nesse mesmo sentido, Baier (1994) destaca que a obrigação de cuidar deve se aplicar a todos os agentes morais, de modo cooperativo, a fim de evitar a formação de um "proletariado moral", que muitas vezes assume todo o cuidado, voluntária ou involuntariamente, enquanto indivíduos dotados de maior poder sentem-se mais livres para realizar seus planos de vida individualizados, sem assumir essas responsabilidades. O patriarcado e as desigualdades perpetuadas por esse sistema precisam, portanto, ser colocados em questão – o que representa um compromisso fundamental de uma abordagem verdadeiramente feminista e transformadora da ética.

O cuidado em sentido moral, para Tronto (1997), pode ser caracterizado como um compromisso relacional que envolve um tipo de responsabilidade contínua de qualquer indivíduo em sociedade direcionada para um objeto específico. Trata-se de um "cuidar de" alguém constituído como um centro de cuidados, dotado de "necessidades particulares, concretas, físicas, espirituais, intelectuais, psíquicas e emocionais" (TRONTO, 1997, p. 188). Como uma atividade que implica responsabilidade moral, o cuidar de alguém ou de algo está mais próximo da esfera da necessidade do que da liberdade, e não diz respeito apenas ao reconhecimento de um dever de cuidar, mas também de como cuidar de maneira adequada, o que depende da identificação das verdadeiras necessidades do outro e dos próprios limites de si para cuidar.

Em sua concepção de cuidado, Noddings (2003) pontua que essa habilidade envolve uma abertura receptiva ao outro e às suas necessidades, configurando um tipo de relação recíproca. Por reciprocidade, a autora entende a participação contributiva do agente cuidador e do sujeito cuidado na sustentação e permanência da relação de cuidado. O sujeito cuidado percebe-se na condição de ser cuidado por alguém e contribui de maneira livre e espontânea para a relação, completando-a por meio de atitudes de aceitação.

Em ambas as caracterizações, o cuidado se diferencia de uma preocupação genérica e descontextualizada com algo ou alguém. Tanto Tronto (1997) quanto Noddings (2003), embora apresentem concepções morais distintas, salientam que práticas de cuidar muitas vezes são assimétricas por ocorrerem entre sujeitos desiguais. Além disso, relações de cuidado exigem capacidade de atenção para perceber e conhecer a realidade, bem como identificar as necessidades concretas do outro, e pressupõem um equilíbrio entre diferentes relações de cuidado, resultando em formas particulares e antigeneralistas de cuidar. Esses diversos requisitos do cuidado, associados ao autoconhecimento, são essenciais para que o cuidado com o outro não se transforme em uma mera projeção das próprias necessidades. Noddings (2003) acrescenta que o cuidado não é regido por regras, princípios nem prescrições universais sobre como cada qual deve se comportar sob determinadas condições, e depende, portanto, do conhecimento de si e do outro.

Tronto (1997) e Noddings (2003) ainda chamam a atenção para os riscos envolvidos no cuidado, que podem afetar negativamente a vida de um agente cuidador. Por isso, o cuidado ético não pode ser confundido com uma forma romantizada de abnegação nem o cuidador ou cuidadora deve se sobrecarregar em relações de cuidado. Há o risco ainda de conflitos entre diferentes relações de cuidado, que podem resultar em uma absorção excessiva do indivíduo cuidador ou em exigências desagradáveis que se contrapõem ao entendimento moral do agente cuidador.

Embora no modelo ocidental e patriarcal da sociedade as estruturas de "cuidado de" sejam reconhecidas primariamente no contexto privado, nessas caracterizações oferecidas por autoras feministas defensoras da ética do cuidado, a habilidade do cuidado não se restringe às mulheres nem se mantém um binarismo de gênero vinculado ao cuidado ou algo que se contraponha à sua expansão para o espaço público e para o âmbito coletivo ou institucional. A própria noção de reciprocidade que Noddings (2003) considera fundamental em uma relação de cuidado pode ser compreendida no âmbito institucional, em um sentido fraco do termo, quando, por exemplo, um indivíduo particular aceita um cuidado estatal na forma de uma renda mínima básica, retribuindo o cuidado com o respeito à dignidade humana que há em si.

Ao tratar da perspectiva do cuidado, Friedman (1997) também não visa sustentar diferenças naturais entre homens e mulheres em termos de habilidade de cuidar. A autora descreve como os gêneros são, na verdade, "moralizados" na sociedade de acordo com expectativas diferentes, incorporando-se dentro de concepções de feminilidade e masculinidade normas sobre condutas apropriadas, virtudes de caráter e vícios típicos distintos, dando origem aos "raciocinadores do cuidado" (*care reasoners*), isto é, indivíduos para os quais o "reconhecimento de e o comprometimento para com as pessoas em sua particularidade é uma preocupação moral primordial" (FRIEDMAN, 1997, p. 275). Como resultado, há uma dicotomia de gênero que implica uma divisão do trabalho moral: homens monopolizaram o controle e o governo da ordem social; mulheres sustentam relacionamentos privados e pessoais. A divisão do trabalho moral exerce a dupla função de preparar cada indivíduo para seu respectivo domínio socialmente definido, enquanto o define como incompetente para administrar as relações da esfera da qual foi excluído. Para modificar esses comportamentos fixos de gênero, a autora defende a importância de "de-moralizá-los".

Outra crítica à abordagem do cuidado é desenvolvida por Catharine MacKinnon (2005), que também reconhece a relevância das contribuições teóricas de Gilligan por afirmar o valor positivo daquilo que muitas mulheres fazem. Mas essa valorização precisa ser consciente de que se trata de algo que mulheres puderam exercer para beneficiar os homens. Salientar a diferença, quando há dominação, não pode significar apenas afirmar as qualidades e as características que se permitiram àqueles "sem poder" na estrutura social. Nesse sentido, MacKinnon (2005) aprofunda sua crítica dizendo que a voz diferente pode ser apenas a voz surgida no contexto da opressão, a expressão de uma condição de subjugação, não havendo nada de originário nela.

Tratar-se-ia da voz de alguém que sequer pode falar por si mesma. Nas palavras da autora:

> Mulheres valorizam cuidado porque os homens nos valorizam pelo cuidado que fornecemos a eles [...]. Mulheres pensam em termos relacionais porque nossa existência é definida em relação aos homens. Ademais, quando não se tem poder, não apenas se fala de forma diferente. Muitas coisas você não fala. Seu discurso não é apenas articulado de forma diferente, ele é silenciado. Eliminado [...]. (MACKINNON, 2005, p. 396, tradução minha)

Nessa perspectiva de compreensão, novamente a ética do cuidado manteria a subordinação das mulheres. Bartky (1990 *apud* TONG, 2014) exemplifica essa situação com o caso de mulheres que anulam suas vidas individuais e só encontram sentido no suporte emocional dado a seus maridos, tendendo a ver as coisas como eles veem. Ela participa dos projetos dele, é amiga dos amigos dele, alegra-se com o sucesso dele e se entristece com as falhas dele. Este ainda é o mundo de muitas mulheres: elas passam a viver a vida do marido por cuidar dele e recebem pouco ou nada em troca em uma situação de marcante desigualdade.

Em relação a essa crítica, pode-se retomar os argumentos anteriores que procuram desvincular o cuidado das virtudes femininas e das mulheres, destacando-se o necessário comprometimento de uma ética do cuidado com a transformação da sociedade patriarcal, entendendo o cuidado como uma habilidade humana. Se o cuidado persistir como algo fundamental em uma sociedade na qual o valor moral da mulher não seja mais determinado pela sua capacidade de cuidar, então, ele não será simplesmente a expressão de uma voz oprimida, mas, sim, um elemento necessário para a manutenção de relações e vínculos na sociedade que acabou sendo designado às mulheres na estrutura patriarcal e, por isso, desvalorizado. Por outro lado, pontua Tong (2014), enquanto a demanda do cuidado for responsabilidade das mulheres, de fato, nem homens nem mulheres, ou qualquer outro gênero possível, poderão ser capazes de desenvolver com autenticidade seu potencial cuidador.

Ao tratar do desenvolvimento moral humano, Gilligan (2011) defende também a tese de que o cuidado é uma habilidade potencial humana, vinculada à natureza relacional e empática dos seres humanos, e não apenas do lugar de objeto de opressão ocupado pelas mulheres. No processo de moralização dos gêneros e de desvalorização da voz do cuidado na sociedade patriarcal, muitas mulheres desaprendem a falar e a expressar o que sentem quando estão fora do espaço em que lhes é autorizado cuidar. No entanto, a preocupação com as relações e o cuidado acompanham mulheres que passam a viver mais intensamente no espaço público, ou seja, mulheres que aprendem a falar. O cuidado não é, portanto, uma mera projeção sobre as mulheres, mas também uma característica humana que se permite em geral às mulheres desenvolver, e aos homens, não. Nessa perspectiva, a mudança na formação moral, não mais limitada pela formação moral distinta entre os gêneros, não ocasionaria a supressão da voz do cuidado, e sim a sua ampliação para todos os indivíduos.

Com base nas considerações sobre o cuidado e na proposta de "de-moralização" dos gêneros, pode-se perceber, como afirma Tong (2014), que é possível resgatar o cuidado das estruturas patriarcais que exploram e abusam da função de cuidar, elencando as situações nas quais o cuidado é distorcido em virtude da dominação e da subordinação. Por exemplo, nas situações de desigualdade que geram dependência econômica, social ou psicológica do indivíduo cuidador, forçado então a cuidar sem ter seus próprios interesses considerados. Somente sob condições de igualdade e liberdade sexual mulheres poderão cuidar de outros indivíduos sem que sejam instrumentalizadas para esse fim simplesmente por serem mulheres.

É nesse contexto que Sarah L. Hoagland (1991) pontua criticamente que não basta à ética do cuidado partir do reconhecimento das relações desiguais entre o agente cuidador e o sujeito cuidado para explicar todas as possibilidades de cuidado e também desafiar a estrutura social, promovendo a transformação da dominação e da subordinação. A autora aponta limitações no pensamento de Noddings por priorizar relações de dependência temporária ou transitória – pais/filhos, professor/aluno, paciente/profissional da saúde – como paradigmáticas para descrever o funcionamento de uma ética do cuidado, ignorando o próprio risco dessas relações de proximidade caracterizadas por desigualdade de poder e de contexto social, bem como deixando de lado a possibilidade do cuidado de estranhos. Noddings ainda entende o cuidado, na compreensão de Hoagland (1991), como uma forma de agapismo, muitas vezes romantizado, em que a identidade do *self* é definida no voltar-se ao outro, o que apresenta riscos relevantes em contextos de opressão.

Embora seja importante reconhecer as relações desiguais de cuidado para dar lugar ao elemento da vulnerabilidade, elas não podem ser o único modelo de análise de um cuidado ético para com outros, sob o risco de reforçar relações de dependência da mulher e não desafiar de modo decisivo as desigualdades dos valores morais hierárquicos orientados por gênero na sociedade patriarcal. A construção do cuidado em muitas relações formadas por agentes moralmente capazes precisa, antes, passar por uma reivindicação de que a habilidade do cuidado de ambas as partes seja desenvolvida, em vez de simplesmente o desejo empático de uma delas em sustentar, por si só, a manutenção da atenção ao outro. Para além de um abastecimento unidirecional, as relações de cuidado devem ser marcadas por uma dinamicidade de trocas mútuas que enriquecem os cuidados nas direções dos envolvidos, constituindo-se na autêntica expressão de uma habilidade humana fundamental tão desvalorizada em meio à sustentação do patriarcado.

CUIDADO: UMA HABILIDADE HUMANA FUNDAMENTAL PARA A SUPERAÇÃO DO PATRIARCADO

A ética voltada para o cuidado nas relações representa uma tentativa de ampliar as possibilidades de desenvolvimento moral humano para além dos limites traçados aos gêneros na estrutura patriarcal. Embora em sua origem ela surja como uma abordagem que contrasta com a perspectiva predominante da justiça e dos direitos, isto é, como uma "voz diferente", a finalidade de Gilligan (2011) é a de promover um giro teórico no qual a voz deixe de ser diferente para se tornar um elemento essencial de todas as relações morais construídas pelos agentes moralmente maduros e capazes. É necessário, para tanto, um espaço livre e autônomo para a constituição de gêneros, não mais determinado por papéis sociais tradicionais que consideram certas características como ideais da moralidade da mulher e do homem, para que gêneros múltiplos formem-se, desconstruam-se e reformem-se, orientados por uma habilidade humana da empatia e do cuidado atenta à condição da vulnerabilidade do outro. Essa abordagem coloca em questão a manutenção de um dualismo moral oposicional de gênero em uma sociedade na qual o cuidado seja uma habilidade valorizada em todos e considerada parte da condição humana de viver de modo moralmente respeitoso as relações.

Ao tratar do cuidado comumente executado por mulheres em sociedade, Sesma (2016) também defende que a valorização dessa habilidade e a reivindicação de sua integração na esfera pública, buscando universalizá-la como prática das relações, não pressupõem postular uma natureza feminina especificamente "cuidadosa" ou "cuidadora", conforme abordado no tópico anterior. Trata-se, antes, de constatar a existência de uma cultura de cuidado fundamental para a própria existência da vida em sociedade, mas que em geral não é praticada pelos homens e, consequentemente, é excluída da vida pública por ser vista como um problema ou incômodo, pois, para os homens, bastam às relações sociais os direitos e a justiça. Ao mesmo tempo, esses homens em posição de privilégio reivindicam atividades de cuidado para si no âmbito da vida privada para que possam mais livremente atuar no campo público. A ética do cuidado busca justamente redistribuir as funções de cuidar, reconhecendo a importância dessa atividade moral para a sociedade e o potencial de relações de cuidado equitativas. Ensinar e possibilitar a todos os sujeitos morais em desenvolvimento o exercício do cuidado é fundamental para dissociar a habilidade de cuidar do gênero mulher e do sexo feminino.

A voz do cuidado nas relações não está, assim, em essência, presa a um gênero específico, embora siga sem relevância na sociedade patriarcal, dado que é uma função destinada a indivíduos que não fazem parte do grupo dominador, uma vez que também desempenham atividades sem reconhecimento econômico, social e financeiro, conforme destacado anteriormente. Dessa forma, o conteúdo da voz moral distinta, que lança um olhar diferenciado sobre problemas morais, serve aos propósitos do modelo patriarcal apenas à medida que se mantém subalternizado ou permanece sendo função de mulheres em geral a fim de garantir o espaço de autonomia e liberdade para atuação dos reprodutores do patriarcado na esfera pública. Se em uma sociedade patriarcal privilegia-se certo modelo de desenvolvimento moral que sustenta as relações patriarcais e assenta-se sob a subordinação das funções de cuidar, é preciso então combater esse entendimento do lugar do cuidado.

Ao mesmo tempo, o cuidado não pode ser compreendido como uma atividade de sacrifício de si em função das necessidades de outros. Ao tratar do cuidado como ele aparece em Gilligan, Bill Puka (1993) o caracteriza como uma perspectiva que representa uma autoescolha, autorrefletida e autoafirmativa em vez de meramente um direcionar--se para o outro de modo a ignorar o autocuidado ou deixar de lado as próprias necessidades de ser objeto de empatia e cuidado nas relações com os outros. O cuidado é responsável para consigo e para com os outros, e "um adulto precisa equilibrar o cuidado dos outros com o cuidado de si, como os contextos de suas diversas relações exigem" (PUKA, 1993, p. 216). No entanto, na sociedade orientada pelo sistema tradicional de formação de gênero, o desenvolvimento dessa habilidade de maneira completa é secundarizado, pois mulheres são ensinadas a cuidar na forma de sacrifício, enquanto homens sequer são permitidos a desenvolvê-la. Nesse sentido, antes de ser libertador, o cuidado pode permanecer, em geral, como um instrumento de opressão no contexto da sociedade sexista e patriarcal.[2] Todavia, à medida que mulheres estão se inserindo na esfera pública e alcançando cada vez mais espaço para si, constituindo suas necessidades em equilíbrio com as de outros com os quais se relacionam, amplia-se a rede de possibilidades de redirecionamento do cuidado autêntico e mútuo, tendo como consequência a própria transformação da formação de novos sujeitos morais.

Para se afastar de uma concepção de cuidado patriarcal, em que o cuidado pode ser um elemento corretivo de erros alheios e de sustentação de privilégio de certos grupos, um aspecto "extra" da vida, conforme denomina Tronto (1997), exercido por indivíduos de menor valor na sociedade, é preciso ampliar o sentido do cuidado. É importante questionar de maneira crítica o que significa cuidar e estar atento ao outro, e repensar a estrutura de instituições políticas e sociais, uma vez que o cuidado é um aspecto central na vida de qualquer pessoa. Nesse sentido, uma moralidade que se constitua como uma expressão espontânea de uma perspectiva social relacional – e que pode também apontar os limites de certas noções de justiça, direitos e princípios morais – representa uma ameaça à configuração hierárquica e opressora do

---

2 Puka (1993), embora se contraponha à tese cognitiva de Gilligan sobre o desenvolvimento moral, preferindo entender o cuidado como um elemento meramente atrelado a processos de socialização, confere ao cuidado um potencial libertador e de confronto ao sexismo, à medida que mulheres têm a oportunidade de, por meio de um processo de aprofundamento da autoconscientização orientado para o valor de si, colocar limites ao autossacrifício. Trata-se de superar uma forma de cuidado patriarcal a serviço do sexismo, resultado da própria socialização tradicional da sociedade assentada no binarismo de gênero, em que o cuidado é a "virtude feminina". O cuidado libertador vem da própria experiência individual bem-sucedida de mulheres de enfrentamento do sexismo e da dominação.

patriarcado. Gilligan (1982; 2011) pontua justamente esse potencial humano de superação das limitações impostas ao desenvolvimento moral humano pleno, que impactam mais seriamente as mulheres em uma sociedade patriarcalmente estruturada.

Em *In a different voice* (1982), Gilligan já destaca que a maturidade moral do indivíduo está associada à descoberta da complementaridade entre as vozes morais, que passam então a integrar sua ação moral. Estimular relações de intimidade e proximidade no desenvolvimento moral de meninos e meninas igualmente é fundamental para que ambos alcancem essa perspectiva integrativa e mais ampla das experiências morais rumo à interdependência. Nem meninos nem meninas – ou qualquer outro gênero em formação – devem ser restringidos na sua tendência empática e emocional de construir relações de confiança e igualdade com o outro. Enquanto a experiência do relacionamento coloca fim ao isolamento, que leva à indiferença e à ausência de uma preocupação ativa com os outros, mesmo que se aprenda a respeitar seus direitos, a intimidade é transformativa e contribui para uma identidade de confiança, desde que também não se torne o único guia absoluto da decisão moral. De maneira análoga, o reconhecimento de direitos pode ser transformativo para o desenvolvimento, permitindo que o sujeito considere diretamente suas necessidades de modo igualmente relevante ao dos demais. Por isso, tanto a intimidade quanto a perspectiva de direitos, quando se transformam no único guia absoluto do indivíduo e não são contrabalançadas com a ideia de igualdade presente no discurso dos direitos, ameaçam a integridade pessoal. Nem a abordagem do cuidado nem a de justiça e direitos, quando absolutas e exclusivistas, permitem ao indivíduo alcançar a maturidade moral.

Em *Joining the resistance* (2011), a psicóloga precursora da ética do cuidado torna a evidenciar como a imaturidade moral de homens e mulheres é sustentada pela definição de papéis sociais e morais desiguais dentro da sociedade patriarcalmente ordenada.[3] A autora argumenta que uma verdadeira ética do cuidado não pode existir em uma sociedade de fundamentos patriarcais, pois, em meio a um ordenamento de desigualdade de poder e subordinação, não se permite que o cuidado seja uma característica humana universal, mas apenas uma qualidade "feminina" que sustenta uma "ética feminina" em favor dos homens.

Gilligan (2011) afirma que, na sociedade patriarcalmente estruturada, a voz diferente da moralidade aparece comumente associada às meninas e às mulheres por representar uma "manifestação de uma resistência mais geral à perda dos fundamentos de nossa humanidade" (GILLIGAN, 2011, p. 12). A resistência à perda da habilidade relacional humana costuma ser mais presente em mulheres em certos períodos da vida, quando passam a participar de maneira mais ativa de grupos sociais mais amplos ou quando enfrentam conflitos morais que afetam seu *self* em construção. Nesses momentos, mulheres percebem que a manifestação da voz do cuidado nem sempre é bem-vinda e que entra em conflito com características individualistas socialmente aceitas, como o egoísmo e a competitividade, em detrimento da capacidade humana para o entendimento humano mútuo.

Ainda em relação à estruturação moral do patriarcado, Gilligan (2011) sustenta que, ao serem iniciadas na cultura da ruptura dualista e hierárquica – razão e emoção, mente e corpo, *self* e relacionamentos –, crianças são pressionadas a assumir os papéis morais de um gênero específico, ao passo que também aprendem o que tem mais valor – razão, mente e *self*. Com isso, dissociam-se de aspectos que as levariam a se parecer com algo que não se assemelha à imagem ideal de homem e mulher. A consequência desses processos de formação de

---

3 Parte da explicação dessa desigualdade de papéis Gilligan extrai das contribuições de Chodorow, segundo a qual a origem dos papéis morais fixos está situada na ideia de "maternagem", que coloca a mãe na sociedade patriarcal como referência única e central do cuidado da prole, fazendo com que meninas reproduzam esse papel na vida adulta. Para modificar essa associação entre cuidado e mulher-mãe, é preciso transformar a própria noção de parentagem no contexto familiar. Para um estudo aprofundado do tema, conferir a obra *The reproduction of mothering: psychoanalysis and the sociology of gender*, de Nancy Chodorow (1978).

dois gêneros diferentes – como um homem e uma mulher devem ser, sem poder ser nada diferente disso – é gerar conflitos internos, traumas e exclusões nos indivíduos que não se encaixam nas normas de gênero ou que a elas procuram resistir.

Assim, para a sustentação do que Gilligan (2011) chama de "universo do patriarcado generificado", as qualidades humanas são bifurcadas em masculinas e femininas, seguidas da divisão binária de gênero, da hierarquização entre homens e mulheres, com aqueles situados no topo, na condição de detentores do poder, da autoridade e das qualidades por eles definidas como superiores; ademais, indivíduos são separados uns dos outros – pais de mães, meninos de meninas –, gerando muitas vezes falhas na própria constituição da *psique*. Essas estruturas de gêneros morais internalizadas e incorporadas na *psique* penetram de modo invisível, mas ativo, as sociedades democráticas. Esse processo é reforçado pela própria produção do conhecimento, quando teorias como as de Freud, Piaget e Kohlberg colocam como evidência do progresso natural para a maturidade a separação do *self* dos relacionamentos, a elevação da mente sobre o corpo, da razão sobre a emoção. Nesse contexto, a perda dos relacionamentos é vista como necessária para o crescimento.

Para alcançar a transformação social das relações morais limitadoras, Gilligan (2011) defende retirar a autonomia individual do centro das atenções e voltar-se para a interdependência entre os indivíduos, substituindo um *ethos* de ganhos individuais por uma ética da responsabilidade coletiva e do cuidado. Enquanto a moralidade for sinônima apenas de um homem percebido como agente moral capaz de guiar sua conduta por princípios universais, ela se manterá alinhada e reforçará os códigos de gênero do ordenamento patriarcal. Nesse sentido, a ética do cuidado mostra-se como uma via de questionamento à dominação e de resistência ao modelo patriarcal, revertendo o processo de desvalorização de determinadas qualidades dos indivíduos em detrimento de outras.

Gilligan (2011) destaca as evidências encontradas em diversos campos das ciências humanas acerca de uma natureza humana da interconexão. A psicologia do desenvolvimento, a sociologia, a neurobiologia e a antropologia evolutiva têm mostrado que os indivíduos são:

> por natureza, responsivos, seres relacionais, nascidos com uma voz e em relacionamentos, fortemente interconectados [*hardwired*] para empatia e cooperação, e que nossa capacidade de entendimento mútuo era – e pode muito bem ser – a chave para nossa sobrevivência enquanto espécie. (GILLIGAN, 2011, p. 3, tradução minha)

A questão central a ser então respondida, no entender da pensadora, não é como os indivíduos (e sobretudo as mulheres) desenvolvem a capacidade do cuidado, de entendimento mútuo, e mesmo como aprendem a levar em conta a perspectiva do outro e superam o autointeresse, mas, sim, como se perde essa capacidade, ou seja, como a empatia nos indivíduos é inibida. Sob essa perspectiva, não há outra explicação para a ausência do cuidado senão o sistema de dominação, subordinação, exclusão e exploração do patriarcado. Enfrentar esse sistema, portanto, não é possível ao se deixar de lado o cuidado, mas, sim, ao permitir e incentivar que todos os sujeitos morais, independentemente do gênero, desenvolvam a habilidade moral do cuidado.

CONSIDERAÇÕES FINAIS

Falar sobre as práticas de cuidado e suas contradições na sociedade patriarcal é fundamental para a libertação das mulheres e, por conseguinte, para pensar uma sociedade na qual papéis morais não sejam delimitados de acordo com o gênero. A ética do cuidado, conforme vem sendo desenvolvida no contexto do pensamento moral feminista, apresenta-se como uma concepção voltada para a superação das funções morais tradicionais de gênero, que impõem deveres de cuidar a determinados indivíduos, limitando seu desenvolvimento moral humano pleno e sobrecarregando mulheres, sobretudo as de classes mais baixas e racializadas, com as tarefas do cuidado.

Ao propor que outra formação moral dos gêneros é possível, sem associar futuros indivíduos adultos a papéis restritivos específicos, a ética do cuidado se constitui em instrumento para pensar as relações morais em uma sociedade comprometida com a superação do patriarcado. Trata-se de pensar uma formação moral voltada não para o desenvolvimento do autointeresse de agentes autônomos, que se percebem como independentes e autossuficientes, mas, sim, para a sustentação da empatia, da interconexão, da atenção e da preocupação com os outros. Experiências de conexão e relação com o outro são essenciais para a constituição de um *self* saudável e consciente de suas responsabilidades morais.

Uma vez que parte dessa concepção de formação moral, a ética do cuidado é feminista, pois acentua a importância da constituição, da manutenção e da expansão de indivíduos cuidadores e, por conseguinte, de redes de relacionamentos de cuidado. Compreende-se que, por meio da educação, é possível redesenhar os *selves* de homens e mulheres, partindo de sua condição de vulnerabilidade, para que a habilidade de cuidar se torne um elemento humano essencial no perfil de qualquer agente moral adulto. A motivação para essa educação pode advir do fato de que qualquer ser humano autônomo e racional, bem-sucedido na vida privada e pública, depende de relações de cuidado ao longo de sua vida e garante a estabilidade de sua autonomia a partir de vínculos empáticos de interdependência.

O cuidado, enquanto elemento fundamental para a existência humana, não pode ser negado ao outro nem a si mesmo. Por isso, de uma perspectiva ética, necessita ser dividido entre todos os indivíduos e, a partir daí, multiplicado na sociedade por meio de redes de interdependências, a fim de proteger vulnerabilidades e desconstruir estruturas de dominação favoráveis a certos grupos humanos privilegiados.

O desenvolvimento da responsabilidade, da proximidade e da conexão com o outro é condição para superar perspectivas separatistas, hierárquicas e de dominação, que levam indivíduos de determinados grupos a perceberem membros de outros grupos sociais como meros objetos de exploração. À medida que o outro é percebido como alguém digno e vulnerável em sua condição humana, maior será também o respeito aos direitos e à justiça. Nesse sentido, uma ética do cuidado contribui para a própria ampliação da aplicação de princípios morais, do respeito a direitos e da realização da justiça. Respeitar o outro é saber quando basta apenas observar seus direitos em uma situação de autonomia e quando é necessário olhar para a relação de interdependência e intervir com suporte de cuidado positivo em uma situação de vulnerabilidade.

Considera-se fundamental apostar no potencial emancipador de qualidades morais humanas historicamente relegadas às mulheres e consideradas de menor valor. O resgate da qualidade do cuidado, garantindo-lhe um espaço central em uma abordagem moral, junto com direitos, noções de justiça e princípios morais, pode ser o caminho para uma sociedade emancipada, na qual diferentes vozes morais se formem livremente, sem limitações vinculadas ao gênero, e a fim de assegurar uma existência mais digna a todos os seres humanos e também às formas de vida não humanas.

REFERÊNCIAS

ANTONY, Louise M. "Human nature" and its role in feminist theory. *In*: KOURANY, Janet A. (ed.). PHILOSOPHY IN A FEMINIST VOICE: critiques and reconstructions. Princeton: Princeton University Press, 1998.

BAIER, Annette C. The need for more than justice. *In*: BAIER, Annette C. MORAL PREJUDICES: essays on ethics. Cambridge: Harvard University Press, 1994.

BAIER, Annette C. What do women want in a moral theory? *In*: LARRABEE, Mary Jeanne (ed.). *AN ETHIC OF CARE*: feminist and interdisciplinary perspectives. New York: Routledge, 1993.

CHODOROW, Nancy J. *THE REPRODUCTION OF MOTHERING*: psychoanalysis and the sociology of gender. Berkeley: University of California Press, 1978.

FRIEDMAN, Marilyn. Beyond caring: the de-moralization of gender. *In*: MEYERS, Diana T. (ed.). *FEMINIST SOCIAL THOUGHT*: a reader. New York: Routledge, 1997.

FURNARI, Marianna G. Bioethics, women and the voice of care. *INTERNATIONAL JOURNAL OF ETHICS*, v. 3, n. 3, p. 355-369, 2004.

GILLIGAN, Carol. *IN A DIFFERENT VOICE*: psychological theory and women's development. Cambridge: Harvard University Press, 1982.

GILLIGAN, Carol. *JOINING THE RESISTANCE*. Cambridge: Polity, 2011.

HOAGLAND, Sarah L. Some thoughts about "caring". *In*: CARD, Claudia. *FEMINIST ETHICS*. Lawrence: University Press of Kansas, 1991.

KOHLBERG, Lawrence. Education, moral development and faith. *JOURNAL OF MORAL EDUCATION*, v. 1, n. 4, p. 5-16, 1974.

KOHLBERG, Lawrence. Moral education. *In*: GENSLER, Harry J.; SPURGIN, Earl W.; SWINDAL, James C. (ed.). *ETHICS*: contemporary readings. New York: Routledge, 2004. (Routledge Contemporary Readings in Philosophy).

KOHLBERG, Lawrence. Revisions in the theory and practice of moral development. *In*: DAMON, William (ed.). *NEW DIRECTIONS FOR CHILD DEVELOPMENT*. San Francisco: Jossey-Bass, 1978. v. 2.

MACKINNON, Catharine A. Difference and dominance: on sex discrimination. *In*: CUDD, Ann E.; ANDREASEN, Robin O. (ed.). *FEMINIST THEORY*: a philosophical anthology. Oxford: Blackwell, 2005.

NAGL-DOCEKAL, Herta. *FEMINIST PHILOSOPHY*. Boulder: Westview Press, 2004.

NICHOLSON, Linda. Women, morality, and history. *In*: LARRABEE, Mary Jeanne (ed.). *AN ETHIC OF CARE*: feminist and interdisciplinary perspectives. New York: Routledge, 1993.

NODDINGS, Nel. *O CUIDADO*: uma abordagem feminina à ética e à educação moral. São Leopoldo: Unisinos, 2003.

PUKA, Bill. The liberation of caring: a different voice for Gilligan's "different voice". *In*: LARRABEE, Mary Jeanne (ed.). *AN ETHIC OF CARE*: feminist and interdisciplinary perspectives. New York: Routledge, 1993.

SCOTT, Joan W. Gênero: uma categoria útil de análise histórica. *EDUCAÇÃO & REALIDADE*, Porto Alegre, v. 20, n. 2, jul./dez. 1995.

SESMA, Angélica Velasco. Ética del cuidado para la superación del androcentrismo: hacia una ética y una política ecofeministas. *REVISTA IBEROAMERICANA DE CIENCIA, TECNOLOGÍA Y SOCIEDAD*, v. 11, n. 31, [n. p.], jan. 2016.

TONG, Rosemarie. *FEMINIST THOUGHT*: a more comprehensive introduction. 4. ed. Boulder: Westview Press, 2014.

TRONTO, Joan C. Mulheres e cuidados: o que as feministas podem aprender sobre a moralidade disso? *In*: JAGGAR, Alison M.; BORDO, Susan R. (ed.). *GÊNERO, CORPO, CONHECIMENTO*. Rio de Janeiro: Rosa dos Tempos, 1997.

SUGESTÕES DE LEITURA

BARNES, Marian *et al.* (ed.). *ETHICS OF CARE*: critical advances in international perspective. Bristol: Policy Press, 2015.

DONOVAN, Josephine; ADAMS, Carol J. (ed.). *THE FEMINIST CARE TRADITION IN ANIMAL ETHICS*. New York: Columbia University Press, 2007.

HELD, Virginia. *THE ETHICS OF CARE*: personal, political, and global. Oxford: Oxford University Press, 2006.

KOGGEL, Christine M.; ORME, Joan (ed.). *CARE ETHICS*: new theories and applications. New York: Routledge, 2015.

KUHNEN, Tânia A. *ÉTICA DO CUIDADO*: diálogos necessários para a igualdade de gênero. Florianópolis: EdUFSC, 2021. (Série Ethica).

LARRABEE, Mary Jeanne (ed.). *AN ETHIC OF CARE*: feminist and interdisciplinary perspectives. New York: Routledge, 1993.

ROBINSON, Fiona. *THE ETHICS OF CARE*: a feminist approach to human security. Philadelphia: Temple University, 2011.

FILOSOFIA FEMINISTA

SCHMITT, Elaine (ed.). Dossiê especial ética do cuidado. *REVISTA MAIS QUE AMÉLIAS*, n. 7, 2020.

SLOTE, Michael. *THE ETHICS OF CARE AND EMPATHY*. New York: Routledge, 2007.

CAPÍTULO 2

MARIA DE LOURDES BORGES

O FEMINISMO UNIVERSALISTA DE MARTHA NUSSBAUM

Neste capítulo, pretendo apresentar a defesa que a filósofa Martha Nussbaum faz do liberalismo político, compreendido como a tradição liberal iluminista que vai de Kant a Rawls. As feministas, principalmente as filósofas feministas norte-americanas, têm objetado que a concepção liberal de natureza humana e de filosofia política não se pode constituir em um fundamento adequado para uma teoria da libertação das mulheres. Nussbaum contesta essa visão, mostrando que o liberalismo oferece conceitos universais, que são valores essenciais para o movimento feminista e para a luta das mulheres, como a noção de pessoa, o autorrespeito, a capacidade de escolha e a igual consideração de valor e dignidade dos seres humanos. Além disso, os movimentos feministas atualmente utilizam tais conceitos para fundamentar suas reivindicações. Ao final, apresentarei a noção de *capability*, explicando como esse conceito responde às críticas ao feminismo universalista.

47

A CRÍTICA FEMINISTA AO LIBERALISMO

Alison M. Jaggar, uma das filósofas feministas norte-americanas mais influentes, afirma, no livro *Feminist politics and human nature*, que "uma concepção liberal de natureza humana e de filosofia política não pode se constituir numa fundação filosófica para uma teoria adequada da liberação da mulher" (1983, p. 47-48). Ainda segundo a autora, outras feministas ressaltaram a impossibilidade de o liberalismo oferecer uma teoria satisfatória para dar conta das reivindicações feministas. Podemos resumir as críticas feministas ao liberalismo em três aspectos principais:

1. O liberalismo é extremamente individualista. Ao dar ênfase ao valor e à dignidade do indivíduo, subordina o valor a ser dado à comunidade e às entidades sociais coletivas, como famílias, grupos e classes sociais.

2. O ideal de igualdade do liberalismo é muito abstrato e formal, faltando-lhe a devida imersão nas realidades concretas de poder das diferentes realidades sociais.

3. O liberalismo enfatiza a razão e dá pouco valor à emoção e ao cuidado com as pessoas.

A partir desses aspectos, o liberalismo é considerado um sistema filosófico inadequado e deve dar lugar a alguma forma de comunitarismo, ao marxismo ou à ética do cuidado.

Com base na identificação das principais críticas ao liberalismo, Nussbaum faz uma defesa deste, que consiste em uma definição do termo, uma indicação empírica de que o liberalismo é utilizado pelas mulheres para fundamentar suas reivindicações e uma oposição às críticas apresentadas.

A DEFINIÇÃO DE LIBERALISMO ENQUANTO CONCEPÇÃO FILOSÓFICA

Inicialmente, é necessário apresentar o que se entende aqui por liberalismo. Como primeira ressalva, o liberalismo político deve ser cuidadosamente diferenciado do liberalismo econômico. Aquele trata da proteção das esferas de escolha e tem sua origem no iluminismo liberal. Quando Nussbaum fala de liberalismo, ela tem em mente "a tradição do liberalismo kantiano, representado atualmente no pensamento político, e também a tradição liberal utilitarista clássica, especificamente tal como exemplificada na obra de John Stuart Mill" (1999, p. 57).

Contudo, essa apresentação ainda é um pouco vaga, já que Kant, Rawls e Mill, se possuem semelhanças, manifestam igualmente diferenças essenciais em suas doutrinas. Segundo Nussbaum, as características que definem o liberalismo político dessa tradição podem ser compreendidas por meio de três pontos principais.

O primeiro ponto é a defesa da igual dignidade e valor dos indivíduos, independentemente de sua posição social. O segundo é a defesa do poder de escolha, que consiste na capacidade de planejar a vida de acordo com sua própria valoração de fins. Este ponto foi desenvolvido por John Rawls no livro *A theory of justice*, o qual sustenta que a potencialidade para desenvolver tal capacidade é a base para a igualdade humana. Os dois primeiros são interligados, de modo que não é possível haver igual consideração de valor e dignidade sem a preservação de uma razoável capacidade de escolha. A essas duas características soma-se outra, qual seja, que a igualdade moral das pessoas concede a estas uma reivindicação equitativa a certo tipo de tratamento na sociedade, tratamento este que garanta a liberdade de escolha e respeite e promova o igual valor das pessoas.

A fim de esclarecer em que consistem esses pontos, Nussbaum nos indica a quais ordens sociais o liberalismo político, definido aqui de maneira ampla, se oporia, isto é, os tipos de organização social e política que não expressam esses princípios caros à tradição liberal.

O liberalismo opõe-se a formas de organização social que tomam diferenças irrelevantes do ponto de vista moral como fontes sistemáticas de hierarquia social. Trata-se aqui do que Nussbaum denomina de "naturalização de hierarquias" (NUSSBAUM, 1999, p. 57). Alguns exemplos são o feudalismo, a monarquia hereditária e o sistema de castas hierárquico da Índia —[1] assim como outros sistemas de castas criados em diferentes lugares e épocas.

Também se oporiam ao liberalismo as formas de organização política que visam ao bem do grupo como um todo, ao bem do corpo social, sem considerar o bem-estar dos indivíduos.

A última forma seria a política baseada em ideologia, no sentido que toma uma concepção particular de valor (utópica, religiosa ou tradicional) como padrão obrigatório imposto a todos os cidadãos. Pode-se citar vários exemplos dessa forma, como os regimes políticos intolerantes às crenças religiosas, que impõem uma única crença ou se baseiam em uma só visão política utópica de bem. O liberalismo, conforme Nussbaum (1999, p. 58), "seria oposto ao marxismo, a ordens sociais teocráticas e a muitas outras formas de conservadorismo autoritário ou baseado na tradição".

Em suma, poder-se-ia afirmar que o liberalismo político se define pela defesa das esferas de escolha e pelo igual respeito aos indivíduos. E essas reivindicações são essenciais para a luta das mulheres, ao contrário do que pretende a crítica feminista ao liberalismo.

---

1 O sistema hierárquico tradicional da Índia define os cidadãos em quatro castas principais: Brahmins (sacerdotes), Kshatriyas (guerreiros), Vaishyas (comerciantes) e Shudras (trabalhadores manuais). O seu lugar na sociedade e os seus futuros cônjuges são definidos pela casta na qual nasceram, inclusive os seus hábitos alimentares – por exemplo, um membro da casta Brahmins, casta dos sacerdotes, não come carne, visto que deve ter seu corpo depurado. Atualmente, o sistema de castas na Índia não é mais seguido nas grandes cidades, apenas nos pequenos vilarejos.

A UTILIZAÇÃO DOS CONCEITOS DO LIBERALISMO NO MOVIMENTO DE LIBERTAÇÃO DAS MULHERES

A adoção do liberalismo político como pensamento que apresenta uma fundamentação razoável para o feminismo não provém apenas de uma pura análise de conceitos. Ele é utilizado pelas mulheres, no seu discurso concreto de libertação, em várias partes do mundo. Nussbaum (1999) cita três discursos bastante elucidativos. Roop Verma, ativista feminista indiana, ao criticar as tradições religiosas na Índia, mostra como essas tradições privam a mulher de sua personalidade plena. Para Verma, a personalidade plena é definida por três aspectos: a autonomia, o autorrespeito e o sentido de realização (NUSSBAUM, 1999). Vemos aqui claramente a referência aos termos que definem a proteção das esferas de escolha.

Nahid Toubia, a primeira mulher cirurgiã do Sudão, ao lutar contra a prática da mutilação genital feminina (MGF), explica as razões pelas quais ela considera esse ato, ainda que aceito culturalmente, uma violência contra as mulheres e uma violação de seus direitos. Segundo Toubia, as organizações dos direitos humanos devem declarar que a MGF é uma violação dos direitos das mulheres, pois, "se as mulheres devem ser consideradas como membros iguais e responsáveis da sociedade, nenhum aspecto de sua integridade física, psicológica ou sexual pode ser comprometido" (NUSSBAUM, 1999, p. 55).

Outro interessante depoimento é dado pela descrição de um encontro de viúvas de toda a Índia, que discutiam suas condições de vida. Segundo a revista *Hindu Magazine*, durante o encontro, elas concluíram que devem ser vistas como pessoas que têm o direito à vida, mesmo que seus esposos estejam mortos, e como cidadãs que têm direito a recursos como terra, habitação, emprego e cartões de crédito, os quais as habilitarão a viver e criar seus filhos com dignidade e autorrespeito (NUSSBAUM, 1999).

Acrescentando aqui as ideias de Martha Nussbaum, podemos dizer que mesmo Kant, na sua *Fundamentação da metafísica dos costumes* (2009), já nos ofereceria, com seu imperativo categórico, um instrumento de julgamento moral universal. Tal fórmula pode ser enunciada da seguinte forma: gostaria de ver minha máxima tornar-se uma lei universal?[2] É fácil mostrar como essas práticas mutiladoras ou opressoras em relação às mulheres não passariam no teste do imperativo categórico: poderia eu querer que todos nesta sociedade fossem mutilados genitalmente? A resposta de todos nesta sociedade provavelmente seria "não", pois a mutilação do pênis não seria aceita.[3] A mesma situação poderia ser aplicada às restrições impostas às mulheres quanto à educação e ao trabalho: gostaria que todos sofressem os mesmos impedimentos? Vemos que a resposta também seria negativa.

A crítica a essas práticas não ocidentais pelo liberalismo baseia-se em uma ideia de autorrespeito e igual consideração do valor das pessoas, independentemente de sexo, raça e religião. Devemos notar, contudo, que essa crítica não tem a implicação que muitos atribuem a ela. Primeiramente, a legitimidade de uma intervenção externa não se segue da crítica às práticas sociais que desrespeitam alguns direitos das mulheres. Em segundo lugar, a crítica a sociedades diferentes não implica que estejamos cegos quanto aos problemas da nossa própria sociedade. Se nós defendemos a não mutilação feminina, criticando práticas de outras culturas com base no direito à integridade física, não podemos ignorar a mutilação autoimposta pelas mulheres ocidentais por meio de cirurgias estéticas. Obviamente, as sanções a uma mulher que não se submete à mutilação feminina no Sudão são mais graves do que aquelas impostas à mulher ocidental que não se submete a uma lipoaspiração ou a um implante de seios. Entretanto, isso não significa que estas tenham sua esfera de escolha totalmente

---

2 A ideia da universalidade dos princípios morais fica clara na primeira formulação do imperativo categórico: "Age de forma que tua máxima possa se tornar lei universal".

3 Este argumento não foi apresentado por Kant nem por Nussbaum, sendo de minha autoria e responsabilidade.

preservada. O liberalismo político não se omite a isso, pois não é apenas a proibição legal que impede a livre escolha, mas também sanções e imposições sociais, ainda que nesta situação o grau de liberdade seja maior do que naquela. A luta de algumas mulheres ocidentais para serem respeitadas nas suas características físicas, sem a pressão de seguir modelos estéticos que incitam à mutilação, afirma o discurso do liberalismo pela manutenção de seu poder de escolha.[4]

Em todo o mundo, portanto, vemos nessas manifestações de feministas a utilização do vocabulário do liberalismo político para expressar e justificar suas reivindicações. Nota-se a ênfase dada a dois aspectos: de um lado, a manutenção de uma esfera de escolha; de outro, o respeito pelos indivíduos, ligado à consideração de igual valor das mulheres enquanto cidadãs.

UMA RESPOSTA FEMINISTA ÀS CRÍTICAS ENDEREÇADAS AO LIBERALISMO

A mera utilização dos conceitos clássicos do liberalismo pelo movimento feminista não nos dá uma justificativa teórica do liberalismo. Para fundamentá-lo, é necessário examinar as críticas endereçadas a essa doutrina e sua possível defesa.

Um dos eixos principais da crítica feminista é o suposto egoísmo defendido pelo liberalismo. Neste caso, o liberalismo defenderia a autossuficiência em detrimento do cuidado com a família e com as comunidades em geral. Nussbaum (1999) considera que a crítica ao egoísmo pode ser dirigida a alguns matizes do liberalismo econômico, mas não ao liberalismo político. Se tomarmos duas correntes principais

---

4 Nem toda procura por beleza é mutiladora. O uso de roupas, cores de cabelo e penteados pode significar uma expressão da autonomia feminina. Contudo, há alguns padrões que vão muito além de vestir-se desta ou daquela forma, que incidem sobre um ideal de corpo não natural, o qual só pode ser obtido, pela maioria das mulheres, recorrendo a alguma forma de mutilação.

do que Nussbaum denomina de liberalismo político, o utilitarismo e o kantismo, veremos que essa crítica não procede. O utilitarismo visa à maximização da felicidade de todos, e não de um indivíduo. A doutrina de Kant claramente opõe-se à busca da felicidade pessoal como objetivo da moralidade; pelo contrário, apenas a busca da felicidade alheia pode ser um dever. O liberalismo, portanto, é claramente crítico do egoísmo, tanto psicológico quanto moral.

O liberalismo defende, é verdade, a autossuficiência. Tal defesa não implica, contudo, um elogio do egoísmo, visto que a beneficência é tida como um dever moral. A autossuficiência significa que os seres humanos, independentemente de raça, sexo e outras distinções não moralmente relevantes, devem ser capazes de decidir sobre seus objetivos e seu modo de vida, ao mesmo tempo que são tratados com o respeito devido a um ser racional. Tratar os seres humanos como meios, e não como fins em si, seria contrário à ideia de autonomia defendida pela doutrina liberal.

Outra crítica endereçada ao liberalismo seria que, ao encorajar a autossuficiência dos indivíduos, eles passariam a minimizar sua dependência dos outros e subestimar o valor da família e das associações comunitárias. Nussbaum (1999) nega que os expoentes filosóficos do liberalismo defendessem a não consideração dos outros. Kant, por exemplo, aconselha que o agente não tome seu próprio prazer como razão de ação; mesmo aquele que tem pouca simpatia deve, por exemplo, realizar atos de beneficência. Se a crítica à autossuficiência significa que a relação com os outros é negligenciada pelo liberalismo, tal crítica não possui um fundamento sólido. Contudo, o liberalismo realmente defende um projeto de autossuficiência, em que os indivíduos não estão submetidos às exigências do todo, mas possuem seus próprios projetos, que podem ser distintos dos projetos a eles atribuídos pela comunidade. Esse descolamento da parte-indivíduo em relação ao todo-comunidade é benéfico para as mulheres e deveria, segundo Nussbaum, ser defendido pelas feministas, pois as mulheres sempre foram tratadas e valorizadas como parte de uma família ou comunidade, enquanto reprodutoras ou encarregadas do cuidado com os outros membros (NUSSBAUM, 1999). O que as mulheres querem é a consideração de que são sujeitos separados de sua família ou comunidade, logo, agentes livres para a determinação de seu próprio projeto de vida.

O segundo aspecto da crítica feminista dirigida ao liberalismo enfoca o pretenso formalismo dessa doutrina. Segundo as críticas, o liberalismo apresentaria uma visão de pessoa muito abstrata, a qual não consideraria as diferenças de hierarquia social e a desigualdade de poder. Novamente, aqui, a estratégia de Nussbaum (1999) é mostrar que nem todas as correntes liberais seriam cegas às diferenças sociais e de poder. Uma prova disso seria o tratamento que os liberais rawlsianos dariam à ação afirmativa. Admitindo que alguns indivíduos possuem várias vantagens derivadas de características morais irrelevantes, os seguidores de Rawls reconhecem que é não apenas razoável, mas também necessário moralmente reajustar esses benefícios, de modo que alguns indivíduos não os tenham em excesso. Nesse sentido, esse tipo de liberalismo rejeita igualmente a total abstração do indivíduo em relação ao seu meio social e as vantagens ou desvantagens que provenham daí.

Outra linha de crítica refere-se ainda à pretensa desconsideração das emoções pelo liberalismo. Segundo Jaggar (1983), uma de suas mais ferrenhas críticas, "a teoria política liberal é fundamentada na concepção de seres humanos como essencialmente agentes racionais" (JAGGAR, 1983, p. 28). Ao ter esse modelo para os seres humanos, ele desconsideraria uma parte da essência humana. Nel Noddings acrescenta outra nuance a essa crítica. Em *Caring: a feminine approach to ethics and moral education* (1984), a autora defende que o amor maternal, por exemplo, é uma experiência bastante rica emocionalmente, na qual não se incluem elementos de julgamento racional.

Nussbaum (1999) contesta essas críticas em duas linhas. Primeiramente, nega que os teóricos liberais tenham dissociado tão radicalmente razão e emoção. Desde Kant e Hume, aceita-se que as emoções envolvem algum tipo de julgamento sobre determinada situação. O pesar, por exemplo, envolve uma crença de que algo de valor foi perdido; consequentemente, há certa racionalidade envolvida na emoção. Como segundo ponto, Nussbaum mostra que o que os liberais não aconselham, de fato, é deixar-se guiar pelas emoções. Nesse sentido, mesmo o amor maternal deve ser guiado por preocupações racionais sobre o bem-estar dos filhos.

Em suma, Martha Nussbaum mostra que o liberalismo, principalmente aquele que segue os ensinamentos de Kant e Rawls, deve ser não só aceito, mas também defendido com ardor pelas feministas, por apresentar conceitos que estas valorizam: capacidade de escolha e autorrespeito.

NOVOS UNIVERSAIS: O CONCEITO DE CAPABILITY

Uma das críticas às teóricas que defendem valores universais é que estes se apresentam como valores particulares encobertos por uma pretensa validade geral. Uma filosofia feminista radical baseia-se na crítica dos valores universais presentes até agora no discurso filosófico. Portanto, o desafio de uma filosofia feminista universalista é estabelecer valores universais que não sejam distorcidos por um preconceito de gênero.

Esse desafio foi em parte cumprido pelo conceito de *capability*, o qual poderia ser traduzido, na falta de melhor tradução, por capabilidade. Em seu artigo *In defense of universal values*, Nussbaum (2001, p. 6) afirma:

> Um feminismo internacional que venha a ter um espírito crítico rapidamente se envolve em fazer recomendações normativas

> que vão além dos limites da cultura, religião, raça e classe.
> Serão necessários conceitos descritivos e normativos adequados
> a essa tarefa.

A obtenção dessas categorias deverá responder a questões sobre sua origem, principalmente fornecer uma justificativa para sua aplicação universal que envolva culturas em que essas categorias não são reconhecidas.

Uma estrutura universal de categorias deveria responder a três objeções centrais. A primeira objeção seria o argumento da cultura ou argumento antiocidental. Segundo esse argumento, algumas culturas, como a indiana, preservam normas relativas à obediência feminina, ao autossacrifício e ao recato, que têm definido a vida das mulheres durante séculos, tanto na tradição hindu quanto na muçulmana. As feministas ocidentais não deveriam assumir simplesmente que essas são normas ruins, incapazes de conceder uma vida digna às mulheres. A segunda crítica se refere ao argumento do aspecto positivo da diversidade. E a terceira diz respeito ao argumento do paternalismo, segundo o qual, quando usamos uma estrutura de normas universais como referência, não estaríamos respeitando a liberdade dos outros como agentes ou seu papel enquanto cidadãos de uma democracia.

A resposta de Martha Nussbaum consiste em mostrar que várias culturas e sociedades tradicionais não respeitam a liberdade e autodeterminação das mulheres, negando-lhes capacidade civil, direitos básicos e autonomia. Além disso, as mulheres com as quais Nussbaum entrou em contato em vários desses países apontavam essa falta de liberdade e a carência de direitos, afirmando que gostariam de ter uma vista mais completa e satisfatória.

Nussbaum nos apresenta o conceito de *capabilities* como uma resposta a essa busca de universais que não sejam paternalistas e que respeitem as diversas culturas, um conceito que já havia sido utilizado pelo economista Amartya Sen para avaliar a qualidade de vida de populações e indivíduos. As *capabilities*, nessa nova versão, possuem uma influência aristotélica, pois se referem às funções verdadeiramente humanas, sem as quais a vida do ser humano perderia o sentido.

As capacidades humanas centrais são as seguintes (NUSSBAUM, 2001, p. 14-15):

- Vida: ser capaz de viver uma vida humana de uma duração normal; não morrer prematuramente.

- Saúde: ser capaz de ter boa saúde, incluindo saúde reprodutiva; ser alimentado adequadamente e ter habitação adequada.

- Integridade física: ser capaz de mover-se livremente de um lugar a outro; ser protegido contra a violência, incluindo violência sexual e doméstica; ter oportunidades para satisfação sexual ou para escolhas reprodutivas.

- Sentidos, imaginação e pensamento: ser capaz de usar os sentidos, de imaginar, pensar e raciocinar; ser capaz de usar a mente, protegido pela garantia de expressão em relação à arte e à política; ser capaz de ter experiências prazerosas e evitar dor desnecessária.

- Emoções: ser capaz de relacionamentos com coisas e pessoas fora de nós; amar aqueles que nos amam e se preocupam conosco.

- Razão prática: ser capaz de formar uma concepção de bem.

- Afiliação: ser capaz de viver com os outros e ter interação social, ter capacidade para justiça e amizade; possuir as bases sociais para o autorrespeito e a não humilhação, sendo tratado como um ser humano digno, cujo valor é igual ao dos outros; ter proteção contra a discriminação por raça, gênero, orientação sexual, religião, origem étnica e/ou nacional.

- Outras espécies: ser capaz de se preocupar com os animais, as plantas e o mundo natural.

- Brincar: ser capaz de rir, de brincar, de ter atividades recreativas.

- Controle sobre seu ambiente: ser capaz de participar efetivamente em escolhas políticas que governam sua vida; ser capaz de ter propriedade, de procurar emprego em bases iguais às dos outros.

As *capabilities* são, portanto, uma lista de capacidades necessárias e universais para que se tenha uma vida digna de ser vivida. Em vez de Kant e Rawls, é a inspiração aristotélica de função humana que, por fim, leva Nussbaum a um conjunto de universais que podem servir como valores de uma teoria feminista.

REFERÊNCIAS

JAGGAR, Alison M. *FEMINIST POLITICS & HUMAN NATURE*. Totowa: Rowman & Allanheld, 1983.

KANT, Immanuel. *FUNDAMENTAÇÃO DA METAFÍSICA DOS COSTUMES*. São Paulo: Discurso Editorial; Barcarolla, 2009.

NODDINGS, Nel. *CARING*: a feminine approach to ethics and moral education. Berkeley: University of California Press, 1984.

NUSSBAUM, Martha C. In defense of universal values. *In*: STERBA, James P. *CONTROVERSIES IN FEMINISM*. Oxford: Rowman & Littlefield Publishers, 2001.

NUSSBAUM, Martha C. *SEX AND SOCIAL JUSTICE*. Oxford/New York: Oxford University Press, 1999.

RAWLS, John. *A THEORY OF JUSTICE*. Cambridge: Belknap Press, 1999.

SUGESTÕES DE LEITURA

NUSSBAUM, Martha C. Capability and well-being. *In*: NUSSBAUM, Martha C.; SEN, Amartya. *THE QUALITY OF LIFE*. Oxford: Clarendon Press, 1993.

NUSSBAUM, Martha C. Gender inequalities and theories of justice. *In*: NUSSBAUM, Martha C.; GLOVER, Jonathan. *WOMEN, CULTURE, AND DEVELOPMENT*. Oxford: Clarendon Press, 1993.

NUSSBAUM, Martha C. The feminist critique of liberalism. *In*: NUSSBAUM, Martha C. *SEX AND SOCIAL JUSTICE*. Oxford/New York: Oxford University Press, 1999.

CAPÍTULO 3

CARLA RODRIGUES

QUESTÕES PÓS-HEGELIANAS: PROBLEMAS DE RECONHECIMENTO EM JUDITH BUTLER

Desde sua tese de doutorado, *Subjects of desire*, de 1984, até seus textos mais contemporâneos, a filósofa Judith Butler tem em Hegel um autor com quem sua obra dialoga. É com Hegel que ela pensa a articulação entre reconhecimento e constituição do sujeito, assim como é com a leitura francesa de Hegel que ela retorna a Simone de Beauvoir para ir além do par sexo/gênero, até então indicador do sexo como natural e do gênero como construção social. Com a intenção de tornar mais explícita a articulação entre Butler e Hegel, este capítulo começa retomando algumas questões que aparecem primeiro em *Problemas de gênero*, passa pelo debate entre Butler e Hegel em *O clamor de Antígona* – texto que considero marcar uma virada na sua filosofia –, para chegar ao final discutindo uma hipótese com a qual venho trabalhando em pesquisas recentes: a de que o luto é uma categoria central para a autora pensar a precariedade dos corpos marcados por gênero, raça, classe, nacionalidade, religião, etc. Em meu argumento, Butler torna política a desigualdade na distribuição do luto público para, a partir daí, estabelecer uma crítica à violência do Estado, cujo modo de atuação se dá na discriminação entre vidas viváveis e vidas matáveis.

Na dialética do senhor e do escravo, tal qual proposta por Hegel em *Fenomenologia do espírito*, é quando arrisca a vida que o senhor faz a passagem da consciência natural para a consciência de si. A morte é, para Hegel, a vida do espírito, aquela que de fato tem valor e que promove reconhecimento ao sujeito. De modo análogo, o luto seria, para Butler, o reconhecimento de que uma vida foi vivida, o elemento que faz a distinção entre as vidas que têm valor e as que não têm.

CRIANDO PROBLEMAS

Uma das primeiras passagens de *Problemas de gênero* diz respeito ao uso da palavra "problema", que Butler propõe não ter mais valor negativo.

> "Problema" talvez não precise ter uma valência tão negativa. No discurso vigente na minha infância, criar problema era precisamente o que não se devia fazer, pois isso traria problema para nós. A rebeldia e sua repressão pareciam ser apreendidas nos mesmos termos, fenômeno que deu lugar a meu primeiro discernimento crítico da *artimanha sutil do poder*: a lei dominante ameaçava com problemas, ameaçava até nos colocar em apuros, para evitar que tivéssemos problemas. Assim, concluí que problemas são inevitáveis e nossa incumbência é descobrir a melhor maneira de criá-los, a melhor maneira de tê-los. (BUTLER, 2003, p. 7, grifo meu)

Gosto em particular desse início para contextualizar o momento político-feminista que os Estados Unidos estavam enfrentando no final dos anos 1980, quando Butler publica esse livro. Havia para os movimentos feministas o problema de enfrentar as forças conservadoras, tão bem diagnosticadas por Susan Faludi (2001), cujo trabalho expõe os discursos de "volta ao fogão" que dominaram a imprensa norte-americana – e, tempos depois, a brasileira – com narrativas pautadas pela ideia de que os objetivos feministas de emancipação e liberdade estavam prejudicando e sobrecarregando as mulheres. Diz a autora:

> [...] foi a imprensa a primeira a apresentar e resolver, diante de uma grande audiência, o paradoxo da vida das mulheres, o paradoxo que se tornaria tão fundamental para o backlash: as mulheres conseguiram tanto e, mesmo assim, sentem-se tão insatisfeitas; devem ser as realizações do feminismo, e não a resistência da sociedade contra estas realizações parciais, a razão para todo este sofrimento das mulheres. (FALUDI, 2001, p. 95)

Quando Butler decide que, em vez de se render ao lugar de interlocutora de "problemas" impostos pelas forças conservadoras, vai criar seus próprios problemas, já promove uma mudança política de interlocução. Há mais potência no seu gesto, o que só foi possível perceber depois, quando a crítica ao par sexo/gênero renovou as teorias feministas. Enquanto reacionários afirmavam que as mulheres já tinham conquistado tudo que precisavam, anunciando o fim do feminismo, Butler propunha uma ampliação de feminismos que não fossem feitos apenas em nome da mulher. Dessa abertura, resultou um revigoramento político cujos ecos se ouvem ainda hoje, apesar da estridência dos discursos em defesa do fim da história, no rastro dos quais se deu a reivindicação de fim do feminismo.

A proposição de não pensar o sexo como natural e pré-discursivo vem na esteira da importância e influência do filósofo Michel Foucault na obra de Butler. Na França, a tradução de *Problemas de gênero* (*Trouble dans le genre*) fez a autora ser recebida como continuadora do pensamento de Foucault (BRUGÈRE; LE BLANC, 2009), o que não nos impede de reconhecer a contribuição original na abordagem de Butler no que diz respeito ao embaralhamento de pares compreendidos como opostos e separados: de um lado, o sexo como exclusivamente natural; de outro, o gênero como cultural. Está oculta nessa construção discursiva a estrutura de manutenção do binarismo, sustentada pela ideia de que a natureza é o fundamento último daquilo que somos.

> [...] a ideia de que o gênero é construído sugere um certo determinismo de significados do gênero, inscritos em corpos anatomicamente diferenciados, sendo esses corpos compreendidos como recipientes passivos de uma lei cultural inexorável. Quando a "cultura" relevante que "constrói" o gênero é compreendida nos termos dessa lei ou conjunto de leis, tem-se a impressão de que o gênero é tão determinado e tão fixo quanto da formulação de que a biologia é o destino. Neste caso, não a biologia, mas a cultura se torna o destino. (BUTLER, 2003, p. 26)

O caráter arbitrário da ligação sexo/gênero abre a interlocução entre o pensamento de Judith Butler e a teoria queer (TQ), influenciada por um aspecto específico de *Gramatologia*, livro em que o filósofo Jacques Derrida radicaliza a ligação arbitrária entre significante e significado, de imensa importância para a TQ.[1] Assim, ao seguir o argumento de Butler e compreender o sexo como prática regulatória que produz os corpos que governa, poderemos compreender também a importância do deslocamento da identidade de gênero para a performatividade de gênero. Desde o início de *Problemas de gênero*, ela anuncia sua intenção de fazer uma crítica radical à identidade de gênero, quando pergunta pelas possibilidades políticas que se apresentariam como consequência de uma crítica radical da categoria de identidade (BUTLER, 2003).

Ao interrogar o par sexo/gênero, Butler cria pelo menos dois novos problemas para a teoria feminista. O primeiro é discutir a proposição de fazer com que o sujeito mulher deixe de ser a razão de ser do

---

1 Muitos autores da TQ se referem à *Gramatologia* como o ponto de virada. Seria impossível nomeá-los todos. Refiro-me apenas, a título de exemplo, ao *Manifesto contrassexual*, texto em que Beatriz Preciado toma a filosofia de J. Derrida como referência para o debate sobre o fim do corpo natural.

feminismo, a partir da necessária crítica aos mecanismos de funcionamento da representação na política:

> Não basta inquirir como as mulheres podem se fazer representar mais plenamente na política. A crítica feminista também deve compreender como a categoria "mulheres", o sujeito do feminismo, é produzida e reprimida pelas mesmas estruturas de poder por intermédio das quais busca-se emancipação. (BUTLER, 2003, p. 19)

Do meu ponto de vista, há uma potência no paradoxo apontado pela autora. Quando indica que a categoria mulheres é produzida e reprimida pelas mesmas estruturas de poder às quais as mulheres dirigem suas demandas de emancipação e conquista de direitos, Butler percebe que há uma circularidade com a qual é preciso romper: primeiro, as mulheres precisam adentrar o terreno político da representação e, nele, ser constrangidas a uma categoria identitária unívoca; em seguida, é preciso se valer desta categoria identitária para reivindicar direitos, que já serão limitados pelo simples fato de atenderem apenas aqueles sujeitos submetidos à representação cabível na categoria mulher.[2]

O segundo problema está na forma ambivalente como ela usa o termo "desejo". Desde a minha primeira leitura de *Subjects of desire* (BUTLER, 1999) me faço a mesma pergunta: desejo de quê? Sabemos que desde Hegel o desejo tinha se tornado elemento central na filosofia moderna. Essa centralidade do desejo surge nas leituras de Hegel na França, a partir dos anos 1930, com Alexandre Koyré e, em seguida, com Alexandre Kojève e Jean Hyppolite.[3] A recepção de Hegel na França da primeira metade do século XX se concentrou na pesquisa da

---

2 Esta questão retorna com maior ênfase em *The psychic life of power: theories in subjection* (BUTLER, 1997).

3 São destas leituras que o psicanalista Jacques Lacan vai se valer nos seus primeiros seminários. Poderia aqui supor que um dos pontos de divergência entre Butler e Lacan está no fato de que os filósofos franceses sobre os quais ela se debruça, como Foucault e Derrida, são pensadores que buscarão de algum modo um afastamento de Hegel, enquanto Lacan, pelo menos até o seminário 7, se manterá muito próximo do hegelianismo francês.

Fenomenologia do espírito (2011) e no conceito de consciência como consciência desejante. De novo me volta a pergunta: desejo de quê? De reconhecimento, posso dizer de maneira resumida; já em termos mais hegelianos, afirmaria que todo desejo de uma consciência de si é um desejo de reconhecimento de outra consciência de si; e nos termos de Butler, observo que o par sexo/gênero supõe um desejo (de reconhecimento) heterossexual com o qual ela forma uma tríade a fim de complicar o par sexo/gênero, que até então sustentava a existência de apenas dois modos de constituição de subjetividades, homens e mulheres, masculino e feminino, macho e fêmea.

> A matriz cultural por intermédio da qual a identidade de gênero se torna inteligível exige que certos tipos de "identidade" não possam "existir" [no sentido de serem reconhecidas] – isto é, aquelas em que o gênero decorre do sexo e aquelas em que as práticas do desejo não "decorrem" nem do "sexo" nem do "gênero". Nesse contexto, "decorrer" seria uma relação política de direito instituído pelas leis culturais que estabelecem e regulam a forma e o significado da sexualidade. (BUTLER, 2003, p. 39)

Fazer do sujeito mulher o único representado e reconhecido dentro dos feminismos, que estariam sustentando uma diferença sexual binária – opositiva ao sujeito homem, mantido como padrão – e heteronormativa, seria uma forma de reafirmar a existência de sujeitos inteligíveis apenas a partir de uma coerência entre sexo, gênero, prática sexual e desejo. Assim, Butler propõe uma revisão – e, como consequência, uma abertura – do conceito de gênero para além do par homem/mulher com o qual se articulava a distinção sexo/gênero.

> A instituição de uma heterossexualidade compulsória e naturalizada exige e regula o gênero como uma relação binária em que o termo masculino se diferencia do termo feminino, realizando-se essa diferenciação por meio das práticas do desejo heterossexual. (BUTLER, 2003, p. 45)

Esta é a sua crítica radical da identidade de gênero, que passará a ser pensada por Butler em termos de performatividade, definida pela autora como um tipo de reiteração do discurso que ao mesmo tempo regula e constrange os fenômenos que produz (BUTLER, 2003). O importante aqui é perceber como, para Butler, as identidades de gênero não precedem o exercício da norma, mas é o exercício que acaba por criar as identidades, indicando que a repetição das normas vem acompanhada da possibilidade de subvertê-las. Performatividade, portanto, é o movimento dialético de manutenção e subversão das normas, mantendo e ao mesmo tempo superando as regras que estabelece.

É neste contexto que aparece a figura da *drag queen* como a que "desestabiliza as próprias distinções entre natural e artificial, profundidade e superfície, interno e externo – por meio das quais operam quase sempre os discursos sobre gênero" (BUTLER, 2003, p. 8). Ao performatizar um gênero feminino, a *drag queen* se apresenta como uma *hipermulher*, uma representação de todos os elementos tidos como femininos e ao mesmo tempo artificializados em qualquer corpo, e não, como Butler também deixa claro, como uma prática em si de performatividade. "Se a drag é performativa, isso não significa que toda performatividade deve ser entendida como drag", responderá Butler (2003, p. 230) a seus primeiros críticos. Ir além, esse é o objetivo da autora na sua crítica ao sujeito ontológico:

> [...] essa impossibilidade de tornar-se "real" e de encarnar o
> "natural" é, diria eu, uma falha constitutiva de todas as imposições
> de gênero, pela razão mesma de que esses lugares ontológicos são
> fundamentalmente inabitáveis. (BUTLER, 2003, p. 210)

O PARADOXO DA LEITURA HEGELIANA SOBRE RECONHECIMENTO[4]

Eram os anos 2000 quando Butler voltou à tragédia de Antígona para questionar "o que havia acontecido com aqueles esforços feministas para confrontar e desafiar o Estado" (BUTLER, 2014, p. 17). Antes dela, muitas leituras feministas haviam acentuado o caráter rebelde de Antígona, a personagem feminina que confronta o poder masculino do soberano que a condena à morte. Virginia Woolf, Tina Chanter e Luce Irigaray, para citar apenas algumas, escrevem, cada uma a seu modo, nessa direção. A Butler caberá repensar a separação perfeita entre a lei familiar, representada por Antígona, e a lei do Estado, encarnada em Creonte, tal qual proposta por Hegel. Para isso, Butler explora o que considera um paradoxo na leitura de Hegel para Antígona.

Quando Antígona reivindica o direito de fazer as honras fúnebres para Polinices, estaria, argumenta Butler, não apenas reconhecendo o valor da vida do irmão ao lutar pelo seu direito ao túmulo, mas também reivindicando seu direito de reconhecimento. Seguindo o que seria para Hegel o papel da irmã na família, a personagem de Sófocles estaria buscando um duplo reconhecimento: da vida de Polinices e do seu lugar na pólis. Nesse roteiro, Antígona defenderia seu direito de enterrar o irmão e seu próprio reconhecimento, a fim de se constituir como sujeito. Para Hegel, lembra Butler, o reconhecimento não pode acontecer de modo unilateral. Quando reconheço, sou reconhecido; essa reciprocidade aparece na *Fenomenologia do espírito* quando uma consciência de si percebe que não tem efeito unilateral sobre outra consciência de si. A ação de uma se implica a outra, e vice-versa.

---

4 Parte deste debate foi apresentada no XVII Encontro Nacional da Associação Nacional de Pós-Graduação em Filosofia (Anpof). RODRIGUES, Carla. A função política do luto na filosofia de Butler. *In*: ENCONTRO NACIONAL DA ANPOF, 17., Aracaju, 2016. **Anais** [...]. Aracaju: Anpof, 2016.

> Poderíamos dizer, portanto, que nunca ofereço reconhecimento no sentido hegeliano como pura oferta, pois sou também reconhecida, pelo menos em termos potenciais e estruturais, no momento e no ato da oferta. (BUTLER, 2015, p. 40)

Para Hegel, o reconhecimento e a reciprocidade existentes na relação entre o senhor e o escravo e na relação entre o marido e a mulher não são equivalentes ao que existe na relação entre o irmão e a irmã. Neste par, a irmã só será reconhecida quando vier a honrar a morte do irmão, porque em vida nem ela pode ter desejo de reconhecimento pelo irmão, nem ele pode oferecer reciprocidade à irmã. Assim, seguindo o argumento de Butler, Antígona estaria cumprindo o roteiro hegeliano de reconhecimento/reciprocidade quando reivindica o funeral e o enterro de Polinices. Há, no entanto, um problema nessa relação de reciprocidade. Não existe na *Fenomenologia do espírito*, como observa Butler, reconhecimento sem desejo. Ainda assim, para Antígona, Hegel não admite que haja reconhecimento com desejo. Butler levanta a hipótese de o reconhecimento ter sido interditado para Antígona a fim de eliminar a possibilidade de haver um desejo entre irmã e irmão:[5]

> O único tipo de reconhecimento de que [Antígona] pode gozar advém de seu irmão e se dirige a ele. Ela só poderá obter reconhecimento do irmão, isso porque, segundo Hegel, a princípio não há desejo algum nesse relacionamento. Se houvesse desejo no relacionamento, não haveria possibilidade alguma de reconhecimento. Mas por quê? (BUTLER, 2014, p. 32)

Vale observar que a morte ocupa um lugar central na *Fenomenologia do espírito*, já que é só quando o senhor põe a vida em risco que ele se torna senhor, enquanto o escravo permanece escravo por conservar a vida. Antígona põe a vida em risco a fim de buscar reconhecimento para seu irmão, e o desejo de reconhecimento envolvido na dialética do senhor e do escravo é uma luta de vida ou morte, como a que ela trava

---

5 Em Rodrigues (2012), trabalho o problema da impossibilidade de Antígona representar o parentesco.

com Creonte. São contradições apontadas por Butler e úteis para pensar em um problema que Simone de Beauvoir havia percebido, também na leitura da dialética hegeliana: a história da filosofia não havia fornecido roteiros de subjetivação para mulheres, estabelecendo apenas modos de subjetividade para a neutralidade do humano, nos quais se ocultava o privilégio do homem como sujeito.

No curto trecho da *Fenomenologia do espírito* em que Hegel se refere a Antígona, o filósofo entende a peça como marco da necessária passagem da lei divina, encarnada na personagem feminina, para a lei da pólis, defendida por Creonte, o que supõe uma possibilidade de separação perfeita entre as duas leis. Tina Chanter (1991) observa como os dois personagens e as duas leis estão coimplicadas. Creonte afirma a lei da pólis como negação da lei divina, e Antígona afirma a lei divina como negação da lei da pólis. Ao lutar pelo reconhecimento do irmão, Antígona está obedecendo a duas leis – a familiar e a estatal – entendidas por Hegel como excludentes, em uma separação que, na leitura de Butler, se mostra impossível. É assim que as honras fúnebres para Polinices ganham a função de uma dupla *Aufhebung* – a superação da sua morte natural, a fim de marcar sua vida do espírito, e a superação da mera vida natural de Antígona, que, ao arriscar a própria vida, faria a passagem da consciência natural para a consciência de si. O problema de Butler passa a ser perguntar: por que Hegel interdita essa passagem a Antígona?

Considero esses paradoxos uma grande contribuição filosófica de Butler por nos permitir pensar sobre por que, ainda hoje, às mulheres é interditada a passagem da consciência natural para a consciência de si, para ficar com os termos hegelianos e retomar a crítica de Simone de Beauvoir à dialética entre o senhor e o escravo, interpretada por ela como mais um movimento de atribuir à mulher o lugar de dependente, presa à vida animal (ou natural), incapaz de ascender ao campo da cultura (ou do espírito). Beauvoir parte do argumento de que, na dialética entre o senhor e o escravo, o sujeito é o absoluto e o outro é o imanente, o que significaria, para ela, a manutenção da ideia de que o homem é o sujeito e a mulher é o outro, aquela que só se constitui como secundária. As mulheres não seriam, julga Beauvoir, capazes de obter reconhecimento sem se constituírem também como sujeito, e até ali a história da filosofia não teria oferecido um roteiro de constituição de subjetividade que não estivesse apoiado na ideia de que a mulher é apenas o outro do homem, aquela a quem não cabe aspirar o desejo de reconhecimento como sujeito. Beauvoir questiona a possibilidade de que a interdependência entre homens e mulheres possa ser tomada como análoga à da relação entre o senhor e o escravo, já que a nossa reivindicação seria a de obter o mesmo tipo de reconhecimento conferido ao homem, em vez de ficar constrangida ao mero lugar de outro do homem.

> [...] as mulheres nunca opuseram valores femininos aos valores masculinos; foram os homens, desejosos de manter as prerrogativas masculinas, que inventaram essa divisão: pretenderam criar um campo de domínio feminino – reinado da vida, da imanência – tão somente para nele encerrar a mulher. (BEAUVOIR, 2009, p. 104)

É importante lembrar que Beauvoir também está influenciada não apenas pelo existencialismo francês, mas também pelas leituras de Hegel em voga na França da primeira metade do século XX, as mesmas que foram objeto da tese de doutorado de Butler. Interessava naquele momento de interpretação da *Fenomenologia do espírito* destacar que a passagem da consciência natural para a consciência de si nos é dada a partir do outro, entendida como abertura do eu ao que não é próprio de si, estabelecendo um sujeito constituído pela alteridade, resultado da relação de reciprocidade, que, como percebeu Butler, foi negada por Hegel a Antígona.

CORPOS IMPORTAM: O LUTO COMO TAREFA DE CRÍTICA À VIOLÊNCIA DE ESTADO

Criar problemas também pode nos levar a ter problemas. Foi o que aconteceu com Butler depois da publicação de *Problemas de gênero*. Houve uma intensa reação ao seu argumento de que era preciso repensar o par sexo/gênero a partir da compreensão do sexo não mais como natural ou pré-discursivo. "Mas e os corpos, não importam?", perguntavam os críticos. Quando, quatro anos depois, em 1993, ela publica *Bodies that matter*, o jogo de palavras do título – corpos que importam ou corpos que pesam – abre, a partir dali, um caminho decisivo em direção ao que hoje parece ser a categoria mais interessante na filosofia política de Butler, a condição precária, universal a todo corpo vivente e, portanto, vulnerável à morte.

Antes de avançar, preciso lembrar um problema de tradução na distinção entre duas palavras que Butler usa em inglês, *precarity/precariousness*. A primeira – *precarity* – foi usada na edição brasileira de *Quadros de guerra* para traduzir condição precária como a categoria universal que abarca todo corpo vivente.[6] A segunda – *precariousness* – foi traduzida por precariedade, relacionada a formas de vida mais ou menos precárias conforme o acesso a bens, serviços, recursos e políticas públicas. São duas palavras porque o objetivo de Butler é diferenciar precariedade – esta que pode ser superada – de condição precária, esta universal e insuperável, marca de todo corpo vivente exposto à morte. Virá dessa distinção sua crítica ao liberalismo, quando ela diz que "nenhuma quantidade de riqueza pode eliminar as possibilidades de doença ou de acidente para um corpo vivo, embora ambas possam ser mobilizadas a serviço desta ilusão" (BUTLER, 2015, p. 52-53).

Pesam sobre os corpos marcadores de gênero, raça, classe, nacionalidade, religião, para citar apenas alguns, que fazem com que

---

6 Tradução de Sérgio Tadeu de Niemeyer Lamarão e Arnaldo Marques da Cunha, revisão técnica minha.

determinados corpos importem mais do que outros, o que Butler vai perceber ao apontar a distribuição desigual do luto público. A mesma relação de coimplicação entre manutenção da norma e subversão da norma será notada por Butler na relação entre a mera vida natural e a vida do espírito, seguindo os termos hegelianos. É a vida cultural a ser enlutada que confere reconhecimento à vida biológica, em uma relação de coimplicação presente desde o início, já que não há vida cultural sem que antes tenha havido a vida biológica, nem há vida biológica que não esteja desde sempre lançada na experiência de alcançar a vida do espírito. Há um futuro anterior – uma vida terá sido vivida – que torna possível dizer que, para que uma vida venha a ser vivida, é pressuposto que haja vida enlutável se vier a ser perdida.

> Nós não nascemos primeiro e em seguida nos tornamos precários; a precariedade é coincidente com o próprio nascimento [...]. É exatamente porque um ser vivo pode morrer que é necessário cuidar dele para que possa viver. Apenas em condições nas quais a perda tem importância o valor da vida aparece efetivamente. Portanto, a possibilidade de ser enlutada é um pressuposto para toda vida que importa. (BUTLER, 2015, p. 32)

É a condição de ser enlutado que torna possível a apreensão de um ser vivo como algo que vive, porque essa condição de enlutável marca a nossa exposição à morte desde o início, lançados como viventes em uma *diferença ativa* inseparável e insuperável entre a vida e a morte. O luto se torna, desde a leitura que Butler faz de Antígona, não apenas uma tarefa pessoal e familiar, mas um empreendimento coletivo, um direito, uma exigência e uma política de Estado. Se é a condição de enlutável que enquadra as vidas que têm e as que não têm valor, então passa a ser preciso, para Butler, universalizar o direito ao luto como mecanismo político de afirmar o valor de toda vida, porque toda vida está exposta à morte.

Pelo menos dois problemas são operados na filosofia política de Butler a partir da função que ela atribui ao luto. O primeiro seria que a condição de reconhecimento de uma vida vem do reconhecimento de que a morte é uma condição precária compartilhada por todo vivente. Se todos vamos morrer, o que nos diferencia não é sermos "seres vivos", mas como teremos uma vida vivível; todo corpo vivente está sempre exposto às formas de sociabilidade que necessariamente limitam sua autonomia individual, proposição com a qual ela vai pensar como os corpos importam e pesam. Já o segundo problema seria que, no diagnóstico da distribuição desigual do luto público, o número brutal de violações à vida das mulheres, dos gays, das lésbicas, das pessoas trans, dos negros e negras indica o problema ético-político envolvido na distinção entre condição precária, à qual todo vivente está submetido, e precariedade, aquela que só pesa sobre certos corpos cujas diferentes marcações de subalternidade fazem com que eles não importem. A violência do Estado, no entanto, se vale da suposição de hierarquia entre formas de vida, o que resulta em uma política de extermínio de modos de vida tomados por matáveis como política de proteção a formas de vida tomadas como as únicas vivíveis. O valor envolvido nessa hierarquia está, como percebe Butler, em marcações como gênero, mas não apenas. Raça, classe, escolaridade, nacionalidade e religião são outros elementos que influenciam a distinção do Estado em relação a quais vidas precisam de proteção e, quando perdidas, merecem ser enlutadas; e quais vidas não precisam de políticas de proteção justamente porque, quando perdidas, não virão a ser enlutadas.

Por fim, gostaria de retomar a ideia de que o projeto mais radical de Butler é a crítica da identidade de gênero e seu deslocamento para a proposição de performatividade de gênero. Não apenas porque, como já mencionado, a performatividade é um modo de apontar o funcionamento dialético de normas, que operam a partir da sua repetição e, por isso, carregam em si a possibilidade de subversão. Desde os anos 1990, quando *Problemas de gênero* foi publicado, até hoje, a proposição de Butler tem se evidenciado cada vez mais, e, apesar das forças conservadoras, os efeitos que ela prevê fazem parte da vida cotidiana:

> A perda das normas do gênero teria o efeito de fazer proliferar as configurações de gênero, desestabilizar as identidades substantivas e despojar as narrativas naturalizantes da heterossexualidade compulsória de seus protagonistas centrais: os "homens" e "mulheres" [...]. Como efeito de uma *performatividade* sutil e politicamente imposta, o gênero é um "ato", por assim dizer, que está aberto a cisões, sujeito a paródias de si mesmo, a autocríticas e àquelas exibições hiperbólicas do "natural" que, em seu exagero, revelam seu *status* fundamentalmente fantasístico. (BUTLER, 2003, p. 211, grifo meu)

Na crítica à política feita a partir da identidade, Butler traz o corpo para o debate político. Não um corpo ontológico, cuja vida em si deve ser protegida, mas a impossibilidade de separar a mera vida biológica de um corpo vivente das suas marcações pela cultura. São corpos cujas marcações de gênero importam, corpos condenados à morte por políticas públicas insuficientes, incapazes de fornecer instrumentos de superação da precariedade; corpos torturados nas prisões em nome da defesa do Estado; corpos carregados de evidências do artificial, que precisam ser eliminados para mais uma vez reiterar o natural, em cuja defesa já nos impuseram e ainda nos impõem as mais diversas formas de opressão e violência.

REFERÊNCIAS

BEAUVOIR, Simone. *O SEGUNDO SEXO*. 2. ed. Rio de Janeiro: Nova Fronteira, 2009.

BRUGÈRE, Fabienne; LE BLANC, Guillaume (coord.). *JUDITH BUTLER*: trouble dans le sujet, trouble dans les normes. Paris: PUF, 2009.

BUTLER, Judith. *BODIES THAT MATTER*. Abingdon: Routledge, 1993.

BUTLER, Judith. *O CLAMOR DE ANTÍGONA*. Florianópolis: EdUFSC, 2014.

BUTLER, Judith. *PRECARIOUS LIFE*. London/New York: Verso, 2004.

BUTLER, Judith. *PROBLEMAS DE GÊNERO*: feminismo e subversão da identidade. Rio de Janeiro: Record, 2003.

BUTLER, Judith. *QUADROS DE GUERRA*: quando a vida é passível de luto? Rio de Janeiro: Record, 2015.

BUTLER, Judith. *SUBJECTS OF DESIRE*: hegelian reflections in twentieth-century France. 2. ed. New York: Columbia University Press, 1999.

BUTLER, Judith. *THE PSYCHIC LIFE OF POWER*: theories in subjection. Redwood: Stanford University Press, 1997.

CHANTER, Tina. Antigone's dilemma. *In*: BERNASCONI, Robert; CRITCHLEY, Simon (ed.). *RE-READING LEVINAS*. Indiana: Indiana University Press, 1991.

FALUDI, Susan. *BACKLASH*: o contra-ataque na guerra não declarada contra as mulheres. Rio de Janeiro: Rocco, 2001.

HEGEL, Georg W. F. *FENOMENOLOGIA DO ESPÍRITO*. 6. ed. Petrópolis: Vozes, 2011.

HYPPOLITE, Jean. *GÊNESE E ESTRUTURA DA FENOMENOLOGIA DO ESPÍRITO DE HEGEL*. São Paulo: Discurso Editorial, 1999.

HYPPOLITE, Jean. *GENÈSE ET STRUCTURE DE LA PHÉNOMÉNOLOGIE DE L'ESPRIT DE HEGEL*. Paris: Aubier, 1946.

KOJÈVE, Alexandre. *INTRODUÇÃO À LEITURA DE HEGEL*. Rio de Janeiro: Contraponto/EdUERJ, 2002.

KOJÈVE, Alexandre. *INTRODUCTION À LA LECTURE DE HEGEL*. Paris: Gallimard, 1947.

KOYRÉ, Alexandre. Hegel em Iena. *In*: KOYRÉ, Alexandre. *ESTUDOS DE HISTÓRIA DO PENSAMENTO FILOSÓFICO*. Rio de Janeiro: Forense, 2011.

RODRIGUES, Carla. Antígona: lei do singular, lei no singular. *SAPERE AUDE — REVISTA DE FILOSOFIA DA PUC MINAS*, Belo Horizonte, v. 3, n. 5, p. 32-54, 2012.

CAPÍTULO 4

FABIO A. G. OLIVEIRA
MARIA ALICE DA SILVA

ECOFEMINISMOS:[1] GÊNERO E NATUREZA COMO PLATAFORMA DE PENSAMENTO CRÍTICO

Neste capítulo, apresentaremos as filosofias ecofeministas inspiradas nos pensamentos e nas reflexões das filósofas Karen Warren e Vandana Shiva. Nosso objetivo é apresentar as bases da ética ecofeminista, que Warren chama de "sensível ao cuidado" (ROSENDO, 2015), bem como apontar sua dimensão política, com base em Shiva e sua crítica ao capitalismo e aos modos de exploração das mulheres e da natureza no sul global. Com isso, pretendemos defender a necessidade de se analisar as dimensões ético-políticas das desigualdades socioambientais atravessadas pelo recorte de gênero, a partir da adoção de um olhar ecofeminista.

---

1 Este capítulo foi escrito a várias mãos por diversas razões. Em primeiro lugar, por acreditarmos e apostarmos na força da produção coletiva e colaborativa; em segundo, por considerarmos que os ecofeminismos, nas suas pluralidades, nos permitem ousar outras formas de escrita. Logo, entendemos que escrever junto é uma entre tantas formas de exercitar o pensamento ecofeminista que buscamos apresentar e desenvolver neste capítulo.

FILOSOFIA FEMINISTA

Buscamos apresentar duas autoras, Karen Warren e Vandana Shiva, que têm contribuições significativas para aquilo que temos chamado de práxis ecofeminista engajada (OLIVEIRA; ROSENDO, 2020). Por práxis ecofeminista engajada, recorremos à base conceitual das ecofeministas Carol J. Adams e Lori Gruen quando definem as dimensões da teoria e da prática no ecofeminismo da seguinte maneira:

> O trabalho teórico no ecofeminismo identifica as estruturas interconectadas dos dualismos normativos, destaca as maneiras pelas quais tais dualismos facilitam a opressão e o falso reconhecimento, e extrai conexões conceituais e práticas entre a injustiça em relação a indivíduos e grupos não dominantes. Na prática, ecofeministas trabalham em solidariedade com aqueles(as) que lutam contra a opressão de gênero, racismo, homofobia e transfobia, injustiça ambiental, colonialismo, especismo e destruição ambiental. Tanto na teoria quanto na prática, ecofeministas pensam que diferentes relações sociais são possíveis e estimulam o trabalho para alcançar a paz e a justiça para todos. (ADAMS; GRUEN, 2014, p. 107, tradução nossa)

Assim, temos entendido que, por meio do ecofeminismo, é possível encontrar e desenvolver diferentes modos de construção que permitem reconhecer a importância do saber situado de minorias políticas e, a um só tempo, refletir sobre as dinâmicas globais que produzem tais especificidades. Desse modo, a aposta na práxis ecofeminista engajada permite desatar o dualismo entre teoria e prática e, ao mesmo tempo, defender a necessidade de uma sensibilidade analítica para enfrentar questões relativas aos efeitos do descuido/injustiça (OLIVEIRA; ROSENDO, 2020).

Por isso, neste capítulo, apresentaremos Warren e Shiva como suas expoentes que integram o âmbito ético e político dos ecofeminismos. Com elas, analisaremos a dimensão ética (sensível ao cuidado), em que se sustentam os ecofeminismos, e a dimensão política de enfrentamento às dinâmicas de um mundo amparado na violência. Ao fim, pretendemos demonstrar que a dimensão ético-política dos ecofeminismos nos permite desenvolver um olhar mais cuidadoso e atento, que visa à construção de plataformas críticas capazes de refutar os "ismos" de dominação e seus dualismos, dando destaque à exploração das mulheres e à natureza do sul global, bem como oferece encaminhamentos propositivos, aos quais damos o nome de práxis ecofeminista engajada (OLIVEIRA; ROSENDO, 2020), que fissura concretamente o capitalismo patriarcal e racista que tem dominado diferentes modalidades de pensamento.

A ÉTICA SENSÍVEL AO CUIDADO COMO PLATAFORMA ECOFEMINISTA: CONTRIBUIÇÕES DE KAREN WARREN[2]

A ecofeminista Karen Warren constrói sua percepção acerca da ética ambiental e animal fazendo referência a dois autores expoentes: Tom Regan e Peter Singer. Para a autora, tanto Singer quanto Regan seriam enquadrados em uma concepção reformista da ética, o que poderia trazer limitações importantes que precisam ser problematizadas. Segundo Warren, o apelo ao racionalismo encontrado tanto em Singer como em Regan, visando à construção de perspectivas éticas que incluem animais não humanos na comunidade moral, reeditaria a dicotomia princípio-cuidado, que seria ao mesmo tempo utilizada para rejeitá-los. Portanto, seria preciso refletir sobre o enfoque dado exclusivamente à ética de princípios antes de defender uma concepção ética que assuma seus alicerces como o único caminho possível para a defesa de uma ética animalista.

O que uma ética de princípios carrega? Para a autora, assim como para outras ecofeministas (Josephine Donovan, Carol J. Adams e Lori

---

2 Parte das reflexões deste tópico foram previamente publicadas em "O descuido como uma forma de injustiça: contribuições a partir de olhares ecofeministas" (OLIVEIRA; ROSENDO, 2020).

Gruen),[3] significa pensar em que medida a ideia de cuidado é afastada das perspectivas utilitaristas (Singer) e dos direitos (Regan) aplicados aos animais não humanos e precisa ser desconstruída a partir de um recorte de gênero, denunciando o androcentrismo da tradição filosófica que pensou, forjou e consolidou a própria noção de ética. Repensar a construção da ética faria com que nos perguntássemos sobre o motivo pelo qual o papel do cuidado teria sido retirado da cena das avaliações morais. A questão levantada a partir de diferentes correntes ecofeministas procura estabelecer uma relação entre a subjugação da natureza, dos animais e das mulheres no cenário da filosofia. Tal relação é estabelecida por Warren sob um viés conceitual que visa evidenciar a exclusão virtual das mulheres do cenário intelectual (ROSENDO, 2015).

Para Warren, pensar e construir uma proposta ecofeminista significa questionar os sistemas de dominação que operam de modo a limitar as liberdades dos seres. Questionar as bases dos sistemas seria uma reflexão crítica a respeito das estruturas e instituições que sustentam o modo como enxergamos e localizamos o "outro". Dentro desse território, a mulher foi desenhada como um ser não plenamente racional, movida principalmente pelo caráter subjetivo de suas paixões, o que colocava em risco suas escolhas e deliberações, ou seja, seu potencial enquanto ser pensante. Dessa maneira, teria sido o homem o único ser capaz de executar um processo reflexivo, crítico, acerca do mundo. Ao homem, portanto, coube o papel de eleger os princípios norteadores da justiça, enquanto às mulheres coube o papel de cuidar. Assim, o cuidado, considerado tarefa feminina, foi pouco a pouco retirado da cena ética, sendo considerado, para muitas perspectivas da ética, uma

---

3 Aqui vale destacar que K. Warren não adota integralmente a mesma perspectiva ecofeminista de C. Adams, J. Donovan e L. Gruen. A proposta de Warren visa adotar o cuidado como um elemento que compõe um projeto ético mais amplo, e não a ética do cuidado em si. Para K. Warren, assumir uma ética do cuidado enquanto proposta feminista pode incorrer no risco de incorporar um dualismo material ou de valor. Entretanto, ainda segundo a autora, é preciso incorporar as denúncias feministas que demonstram que uma ética baseada em princípios nem sempre auxilia em uma decisão moralmente acertada. Dado esse fato, a busca pela inclusão do cuidado torna-se preponderante em seu trabalho.

abordagem meramente particularista; logo, limitada e inadequada sob o ponto de vista da moral universal.

Karen Warren, ao lado das autoras Anna Charlton e Alicia Puleo, vem assinalando a necessidade de incluir as atitudes de cuidado como componentes constitutivos de uma moralidade universalista, e não como aspectos movidos pelas inclinações sensíveis, ou seja, pelo seu caráter propriamente parcial. Não compreender o lugar do cuidado na ética animalista seria, segundo essas autoras, o traço mais marcante do androcentrismo incrustado nas perspectivas de autores focados única e exclusivamente nos princípios. O cuidado, para Warren, Charlton, Puleo e Sesma, não é algo que impede a universalidade da consideração moral, mas se trata do reconhecimento das relações que estabelecemos uns com os outros como componentes cruciais para uma ética sensível ao cuidado. Incorporar o cuidado seria, portanto, uma atitude que permitiria não somente a ampliação da comunidade moral, mas a qualificação das relações estabelecidas dentro dela.

Percebe-se, nas correntes ecofeministas, um forte debate entre a ética baseada em princípios (imparcialidade) e a ética baseada no cuidado (parcialidade justificada).[4] Frequentemente, os ecofeminismos acabam se comprometendo com a ética do cuidado para a fundamentação moral de sua abordagem. Desse modo, incorporam em sua base a problematização acerca do suposto sujeito imparcial[5] e desinteressado da justiça, na contramão dos vínculos que, segundo Warren, acabam

---

4 A ambiguidade entre imparcialidade e parcialidade é algo latente ao modo de pensar a ética, sobretudo a ética da modernidade. Contudo, na ética das virtudes, em Aristóteles, essa ambiguidade não existia, uma vez que é importante desenvolver competências que não são imparciais como "amizade" e ainda assim são importantes como justificativa política e social. De tal modo, a ética do cuidado surge na ética contemporânea como crítica ao principialismo e mais próxima ao modo de pensar a ética da Antiguidade. Em Rosendo (2015), há uma descrição sobre uma possível aproximação entre a ética das virtudes e a ética do cuidado.

5 Ao reconhecer a complexidade que compõe o sujeito, as eticistas do cuidado defendem a importância de escolhas morais levarem em consideração relações afetivas, contextos e o processo histórico. Todavia, essa crítica não coloca a ética do cuidado no lugar de uma teoria que defende a arbitrariedade e o sentimentalismo como justificativa. Por isso, pensar a "parcialidade justificada" como um elemento definidor dessa corrente é interessante, já que é comum defender a dualidade entre imparcialidade e arbitrariedade na literatura da filosofia moral.

por determinar valores (deveres associativos) que emergem de uma ética sensível ao cuidado (ROSENDO, 2015). Warren (2000), apesar de não adotar estrita e tradicionalmente a ética do cuidado, desenvolve, a partir dela, as críticas que reconhece como necessárias às perspectivas focadas apenas em princípios. Vejamos se a noção deontológica defendida por Tom Regan se enquadra nos questionamentos levantados por K. Warren.

Warren (2000) endereça mais especificamente seis críticas aos defensores de uma ética focada unicamente em princípios. Segundo a filósofa, toda ética de princípios:

1. É baseada em uma concepção errada do "eu", como indivíduo atomístico, ao invés de seres em relacionamento;

2. Preserva um conceito equivocado ou limitado da moralidade como fundamentalmente uma questão de direitos, regras e princípios absolutos e universais;

3. Supõe que a resolução de conflitos morais é sempre relativa aos julgamentos, competição de interesses, direitos ou regras de agentes morais independentes em um modo hierárquico, adversarial, ganhador-perdedor;

4. Falha ao avaliar em que medida outros valores, particularmente valores do cuidado, entram na real tomada de decisão de mulheres (e outros) reais confrontadas com situações morais genuinamente ambíguas;

5. Deturpa a moralidade como não-ambígua, simplificada e abstrata, quando, para a maioria de nós, é ambígua, complexa e concreta;

6. Sua metodologia tende a reproduzir o *status quo*, consolidando o poder existente e as relações de autoridade, através da ocultação metodológica dessas relações. (WARREN, 2000, p. 106-107 *apud* ROSENDO, 2005, p. 99)

A partir dessas críticas, Karen Warren pretende defender que o cuidado não precisa ser necessariamente uma ética em separado, mas constitutiva de uma ética que objetive carregar pretensões universalistas contextualizadas – elemento fundamental de sua proposta. Ou seja, a autora busca romper com a dicotomia princípio-cuidado na mesma medida que pretende romper com a cisão entre ética de princípios e ética do cuidado. Para Warren, a aproximação entre princípios e cuidado garante um pensamento acerca da ética capaz de garantir (1) a universalidade das pretensões morais; e (2) a possibilidade continuada de revisitarmos nossas pretensões diante do contexto que se apresenta diante de nós. Para Warren, a universalidade reside na particularidade (ROSENDO, 2015; WARREN, 2000). Nesse sentido, a defesa de uma ética sensível ao cuidado significaria afirmar a necessidade de compreender que a prática do cuidado seria uma habilidade de um agente moral. O agir cuidadoso, desse modo, não seria compreendido como uma atitude fora do campo da moralidade, mas, sim, como parte integrante do projeto ético que buscamos construir (ROSENDO, 2015). Ecoando as concepções estabelecidas pela proposta de Warren, a ecofeminista Kuhnen defende que:

> O cuidado aparece aqui na forma da valorização da interdependência entre os seres humanos, considerando-se as relações sem serem desvinculadas de seu contexto, algo que talvez não seja alcançado em uma concepção moral centrada em direitos, princípios e justiça. (KUHNEN, 2014, p. 8)

Incorporar o cuidado seria, portanto, uma atitude que permitiria não somente a ampliação da comunidade moral, mas a qualificação das relações estabelecidas dentro dela (OLIVEIRA; ROSENDO, 2020). Com isso, pensamos que Karen Warren responde satisfatoriamente às críticas que comumente são direcionadas para as defensoras da ética do cuidado. Trata-se do questionamento que coloca em xeque até que ponto a defesa de uma ética que privilegie o cuidado não acabaria por endossar e reeditar alguns pressupostos essencialistas de gênero, dado que poderia ensaiar uma relação necessária entre cuidado e mulheres, ou um projeto de defender uma psicologia moral específica ao universo feminino. Nesse contexto, penso que a filósofa Alicia Puleo contribui com o afastamento dessa suposta crítica quando defende que o que está em jogo na atitude de defender o cuidado é também a defesa de uma filosofia que "não subestime a atitude empática e os sentimentos" (PULEO, 2008, p. 58, tradução nossa). Pensar a introdução do cuidado como elemento da filosofia e mais precisamente da ética seria, de acordo com a filósofa Angélica Velasco Sesma (2016), uma maneira de construirmos caminhos de superação do androcentrismo e antropocentrismo. De acordo com Sesma (2016), a defesa ecofeminista que pensa o cuidado:

> enriquece e completa as propostas de ética ambiental e da ecologia política [...], mostrando que a mesma estrutura argumentativa está subjacente aos diferentes sistemas de opressão, contribuindo para forjar um feminismo completamente libertador, porque uma ética feminista que esquece que a naturalização e a animalização das mulheres e os processos conceituais que foram utilizados para subordinar a população feminina são os mesmos que foram usados para dominar todos aqueles considerados o Outro, humano e não-humano, perde a força emancipadora. Embora partamos da convicção de que a teoria e a prática de cada movimento emancipatório devem abordar seriamente seus objetivos específicos, se uma visão ampla de opressão não for alcançada, ela permanece em parcelas isoladas sem alcançar uma compreensão global dos problemas que permitem abordá-los de forma satisfatória. Precisamente, tem sido o ecofeminismo que mostrou que os diferentes sistemas de dominação estão ligados a um nível conceitual. A partir desta observação, é fácil entender que é um imperativo moral e uma necessidade prática de analisar essas conexões de forma holística e tentar superá-las através de um trabalho conjunto e global. (SESMA, 2016 *apud* OLIVEIRA; ROSENDO, 2020, p. 7-8)

Nesse sentido, pensar uma ética sensível ao cuidado não seria um modo de reintroduzir amarras de gênero ou uma nova maneira de vincular a feminilidade ao agir cuidadoso. Ao contrário, o cuidado seria compreendido dentro de um campo em que o agir cuidadoso conquistaria um estatuto moral negado até então. Ser cuidadoso passaria a ser valor para todo agente moral.[6] O ecofeminismo, nesse sentido, passaria a ser compreendido como uma perspectiva filosófica que resgata os valores do cuidado, não para reintroduzi-lo como capacidade exclusiva das mulheres, mas para denunciar que a sua desvalorização filosófica acompanhou o projeto social de subalternização das mulheres, dos animais não humanos e da natureza como um todo. O ecofeminismo de Warren se apresenta em um primeiro instante, portanto, enquanto filosofia-denúncia. Em um segundo momento, propõe um resgate conceitual e se consolida enquanto um projeto ético radical.

Nessa direção, introduzir o cuidado na discussão da ética nos convida não somente a qualificar as relações entre nós, humanos, não humanos e natureza como um todo, mas também a despertar para as situações de responsabilidade, fruto de situações contextuais específicas. Pensar essas responsabilidades implicaria reconhecer que, diante de determinadas situações, estaríamos convocados moralmente a nos posicionarmos e assumirmos a responsabilidade que nos cabe diante de uma situação de violência.

Consequentemente, cabe destacar que o cuidado definido e posicionado nos moldes que Warren e outras ecofeministas apresentam e localizam nos possibilita defender a tese de que o descuido é uma forma de injustiça (OLIVEIRA; ROSENDO, 2020). Ou seja, pensar o ecofeminismo como uma teoria sensível ao cuidado nos capacita a investigar, diagnosticar, bem como apresentar encaminhamentos práticos (práxis ecofeminista) que insiram o cuidado como uma teoria da justiça. Nesse caso, reforçamos o caráter político do cuidado, tal qual Vandana Shiva faz em seus trabalhos, dando destaque ao modo como o projeto globalista do mundo tem produzido zonas de descuido e descaso contra populações historicamente marginalizadas, em que se destacam as mulheres e a natureza.

---

6 Em seu livro, Kuhnen (2021) defende que a ausência da dimensão prática do cuidado pode levar à atrofia da habilidade em cuidar, dando lugar à violência. Com isso, o cuidado é uma habilidade que precisa ser desenvolvida por todos os gêneros para que sujeitos autônomos tenham mais sucesso em suas escolhas morais.

PROGRESSO, GLOBALIZAÇÃO CORPORATIVA E INSEGURANÇA ALIMENTAR COMO FOCO DE DISCUSSÃO: CONTRIBUIÇÕES DE VANDANA SHIVA[7]

A filósofa e física indiana Vandana Shiva (2002) parece ser bem elucidativa quando se refere à necessidade de pensarmos o progresso para, então, questionarmos o desbalanço e as desigualdades sociais. Em diversas de suas obras, Shiva (2002; 2015; 2016) nos convida a considerar a seriedade que envolve a crise ecológica global nos dias de hoje. Afinal, para a filósofa, pensar a terra e a alimentação implica pensar direitos básicos ceifados de boa parcela da população mundial, em especial aquelas do sul global. Logo, pensar a terra e a alimentação é lutar pelo direito à moradia e à nutrição. Segundo Shiva, para que a atmosfera da terra e as espécies humanas e não humanas que nela habitam sejam destruídas, tudo que devemos fazer é continuar "progredindo" dentro dos parâmetros estabelecidos pelo projeto capitalista globalizante. Nesse sentido, para a autora, a globalização como resposta para problemas sociais ou até mesmo para os chamados desafios econômicos é um mito que se sustenta no discurso do "desenvolvimento" imposto por um arranjo internacional regido pelas grandes empresas. Não por acaso, Shiva irá problematizar a ideia de divisão econômica mundial a partir das nomenclaturas: países desenvolvidos e países em desenvolvimento. Para o pensador equatoriano Alberto Acosta (2016), essas categorias sugerem uma necessidade de crescimento aos parâmetros de um mundo esgotado, em que a necessidade de expansão do consumo exige o contínuo processo de desterritorialização dos povos e das nações mais vulneráveis do sul global, principalmente das Américas. Esse processo conduz a produção da fome e aumenta o fosso existente entre ricos e pobres.

---

7 Parte das reflexões deste tópico foi previamente publicada em "A dimensão utópica da educação: reflexões para adiar o fim do mundo" (OLIVEIRA, 2020).

Nesse sentido, continuar crescendo da maneira e na velocidade que temos adotado como critério para seguir o paradigma capitalista globalizante nos conduziria ao aprofundamento e aceleramento do progresso do colonialismo, ainda em vigor. Vivemos, portanto, o que Shiva irá chamar de monocultura do pensamento (SHIVA, 2002). Ou seja, uma formatação que não somente estabelece uma hierarquia entre culturas, mas principalmente organiza a cadeia produtiva e de consumo. Esse modelo aniquila saberes e práticas culturais de povos e nações originárias do sul global, e também reinventa formas de aniquilação e dominação de grupos historicamente vulneráveis por meio, sobretudo, da fome e da miséria.

Nesse sentido, a monocultura do pensamento percebida por Shiva em vigor precede o investimento nas estratégias capitalistas de tecnologia da precarização, cujo objetivo central é disseminar novas práticas para a incorporação à dinâmica social proposta pelo novo padrão de poder mundial ainda com base na racialização de determinados povos e etnias. A tecnologia da precarização, longe de revolucionar o mundo de modo a suplantar as relações de precariedade e implantação do bem viver, visa legitimar as relações de dominação impostas pela violência colonial (QUIJANO, 2005). É preciso, portanto, romper com essa percepção para que sejamos capazes de imaginar e criar outros mundos possíveis.

Tanto Krenak quanto Shiva denunciam o progresso como um modelo ecocida, cuja matriz capitalista herdeira do colonialismo – ou uma versão atualizada da violência colonial – permanece conduzindo uma marcha fúnebre cujo colapso parece ser não somente um futuro não muito distante, mas, para muitos, a realidade já vivenciada há séculos. Nesse sentido é que a condição imposta pela covid-19 não pode ser pensada como dissociada do projeto de desenvolvimento ao qual o mundo está submetido, sob o comando dos interesses de empresários que controlam territórios físicos e agora também digitais, por meio do mercado das informações e dos dados pessoais.

As queimadas na Austrália no início de 2020, bem como as atuais na região brasileira do Pantanal, a acidificação dos oceanos, a migração de animais humanos e não humanos em busca de novos *habitats* propícios para a vida e o aumento do nível do mar são apenas alguns exemplos dos impactos devastadores das alterações climáticas em todo o mundo. Paralelamente a isso, o mundo consome e esgota a terra como nunca antes na história.[8]

Cabe dizer que os impactos específicos sobre as comunidades humanas e não humanas mais vulneráveis são também desproporcionais se comparados aos efeitos que acometem as regiões e as comunidades com maior concentração de renda no mundo (OLIVEIRA, 2019). Não é por acaso que os inúmeros casos de ecocídios marinhos provenientes da busca e do comércio de petróleo e também o investimento na criação de fontes energéticas ecologicamente devastadoras ocorrem em locais mais pobres e vulneráveis politicamente. Terras indígenas, por exemplo, têm sofrido todo tipo de ataque, inclusive institucional, articulando as tecnologias da precarização sob a égide do progresso e desenvolvimento.[9]

Além disso, cabe ressaltar que os últimos discursos ecocidas encampados e disseminados por céticos climáticos[10] e negacionistas científicos[11] que hoje assumem a gestão pública, bem como representantes de grandes corporações que atualmente ocupam cadeiras de destaque mundo afora, parecem apontar um cenário de conjunção entre o discurso autoritário e a devastação ecológica. Ambos se unificam no projeto colonial de expansão territorial em associação à compra de patentes, à qual Shiva (2001) dá o nome de biopirataria; ou, como logo

---

8 Ver Pollet (2020).

9 Sobre a proposta de emenda constitucional que libera atividades agropecuárias em terras indígenas, ver Trisotto (2019).

10 Sobre a participação dos céticos climáticos no Senado brasileiro em 2019, ver Agência Senado (2019).

11 Ver Caponi (2020).

no início da obra a define, como uma "pirataria através das patentes, a segunda chegada de Colombo" (SHIVA, 2001, p. 2).

E continua afirmando que:

> Noções eurocêntricas de propriedade e pirataria são as bases sobre as quais as leis de Direitos de Propriedade Intelectual do Acordo Geral sobre Tarifas e Comércio (GATT) e da Organização Mundial do Comércio (OMC) foram formuladas. Parece que os poderes ocidentais ainda são acionados pelo impulso colonizador de descobrir, conquistar, deter e possuir tudo, todas as sociedades, todas culturas. As colônias foram agora estendidas para os espaços interiores, os códigos genéticos dos seres vivos, desde micróbios e plantas, até animais, incluindo seres humanos. (SHIVA, 2002, p. 2)

Talvez por isso mesmo caiba dizer que a versão do regime epistemicida que vivenciamos atualmente seja o encontro entre o autoritarismo e o colapso ecológico, pois é a partir desse regime de produção incessante de epistemicídios que os saberes e as culturas de povos e comunidades tradicionais foram pouco a pouco substituídos pela padronização do *modus vivendi* hegemônico, colonizador, controlador e possuidor (SHIVA, 2001; 2002), e, com isso, consolidando a colonização do imaginário (DILGER; LANG; FILHO, 2016). Esse modelo, além de colocar em risco os saberes marginalizados no tempo e espaço, fortalece a erosão democrática e ameaça a construção de uma democracia da terra (SHIVA, 2002).

Aqui penso que compense apresentar a crítica estruturada de Vandana Shiva às grandes corporações, ao agronegócio e às grandes empresas de alimentos, para que retomemos mais adiante aos apontamentos de Ailton Krenak e, finalmente, avancemos para a defesa e a importância da educação intercultural e utópica.

Vandana Shiva (2016) afirma que é com a expansão das grandes corporações, sob o pretexto de sanar a fome do mundo, que esse modelo de progresso ganha adeptos e concessões governamentais, que passam a depender desse modelo para que sua economia se mantenha estável.

Ou seja, cria-se uma espécie de dívida dos Estados para com essas grandes corporações. Foi nesse sentido que Ailton Krenak afirmou recentemente em uma de suas palestras durante a pandemia que nossa revolução deve levar em conta não só os Estados, mas as corporações, pois elas que estariam comandando os Estados e, consequentemente, mandando no mundo (KRENAK, 2020). O cruel, como percebe Shiva, é o uso do discurso da fome para justamente aprofundar a herança colonial da miséria. Nunca se produziu tanta comida para se matar tantas pessoas de fome.

Shiva (2016) afirma existirem dois argumentos que comumente são utilizados pelas grandes corporações e pela mídia para a legitimação desse progresso, ao qual a pensadora dá o nome de globalização. O primeiro seria o de que só por meio desse progresso é possível aumentar a produção, de modo a alimentar todas as pessoas no mundo; e o segundo seria que a globalização e o livre-comércio são necessários para baratear os alimentos, tornando-os acessíveis às populações mais pobres. Contudo, segundo Shiva, a globalização não produz comida para alimentar aqueles que têm fome. Além disso, a globalização não produz comida, mas *commodities*.

Para a autora, as *commodities* não seriam mais baratas porque o seu método produtivo é mais eficiente; na verdade, afirma Shiva (2016), elas só são viáveis financeiramente porque são subsidiadas pelos governos de seus países e porque essas empresas se utilizam do *dumping*, isto é, vendem seus produtos a um preço inferior visando e provocando a falência dos concorrentes, principalmente pequenos produtores e agricultores locais. O subsídio cria produtos artificialmente baratos, e estes acabam sufocando a produção local, que sem os mesmos benefícios não é capaz de competir com tais preços. A livre concorrência se mostra, na verdade, cruel e injusta.

Logo, a defesa pela livre concorrência e comércio baseada no argumento de que são facilitadores do fluxo de mercadorias e serviços seria, assim, a produção de barreiras de importação, que acabam por tornar alguns países ainda mais vulneráveis ao *dumping*. Quais países? Aqueles considerados em desenvolvimento e mais pobres. O livre-comércio, portanto, provoca a destruição dos recursos locais de produção e distribuição de alimentos, além de impedir o meio de subsistência dos/as agricultores/as locais.

Estima-se, segundo Shiva (2016), que hoje no mundo um bilhão de pessoas passa fome e, paradoxalmente, metade dessas pessoas é de produtoras e produtores rurais. A globalização provocou uma mudança nas prioridades, na qual a alimentação ficou em segundo plano, pois a exportação tornou-se prioridade nas políticas. As trabalhadoras e os trabalhadores rurais hoje em dia, embora sejam produtoras/es, acabam por precisar comprar alimentos, já que não possuem acesso à terra para a produção dos seus próprios. Algumas podem até ser proprietárias de terra, mas são obrigadas a se submeter à cultura de rendimento e, por isso, não conseguem se alimentar de sua própria produção.

Trabalhadoras rurais, sem-terra, ribeirinhas e indígenas formam parte do que Krenak (2020) descreve como o grupo de indivíduos esquecidos pelas bordas do planeta, nas margens dos rios, nas beiras dos oceanos, na África, na Ásia ou na América Latina. São, segundo o autor, a sub-humanidade. Aqui, estabelecemos um diálogo estreito entre Shiva (2016) e Krenak (2020) para formular uma pergunta que perpassa a indagação de ambos: o que o progresso e o desenvolvimento sustentável querem sustentar? Que modelo pretendem resguardar? Segundo Krenak (2020), esse modelo visa mostrar que é possível viver deslocado da terra, ou seja: distante do conhecimento acerca de uma convivência aproximada com a natureza. Em outras palavras, seria uma maneira de permanecer destruindo qualquer cosmovisão que foi capaz de sobreviver ao progresso civilizatório. Por isso mesmo, seu projeto vai contra a diversidade, nega a pluralidade de modos de vida, hábitos e existências, oferecendo um mesmo cardápio, figurino e, se possível, uma mesma língua. Eis a padronização que Shiva (2002) nomeia de monocultura do pensamento, conforme visto anteriormente. Logo, esse modelo de progresso com base na sustentabilidade acabaria, por assim dizer, sustentando um modelo de *commodities*, favorecendo tanto o avanço da tecnologia de precarização quanto o aprofundamento do epistemicídio, contra o qual as filosofias ecofeministas se erguem e denunciam. Em última instância, significa dizer que a fome e a expropriação de terras, sementes e culturas tradicionais compõem o sistema colonial, patriarcal e racista, que imputa a fome às populações pobres das regiões empobrecidas do planeta, entre as quais a maior parte é formada por mulheres e populações racializadas. Por isso, pensar os ecofeminismos como plataforma de pensamento crítica se torna premente para os debates de gênero e natureza dos dias atuais.

OS ECOFEMINISMOS COMO CAMINHOS SOCIOAMBIENTAIS PARA A SOBERANIA ALIMENTAR E O VEGANISMO POPULAR

Compreendemos que a luta para romper com todas as relações opressoras, entre as quais destacamos as relações hierárquicas de gênero, raça, classe e espécie, precisa defender ações que visam ao bem-estar de todas, todes e todos, a inclusão das vozes marginalizadas e a construção de uma nova realidade, de um novo tempo. É preciso, portanto, construir um movimento ético-político com caráter revolucionário, capaz de produzir por meio do coletivo as ferramentas necessárias para novas relações de cuidado e justiça. De tal modo, faz-se necessário que a construção não seja imposta, mas reconhecida por um diálogo comunitário e pedagogicamente engajado, produzido por movimentos sociais populares que propõem um resgate da história das lutas e, ao mesmo tempo, uma emancipação, que muitas vezes passa ao largo inclusive das instituições. Em outras palavras, trata-se de entender como é possível pensar uma práxis ecofeminista que seja, em um só tempo, teoria e prática de maneira indissociável.

O ECOFEMINISMO PARA ALÉM DA NATUREZA: QUANDO A ESPÉCIE TAMBÉM IMPORTA

O veganismo é um movimento que abrange a dieta vegetariana estrita (livre de produtos de origem animal) e uma atitude crítica que visa, contextualmente, abalar as relações de exploração com todos os animais – claro, incluindo também as relações humanas, pois também somos uma entre as espécies sencientes e vulneráveis. Todavia, é insuficiente a defesa de um veganismo deslocado da realidade concreta e material das lutas sociais já existentes, por todas as razões ecofeministas desenvolvidas ao longo dos tópicos anteriores.[12]

Um veganismo de inspiração ecofeminista, tal qual foi proposto inicialmente por Carol J. Adams na obra *A política sexual da carne* (2018), reconhece a interseção entre as lutas e, por isso, reconhece que não são suficientes as estratégias atreladas apenas ao mercado. Dessa maneira, um ecofeminismo que pensa o veganismo como uma pauta indissociável daquela previamente descrita pelas vertentes ecofeministas aposta no entendimento da questão animal não somente a partir do ato de consumir ou deixar de consumir animais, mas como uma atitude ecofeminista por excelência, que traz na sua base a luta antiespecista. Ou seja, não se trata de reduzir a discussão da exploração animal aos parâmetros do mercado consumidor, mas de garantir e viabilizar a lógica de opressão que reproduz, em muitos aspectos, a feminilização dos animais, bem como a animalização de grupos humanos minoritários, entre os quais se encontram as mulheres.

Desse modo, surge o que temos chamado de ecofeminismo animalista, cujo enfoque é dar destaque às causas da exploração dos animais não humanos e seus meandros e conexões com a exploração de outros corpos humanos, bem como garantir uma perspectiva ético-política capaz

---

12 O contrário pode ser reconhecido como um "veganismo que faz uso de uma estratégia atrelada ao liberalismo econômico" (SILVA, 2020, p. 289), isto é, que aposta no mercado e no consumo como um meio para alcançar o objetivo do sujeito vegano.

FILOSOFIA FEMINISTA

de diagnosticar de maneira ampla e conectada os efeitos da lógica da dominação sobre grupos humanos e não humanos que padecem na sociedade de consumo. Logo, a defesa de um veganismo ecofeminista tem por objetivo primordial seu compromisso com o caráter revolucionário. Consequentemente, o veganismo, para que seja de fato revolucionário, deve ser capaz de dialogar com os movimentos de base, sejam eles o próprio movimento feminista comunitário, indígena, rural, campesino, bem como as perspectivas decoloniais que informam a necessidade das vertentes feministas, entre as quais se incluem os ecofeminismos, pensarem o paradigma colonial[13] e seus tentáculos.

Nessa empreitada, Martina Davidson, em seu livro *Repensando o veganismo* (2021), defende a possibilidade de um veganismo que seja efetivamente comprometido com as demais lutas sociais dos povos historicamente marginalizados. Segundo Davidson:

> Incluindo críticas ao redor de raça, gênero, orientação e identidade de gênero providas por feminismo e projeto decoloniais, a possibilidade de vislumbrar novos caminhos de construção epistemológica torna-se mais próxima. O exercício de escuta e de renunciar o protagonismo talvez sejam atividades de destaque no processo de des-maiusculizar o Veganismo em veganismos plurais, múltiplos, justos e éticos; veganismos estes que já existem na prática realizada por pessoas subalternas, sejam elas pessoas negras, mulheres lésbicas, trans, pobres, com deficiência, entre outras ou todas elas juntas. Que sejam veganismos advindos do sul, de baixo para cima, das margens para o centro, capazes de subverter o poder Capitalista para, por fim, alcançarmos a libertação dos animais não humanos e humanos. (DAVIDSON, 2021, p. 127)

Pode-se defender, com base nessa perspectiva apresentada por Davidson, que um movimento ecofeminista atrelado a uma construção

---

13 Não foi nosso objetivo apresentar detalhadamente neste trabalho o conceito de colonialidade. Essa apresentação já foi feita em outros trabalhos, como em "'Locus fraturado': resistências no sul global e práxis antiespecistas ecofeministas descoloniais" (ROSENDO; OLIVEIRA; KUHNEN, 2020).

de um veganismo popular, ou seja, crítico ao veganismo reduzido à condição capitalista que o traduz em produto de consumo, é parte da construção de uma frente antiespecista amparada pelas concepções mais fundamentais da ética e política ecofeminista, tal qual pudemos observar em Warren e Shiva. Dessa maneira, é possível pensar um veganismo crítico, que seja fruto imediato de compromissos e cuidados ecofeministas com as minorias políticas, com a natureza e com os animais.

Assim, destacamos a importância de não apagarmos ou invisibilizarmos a história dos povos rurais, das florestas, das águas e dos movimentos sociais das periferias urbanas que resistem ao mercado e lutam pela soberania alimentar; ou seja, grupos e povos contra o envenenamento da terra, das águas, das pessoas empobrecidas pelo sistema capitalista e, claro, a fome. Diferentemente do que deveria ser promovido pelo Estado na regulação e no fomento de ações que garantem a segurança e soberania alimentares, o que vemos é a "subversão da democracia e a privatização do governo" (MIES; SHIVA, 2021, p. 27). Ainda segundo a autora:

> Os sistemas econômicos influenciam os sistemas políticos; os governos falam de reformas econômicas como se elas nada tivessem a ver com política e poder. Falam em manter a política fora da economia, mesmo enquanto impõem um modelo econômico moldado pela política de gênero de determinada classe. As reformas neoliberais trabalham contra a democracia. (MIES; SHIVA, 2021, p. 27)

A partir de Shiva, entendemos que é preciso pensar o ecofeminismo e suas pautas ao lado das minorias políticas e dos movimentos sociais dissidentes, entre os quais estão aquelas e aqueles que plantam e vivem o campo e que estão mais próximos de nos ensinar sobre a relação entre alimentação e política sem a interferência ou a determinação dos ditames mercadológicos e publicitários em torno do rótulo ver-de.[14] Desse modo, entendemos que a segurança do povo sobre o que come só virá com a soberania alimentar, isto é, com a autonomia efetiva em relação a todo o processo que envolve a alimentação e suas cadeias de relações (humanas, não humanas e natureza).

Sobre o conceito de soberania alimentar, recorremos às definições estabelecidas por Silva (2020):

> O conceito de autonomia alimentar é sua capacidade para o planejamento das suas refeições, dos locais de compra, dos produtos que irá comprar, da maneira em que irá preparar e como irá compartilhar. Apesar deste ter sido bem desenvolvido no escopo de teorias éticas principialistas ao ressaltar a emancipação racional, eu acredito que seja importante sempre ressaltar que defendemos uma ética das relações e, por isso, pensar a autonomia também implica pensar num conceito de autonomia dependente e relacional. Assim, a autonomia não é um conceito individual, mas que possui junto dele a responsabilidade com o outro e a nossa vulnerabilidade em depender das ações do outro. Então, deixa eu delimitar o que entendo aqui por esse campo da política, isto é, o campo das relações sociais concretas que nos obriga a pensar as responsabilidades das estruturas sistêmicas e as estratégias de ações para superar as injustiças. Com isso, as escolhas alimentares e a luta dos movimentos sociais estão em busca de uma ética prática e com isso pensar também em termos de "soberania e segurança alimentar", que não diz respeito ao campo individual, mas, sim, sobre a estrutura e sobre condições seguras para fazer escolha e exercer a autonomia. (SILVA, 2020, p. 290)

Ações individualmente responsáveis são imprescindíveis para construir o caminho para a segurança alimentar; todavia, elas se tornam potentes e ganham um peso político revolucionário, uma vez que sejam unidas a ações estruturais, que possibilitem a todas, todes e

---

14 "Rótulo verde" é uma maneira de traduzir as iniciativas de grandes corporações de vender mais seus produtos, uma vez que "pareçam" produtos ambientalmente conscientes. É o que chamamos de "greenwashing", uma estratégia que vem sendo usada por um veganismo atrelado aos interesses de mercado.

todos terem acesso às informações e participações no processo que envolve o que Silva (2020) chama de soberania alimentar. Ou seja, trata-se de criar fissuras que permitam um envolvimento abrangente em um processo político, democrático e coletivo, tal qual a atitude de engajamento necessária aos sujeitos e agentes morais, a partir de uma perspectiva ecofeminista.

Sobre essa forma coletiva e colaborativa, que aqui chamaremos de contágio ecofeminista, diversos trabalhos foram já realizados, entre os quais destacamos o de Vandana Shiva, na obra *Staying alive: women, ecology, and development* (1999); de Farida Akhter, na obra *Seeds of movement: on women's issues in Bangladesh* (2007); de Emma Siliprandi, na obra *Mulheres e agroecologia: transformando o campo, as florestas e as pessoas* (2015); de Maria Ignez Paulilo, na obra *Mulheres rurais: quatro décadas de diálogo* (2016), entre tantos outros que têm mapeado as construções coletivas de mulheres na luta pela terra, pelo direito à alimentação sem veneno e contra a fome.

Nesse sentido, compensa destacar também a pensadora Marion Nestle, quando salienta que "é hora de agir". Para tal, Nestle apresenta uma série de ações para combater o poder da indústria no controle do que comemos:

> Para os privilegiados que têm acesso a uma grande e variada oferta de alimentos, essa recomendação se traduz em alguns princípios básicos: coma vegetais, escolha alimentos minimamente processados, minimize os ultraprocessados e atente para o excesso de calorias. Esses preceitos dão oportunidade para que você coma o que gosta e tenha prazer no que come. Ao seguir esses princípios, você "vota com o garfo" por dietas mais saudáveis para você, sua família e o planeta.
>
> Isso nos leva aos nossos papéis como *cidadãos* que, por assim dizer, votam. Este livro aparece em um momento no qual as corporações dominaram a sociedade norte-americana, colocando os processos democráticos em risco. A democracia precisa de cidadãos informados e engajados que se manifestem contra práticas corporativas enganosas e desonestas. Como alguns

FILOSOFIA FEMINISTA

> têm dito, precisamos de melhores regras para a participação democrática que nivelam o campo de ação e controlem o poder que as corporações exercem sobre a legislação e a política. (NESTLE, 2019, p. 291-292)

A responsabilidade individual, aqui, ganha força e importância para alcançarmos a segurança alimentar, por meio de cobranças de regulamentação, por exemplo. Todavia, é mister salientar a força da segurança alimentar a partir da construção coletiva e, de tal forma, não só através de sistemas organizados pelo Estado, mas ao lado do povo que está resistindo às opressões da colonização e dos poderes que violentam a terra e as populações empobrecidas principalmente. Assim, ao lado do povo é possível combater a monocultura alimentar e da mente, que nos torna resistentes a toda a diversidade, tal qual defendido por Shiva. É possível relacionar essas diretrizes com o conceito de monocultura da mente, uma vez que a influência e o poder da indústria alcançam inclusive a ciência e a construção de informações que alimentam a esfera pública.

É dessa maneira que entendemos que a luta pela soberania alimentar envolve primordialmente a incorporação de uma práxis ecofeminista engajada. Afinal, como afirma Shiva, o "antropoceno destrutivo não é o único futuro. Podemos mudar paradigmas" (MIES; SHIVA, 2021, p. 33). Shiva, com isso, alerta para o fato de que o capitalismo em sua versão neoliberal tem traduzido todos os corpos historicamente explorados das minorias políticas, principalmente do sul global, e a riqueza natural em propriedades. Aqui incluímos e destacamos os corpos dos animais também subjugados à lógica da economia neoliberal, que os transforma em "capital".

Pelas razões expostas até aqui, propomos um veganismo popular e revolucionário de base ecofeminista animalista, antirracista e anticapitalista, bem como aliançado a outras lutas que se erguem contra a sistematização das violações dos direitos fundamentais de grupos historicamente perseguidos pelo padrão da chamada nova ordem mundial. Assim como Shiva apontou, faz-se necessário mudar as estruturas globais, políticas e epistemológicas com as quais nos relacionamos e construímos conhecimento. O veganismo popular se pauta, portanto, na conjugação da luta antiespecista com a luta contra o agronegócio e em favor da reforma agrária.

Por essa razão, defendemos que a práxis ecofeminista engajada esteja sempre consciente dos processos da globalização (corporativa) e do imperialismo, que arremessam mulheres e demais minorias políticas do sul global constantemente a uma condição de vulnerabilidade e violência com precedentes (coloniais), à medida que a ordem global precisa garantir novos terrenos para expropriação e mão de obra para exploração. Assim, os padrões de consumo (estilo de vida) do norte global e das elites do sul global que pactuam dessa lógica de dominação são mantidos, e o paradigma do antropoceno destrutivo, nomeado por Shiva, é garantido por meio da exploração de países (sul global) e indivíduos mais vulnerabilizados (mulheres, pessoas racializadas, cis-heterodiscordantes e animais), da natureza, e rejeitando suas histórias e outros paradigmas.

Como fonte de inspiração, resgatamos aqui a memória do poema de Fran Winant, cujo título é "Coma arroz, tenha fé nas mulheres". Em um dos trechos do poema, Winant diz:

> Coma arroz tenha fé nas mulheres
> O que eu não sei agora
> Ainda posso aprender
> Lentamente, lentamente
> Se eu aprender posso ensinar as outras
> Se as outras aprendem antes
> Eu devo acreditar
> Que elas voltarão e me ensinarão[15]

---

15 A tradução do poema utilizada aqui pode ser encontrada em Carol J. Adams (2018, p. 211).

O poema de Winant tem sido posicionado como parte da chamada arte ecofeminista. Em concordância com essa leitura do trabalho de Winant e buscando posicionar os ecofeminismos aqui apresentados em um paradigma anticapitalista e desde o sul global, destacamos a importância do cultivo do arroz como uma das trincheiras contra o agronegócio no Brasil e em favor da soberania alimentar.

No dia 8 de março de 2021, dia em que se rememora e reposiciona a luta feminista mundialmente, as mulheres do Movimento das Trabalhadoras e Trabalhadores Sem Terra (MST), sob o lema "Mulheres pela vida, semeando resistência contra a fome e as violências", estiveram à frente da Camil, empresa líder na comercialização de arroz no Brasil, para protestar. Na ocasião, em meio à pandemia da covid-19, a fome assolava o país e o preço do arroz chegou a sofrer uma elevação de 120%.[16] Considerando que o arroz é um dos alimentos primordiais da cesta básica e que o governo havia deixado de atuar no mercado regulador dos alimentos de cesta básica, conforme apontam Silva, Souza e Santos (2021), as mulheres do MST tornaram esse o lema da marcha do dia 8 de março, ecoando as seguintes palavras: "Barriga vazia fala mais alto, desce o morro, destrói o patriarcado".[17] Cabe destacar que o MST foi considerado o maior produtor de arroz orgânico da América Latina em 2017, segundo o Instituto Rio Grandense do Arroz (Irga).[18]

A práxis ecofeminista engajada que aqui apresentamos subscreve a luta encampada pelas mulheres do MST no que se refere à soberania alimentar e destaca a importância de estarmos em permanente estado de escuta, considerando os contextos que atravessam e interferem nas distintas experiências das mulheres de diferentes lugares, bem como de outras minorias políticas vitimadas pelo padrão da globalização destrutiva amparado no descuido como injustiça que efetiva o progresso neoliberal. Coma arroz e tenha fé nas mulheres.

---

16 Ver Silva, Souza e Santos (2021).

17 Ver MST (2021b).

18 Ver MST (2021a).

CONSIDERAÇÕES FINAIS

Neste capítulo, buscamos apresentar as dimensões éticas e políticas dos ecofeminismos. Elegemos Karen Warren como uma entre tantas expoentes fundamentais para compreendermos os embasamentos ecofeministas inspirados na ética sensível ao cuidado. Em seguida, apresentamos as críticas dirigidas desde Vandana Shiva ao modo como a economia e a política global têm garantido a lógica da dominação contra as minorias políticas e a natureza.

Com base nisso, destacamos a discussão da soberania alimentar como fundamental para a defesa do que chamamos de práxis ecofeminista engajada. Buscamos, com isso, evidenciar distintos desafios que se colocam pela globalização contra as populações historicamente vitimadas pela nova ordem mundial, dando destaque às mulheres e à natureza. Evidenciamos também os animais nesse processo, de modo a explicitar como a lógica da dominação e os dualismos denunciados pelos ecofeminismos garantem a exploração dos corpos dos animais como uma forma de capital na estruturação de uma violência permanente do capitalismo. O veganismo popular apresentado torna-se, portanto, uma das expressões da luta antiespecista de base ecofeminista.

Por fim, destacamos a importância dos ecofeminismos estarem sempre em atualização, ouvindo constantemente os movimentos sociais de base para que sejam capazes de se reinventar à medida que os modos de expropriação e exploração da terra e dos corpos vitimados pelo capitalismo também o fazem. Assim, apresentamos e defendemos a práxis ecofeminista engajada como uma plataforma crítica de produção de conhecimento capaz de semear frentes que contribuem com as lutas antiopressão local, regional, nacional e globalmente, reconhecendo que nas violências situadas há resquícios da lógica de opressão que tem dominado diversas formas pelas quais os "ismos" de dominação se apresentam estruturalmente, entre os quais se destacam o classismo, sexismo, racismo, cis-heterossexismo e especismo.[19]

REFERÊNCIAS

ACOSTA, Alberto. *O BEM VIVER*: uma oportunidade para imaginar outros mundos. São Paulo: Elefante, 2016.

ADAMS, Carol J. *A POLÍTICA SEXUAL DA CARNE*: uma teoria feminista vegetariana. São Paulo: Alaúde, 2018.

ADAMS, Carol J. *THE SEXUAL POLITICS OF MEAT*: a feminist-vegetarian critical theory. New York: Continuum, 2011.

ADAMS, Carol J.; GRUEN, Lori (ed.). *ECOFEMINISM*: feminist intersections with other animals and the Earth. New York/London: Bloomsbury, 2014.

AGÊNCIA SENADO. Cientistas céticos sobre o aquecimento global serão ouvidos na CRE. *SENADO NOTÍCIAS*, 12 jul. 2019. Disponível em: https://www12.senado.leg.br/noticias/materias/2019/07/12/cientistas-ceticos-sobre-o-aquecimento-global-serao-ouvidos-na-cre. Acesso em: 15 ago. 2020.

AKHTER, Farida. *SEEDS OF MOVEMENTS*: on women's issues in Bangladesh. [*s. l.*]: Narigrantha Prabartana, 2007.

CAPONI, Sandra. Covid-19 no Brasil: entre o negacionismo e a razão neoliberal. *ESTUDOS AVANÇADOS*, v. 34, n. 99, p. 209-224, maio-ago. 2020.

DAVIDSON, Martina. *REPENSANDO O VEGANISMO*. Rio de Janeiro: Ape'ku, 2021.

DIAS, Maria Clara *et al.* (org.). *FEMINISMOS DECOLONIAIS*: homenagem a María Lugones. Rio de Janeiro: Ape'ku, 2020.

DILGER, Gerhard; LANG, Miriam; FILHO, Jorge Pereira (org.). *DESCOLONIZAR O IMAGINÁRIO*: debates sobre pós-extrativismo e alternativas ao desenvolvimento. São Paulo: Elefante, 2016.

KRENAK, Ailton. *IDEIAS PARA ADIAR O FIM DO MUNDO*. São Paulo: Companhia das Letras, 2020.

---

19 Sobre o conceito de especismo estrutural, ver Oliveira (2021, p. 66).

KUHNEN, Tânia A. A ética do cuidado como teoria feminista. *In*: SIMPÓSIO GÊNERO E POLÍTICAS PÚBLICAS, 3., 2014, Londrina. **ANAIS** [...]. Londrina: Editora da UEL, 2014.

KUHNEN, Tânia A. **ÉTICA DO CUIDADO**: diálogos necessários para a igualdade de gênero. Florianópolis: EdUFSC, 2021. (Série Ethica).

MIES, Maria; SHIVA, Vandana. **ECOFEMINISMO**. Maringá: Luas, 2021.

MOVIMENTO DOS TRABALHADORES RURAIS SEM TERRA (MST). Maior produtor de arroz orgânico da América Latina inicia colheita. **MST**, 25 fev. 2021a. Disponível em: https://mst.org.br/2021/02/25/maior-produtor-de-arroz-organico-da-america-latina-inicia-colheita/. Acesso em: 9 mar. 2022.

MOVIMENTO DOS TRABALHADORES RURAIS SEM TERRA (MST). Mulheres do MST denunciam a fome gerada pela Camil e exigem Fora Bolsonaro. **MST**, 8 mar. 2021b. Disponível em: https://mst.org.br/2021/03/08/mulheres-do-mst-denunciam-a-fome-gerada-pela-camil-e-exigem-fora-bolsonaro/. Acesso em: 9 mar. 2022.

NESTLE, Marion. **UMA VERDADE INDIGESTA**: como a indústria alimentícia manipula a ciência do que comemos. São Paulo: Elefante, 2019.

OLIVEIRA, Fabio A. G. A dimensão utópica da educação: reflexões para adiar o fim do mundo. *In*: INSFRAN, Fernanda Fochi N. *et al.* (org.). **FRATURAS EXPOSTAS PELA PANDEMIA**: escritos e experiências em educação. Campos dos Goytacazes: Encontrografia, 2020.

OLIVEIRA, Fabio A. G. Especismo estrutural: os animais não humanos como um grupo oprimido. *In*: PARENTE, Ádna; DANNER, Fernando; SILVA, Maria Alice da (org.). **ANIMALIDADES**: fundamentos, aplicações e desafios contemporâneos. Porto Alegre: Editora Fi, 2021.

OLIVEIRA, Fabio A. G. O especismo como necropolítica: uma análise sobre as fronteiras que delimitam a precariedade da vida. *In*: LESSA, Patrícia; STUBS, Roberta; BELLINI, Marta (org.). **RELAÇÕES INTERSECCIONAIS EM REDE**: feminismos, animalismos e veganismos. Salvador: Devires, 2019.

OLIVEIRA, Fabio A. G. O lugar do cuidado na construção de um veganismo crítico-interseccional. *In*: OLIVEIRA, Fabio A. G.; DIAS, Maria Clara (org.). **ÉTICA ANIMAL**: um novo tempo. Rio de Janeiro: Livros Ilimitados, 2018.

OLIVEIRA, Fabio A. G.; ROSENDO, Daniela. O descuido como uma forma de injustiça: contribuições a partir de olhares ecofeministas. Dossiê Especial Ética do Cuidado. **REVISTA MAIS QUE AMÉLIAS**, n. 7, 2020.

PARENTE, Ádna; DANNER, Fernando; SILVA, Maria Alice da. **ANIMALIDADES**: fundamentos, aplicações e desafios contemporâneos. Porto Alegre: Editora Fi, 2021.

PAULILO, Maria Ignez. **MULHERES RURAIS**: quatro décadas de diálogo. Florianópolis: EdUFSC, 2016.

PLUMWOOD, Val. **FEMINISM AND THE MASTERY OF NATURE**. London/New York: Routledge, 1993.

POLLET, Mathieu. Today is Earth Overshoot Day, here's what it means. **EURONEWS**, 22 ago. 2020. Disponível em: https://www.euronews.com/2020/08/22/explainer-today-is-earth-overshoot-day-here-s-what-it-means. Acesso em: 23 ago. 2020.

PULEO, Alicia H. **ECOFEMINISMO PARA OTRO MUNDO POSIBLE**. Madrid: Cátedra, 2011.

PULEO, Alicia H. Libertad, igualdad, sostenibilidad: por un ecofeminismo ilustrado. **ISEGORÍA: REVISTA DE FILOSOFÍA MORAL Y POLÍTICA**, n. 38, p. 39-59, 2008.

QUIJANO, Anibal. Colonialidade do poder, eurocentrismo e América Latina. *In*: CONSEJO LATINOAMERICANO DE CIENCIAS SOCIALES (CLACSO). **A COLONIALIDADE DO SABER**: eurocentrismo e ciências sociais – perspectivas latino-americanas. Buenos Aires: CLACSO, 2005.

ROSENDO, Daniela. **SENSÍVEL AO CUIDADO**: uma perspectiva ética ecofeminista. Curitiba: Prismas, 2015.

ROSENDO, Daniela; OLIVEIRA, Fabio A. G.; KUHNEN, Tânia A. "*Locus* fraturado": resistências no Sul global e práxis antiespecistas ecofeministas descoloniais. *In*: DIAS, Maria Clara *et al.* (org.). **FEMINISMOS DECOLONIAIS**: homenagem a María Lugones. Rio de Janeiro: Ape'ku, 2020.

SESMA, Angélica Velasco. Ética del cuidado para la superación del androcentrismo: hacia una ética y una política ecofeministas. **REVISTA IBEROAMERICANA DE CIENCIA, TECNOLOGÍA Y SOCIEDAD**, v. 11, n. 31, jan. 2016.

SESMA, Angélica Velasco. **LA ÉTICA ANIMAL. ¿UNA CUESTIÓN FEMINISTA?** Madrid: Cátedra, 2017.

SHIVA, Vandana. **BIOPIRATARIA**: a pilhagem da natureza e do conhecimento. Petrópolis: Vozes, 2001.

SHIVA, Vandana. **EARTH DEMOCRACY**: justice, sustainability, and peace. Berkeley: North Atlantic Books, 2015.

SHIVA, Vandana. *MONOCULTURAS DA MENTE*: perspectivas da biodiversidade e da biotecnologia. Petrópolis: Vozes, 2002.

SHIVA, Vandana. *STAYING ALIVE*: women, ecology, and development. Berkeley: North Atlantic Books, 1999.

SHIVA, Vandana. *WHO REALLY FEEDS THE WORLD? THE FAILURES OF AGRIBUSINESS AND THE PROMISE OF AGROECOLOGY*. Berkeley: North Atlantic Books, 2016.

SILIPRANDI, Emma. *MULHERES E AGROECOLOGIA*: transformando o campo, as florestas e as pessoas. Rio de Janeiro: Editora UFRJ, 2015.

SILVA, Maria Alice da. *DIREITOS ANIMAIS*: fundamentos éticos, políticos e jurídicos. Rio de janeiro: Ape'ku, 2020.

SILVA, Renata Claudino Fernandes da; SOUZA, Juliana Borges de; SANTOS, Miriam Oliveira. A crise, a covid e o preço do arroz: práticas alimentares, políticas públicas e movimentos de resistência. *REVISTA PRÂKSIS*, Novo Hamburgo, v. 2, p. 174-188, 2021.

SINGER, Peter. *LIBERTAÇÃO ANIMAL*. Porto Alegre: Editora Lugano, 2004.

TRISOTTO, Fernanda. O que diz a PEC que quer transformar o índio em empresário do agronegócio. *GAZETA DO POVO*, 19 ago. 2019. Disponível em: https://www.gazetadopovo. com.br/republica/pec-libera-atividade-agropecuaria-terras-indigenas/. Acesso em: 15 ago. 2020.

WARREN, Karen J. *ECOFEMINIST PHILOSOPHY*: a western perspective on what it is and why it matters. Oxford: Rowman & Littlefield, 2000.

CAPÍTULO 5

SUZANA GUERRA ALBORNOZ

AI DE NÓS, ESCRAVAS! APENAS ALGUMAS NOTAS PARA A CRÍTICA DE TODA ESCRAVIDÃO

As conquistas das mulheres foram grandes nestes últimos séculos, sobretudo nas sociedades ocidentais ou sob sua influência. Liberalismos e socialismos impulsionaram a lutar, a persistir na luta mesmo ante a derrota e, às vezes, a vencer batalhas pela emancipação formal – seja pela maioridade jurídica, pelo direito ao voto, pelo acesso à educação, pelo atendimento à saúde, pela autonomia econômica, por condições de trabalho, por creches para as crianças, por reconhecimento social, cultural e acadêmico, pela participação na vida pública, bem como pela liberdade afetiva e sexual. Sem dúvida, notam-se avanços, embora aqui ou ali também haja retrocessos, com sobras de desigualdade e desvantagens evidentes em âmbitos de difícil acesso às mulheres, como na participação propriamente política e em algumas áreas da pesquisa científica (incluindo a filosofia), e ainda com falta de isonomia na remuneração.

FILOSOFIA FEMINISTA

As mudanças que envolveram as mulheres nestes séculos foram muitas e em quase todas as regiões do planeta, de tal modo que a primeira parte do título deste capítulo pode soar como ironia. Mas se a ironia não se encontra ali inteiramente ausente, tal não é sua primeira intenção. A expressão "Ai de nós, escravas!" está posta aí para avisar que seria excessivo nos julgarmos libertas de todo jugo e em definitivo, portanto temos a obrigação de continuar a pensar e a buscar, cada vez mais, o *reino da liberdade*, em que nos encontremos melhor, entre nós e com nossos irmãos homens, para sermos mais humanas e humanos e talvez mais felizes. Também em nosso tempo, mesmo em sociedades ditas desenvolvidas, mantêm-se formas de escravidão que atingem homens e mulheres – na exploração do trabalho clandestino, no serviço doméstico, na prostituição e na produção industrial legalizada, em que se continua a atingir, de modo muito sensível, as mulheres trabalhadoras, também sob uma nova forma de submissão, pela pressão do *princípio de desempenho*, fortemente sentida nesse tempo de capitalismo avançado e ainda, especialmente, no sistema penal penitenciário. Pois é fato que, na sociedade contemporânea, em que se dão intensas transformações muito rápidas em razão do desenvolvimento tecnológico, tanto mulheres como homens, das mais variadas culturas e nas diversas classes sociais, continuam a sofrer a opressão de processos persistentes que visam à maximização do lucro, apesar do progresso nas comunicações e das novas técnicas de produção do mundo chamado pós-moderno.[1] Uma das novas servidões evidentes é a exigência de sempre maior e melhor rendimento profissional, ou seja, a pressão pela alta produtividade, que supõe a incansável disposição para o aperfeiçoamento contínuo do desempenho e, assim, acarreta intensa concorrência entre companheiros de trabalho, com prejuízos sociais e psicológicos, e sacrifícios em todos os domínios da existência.

Entretanto, quando tomamos, seja por um átimo, um pequeno distanciamento da sociedade do trabalho posta a serviço dos interesses do

---

1 Chego a pensar que, em muitos sentidos, nosso tempo seria mais bem chamado de hipermoderno.

capital e movida pela obediência à pressão pelo rendimento máximo e pela qualidade total, isso acontece porque no espírito do tempo ainda se mantém viva a noção da possibilidade de uma alternativa ao capitalismo; aquela que, em momentos da história e da época contemporânea, foi chamada de sociedade socialista. A alternativa que se sonhou ordenar por outro princípio, externo ao lucro pela exploração do homem, que se idealizou mais de acordo com a justiça e a felicidade humana, que se sonhou guiar por um objetivo outro que o do rendimento máximo, pela inspiração vital, da busca da saúde coletiva, da vida menos dependente da multiplicação do capital e de suas consequências destrutivas. Pela reflexão sobre as relações entre a crítica ao princípio de desempenho e o feminismo, dada a associação daquele princípio ao capitalismo e à sociedade patriarcal, aponta-se a imaginação de uma sociedade impregnada por outros valores possivelmente mais ligados ao modo de ser das mulheres.

A tarefa principal da filosofia, em todo tempo e lugar – logo, também na teoria crítica feminista –, é a afirmação da dignidade humana, condição para a felicidade buscada por todos os seres humanos, para a qual são necessárias as liberdades básicas e a igualdade de direitos, formais e concretos. Dado o tema e assumido o ponto de vista na linha de reflexão que acompanha a tradição da esperança naquela outra forma de vida, pareceu-me próprio revisar aqui ensaios de Herbert Marcuse (1898-1979) e de Angela Davis (1944-), que ilustram a compreensão das possibilidades da condição das mulheres no mundo concreto em que vivemos, bem como da promessa contida no movimento feminino de afirmação libertária. Marcuse, em parte com base em Marx e em Freud, colaborou para compreenderem-se os nexos fundamentais da sociedade em cujas contradições nos encontramos, e, por meio da análise crítica, veio a aderir à ideia de um socialismo feminista, utopia que também me parece exposta na visão de Angela Davis, talvez como um feminismo socialista, com a mesma posição e engajamento, na qual se destaca a especificidade da condição das mulheres na sociedade de classes – de todas as mulheres, mas especialmente das mulheres trabalhadoras e, sobretudo, das mulheres negras.

Nos escritos de Marcuse, a crítica marxista se associa a categorias e conceitos da interpretação psicanalítica, aplicados à análise da sociedade capitalista em suas linhas gerais, enquanto em Davis se encontra uma reflexão política concreta, no desafio da ação para enfrentar novas formas de escravidão presentes, especialmente na realidade dolorosa das prisões – reflexão pertinente e urgente, tanto na situação que se encontra a autora, na América do Norte, como entre nós, no Brasil. Iniciarei este capítulo pela evocação da análise crítica de Herbert Marcuse, para terminar com o apelo à ação contra a escravidão, contido nos trabalhos de Angela Davis.

PRINCÍPIO DE REALIDADE COMO PRINCÍPIO DE DESEMPENHO, POR HERBERT MARCUSE

Nos anos que se seguiram à Segunda Guerra Mundial, algumas obras de autores humanistas coincidiram em procurar decifrar o enigma dos fatos da época pela aproximação da psicologia à análise social, praticando uma psicologia social e, algumas vezes, uma psicologia da ética. Entre tais trabalhos,[2] instigantes e esclarecedores, destaca-se *Eros e civilização: uma interpretação filosófica do pensamento de Freud*, de Herbert Marcuse (publicado originalmente em 1955 e com tradução brasileira de 1978), em que, conforme o subtítulo indica explicitamente, conceitos e categorias da psicanálise de Sigmund Freud são utilizados para melhor compreensão da sociedade contemporânea. O autor transporta para o plano da vivência social aquelas categorias e conceitos que, na teoria originária, pertenciam ao domínio da

---

2 *Diagnóstico de nosso tempo* (1943), de Karl Mannheim; *O medo à liberdade* (1941), *Análise do homem* (1947) e *Psicanálise da sociedade contemporânea* (1955), de Erich Fromm; *A multidão solitária* (1950), de David Riesman; *A personalidade autoritária* (1950), de Theodor Adorno; entre outros.

psicologia individual, e reinterpreta a contradição que move a alma e, assim, a condição humana dentro das sociedades civilizadas: o movimento entre Eros e civilização, ou seja, entre o princípio de prazer e o princípio de realidade – em última instância, entre o instinto de vida e o instinto de morte.[3]

Marcuse recorda que o conceito de homem na teoria freudiana contém uma acusação à civilização ocidental, mas ao mesmo tempo também a defesa da civilização. Pois embora afirme a negação do desejo que a civilização pratica – ou seja, a contrariedade do desejo operada na aprendizagem das regras civilizatórias –, considera, por outro lado, essa coação necessária. A contenção do ímpeto erótico é dada como precondição do progresso, na convicção de que o Eros incontrolado seria tão funesto quanto a sua réplica fatal, o instinto de morte (MARCUSE, 1978). A ideia de um princípio de realidade não repressivo seria vista pela teoria psicanalítica como um retrocesso; para Freud, seria utopia esperar que tal princípio possa converter-se em realidade histórica, ou seja, que as imagens da fantasia se refiram a um possível futuro da humanidade, melhor que seu lamentável passado. Ao que Marcuse avalia – a meu ver, corretamente – que relegar as possibilidades reais para o lugar impossível da utopia constitui um elemento essencial da ideologia do princípio de desempenho (MARCUSE, 1978). Segundo o autor, há certa validade no argumento de que, apesar de todo o progresso, a escassez ainda impede a realização do princípio "a cada um de acordo com as necessidades".[4] No entanto, reconciliar o princípio de prazer e o de realidade não depende ou não depende somente da existência da abundância para todos; a questão é saber se é razoável e possível buscar um estado de civilização em que as necessidades humanas sejam atendidas, de modo a eliminar-se o excesso de repressão, chamado por Marcuse de mais-repressão.

---

3 Os trechos evocados a seguir, às vezes reditos e comentados, encontram-se na obra *Eros e civilização* (MARCUSE, 1978, p. 33-145).

4 Aqui certamente está aludido o famoso princípio de Louis Blanc, que se celebrizou como regra central da proposta socialista: "De cada um conforme as suas capacidades e a cada um conforme as suas necessidades".

FILOSOFIA FEMINISTA

Apenas levantar tal hipótese já é opor-se a um dos mais centrais valores da cultura moderna: o da produtividade. O valor da produtividade se encontra no núcleo da atitude existencial na civilização industrial e no capitalismo contemporâneo – especialmente na sociedade burguesa ocidental, mas não somente nela. E ainda que nos encontremos à beira da excessiva produção de riquezas, o homem é julgado pelo que produz, devendo ser premiado e castigado, econômica e socialmente, de acordo com sua capacidade de realizar, aumentar e melhorar coisas úteis. A produtividade se refere ao grau de domínio e transformação da natureza; à medida que a divisão do trabalho se põe a serviço do sistema estabelecido, no sentido contrário do bem-estar dos indivíduos trabalhadores, mais a produtividade tende a contrariar o princípio de prazer e a converter-se em um fim em si mesma. A própria palavra "produtividade" passa a ter um sabor de repressão, a conter desprezo e ressentimento pelo repouso, pela indulgência, pela receptividade; a ser considerada como triunfo sobre as "profundezas vis" da mente e do corpo, a ser vista como a domesticação dos instintos pela razão exploradora (MARCUSE, 1978, p. 143). Por isso, a libertação do mundo da necessidade, da submissão ao esforço e ao princípio de realidade não pode se realizar dentro do nexo do mundo do trabalho ordenado pelo princípio de desempenho, no sistema industrial capitalista. Não se alcança também pelo consumo no mundo do lazer, articulado com o mundo do trabalho regido pelo princípio de desempenho, pois o apelo à apreciação das coisas boas e belas desse mundo acaba se transformando em atitude repressiva, enquanto promove a adaptação do homem ao mundo do trabalho alienado que se mantém. Somente "uma nova experiência básica de ser transformaria integralmente a existência humana" (MARCUSE, 1978, p. 144-145).

Na conferência Marxismo e Feminismo, proferida em 7 de março de 1974, a convite do Centro de Pesquisa da Mulher na Universidade de Stanford, nos Estados Unidos, Marcuse referiu-se ao movimento norte-americano de emancipação das mulheres – o Women's Liberation Movement – como um dos movimentos políticos mais importantes da época, talvez o mais importante e, potencialmente, o mais radical.[5] A experiência do movimento feminista no Brasil e as notícias da ação e reflexão feminista em outros países da América Latina e também na Europa levam-me a julgar plausível tal avaliação da importância do Women's Lib da América do Norte, por sua ampla influência mundial nos anos 1960 e 1970 do século XX. A introdução daquela conferência oferecia um resumo didático dos conceitos básicos já postos na análise de *Eros e civilização*. O princípio de realidade é definido como o conjunto de valores e normas que influem no comportamento dos indivíduos em dada sociedade; valores e normas que se encarnam nas instituições e nas relações entre as pessoas. Por sua vez, o princípio de desempenho – ou melhor, o princípio de realidade efetivo na sociedade burguesa industrial capitalista da atualidade – é descrito como centrado sobre a eficácia, o produtivismo, a capacidade de sustentar a competição com os outros, ou seja, a chamada "luta pela vida" (MARCUSE, 1976, p. 40).

O movimento de libertação das mulheres é compreendido por Marcuse em seu desenvolvimento no interior de uma civilização patriarcal, mas o movimento de mulheres também se encontra em uma sociedade de classes, e aí o autor vê surgir um problema para integrar a análise do feminismo dentro da moldura teórico-interpretativa da análise marxista.[6] Pois as mulheres não constituem uma classe social no sentido que a sociologia crítica o entende; a relação homem-mulher transcende e atravessa os limites de classes sociais e econômicas. É claro que as necessidades e potencialidades das mulheres são condicionadas por suas situações de classe, contudo o conferencista

---

5 A referida conferência se encontra em *Actuels* (MARCUSE, 1976, p. 40-57).

6 Para entender melhor como o marxismo vê a questão sociopolítica das mulheres, recomenda-se o livro *A origem da família, da propriedade privada e do Estado*, de c(1820-1895), cuja reflexão se elabora com base em pesquisas e teses dos antropólogos, seus contemporâneos, Morgan (1818-1881) e Bachofen (1815-1887). As pesquisas posteriores não comprovaram a hipótese da existência do matriarcado em tempos pré-históricos, como forma de organização primitiva anterior à dominação patriarcal até hoje presente. Contudo, a hipótese permanece como inspiração e manifesta-se em utopias e experimentos sociais, influindo na mudança histórica concreta.

FILOSOFIA FEMINISTA

pensa haver boas razões para falar-se da *mulher* enquanto categoria geral por oposição ao *homem*, considerando-se o longo processo histórico no decorrer do qual as características sociais, mentais e fisiológicas das mulheres foram se desenvolvendo de maneira oposta às do homem. Para além das diferenças fisiológicas evidentes, as características femininas são resultado de um condicionamento social. No entanto, um processo milenar de condicionamento fez dessas características uma segunda natureza, que não muda automaticamente pelo estabelecimento de novas instituições sociais, e, por isso, pode haver discriminação em relação às mulheres mesmo em uma sociedade dita socialista. Na civilização patriarcal, as mulheres têm sido submetidas a uma opressão específica seu desenvolvimento físico e mental foi canalizado em uma direção particular que lhes favorece a submissão. Nessas condições, um movimento autônomo de libertação das mulheres é justificado e necessário, mas os objetivos desse movimento implicam mudanças radicais na sociedade, tanto no plano de sua organização material como no nível de seus valores intelectuais, e somente seria possível alcançá-los pela transformação do sistema social.

É claro que o movimento de emancipação das mulheres está ligado ao combate político mais amplo, pela liberdade de todos os oprimidos, homens e mulheres. Não há uma razão econômica que impeça a igualdade das mulheres com os homens de ser obtida no interior da sociedade capitalista, mas as potencialidades e os objetivos do movimento de libertação das mulheres transcendem a igualdade no plano da economia e tocam domínios que jamais poderão ser alcançados no quadro do capitalismo nem de qualquer outra sociedade de classes. A igualdade não é a liberdade; e, para além da igualdade, a libertação implica a construção de uma sociedade regida por um princípio de realidade diferente, na qual a dicotomia atual masculino-feminino pudesse ser superada nas relações sociais e individuais entre os seres humanos. O movimento de mulheres carrega a possibilidade de instituições sociais novas e de uma mudança de consciência, de uma transformação das carências dos homens e das mulheres, libertados dos jugos da dominação e da exploração. A igualdade das mulheres com os homens seria uma subversão de normas e valores que contribuiria para a emergência de uma sociedade regida por um novo princípio de realidade. Nisso estaria o potencial mais revolucionário e mais subversivo do movimento pela libertação das mulheres. Isso não significa imediatamente um engajamento no socialismo – ainda que a inteira igualdade das mulheres tenha sido sempre uma exigência socialista fundamental –, mas aponta uma forma específica de socialismo, como um "socialismo feminista" (MARCUSE, 1976, p. 55).

Pense-se um socialismo em que o princípio de desempenho, que é o princípio de realidade no capitalismo atual, ceda mais espaço ao princípio de prazer, para a busca da máxima possível realização humana das numerosas populações. Tal transição exigiria a liberação de características *especificamente femininas* à escala da sociedade. Marcuse o formula como pergunta e, ao tentar encontrar a resposta, volta a apontar os valores dominantes da sociedade capitalista: a produtividade guiada pela busca do lucro; a perseguição do sucesso a todo custo; a eficácia, o espírito de competição – em outros termos, o princípio de desempenho ou o reino da racionalidade funcional que rejeita toda paixão; e uma dupla moralidade que gira em torno da ética do trabalho, que significa, para a maioria da população, a condenação a um trabalho alienado e desumano, e a vontade de poder, a exibição da força e da virilidade. A repressão no mundo do trabalho da sociedade capitalista conduz à estimulação de um acréscimo de agressividade. Essa mobilização da agressividade nos é familiar: militarização, caráter cada vez mais brutal das forças "da ordem", fusão da sexualidade e da violência, ataque direto contra o instinto de vida, que nos leva a querer preservar e reconstruir o meio ambiente, ataque contra a legislação antipoluição, etc.

"Ai de nós, escravas!" ou, talvez melhor, "Ai de nós, escravos!". Nosso lamento tem razão de ser, pois essas tendências estão enraizadas na infraestrutura do capitalismo avançado, que não parece em vias de desaparição, e, por isso, são muito atuais. A totalização da agressividade e a repressão penetram a sociedade inteira. Segundo a análise de

Marcuse, um socialismo feminista encarnaria a antítese, a negação histórica das necessidades e dos valores destrutivos e repressivos do capitalismo como forma de cultura de domínio patriarcal. Dele estamos distantes, mas é verdade que as condições objetivas de tal subversão de valores amadurecem e tornam possível o progresso das características atribuídas mais às mulheres que aos homens na longa história da civilização patriarcal. Formuladas como antíteses das qualidades masculinas dominantes, as qualidades femininas se apresentam como receptividade, sensibilidade, não violência, ternura, entre outras – são as características opostas à dominação e à exploração. No nível psicológico primário, seriam do domínio de Eros e expressariam a energia do instinto de vida, contra o instinto de morte e a energia destrutiva.

O conferencista de 1974 ainda perguntava: "Por que essas características do Eros aparecem como femininas? Por que essas mesmas características não participaram da formação das qualidades masculinas?". É claro, uma modificação se faria necessária na própria noção de socialismo, pois, no socialismo *realmente existente* – que então já mostrava suas contradições e não correspondia à utopia da sonhada sociedade sem classes –, havia-se mantido elementos do princípio de desempenho e de seus valores "produtivistas": a busca do desenvolvimento cada vez mais eficaz das forças produtivas, a exploração sempre mais produtiva da natureza e a separação entre o reino do trabalho e o reino da liberdade. A libertação das mulheres poderia conter em si a antítese da organização pelo princípio de desempenho, e essa seria a função revolucionária da mulher na reconstrução da sociedade. Essas características deixariam de ser especificamente femininas e poderiam fazer parte da infraestrutura da sociedade em seu conjunto, tanto no plano material quanto no intelectual. Em um socialismo feminista sobre a base da igualdade, as relações sociais e pessoais, os indivíduos e suas relações com a natureza, tudo seria penetrado dessa sensibilidade receptiva, que tem sido, em grande parte, do domínio feminino. A antítese masculino/feminino seria transformada em uma síntese, como no mito antigo do andrógino.

O capitalismo avançado criou condições materiais que permitem transpor as características femininas de um plano ideológico para o nível real. Criou as condições objetivas que permitem transformar em força a "fraqueza" associada às qualidades femininas; transformar o objeto sexual em sujeito; fazer do feminismo uma força política na luta contra o capitalismo, contra o princípio de desempenho. Somente enquanto sujeito, econômica e politicamente igual ao homem, a mulher poderá exercer um papel determinante na reconstrução da sociedade. Uma vez obtida a igualdade, a libertação deverá superar o quadro do capitalismo e subverter a atual hierarquia das necessidades. Tal subversão de normas e valores contribuiria para a emergência de uma sociedade regida por um novo princípio de realidade, e esse seria o potencial revolucionário do socialismo feminista.

UMA LEMBRANÇA: A UNIÃO DE DIONISO E APOLO[7]

Em outra linguagem, dentro do mesmo universo, permito-me lembrar aqui a reflexão de Ernst Bloch (1885-1977), cujo pensamento apresentei em escritos anteriores,[8] que manifestava o mesmo olhar solidário, a mesma atitude compreensiva para com o movimento de emancipação feminina, como também pela teoria crítica marxista, a mística revolucionária e as utopias, por ele consideradas de modo tão original. Parece-me válido associar a análise psicanalítica da sociedade, exposta por Marcuse – em que se delineia a crítica ao princípio de realidade da sociedade industrial capitalista e se mantém a esperança de superação da escravidão ao princípio do desempenho e onde se insinua o desejo de sua substituição por outro princípio de realidade, mais próximo ao impulso de felicidade que habita o coração dos seres humanos –, àquela

---

7 Sobre este ponto, já expus em Albornoz (2007).

8 Principalmente em *Ética e utopia* (2006), *O enigma da esperança* (1998) e *Violência ou não violência* (2000).

esperança que, ao referir-se a tábuas de valores e ideais morais, Bloch pensou possível pela união de Dioniso e Apolo. Proposta como um ideal moral, tal união diz de outro modo a possível harmonia entre princípio de realidade e princípio de prazer, e aponta a utopia, talvez a possibilidade, embora parcial e fragmentária, da conciliação de realidade e prazer quando sejam reunidos, no plano das normas e dos valores, os dois modelos inspiradores – o que se submete ao movimento inebriante da vida e o que busca o equilíbrio ordenado, ou seja, Dioniso e Apolo. A psicanálise da sociedade capitalista em termos de princípio de prazer e princípio de realidade remete à dialética da ordem e da liberdade presente nas utopias que inspiram o filósofo do *princípio esperança*. Ambos lidam com a mesma consciência da contradição existente entre o mundo da necessidade e o reino da liberdade, entre o mundo real e o ideal – a que Marx, discípulo de Hegel, também viu, para tentar superar. E a que Angela Davis, em nosso tempo, acrescenta um inestimável toque de concretude, quando encara o cerne do problema da liberdade em nossos dias, quando as mulheres sofrem novas formas de escravidão, ainda sob o milenar domínio patriarcal, junto a outros excluídos de etnias e culturas dominadas, submissas às teias do capitalismo avançado, em que fere a sensibilidade do observador a sofisticação perversa e terrível dos sistemas de punição e encarceramento.

DIALÉTICA DA LIBERDADE E DA ESCRAVIDÃO NOS ESCRITOS DE ANGELA DAVIS

Em seu famoso ensaio *As mulheres e o capitalismo*,[9] escrito na prisão de Palo Alto em 1971, Angela Davis desenvolve uma reflexão que, apesar da situação dramática, guardou seu caráter de esperança, quando julgava ver, antecipando-se a Marcuse em 1974, no bojo do movimento

---

9 *Women and capitalism: dialetics of oppression and liberation*, de 1971. Este ensaio foi publicado pela primeira vez em 1977, em Amsterdam. Aqui trabalhamos com a reedição de 2000.

feminista que busca o desenvolvimento e a emancipação das mulheres, a promessa de uma transformação radical da sociedade capitalista.

Ao observar-se de perto o movimento de mulheres tal qual tem existido empiricamente, salta aos olhos – e Davis o apreende – que não se trata de um movimento homogêneo, nem no plano social nem no plano das ideias. Dada a sua forma organizacional descentralizada, e embora, em suas diversas emergências, pareça ter mantido sempre um caráter antiautoritário, o movimento de mulheres contém em si diferenças teóricas acentuadas e, por vezes, irreconciliáveis (DAVIS, 2000). Tais contradições internas ao movimento de liberação das mulheres se mostram facilmente quando se presta atenção à soma de influências ideológicas, filosóficas ou religiosas que existiram junto às principais líderes; também quando entram em conflito as situações e pretensões das mulheres operárias com as das mulheres burguesas; e mais, como é do conhecimento da autora, as situações e necessidades das trabalhadoras negras.

Davis lembra que o *status* singular da população negra, desde a escravidão até o presente, forçou as mulheres nos Estados Unidos (e está aí algo com que muitas brasileiras se sentirão identificadas) ao trabalho fora de casa – primeiro como provedora do lucro do senhor de escravos e, mais tarde, como provedora da sobrevivência de sua família. É claro, a mulher negra foi objetivamente explorada e ainda em maior grau que os homens negros, por isso seria impróprio dizer que ficou livre do estigma social ligado às mulheres em geral e, particularmente, às mulheres das classes trabalhadoras. A relativa independência da mulher negra, que lhe veio de sua participação aberta na luta pela existência, foi uma dimensão de sua opressão; tornou ainda mais pesadas suas responsabilidades internas à família e relativas ao trabalho doméstico, dos quais nunca foi liberada. O ponto importante, contudo, é o fato de que não foi exclusivamente definida por seus deveres especiais de "fêmea". E assim, dentro da comunidade negra, tornaram-se acessíveis às mulheres papéis sociais mais significativos; e, o que é mais importante, as mulheres negras fizeram contribuições críticas para a luta contra o racismo e a opressão nacional, desde o tempo da escravidão até o presente (DAVIS, 2000).

Dentro das relações de classe existentes no capitalismo, as mulheres, em sua vasta maioria, foram deixadas no estado de servidão familial e inferioridade social – não pelos homens em geral, mas, sim, pela classe dominante. Sua opressão serve para maximizar a eficácia da dominação. A opressão objetiva das mulheres negras na América tem uma origem de classe, além de uma origem nacional. Porque as estruturas da opressão feminina estão inextricavelmente amarradas ao capitalismo, a emancipação feminina deve, simultânea e explicitamente, ser a busca da libertação negra e da liberdade de outras nações oprimidas. Um efetivo movimento de liberação das mulheres deverá ter consciência da revolução social mais ampla: da subversão necessária do modo de produção capitalista, assim como das estruturas políticas e legais que o sustentam (DAVIS, 2000).

Para Angela Davis, é claro, as mulheres devem ser liberadas de tarefas instrumentais e consumidoras de seu tempo, e a economia doméstica privada precisaria ser inteiramente transformada (no dizer da autora, dissolvida). Às mulheres deve ser permitido o padrão máximo de controle sobre seus corpos, no grau da possibilidade da ciência. E essas são apenas algumas das pré-condições para uma liberação positiva das potencialidades humanas das mulheres. Portanto, parece óbvio que essa liberação demandará uma nova organização da família. A maioria dos marxistas deu-se a especulações sobre as novas formas que a família poderia assumir sob o socialismo, mas – diz Davis, como já lembrara Marcuse –, na presente fase do desenvolvimento tecnológico, as projeções utópicas talvez encontrem já fundamento científico e histórico. Por isso, novas abordagens teóricas da questão da família, ao mesmo tempo científicas e imaginativas, ajudarão o movimento de mulheres na formulação de suas metas de longo prazo (DAVIS, 2000).

Dentro do presente formato de dominação, porém, o movimento de mulheres está confrontado com diversas e difíceis tarefas de oposição.

Talvez a mensagem mais significativa para o movimento de mulheres existente seja a seguinte: a mais acabada face da opressão das mulheres se revela precisamente onde ela é mais drástica.[10] Na sociedade norte-americana, a mulher negra é a mais severamente atingida pelas estruturas da supremacia masculina da sociedade mais ampla, e isso não contradiz o fato de que uma maior igualdade sexual possa ter prevalecido dentro da comunidade negra oprimida. Sua combinação com as mais devastadoras formas de exploração de classe e de opressão nacional talvez disfarce, mas não oculta sua função de subjugação das mulheres. Mesmo quando as mulheres negras adquiriram uma maior igualdade enquanto mulheres dentro de certas instituições da comunidade negra, sempre sofreram em proporção e intensidade bem maiores os efeitos da supremacia masculina institucionalizada. E, se a busca da liberação das mulheres negras é posta como uma prioridade no contexto mais amplo da emancipação feminina, se o movimento de mulheres puder desenvolver uma consciência socialista, se forjar suas práticas de acordo, então poderá tornar-se uma força radical e subversiva de proporções ainda desconhecidas. Nesse caminho, o movimento de liberação das mulheres poderá assumir um lugar único entre os que podem trabalhar para superar o capitalismo (DAVIS, 2000).

Nos textos de Angela Davis, não só a luta feminista é compreendida e criticada com base no paradigma marxista, que afirma a importância da luta de classes na sociedade capitalista, mas tal estrutura de análise também se deixa influenciar e ampliar quando a questão racial irrompe na análise marxista. Em *Mulheres, raça e classe*, originalmente publicado em 1981, por exemplo, após estudar a escravidão dos negros nos Estados Unidos, desde o século XIX ao XX – quando teve a oportunidade de ver como o espírito da época atingiu, ao mesmo tempo, o movimento pelos direitos da mulher e a luta antiescravagista –, Davis desvela e analisa, com perspicácia e lucidez, as diferenças apesar das semelhanças, na teoria e na prática, dos movimentos de emancipação

---

10 Pode-se ouvir aqui o eco da famosa afirmação de que o sujeito revolucionário da história é o proletariado, porque ele vivencia ao máximo a exploração.

FILOSOFIA FEMINISTA

das mulheres, dos negros e dos trabalhadores (DAVIS, 2016). Por essa evolução da análise, percebemos o quanto a vida e a evolução histórica exigem de renovação da reflexão política, sociológica e filosófica, e o quanto o ponto de vista de quem reflete e analisa influi sobre os aspectos percebidos nos jogos concretos de dominação e conflito, e sobre a conscientização das possibilidades futuras.

Em *A democracia da abolição* (2009), assim também como nos ensaios contidos em *The meaning of freedom* (2012), constituído por conferências, entrevistas e artigos independentes das últimas décadas, a pensadora não só confirma e explicita suas análises anteriores, mas também dá passos adiante. A continuação do estudo da pensadora feminista e socialista para combater a desumanidade e a injustiça encaminha para melhor compreender a herança do passado escravagista, continuada pela exploração mascarada no trabalho dentro do sistema penitenciário da atualidade. Por meio de registros históricos que enriquecem os ensaios de Angela Davis, percebe-se o movimento de metamorfose da dominação e da escravidão. Assim como, pela reflexão de Marcuse, elabora-se a consciência do quanto o princípio de desempenho, constituindo-se em princípio de realidade da sociedade capitalista, institui uma nova escravidão que submete toda a população trabalhadora, nos escritos de Davis é denunciada uma das escravidões mais dolorosas – talvez a máxima escravidão hoje presente –, que se manifesta na perturbadora realidade das prisões contemporâneas por toda parte, mas muito especialmente no Brasil e nos Estados Unidos (como em Guantánamo ou Abu Ghraib). Para os apenados, mas isso também deveria ser reconhecido por todos nós que, de uma ou outra maneira, estamos expostos à suspeição de uma falta, uma transgressão da lei, uma culpa, um crime, talvez apenas a uma acusação difícil de contestar e a uma condenação injusta – sobretudo nas classes sociais mais vulneráveis e nas categorias étnicas e sexuais discriminadas –, para todos nós que, supostamente libertos, podemos nos tornar prisioneiros, o sistema carcerário corresponde a uma escravidão desumana que ameaça, embora seja legalizada e pareça ter sentido para grande parte da população. Trata-se de uma escravidão cruel de tal modo generalizada que parece natural, quase inquestionável. Assim, provisoriamente, cabe exclamar: "Ai de nós, escravas! Ai de nós, escravos!". E, para nos mantermos humanos/humanas, resta-nos continuar a lutar contra toda forma de escravidão.

REFERÊNCIAS

ALBORNOZ, Suzana G. A união de Dioniso e Apolo: os ideais morais segundo Ernst Bloch. *In*: BRITO, Adriano Neves de (org.). **ÉTICA**: questões de fundamentação. Brasília: UnB, 2007.

ALBORNOZ, Suzana G. **ÉTICA E UTOPIA**: ensaio sobre Ernst Bloch. Santa Cruz do Sul: Movimento & Edunisc, 2006.

ALBORNOZ, Suzana G. **O ENIGMA DA ESPERANÇA**: Ernst Bloch e as margens da história do espírito. Rio de Janeiro: Vozes, 1998.

ALBORNOZ, Suzana G. **VIOLÊNCIA OU NÃO VIOLÊNCIA**. Santa Cruz do Sul: Edunisc, 2000.

DAVIS, Angela. **A DEMOCRACIA DA ABOLIÇÃO**: para além do império, das prisões e da tortura. Rio de Janeiro: Difel, 2009.

DAVIS, Angela. **MULHERES, RAÇA E CLASSE**. São Paulo: Boitempo, 2016.

DAVIS, Angela. **THE MEANING OF FREEDOM**. San Francisco: City Lights, 2012.

DAVIS, Angela. Women and capitalism. *In*: JAMES, Joy; SHARPLEY-WHITING, T. Denean (ed.). **THE BLACK FEMINIST READER**. New Jersey: Wiley-Blackwell, 2000.

MARCUSE, Herbert. **ACTUELS**. Paris: Galilée, 1976.

MARCUSE, Herbert. **EROS E CIVILIZAÇÃO**. Rio de Janeiro: Zahar, 1978.

CAPÍTULO 6

NAYARA BARROS DE SOUSA

FEMINISMO E TEORIA CRÍTICA

Ao escolher tratar de teoria crítica e feminismo, é necessário fazer algumas observações que podem parecer desnecessárias para quem trabalha na filosofia política, mas que podem deixar as pessoas não circunscritas a esse círculo reticentes quanto à ausência de especificação que poderia ser resumida em: "que teoria crítica?".

Se o feminismo é, no mínimo, a própria manifestação de uma crítica, em muitos níveis das teorias elaboradas pelas mulheres e aliados, estas seriam teorias críticas em sentido amplo. Neste capítulo, contudo, a crítica é aquela que poderia ser chamada de um segundo nível de crítica, a crítica como teoria crítica vinculada às herdeiras da escola de Frankfurt e de muitos de seus métodos e discussões.

Sabe-se que, ao longo de todo o século XX, a filosofia política teve, em um de seus principais ramos, o esforço da chamada escola de Frankfurt em desdobrar o pensamento social em análises que consideravam o trabalho e o capital como elementos determinantes da dinâmica entre os atores das camadas de interação na sociedade. Sendo tributária de Hegel e Marx, a teoria crítica expandiu-se e atualizou certas preocupações que já se encontravam nos dois autores, inserindo, ainda, outras disciplinas como suporte às suas análises, como a psicanálise,

125

a psicologia social, a antropologia em seus primórdios e, nas últimas décadas do século XX, as preocupações feministas por algumas das mulheres que se alinham a essa herança crítica, e que consistem no foco aqui.

A TEORIA CRÍTICA: CARACTERÍSTICAS

A teoria crítica nasce em uma sociedade de capitalismo avançado e a partir das contradições desse tipo de sociedade. Uma de suas características mais marcantes é sua intenção de apresentar o diagnóstico de época das sociedades capitalistas, sempre visando aos potenciais emancipatórios que a realidade nos ajudar a depreender, de modo que também as dificuldades para que esse propósito seja atingido fiquem em evidência, como preconizou Horkheimer (REPA; TERRA, 2011).

Desse modo, a crítica sempre vai partir de variáveis que encontra nos próprios fenômenos sociais, sejam elas problemas ou normas que estão aventadas em certo tipo de sociedade. Por consequência, realiza-se uma avaliação das práticas sociais com base em alguns padrões normativos, que são localizados dentro de uma reconstrução histórica realizada pelo crítico, de modo a destacar a relevância da variável por ele observada. A relevância pode ser determinada pelos próprios sujeitos ou pelo efeito dela sobre grupos humanos subalternizados, por exemplo. A reconstrução histórica não se perfaz sem considerações responsáveis a respeito do contexto em questão, demonstrando os pontos de contato com o que deseja tornar explícito.

Se o trabalho era o foco dos teóricos críticos da primeira e segunda geração da teoria crítica, a partir de Habermas temos um foco mais no que pode ser denominado de uma ética comunicativa que realiza em conjunto com sua crítica reconstrutiva, abordagem que se tornou preponderante entre os autores da última geração de teóricos críticos (REPA, 2016). No caso de Habermas, este escolhe realizar uma reconstrução não só histórica, mas normativa, para além da normatividade percebida na realidade, apesar de começar dela.

Pode-se dizer que há uma mudança da predominância do método dialético que combinava com certa harmonia: a filosofia especulativa e a pesquisa social, com menos peso para essa última (a pesquisa) (VOIROL, 2012), ainda que as teorias apresentadas claramente tratem de uma realidade passível de ser sondada pela pesquisa empírica.

A estrutura inicial da escola de Frankfurt primava por um alto nível de multidisciplinaridade, fazendo uso de diversas áreas, como já mencionei, a antropologia, a sociologia, a psicologia social, a psicanálise e a economia. É possível verificar também uma aproximação com a sociologia, a economia e até mesmo a literatura, ainda que sem demandas empíricas de peso, mesmo nas teóricas que trabalham com a temática feminista. Nancy Fraser seria uma que tenta manter o diálogo com essas duas áreas, evitando esse isolamento teórico.

Outro tipo de crítica é apontado por Rahel Jaeggi, que seria o modelo imanente, no qual:

> é preciso destacar, diferentemente do modelo geral da suposta crítica interna reconstrutiva, que o objeto é analisado em seu aspecto dinâmico e transformativo, por meio de contradições imanentes a ele. (REPA, 2016, p. 19)

Uma das vantagens de seguir esse modelo seria certa facilidade em evidenciar as contradições do capitalismo nas sociedades liberais, a partir da tentativa de realização de suas normas:

> Vê-se agora em que medida a crítica imanente justamente não segue o modelo de argumentação típico para a crítica interna (hermenêutico-reconstrutiva), de que uma comunidade tenha perdido a ligação com seus ideais. Pois ela não considera a relação entre normas e realidade na situação por ela criticada como dissolvida ou enfraquecida, mas como invertida ou equívoca em si. Isto é (tal como no caso acima referido, dos valores constitutivos da sociedade burguesa, liberdade e igualdade), as normas são eficazes,

mas, como eficazes, elas tornaram-se contraditórias e deficitárias. (JAEGGI, 2008, p. 156 *apud* REPA, 2016, p. 19, tradução minha)

Ou, ainda, como Stahl (2013) a define:

> crítica imanente é uma forma de crítica social que avalia tanto o comportamento empírico das práticas sociais, como o entendimento de si de seus membros, de acordo com o modelo em que estão inseridos. Ao fazê-lo, a crítica imanente objetiva a uma transformação de tais práticas, que engloba tanto ações como aqueles entendimentos de si. (STAHL, 2013, p. 7, tradução minha)

Cabe aqui incluir ainda, entre os elementos de destaque das teorias críticas contemporâneas, o entendimento de se pensar a dignidade humana contra as instituições (Forst), bem como a relevância da questão do reconhecimento para as demandas sociais rumo a uma emancipação (Honneth). A dignidade[1] surge como categoria que fundamenta o criticismo moral que pode advir das discussões da teoria crítica, que, no caso de Forst, parte da constatação de que existe uma reivindicação histórica da dignidade contra as instituições. Ou seja, elementos já existentes na história de muitas sociedades humanas são destacados e rearranjados sistematicamente, de modo que auxiliem o teórico a evidenciar as eventuais contradições ou insuficiência do que se poderia esperar de grupamentos que se mantiveram alinhados àquela reivindicação de dignidade.

Já o reconhecimento em Honneth, em que este estabelece uma correlação entre moral e poder, preocupa-se com fenômenos negativos de sujeição e dominação. É ato moral ancorado no mundo social como um acontecimento cotidiano, o que torna o reconhecimento, longe de

---

1 "O conhecimento da dignidade do outro é a base da responsabilidade, e esta, novamente, a base do princípio de justificação: porque eu reconheço a dignidade do outro, devo expor-lhe as razões de minha ação" (HONNETH, 2014).

representar uma mera ideologia, um pressuposto intersubjetivo para realizar metas de vida autonomamente.[2]

Importa também destacar que, embora a teoria crítica tenha historicamente ficado conhecida pelo método dialético, autores como os mencionados propõem que o método reconstrutivo é muito mais abrangente, de todas as fases da escola de Frankfurt e da teoria crítica, do que aquele. Sobre Honneth, temos, a título de exemplo:

> Uma vez que Honneth reinterpreta a crítica imanente em Marx já como uma forma de "crítica reconstrutiva", não é difícil para ele alastrar essa noção à Teoria Crítica clássica, de modo que "Horkheimer, Adorno e Marcuse se empenharam até certo momento por uma via reconstrutiva de fundamentação de sua crítica social" (Honneth, 2007, p. 64), de modo que a teoria reconstrutiva de Habermas aparece apenas como uma continuidade dessa via. As diferenças começam pelo modo como os critérios normativos, imanentes à sociedade criticada, podem se justificar, pois a Teoria Crítica não lida só com uma normatividade factual, mas com uma normatividade justificável.
>
> A estratégia metodológica tácita de Honneth parece consistir na substituição da "dialética", como categoria capaz de abranger as diferentes versões ou modelos de Teoria Crítica, por uma categoria capaz de integrar não só Habermas e ele próprio. (REPA, 2016, p. 17)

Os métodos que recebem mais atenção, então, seriam: o método dialético (filosofia especulativa e pesquisa social), o método reconstrutivo (Habermas teria sido o responsável por essa virada) e a crítica imanente. Os principais autores e autoras distribuem-se quase invariavelmente entre eles.

---

2 Cf. Honneth (2014).

O FEMINISMO E A TEORIA CRÍTICA

Feministas como Iris Marion Young, Seyla Benhabib, Albena Azmanova e Nancy Fraser são integrantes da teoria crítica por construírem um pensamento de denúncia da ideologia hegemônica, patriarcal e machista, que seria responsável por uma série de impedimentos e exclusões quanto a uma efetiva integração da mulher nos espaços públicos, bem como ao exercício de sua agência autônoma, mesmo e talvez especialmente no espaço privado, o qual veio sendo reduzido a uma aproximação com um ideal de natureza maternal e acolhedora.

As teóricas feministas renovam as perguntas da filosofia, alterando as prioridades do debate público,[3] ao se perguntarem "para quem" o espaço privado veio sendo maternal e acolhedor – e se esse deveras fosse um objetivo a ser alcançado no espaço privado, como seria de fato realizá-lo sem sobrecarregar as mulheres, tornando-as sujeitas devidamente acolhidas. Vejamos o que a professora Flávia Biroli e o professor Luis Felipe Miguel nos trazem:

> A desigualdade entre homens e mulheres é um traço presente na maioria das sociedades, se não em todas. Na maior parte da história, essa desigualdade não foi camuflada nem escamoteada; pelo contrário, foi assumida como um reflexo da natureza diferenciada dos dois sexos e necessária para a sobrevivência e o progresso da espécie. Ao recusar essa compreensão, ao denunciar a situação das mulheres como efeito de padrões de opressão, o pensamento feminista caminhou para uma crítica ampla do mundo social, que reproduz assimetrias e impede a ação autônoma de muitos de seus integrantes.

> Por isso, na teoria política produzida nas últimas décadas, a contribuição do feminismo se mostrou crucial. O debate sobre a dominação masculina nas sociedades contemporâneas – ou o "patriarcado", como preferem algumas – abriu portas para tematizar, questionar e complexificar as categorias centrais por meio das quais era pensado o universo da política, tais como as noções de indivíduo,

---

3 Cf. Miguel e Biroli (2014).

de espaço público, de autonomia, de igualdade, de justiça ou de democracia. Não é mais possível discutir a teoria política ignorando ou relegando às margens a teoria feminista, que, nesse sentido, é um pensamento que parte das questões de gênero, mas vai além delas, reorientando todos os nossos valores e critérios de análise. (MIGUEL; BIROLI, 2014, p. 17)

Algumas das teóricas feministas têm pelo menos parte de suas discussões e referências vinculadas a essas características sublinhadas da teoria crítica. Desde uma percepção que a emancipação humana é almejada em algum grau, as teóricas destacam concepções que dizem respeito aos grupos oprimidos de modo mais explícito que a teoria tradicional. O perfil desses grupos inclui possuir atributos que os deixam em uma situação de desvantagem estrutural no tecido social das sociedades capitalistas contemporâneas, e as mulheres encaixaram-se e encaixam-se de muitos modos nesses grupos subalternos.

→ NANCY FRASER

Uma das autoras mais proeminentes em unir questões relevantes ao feminismo, por meio dos métodos da teoria crítica, é Nancy Fraser. Apesar de também dialogar com a tradição pragmática, é com o método reconstrutivo, principalmente, que ela interroga as instituições em seus limites e possibilidades para a realização de experiências democráticas que considerem as demandas das mulheres:

A recusa à universalização do masculino (ou do ocidental), com a valorização da diferença, é importante para evitar a aceitação acrítica de um conjunto de valores que está, ele próprio, vinculado às relações de dominação. Ela contribuiu, também, para o aprofundamento da discussão sobre justiça. Autoras feministas foram essenciais para a crítica do "paradigma distributivo" da justiça, segundo o qual a justiça se resolve por meio da distribuição equitativa de recursos ou de direitos. O paradigma distributivo estaria na raiz de todas as teorias dominantes da justiça, tendo

ganhado sua formulação mais sofisticada com a publicação do
importante tratado de John Rawls. (MIGUEL; BIROLI, 2014, p. 73)

Se, como Fraser destacou, a questão da distribuição não é suficiente
para explicar a subalternidade desses grupos, é imperativo tornar evidente quais são essas questões e qual a relação delas com as injustiças
por distribuição de bens, quando ou se essa relação existe. E é mais ou
menos isso que ela tentou esclarecer em pelo menos duas décadas do
seu trabalho.

Ao longo da última década do século XX e início do século XXI, con-
centrando-se nas demandas de reconhecimento da diferença, Fraser
esteve no centro das principais discussões da teoria crítica sobre essa
temática, de modo especial em razão do seu debate com Axel Honneth,
encontradas principalmente em *Redistribuição ou reconhecimento?
Uma controvérsia político-filosófica*, com artigos de ambos.[4]

Vale destacar igualmente a importância da discussão das feministas
que denunciam um entendimento simplista do significado de esfera
pública e esfera privada e sua interferência nas definições aceitas de
liberdade, autonomia e cidadania, que claramente diziam respeito a
um universal masculino, ignorando o complicado trânsito das mulheres nessas esferas e as consequências disso na acepção de sua liberdade, autonomia e cidadania.

Em "O que é crítico na teoria crítica?",[5] Fraser concentra-se principalmente na obra *Mudança estrutural da esfera pública*, na qual
Habermas começa a construir seu conceito de esfera pública. Ela
destaca alguns aspectos que se tornam importantes para a crítica
que realiza, quando demonstra como o fator ausente "gênero", caso
fosse levado em consideração, provocaria importantes alterações na
reflexão de Habermas, inclusive na definição dos limites de conceitos
estratégicos, como os referentes à esfera pública.

---

4 Cf. Fraser e Honneth (2003).

5 Cf. Fraser (2013b).

Outrossim, pensar tais conceitos do ponto de vista das mulheres altera substancialmente o que se considerou até então como avanços ou mesmo o que era encarado como necessidades no exercício dessas agências. Dois bons exemplos disso são a centralidade dos direitos reprodutivos e a existência de boas creches para que se comece a efetivar um processo de emancipação desse grupo particular.

Exemplos de como a autora se utiliza do método reconstrutivo da teoria crítica podem ser encontrados em textos como "Mapeando a imaginação feminista" (2007), no artigo "O feminismo, o capitalismo e a astúcia da história" (2009), bem como em "Mercantilização, proteção social e emancipação: as ambivalências do feminismo na crise do capitalismo" (2011). Em termos gerais, pode-se afirmar que esse é seu método, sendo pontuado por alguns traços de pragmatismo, como em "False antithesis" (1995a) e em "Pragmatism, feminism, and the linguistic turn" (1995b).

→ IRIS MARION YOUNG

No caso de Iris Marion Young enquanto teórica crítica, tendo inclusive lecionado filosofia como professora visitante da Johann Wolfgang Goethe University, considerada sede da escola de Frankfurt, temos um contexto das sociedades capitalistas (como de praxe), nas quais um dos dilemas que eram discutidos em seus textos era o tema da representação política, de modo que fossem enfrentados a fim de tornar evidente:

> o caráter excludente das normas de representação. [...] Essas demandas evidenciam que numa sociedade ampla e com muitas questões complexas os representantes formais e informais canalizam a influência que as pessoas podem exercer. (YOUNG, 2006, p. 142)

As feministas de todo o mundo afirmam que as legislaturas amplamente ocupadas por homens seriam incapazes de representar adequadamente nossas demandas, e, "em resposta a isso, alguns governos têm decretado medidas voltadas a proporcionar maior presença feminina nos órgãos legislativos" (YOUNG, 2006, p. 142).

Visando à defesa de uma democracia participativa e deliberativa, Young tentou um conceito de representação que significasse mais uma relação entre sujeitos que uma separação absoluta entre eles, ou o oposto, a subsunção de um lado dos polos de representação sobre o outro (representante e representado).

Em termos mais panorâmicos, Young, assim como Honneth, também seria uma autora que trabalha mais o viés do reconhecimento[6] que uma teoria da distribuição. Mas ela também advogava questões de justiça que incorporassem a dinâmica de grupos oprimidos, aproximando assim a justiça de uma noção de responsabilidade social.[7]

→ SEYLA BENHABIB

Seyla Benhabib é uma autora de filosofia política e ética que incorporou críticas feministas, entre outras, ao seu trabalho. A partir disso, tivemos alterações em suas propostas argumentativas, como destacou a professora Frateschi:

> O pano de fundo dos textos reunidos em *Situating the self* (1992) é um questionamento a respeito dos limites e possibilidades do universalismo depois das duras críticas comunitaristas, pósmodernas e feministas. (FRATESCHI, 2014, p. 364)

---

6   Cf. Fraser (1997, p. 14).

7   Cf. Young (2011).

Benhabib, ainda em 1995, integrou, junto com Nancy Fraser, Judith Butler e Drucilla Cornell, a obra *Feminist contentions: a philosophical exchange*, na qual a discussão estabelecida teve por objetivo tentar uma convergência das autoras em direção a uma análise crítica acerca da pós-modernidade. O desafio de Benhabib foi o de continuar a desenvolver propostas normativas e diagnósticos amplos, com versões mais fracas[8] de termos caros à modernidade, como humanidade e história, de modo que experiências como as das mulheres não ficassem de fora.

Também é particularmente relevante o nome de Benhabib entre as autoras e os autores que defendem a ideia de uma democracia deliberativa. Vale mencionar os critérios que ela desenvolve para que haja validade nesse processo de deliberação, como:

> 1) a participação na deliberação é regulada por normas de igualdade e simetria; todos têm a mesma chance para iniciar atos de fala, questionar, interrogar, e abrir o debate; 2) todos têm o direito de questionar os tópicos fixados no diálogo; 3) e todos têm o direito de introduzir argumentos reflexivos sobre as regras do procedimento discursivo e o modo pelo qual são aplicadas ou conduzidas. (BENHABIB, 2007, p. 51)

→ ALBENA AZMANOVA

Albena Azmanova trabalha com pensamento social e político, com foco em teoria democrática e economia política. Se considerássemos a classificação de Nancy Fraser entre autores do reconhecimento e autores da redistribuição, Azmanova se encaixaria no segundo grupo.

Isso porque sua escrita é dedicada a trazer de volta a crítica da economia política para a teoria social crítica. Suas pesquisas giram em torno

---

8 Cf. Benhabib (1995, p. 17-34).

do tema da transição democrática e do entendimento da consolidação do tipo de dinâmica vigente no capitalismo contemporâneo, bem como seus efeitos sobre as orientações ideológicas e de mobilização eleitoral. Entre suas obras, que ainda não foram traduzidas para o português, pode-se destacar aqui: *The scandal of reason: a critical theory of political judgment* (2012), *Reclaiming democracy: judgment, responsibility and the right to politics* (2015), "The Right to politics and republican non-domination" (2016b) e "Empowerment as surrender: how women lost the battle for emancipation as they won equality and inclusion" (2016a).

A autora oferece uma abordagem analítica crítica enquanto teórica da justiça social. Esta deriva originalmente dos princípios da teoria crítica da escola de Frankfurt, responsável por ativar uma forma de crítica com duplo foco a respeito de concepções compartilhadas e fontes estruturais de injustiça, habilitando o critério da justiça social, que emerge da identificação de um padrão de injustiça social que transcende a discriminação de grupos particulares. Esse padrão de injustiça sistêmico é amplamente enraizado nas antinomias do capitalismo, segundo Azmanova (REISCH, 2014).

De seu pensamento, ainda é possível afirmar que a teoria crítica, como teoria da justiça social, quando está envolvida com o feminismo, engloba as seguintes características: é estrutural em termos de avaliação e comprometida com uma agenda política; é uma ação orientada, de abordagem ascendente; objetiva relevar e desmontar as estruturas político-sociais e ideológicas que perpetuam a opressão e uma distribuição injusta; está comprometida com o empoderamento para além da mera eliminação da opressão; está atenta às desigualdades e injustiças históricas; é consciente da coexistência e interseção de múltiplas opressões e comprometida com uma agenda de coalizões; é comprometida com o avanço da justiça social por meio de pesquisa, ações e intervenções sociais; é comprometida com o exame crítico da agenda de liberdade individual, cuidado e bem-estar do liberalismo, neoliberalismo e feminismo liberal (REISCH, 2014).

→ NO BRASIL

No país, algumas pesquisadoras e pesquisadores já estão há algum tempo atentas e atentos a essa capacidade de enriquecer a teoria crítica a partir de discussões feministas e vice-versa. Não pretendendo esgotar o nome de todas aquelas e todos aqueles que contribuem para essa interlocução necessária, temos as professoras Yara Frateschi, Nathalie Bressiani, Flávia Biroli e o professor Luis Felipe Miguel – as duas primeiras da filosofia política e os dois últimos das ciências políticas – como nomes que podem ser vinculados a discussões e diagnósticos amplos, que não hesitam em fazer dialogar as demandas por emancipação e crítica social, a partir das injustiças sofridas pelas mulheres em espaços políticos e espaços de construção destes, sendo, portanto, relevantes para acompanharmos essa temática. Como bem lembram Miguel e Biroli (2014, p. 14): "uma democracia igualitária depende, portanto, do enfrentamento daquilo que faz rodar as engrenagens do gênero, mas também as de classe e de raça".

REFERÊNCIAS

AZMANOVA, Albena. Empowerment as surrender: how women lost the battle for emancipation as they won equality and inclusion. SOCIAL RESEARCH, v. 83, n. 3, p. 749-776, 2016a.

AZMANOVA, Albena. The right to politics and republican non-domination. PHILOSOPHY AND SOCIAL CRITICISM, v. 42, n. 4-5, p. 465-475, 2016b.

AZMANOVA, Albena. THE SCANDAL OF REASON: a critical theory of political judgment. New York: Columbia University Press, 2012.

AZMANOVA, Albena; MIHAI, Mihaela (ed.). RECLAIMING DEMOCRACY: judgment, responsibility and the right to politics. New York: Routledge, 2015.

BENHABIB, Seyla. Feminism and postmodernism: an uneasy alliance. In: BENHABIB, Seyla et al. FEMINIST CONTENTIONS: a philosophical exchange. New York: Routledge, 1995.

BENHABIB, Seyla. Sobre um modelo deliberativo de legitimidade democrática. *In*: WERLE, Denilson Luís; MELO, Rúrion Soares (org.). DEMOCRACIA DELIBERATIVA. São Paulo: Singular, 2007.

BENHABIB, Seyla *et al.* FEMINIST CONTENTIONS: a philosophical exchange. New York: Routledge, 1995.

FRASER, Nancy. False antithesis. *In*: BENHABIB, Seyla *et al.* FEMINIST CONTENTIONS: a philosophical exchange. New York: Routledge, 1995a.

FRASER, Nancy. FORTUNES OF FEMINISM: from state-managed capitalism to neoliberal crisis. London/New York: Verso, 2013a.

FRASER, Nancy. JUSTICE INTERRUPTUS: critical reflections on the "postsocialist" condition. London: Routledge, 1997.

FRASER, Nancy. Mapeando a imaginação feminista: da redistribuição ao reconhecimento e à representação. REVISTA ESTUDOS FEMINISTAS, v. 15, n. 2, p. 291-308, 2007.

FRASER, Nancy. Mercantilização, proteção social e emancipação: as ambivalências do feminismo na crise do capitalismo. REVISTA DIREITO GV, v. 7, n. 2, p. 617-634, 2011.

FRASER, Nancy. O feminismo, o capitalismo e a astúcia da história. MEDIAÇÕES, Londrina, v. 14, n. 2, p. 11-33, jul./dez. 2009.

FRASER, Nancy. Pragmatism, feminism, and the linguistic turn. *In*: BENHABIB, Seyla *et al.* FEMINIST CONTENTIONS: a philosophical exchange. New York: Routledge, 1995b.

FRASER, Nancy. Uma réplica a Iris Young. REVISTA BRASILEIRA DE CIÊNCIA POLÍTICA, Brasília, n. 2, p. 215-221, jul./dez. 2009.

FRASER, Nancy. What's critical about critical theory? The case of Habermas and gender. *In*: FRASER, Nancy. FORTUNES OF FEMINISM: from state-managed capitalism to neoliberal crisis. London/New York: Verso, 2013b.

FRASER, Nancy; HONNETH, Axel. REDISTRIBUTION OR RECOGNITION? A political-philosophical exchange. London: Verso, 2003.

FRATESCHI, Yara A. Universalismo interativo e mentalidade alargada em Seyla Benhabib: apropriação e crítica de Hannah Arendt. REVISTA ETHIC@, Florianópolis, v. 13, n. 2, p. 363-385, jul./dez. 2014.

HONNETH, Axel. Reconhecimento como ideologia: sobre a correlação entre moral e poder. REVISTA FEVEREIRO, n. 7, 2014.

MIGUEL, Luis Felipe; BIROLI, Flávia. *FEMINISMO E POLÍTICA*. São Paulo: Boitempo, 2014.

RAMOS, Flamarion C.; MELO, Rúrion; FRATESCHI, Yara. *MANUAL DE FILOSOFIA POLÍTICA*: para os cursos de teoria do Estado e ciência política, filosofia e ciências sociais. São Paulo: Saraiva, 2012.

REISCH, Michael (ed.). *THE ROUTLEDGE INTERNATIONAL HANDBOOK OF SOCIAL JUSTICE*. London: Routledge, 2014.

REPA, Luiz. Reconstrução e crítica imanente: Rahel Jaeggi e a recusa do método reconstrutivo na teoria crítica. *CADERNOS DE FILOSOFIA ALEMÃ: CRÍTICA E MODERNIDADE*, São Paulo, v. 21, n. 1, p. 13-27, jan./jun. 2016.

REPA, Luiz; TERRA, Ricardo. Teoria crítica: introdução. *CADERNO CRH*, Salvador, v. 24, n. 62, p. 245-248, maio/ago. 2011.

STAHL, Titus. What is immanent critique? *SSRN — SOCIAL SCIENCE RESEARCH NETWORK*, 23 nov. 2013. Disponível em: http://ssrn.com/abstract=2357957. Acesso em: 4 fev. 2018.

VOIROL, Olivier. Teoria crítica e pesquisa social: da dialética à reconstrução. *NOVOS ESTUDOS*, ed. 93, v. 31, n. 2, 2012.

YOUNG, Iris Marion. Representação política, identidade e minorias. *LUA NOVA*, São Paulo, n. 67, p. 139-190, 2006.

YOUNG, Iris Marion. *RESPONSIBILITY FOR JUSTICE*. Oxford: Oxford University Press, 2011.

CAPÍTULO 7

SUSANA DE CASTRO

FEMINISMO DECOLONIAL

É DANOSO QUE, NUMA SOCIEDADE,
AS PESSOAS NÃO CONHEÇAM A HISTÓRIA DOS POVOS QUE A
CONSTRUÍRAM.
DJAMILA RIBEIRO, *PEQUENO MANUAL ANTIRRACISTA* (2019).

Feminismos *decolonial, pós-colonial, descolonial, comunitário*, vários são os nomes para indicar uma mesma percepção: a de que a experiência das mulheres dos chamados países em desenvolvimento parece não ter relevância nas discussões sobre as formas de combate ao patriarcado no mundo; não há espaço para a colocação em pé de igualdade do relato de suas experiências ao lado das experiências das mulheres do norte global. Uma barreira econômica e cultural impede a unificação dos feminismos e constrói o mito segundo o qual as mulheres dos países em desenvolvimento são mulheres que precisam ser salvas do machismo de suas culturas pelas mulheres modernas do primeiro mundo. O feminismo ocidental liberal define as pautas do feminismo com base na percepção da mulher branca instruída de classe média, moradora do norte global industrializado; por isso, temas como a luta contra o assédio, o direito ao aborto e a paridade salarial passam a representar as reivindicações de todas as mulheres do mundo, sem que sequer as mulheres de outras partes do mundo tenham tido a oportunidade de se expressar. Ao contrário do feminismo liberal, os feminismos de mulheres de países periféricos, países que estão na periferia da economia global, entendem que é errado supor que o objetivo da luta feminista seja alcançar a igualdade de condições com os homens, ou seja, independência econômica, ocupar cargos de chefia, liberdade sexual. Em nossos países, a maioria dos homens não é bem remunerada, autônoma para escolher o emprego que queira, tal qual a maioria das mulheres, e é explorada pelo sistema econômico capitalista.

O protagonismo do feminismo liberal na luta das mulheres despolitizou o movimento na medida em que colocou a questão da paridade de gênero como o elemento central da luta. Em países periféricos, essa pauta não faz o menor sentido, já que a maioria da população é mal remunerada e explorada pelo empresário capitalista. Na perspectiva dos feminismos não liberais, a luta feminista deve ser inserida no contexto da luta coletiva pelo fim do capitalismo, pelo fim da exploração que algumas multinacionais e empresas nacionais fazem da mão de obra barata dos países periféricos.

Outra crítica importante decorre da constatação de que o feminismo liberal não incorpora a interseccionalidade das opressões em seus discursos e que a razão dessa não incorporação é estratégica, pois incorporar a interseccionalidade significaria reconhecer os privilégios decorrentes da branquitude. As feministas liberais, em geral mulheres brancas do norte global, não estão dispostas a abrir mão dos privilégios econômicos, de *status*, cultura que a branquitude lhes confere.

Um diálogo profícuo com todas as mulheres do mundo, independentemente do credo, cor de pele e origem nacional, será possível se as pautas das lutas feministas forem ampliadas e a elas incorporadas a luta anticapitalista e a luta antirracista.

SUPREMACIA BRANCA

> CONSTRUIR UMA VERDADEIRA SOLIDARIEDADE FEMINISTA
> ENVOLVE EXPOR E ESCAVAR A SUPREMACIA DA BRANQUITUDE
> DENTRO DE FEMINISMO HOJE.
>
> RAFIA ZAKARIA, *CONTRA O FEMINISMO BRANCO* (2021).

O racismo global já está expresso na própria distinção entre "primeiro" e "terceiro" mundo. Aos olhos dos habitantes do primeiro mundo, o terceiro mundo é habitado por indivíduos atrasados que não dominam as técnicas e o conhecimento científico e político necessários para se tornarem países desenvolvidos. A raiz dessa visão preconceituosa deve ser procurada na história da colonização e do imperialismo. É notório que a invasão e a colonização da América e, posteriormente, a invasão e a colonização da Ásia e da África foram momentos fundamentais para a acumulação de capital nos países europeus. Portanto, apenas graças ao trabalho dos escravos negros e indígenas, à exploração das riquezas naturais desses países, que o desenvolvimento do capitalismo aconteceu. Até hoje, os países industrializados se recusam a reconhecer a dívida que possuem com os países que colonizaram, mas o mais curioso é que os países periféricos e subalternos do terceiro mundo não cobrem essa dívida. É aqui que entra em jogo uma estrutura massiva de propaganda, de ontem e de hoje.

Na época dos descobrimentos, a empresa colonial europeia na América apoiava-se fortemente no cristianismo. A fim de "justificar" as enormes barbaridades perpetradas em nome da busca da riqueza, os europeus desenvolveram uma astuta tese segundo a qual eles, na verdade, estavam salvando a gente selvagem, livrando-a de um estado de natureza que a fazia aproximar-se dos animais. Para que a violência da empresa de colonização europeia na América, África e Ásia não fosse criticada, o colonizador criou a "ideologia" segundo a qual a identidade moral dos nativos era frágil; seus hábitos, pagãos e pervertidos. O europeu devia ser visto não como um explorador desalmado, mas, sim, como alguém que trouxe a "civilização" para esses continentes afastados. Assim, em troca, seria "justo" esperar que explorassem a terra e o trabalho de seus habitantes.

Até hoje, vigora a ideia de que nas ex-colônias, em que habitam os não europeus, os não brancos, os marrons, os negros e os amarelos, o nível de desenvolvimento humano é baixo, por isso as feministas do norte global teimam em achar que as mulheres dos países periféricos são vítimas incapazes de expressar o que querem para suas pobres vidas e que precisam ser salvas pelas brancas, que lhes trazem propostas fechadas de "empoderamento" por meio de empreendedorismo. Não parece haver nenhum pingo de consciência por parte das feministas liberais brancas dos países industrializados do norte global de que a elas foi permitido alcançar em algumas profissões a paridade de gênero apenas porque não questionavam o modelo capitalista exploratório da mão de obra não branca tanto dentro de seus países quanto fora, nos países periféricos. As mulheres brancas assumiram posições de poder no sistema capitalista e acharam que isso se dava graças a méritos pessoais. Mas, na verdade, para que pudessem estar em posições de poder, como gerentes, diretoras, chefes, coordenadoras, foi necessário o trabalho de muitas mulheres não brancas, marrons e negras, que limpavam suas casas, cuidavam de seus filhos, limpavam seus escritórios, suas ruas.

Os feminismos decoloniais, pós-coloniais e comunitários são, em sua concepção básica comum, não liberais, anticapitalistas e antirracistas. Além disso, reconhecem que é necessário fazer uma nova genealogia do feminismo, que, substituindo a narrativa ocidental das "ondas" do feminismo, iniciada no século XIX com o movimento sufragista, mostre que muitas mulheres no passado dos países periféricos lutavam contra o patriarcado da sua maneira, resistindo e com resiliência. Feministas decoloniais e pós-coloniais trabalham com noções de resistência e resiliência.

> A **resiliência**, o senso de responsabilidade, a empatia e a capacidade de ter esperança delas [avó, mãe e tias paquistanesas da autora] também são qualidades feministas, mas não aquelas que a atual aritmética do feminismo vai reconhecer. No sistema de valores do feminismo branco, é a rebeldia, em vez da resiliência, que é vista como a principal virtude do feminismo; o sofrimento das minhas ancestrais maternas é categorizado, assim, como um impulso pré-feminista, equivocado, ignorante e incapaz de conquistar mudanças. (ZAKARIA, 2021, p. 25)

> Viajando nos mundos de outras pessoas, descobrimos que há mundos nos quais aquelas que são vítimas da percepção arrogante são na verdade sujeitos, seres vivazes, resistentes, criadores de visões, não obstante o fato de que na perspectiva da corrente dominante somente estejam animados pelo perceptor arrogante e sejam vistos como dominados, arquivados, classificados. (LUGONES, 2021, p. 159, tradução minha)

Apesar de originárias de universos culturais bastante distantes um do outro, tanto Rafia Zakaria, advogada paquistanesa, quanto María Lugones, filósofa argentina, se depararam com o racismo ao irem morar nos Estados Unidos e se darem conta de que, por não pertencerem à identidade hegemônica, anglo, sempre eram tratadas com condescendência[1] pelas feministas brancas, que as rotulavam, sem sequer as ouvir, como "as pobres mulheres do terceiro mundo". Lugones (2021) traz, entretanto, um elemento novo, não abordado na análise de Zakaria (2021), a "percepção arrogante", condescendente no interior das relações entre mulheres periféricas. Assim como Lugones olhava sua mãe com desprezo por achar equivocadamente que ela se submetia sem reclamar a sua situação de opressão, as feministas periféricas brancas assumem esse "olhar arrogante", condescendente, com relação às mulheres não brancas, marrons, pardas, negras, que não possuem o mesmo nível de escolaridade que elas nem o mesmo nível de *status* social. Diferentemente dos países asiáticos, em que a população é racialmente homogênea, em países da América do Sul uma das

---

1 Sobre o comportamento condescendente como estratégia de domínio patriarcal e colonial, ver Castro (2020).

FILOSOFIA FEMINISTA

heranças do colonialismo foi a divisão social de classes espelhada na divisão de poder entre as raças. As pessoas mais pobres, menos escolarizadas, mais vulneráveis, são majoritariamente não brancas.

Refazer a genealogia do feminismo a partir das noções de interseccionalidade, resiliência e resistência leva automaticamente a um giro epistemológico. De alguma maneira, a posição de poder das mulheres brancas e seus privilégios de classe e raça lhes permitiram assumir o lugar de poder da epistemologia branca, o lugar do sujeito neutro e julgador. Assim, porque reprodutoras da racionalidade moderna ocupam posições de poder como sujeitos de conhecimento, autorizadas a categorizar, fragmentar, identificar a outra, a mulher periférica, subalterna, a *vítima* de suas tradições e culturas.

Não haverá jamais um feminismo global, transnacional e verdadeiro se o feminismo do norte não abrir mão dessa epistemologia universalista, julgadora. O ceticismo epistemológico com relação ao suposto valor universal e neutro do conhecimento produzido por homens deve se voltar agora para o interior dos discursos feministas hegemônicos. Uma feminista acadêmica ou uma coordenadora feminista de programas sociais para o terceiro mundo não podem sobrepor e impor a sua visão de mundo à narrativa em primeira pessoa das experiências das mulheres sobre as quais escrevem ou para quem planejam políticas de assistência.

Na perspectiva do feminismo "decolonial, descolonial, pós-colonial, comunitário", o alto índice de violência contra as mulheres nos países periféricos não pode ser explicado de maneira isolada, como se a causa dessa violência estivesse no modelo de patriarcado desses países subdesenvolvidos. É preciso considerar a disruptura da rede de relações sociais comunitárias a partir da chegada do colonizador (ZAKARIA, 2021; SEGATO, 2021). O colonizador trouxe uma série de hábitos e costumes alheios às sociabilidades locais, como o matrimônio monogâmico, a ideia de domesticidade das mulheres, a sua permanência no ambiente doméstico, o controle da sexualidade feminina por meio da noção de pecado, entre inúmeras outras artimanhas coloniais. Sociedades organizadas comunitariamente com base em um patriarcado de baixa intensidade (SEGATO, 2021; PAREDES, 2020) – no qual, entre outras coisas, as mulheres participavam das decisões coletivas, contavam com o apoio político umas das outras e não havia um binarismo sexual fechado, isto é, aceitava-se a existência de pessoas transgênero (ZAKARIA, 2021; LUGONES, 2020) –, com o fim do colonialismo, transformaram-se em sociedades "civilizadas", cheias de conflitos e tensionamentos por causa desse duplo registro cultural, o comunitário e o individual-cristão-capitalista.

Os feminismos subalternos reivindicam a importância das relações comunitárias para o pensamento e a política feminista hoje. É preciso abandonar as hierarquias entre o norte e o sul global forjadas em cima de uma herança colonial violenta, a fim de que possamos construir uma dinâmica de troca que não passe pela estereotipação de mulheres marrons e pela ideia de que precisam ser salvas por mulheres brancas do norte. Além disso, não há saída transnacional para o feminismo enquanto a ideia meritocrática de sucesso individual não for questionada e, consequentemente, não for questionado o sucesso adquirido à custa do trabalho mal remunerado das mulheres não brancas. Um feminismo transnacional só ocorrerá se questionarmos os pilares liberais e neoliberais do capitalismo, que beneficiam principalmente os homens brancos no topo da pirâmide. Não é possível propor como o faz a escritora nigeriana Chimamanda Ngozi Adichie, em *Sejamos todos feministas* (2015), se não estivermos dispostas a questionar o sistema econômico, racista e neocolonial do capitalismo mundial, responsável por promover relações de gênero desiguais; assim como a questionar sua conexão com outras formas de opressão, como a religiosa, a cultural, a econômica, a racial, a étnica, a geracional e a sexual.

GIRO PARADIGMÁTICO

A RAÇA NÃO É NEM MAIS MÍTICA NEM MAIS FICTÍCIA QUE O GÊNERO
— AMBOS SÃO FICÇÕES PODEROSAS.

MARÍA LUGONES, *COLONIALIDADE E GÊNERO* (2020).

Para a filósofa argentina María Lugones (2020), entender o gênero nas sociedades pré-colombianas nos leva a um giro paradigmático, porque nos leva a concluir que, na verdade, o gênero foi uma imposição do sistema colonial. Fez parte, ao lado de outros mecanismos de poder, das maneiras pelas quais o colonialismo foi introduzindo mudanças radicais na forma de organização social dos povos colonizados. "Gênero" figura ao lado de "raça" como modos pelos quais o eurocentrismo, isto é, a imposição colonial do modo de pensar europeu, provocou a desintegração das relações comuniais e igualitárias, os processos coletivos de tomadas de decisões, os rituais coletivos das sociedades que aqui viviam.

Diz Lugones (2020, p. 72): "é importante entender o quanto a imposição desse sistema de gênero forma a colonialidade do poder, e o tanto que a colonialidade do poder forma esse sistema de gênero". Para o sociólogo Aníbal Quijano (2005), a experiência europeia de colonização das Américas produz um modelo próprio de poder, o qual perdura até os nossos dias, baseado na divisão de classe e de trabalho a partir da raça. A população mundial é dividida em termos raciais, e essa divisão corresponde a níveis sociais de opressão, de distribuição econômica e de trabalho. Para Lugones (2020), a imposição do gênero, isto é, a imposição da organização social a partir da diferença sexual, constitui outro elemento importante desse tipo de poder. Essa imposição se manifesta na racialização do gênero, ou seja, na coconstrução entre colonialidade do poder e sistema colonial/moderno de gênero. Esse sistema colonial/moderno de gênero é caracterizado pela existência de um lado oculto/obscuro e um lado visível/iluminado do gênero.

Ao lado claro/visível do gênero, está atrelada a imagem de uma mulher frágil, fraca física e mentalmente, reclusa ao espaço privado e sexualmente passiva. Em contraste, ao lado escuro/invisível do gênero, está atrelada a imagem da mulher escravizada ou da indígena, vistas como animais, no sentido de seres sem gênero, marcadas sexualmente como fêmeas, mas sem as características típicas da feminilidade (pureza, passividade e fragilidade, gênero claro). Assim, as fêmeas racializadas, marcadas como seres inferiores, animalizadas, são transmutadas de animais para diferentes versões de mulheres – "tantas quantas foram necessárias para o capitalismo eurocêntrico global" (LUGONES, 2020, p. 74).

No Brasil, trabalhos como o do antropólogo Gilberto Freyre se notabilizaram pela construção de uma versão feminina hipersexualizada, sensual e nada passiva da mulher negra escravizada: "O que a negra da senzala fez foi facilitar a depravação com a sua docilidade de escrava; abrindo as pernas ao primeiro desejo do sinhô-moço" (FREYRE, 2003 *apud* RIBEIRO, 2019, p. 84).

Se, por um lado, o antropólogo pernambucano suplantou o eugenismo de Nina Rodrigues – médico baiano para quem a presença do sangue negro e indígena na população brasileira representava uma degradação da raça –, ao mostrar a beleza e a riqueza da miscigenação das três raças que compõem o Brasil, por outro, sua romantização das relações sexuais entre colonizadores e escravizados foi responsável por forjar o "mito" da democracia racial brasileira, isto é, a ideia de que no Brasil as relações raciais eram harmônicas. "Como todo mito, o da democracia racial oculta algo para além daquilo que mostra" (GONZALEZ, 2020, p. 101). A versão freyriana das relações sexuais entre brancos e negros exerce uma violência simbólica sobre a mulher negra, aprisionando-a nessa versão de fêmea racializada de que nos fala Lugones por meio da noção de gênero escuro/invisível. Diferentemente da branca, dócil, pura e passiva, a mulher negra escravizada é retratada como lasciva e sexualmente ativa. Assim, quando hoje a cultura brasileira celebra no carnaval e pelos meios de comunicação de massa a figura objetificada da "mulata", nada mais está fazendo do que reiterar essa imagem reducionista da mulher negra como uma mulher hipersexualizada.

Fica claro, então, que não é possível dissociar a escalada atual da violência contra a mulher, em especial contra a mulher negra no Brasil, sem nos aprofundarmos na análise da herança colonial e em particular na análise da colonialidade do poder, na forma como mitos, como o mito da democracia racial, foram forjados após a independência, com o intuito de pacificar os conflitos e as tensões sociais resultantes do fim da exploração econômica da mão de obra escrava. Após a abolição da escravidão no país, não houve por parte do governo e dos proprietários de terra nenhuma tentativa de ressarcimento pelos quase 354 anos de escravidão. Trazidos sequestrados de suas terras, os negros africanos que ajudaram a construir esse país não receberam nada em troca.

No Brasil, é comum mulheres negras que circulam em espaços de poder serem abordadas por mulheres brancas, que lhes perguntam se trabalham com faxina (RIBEIRO, 2019; GONZALEZ, 2020; PIEDADE, 2017). Essa situação recorrente mostra claramente a ação da violência simbólica que coloca a mulher negra não no campo do gênero claro/visível da mulher passiva e doméstica, mas, sim, no campo do gênero obscuro/oculto. Às mulheres negras, é reservada outra feminilidade, a feminilidade das que "pegam no pesado", na faxina, nas tarefas da casa que as mulheres brancas não realizam. Basta um olhar rápido pelas novelas de televisão para constatar que a maioria dos papéis femininos ocupados por atrizes negras é o de empregada doméstica ou mulher fatal, hipersensual.

Por todas essas razões, é impossível não relacionar a violência de gênero no Brasil, que afeta claramente todas as mulheres, mas em especial as mulheres negras, com a colonialidade do poder e do gênero. No Brasil, as estatísticas mostram que as mulheres negras sofrem mais violência de gênero (estupros, assédios, violência doméstica, feminicídio) do que as mulheres brancas. "A Carne Preta continua sendo a mais barata do mercado", afirma a escritora Vilma Piedade (2017, p. 17), criadora do conceito "dororidade". Dororidade representa a dor em comum que só as mulheres pretas sentem por causa do racismo e do machismo. Essa dor une mulheres pretas na luta contra o racismo e o machismo. A sororidade, termo criado pelo feminismo branco liberal para descrever a solidariedade das mulheres vítimas do machismo independentemente de cor, nacionalidade e credo, não dá conta da experiência da mulher negra, que se une a outras mulheres negras na dor sentida pela opressão de gênero, de classe e de raça.

Podemos dizer que o mito da democracia racial brasileira oculta a violência do estupro ao celebrar a miscigenação das raças. Ao celebrar esse mito, estamos indiretamente naturalizando o estupro e, consequentemente, favorecendo uma cultura do estupro que faz com que mulheres racializadas sejam as vítimas mais frequentes de violência sexual no Brasil.

Como diz Sueli Carneiro (2020), é preciso enegrecer o feminismo, entre outras razões, porque "falta um olhar étnico-racial para políticas de enfrentamento da violência contra a mulher" (RIBEIRO, 2018, p. 125). A invisibilidade da mulher negra dentro da pauta do feminismo não só empobrece a análise das formas de combate ao patriarcado brasileiro, como também enfraquece a análise da sociedade brasileira como um todo. No Brasil, como o estudo pioneiro de Lélia Gonzalez nos mostra, não é possível separar gênero de raça e classe. Assim, o problema da pobreza é também um problema feminista, assim como o racismo e todas as formas de discriminação que sofrem não só mulheres, mas também homens, são um problema feminista. O feminismo não pode se colocar diante de uma sociedade tão desigual como a brasileira propondo soluções localizadas. A luta feminista é uma luta contra um Estado fundado em um poder colonial, portanto classista, racista, homofóbico e misógino.

A RESISTÊNCIA

> EM UMA SOCIEDADE DE HERANÇA ESCRAVOCRATA, PATRIARCAL
> E CLASSISTA, CADA VEZ MAIS SE TORNA NECESSÁRIO O APORTE
> TEÓRICO E PRÁTICO QUE O FEMINISMO NEGRO TRAZ PARA
> PENSARMOS UM NOVO MARCO CIVILIZATÓRIO.
>
> DJAMILA RIBEIRO, *PEQUENO MANUAL ANTIRRACISTA* (2019).

Para María Lugones (2019), a lógica da opressão precisa ser substituída pela lógica da resistência para que deixemos de nos ver como vítimas e passemos a nos enxergar como agentes. Sempre houve resistência à opressão colonial, mas a história que nos contam na escola é a de uma quase aceitação da superioridade europeia, como se os escravos africanos e indígenas tivessem nascido para ser escravos. Sabemos, entretanto, que essa história não corresponde aos fatos, pois ao longo do período colonial foram criados vários núcleos de resistência, como o quilombo de Palmares, que durou quase um século. As mulheres negras tiveram um papel preponderante na luta de resistência por meio do seu protagonismo nos terreiros de candomblé. No Brasil, ao contrário dos países africanos, mulheres ex-escravas se tornaram líderes de terreiros porque eram as primeiras a conseguir a alforria (PIEDADE, 2017).

Para bell hooks, até meados da década de 1960 nos Estados Unidos, no contexto da luta pelos direitos civis e do movimento Black Power, o lar das famílias negras era organizado como espaço de resistência à mentalidade colonizadora, que promove o ódio internalizado das pessoas de cor contra elas próprias (HOOKS, 2019). As mulheres negras não deixaram que o trabalho em casas de famílias brancas esgotasse sua fonte de afeto e criatividade, de tal modo que conseguiam manter o lar como um ambiente político de valorização da raça e de organização na luta pela erradicação do racismo. No Brasil, muitas mães solo nas favelas brasileiras resistem ao racismo de Estado, denunciando na mídia a violência policial contra seus filhos.

Ainda que problematize a visão da mulher como essencialmente cuidadora, bell hooks concebe o lar da família negra como espaço de resistência, no qual a mulher dona da casa possui o papel preponderante de manter as esperanças na emancipação do povo negro da opressão racista. Essa visão sobre o lar desestabiliza a perspectiva feminista ordinária segundo a qual o lugar da mulher não pode estar atrelado ao lar e ao ambiente doméstico porque este será necessariamente um lugar de opressão para as mulheres, isto é, de restrição à sua liberdade. O que autoras do feminismo decolonial, como María Lugones, e do feminismo negro norte-americano, como bell hooks, nos mostram, no entanto, é que o espaço doméstico pode ser também um espaço político de resistência ao colonialismo racista.

É importante salientar que resistir não significa deixar as coisas como estão. Toda resistência visa à mudança estrutural da sociedade construída sobre as bases ideológicas do colonialismo racista e patriarcal. Assim, as políticas de ação afirmativa são etapas necessárias ao enfrentamento do racismo estrutural e devem ser apoiadas pelo feminismo decolonial. Além disso, a luta deve ser pela proporcionalidade, ou seja, pela igual ocupação de postos de trabalho por pessoas não brancas e brancas. Não basta, por exemplo, apontar para um médico negro ou um advogado negro para dizer que o hospital ou o escritório de advocacia é um ambiente livre de preconceito; é preciso que o número de médicos negros e indígenas e de advogados negros e indígenas seja igual ou superior ao número de brancos.

CONSIDERAÇÕES FINAIS

O solipsismo branco, a atitude de só ver humanidade entre iguais, isto é, brancos (RIBEIRO, 2019), tem levado nossas sociedades a perpetuar ciclos de exclusão e violência contra a população racializada – aqui falo de negros, marrons e pardos. Por isso, é urgente que os espaços de fala em jornais, universidades e conferências sejam ocupados por corpos de pessoas que vivenciaram o racismo epidérmico. Este capítulo jamais poderia ter sido escrito não fosse a existência de textos escritos por mulheres cuja experiência do racismo cotidiano e institucional é muito concreta.

REFERÊNCIAS

ADICHIE, Chimamanda Ngozi. *SEJAMOS TODOS FEMINISTAS*. São Paulo: Companhia das Letras, 2015.

CARNEIRO, Sueli. Enegrecer o feminismo: a situação da mulher negra na América Latina a partir de uma perspectiva de gênero. *NÚCLEO DE ESTUDOS AFRO-BRASILEIROS E INDÍGENA — NEABI*, 2020. Disponível em: https://www1.unicap.br/neabi/?page_id=137. Acesso em: 20 fev. 2022.

CASTRO, Susana de. Condescendência: estratégia pater-colonial de poder. *In*: HOLLANDA, Heloisa Buarque de. *PENSAMENTO FEMINISTA HOJE*: perspectivas decoloniais. Rio de Janeiro: Bazar do Tempo, 2020.

GONZALEZ, Lélia. Racismo e sexismo na cultura brasileira. *In*: RIOS, Flavia; LIMA, Márcia (org.). *POR UM FEMINISMO AFRO-LATINO-AMERICANO*: ensaios, intervenções e diálogos. Rio de Janeiro: Zahar, 2020. *E-book*.

HOOKS, bell. Constituir o lar: um espaço de resistência. *In*: HOOKS, bell. *ANSEIOS*: raça, gênero e políticas culturais. São Paulo: Elefante, 2019.

LUGONES, María. Alegría de jugar, viajar-"mundos" y percepción amorosa. *In*: LUGONES, María. *PEREGRINAJES*. Buenos Aires: Ediciones del Signo, 2021.

LUGONES, María. Colonialidade e gênero. *In*: HOLLANDA, Heloisa Buarque de. *PENSAMENTO FEMINISTA HOJE*: perspectivas decoloniais. Rio de Janeiro: Bazar do Tempo, 2020.

LUGONES, María. Rumo ao feminismo decolonial. *In*: HOLLANDA, Heloisa Buarque de. *PENSAMENTO FEMINISTA HOJE*: conceitos fundamentais. Rio de Janeiro: Bazar do tempo, 2019.

PAREDES, Julieta Carvajal. *PARA DESCOLONIZAR EL FEMINISMO*: 1492 — entronque patriarcal y feminismo comunitario de Abya Yala. La Paz: Ediciones Feminismo Comunitario Abya Yala, 2020.

PIEDADE, Vilma. **DORORIDADE**. São Paulo: Editora Nós, 2017.

QUIJANO, Aníbal. Colonialidade do poder, eurocentrismo e América Latina. *In*: CONSEJO LATINOAMERICANO DE CIENCIAS SOCIALES (CLACSO). *A COLONIALIDADE DO SABER*: eurocentrismo e ciências sociais – perspectivas latino-americanas. Buenos Aires: CLACSO, 2005.

RIBEIRO, Djamila. **PEQUENO MANUAL ANTIRRACISTA**. São Paulo: Companhia das Letras, 2019.

RIBEIRO, Djamila. **QUEM TEM MEDO DO FEMINISMO NEGRO?** São Paulo: Companhia das Letras, 2018.

SEGATO, Rita. Gênero e colonialidade: do patriarcado comunitário de baixa intensidade ao patriarcado colonial-moderno de alta intensidade. *In*: SEGATO, Rita. **CRÍTICA DA COLONIALIDADE EM OITO ENSAIOS**: e uma antropologia por demanda. Rio de Janeiro: Bazar do Tempo, 2021.

ZAKARIA, Rafia. **CONTRA O FEMINISMO BRANCO**. Rio de Janeiro: Intrínseca, 2021.

PARTE II

ÁREAS DA FILOSOFIA E SUAS VERSÕES FEMINISTAS

CAPÍTULO 8

PRÍSCILA TEIXEIRA DE CARVALHO

ÉTICA CANÔNICA E ÉTICA FEMINISTA: O ETHOS OBDUCTO DO PONTO DE VISTA MORAL MASCULINISTA

[...] TEORIAS ANTIGAMENTE CONSIDERADAS SEXUALMENTE NEUTRAS EM SUA OBJETIVIDADE CIENTÍFICA VÊM, PELO CONTRÁRIO, REFLETIR UM CONSISTENTE PRECONCEITO OBSERVACIONAL E VALORATIVO [...]. NA VIDA, COMO NO JARDIM DO ÉDEN, A MULHER TEM SIDO DESVIANTE.

CAROL GILLIGAN, *UMA VOZ DIFERENTE* (1982).

Quem quer que se dedique a examinar a tradição canônica da produção de pensamento/conhecimento poderá sem dificuldades identificar a forte presença de pontos de vista androcêntricos sempre considerados como se partissem de uma perspectiva universal da humanidade ou que a ela alcançasse, já que partiria de tal perspectiva universal. Nomeio essa operação epistemológica de *ethos* obducto masculinista. No presente capítulo, procuro diagnosticar a presença desse ponto de vista e de seu caráter particularista elegendo alguns arranjos e momentos da história da Ética, área de investigação da filosofia. Como chave de análise, elejo a localização e a relação dos *pares conceituais razão-emoção* e *justiça-cuidado* no caminho analítico que se segue. Em primeiro lugar, forneço uma introdução ao tema da Ética, a partir das filosofias da Antiguidade, como as de Aristóteles e Sêneca. Nesse mesmo tópico, relaciono a moral e o direito para evidenciar as implicações sociais do que caracterizo como inerentes e decorrentes desse *ethos* masculinista que, como procuro mostrar, serviram de bases para nosso presente histórico-filosófico. No que se segue, diferencio Ética e moral. Saltando para a Modernidade, destaco nuances de uma nova versão do antagonismo entre razão e emoção na perspectiva Ética de Immanuel Kant. A partir disso, me desloco para a contemporaneidade para destacar o papel da teoria do desenvolvimento moral de Lawrence Kohlberg, por considerá-la forte candidata a exemplo paradigmático do referido *ethos*, ou ponto de vista moral, masculinista, que, longe de se restringir à academia, guarda lugar no imaginário social hegemônico. No último tópico, apresento elementos das análises críticas da filósofa e psicóloga Carol Gilligan como exemplo analítico que permite perceber a relação obducta e androcentricamente truncada entre ética e epistemologia. Nesse contexto, interpreto sua concepção de cuidado como categoria filosófico-política, passando ao largo de qualquer tratamento essencialista.

MORAL, ÉTICA E DIREITO: A MORTE DE SÓCRATES REVISITADA

É muito conhecida a referência feita a Sócrates por sua condenação à morte, decretada pela justiça ateniense. Igualmente referenciada é sua incitação à reflexão filosófica nas ruas de Atenas. Podemos considerar com segurança que tal incitação representou o que hoje em linguagem política chamamos de "criação de um fato político". A ideia que nos chega é de que as abordagens socráticas aos atenienses, repletas de questionamentos acerca dos valores vigentes, teriam gerado uma situação de incômodo político que por si mesmo deu lugar de destaque filosófico para tais questionamentos. Ao se dirigir aos atenienses problematizando a origem e a consistência das ideias e dos costumes compartilhados socialmente, Sócrates convocava as pessoas a refletirem sobre a essência dos valores – seus conceitos – e a necessidade de realização de autoexame, isto é, de autoconhecimento. A reflexão sobre os valores morais impactaria o senso moral e a ação ética individual, assim como abalaria o sistema de crenças vigente. Não por acaso, tal provocação reflexiva lhe causou a acusação de seduzir a juventude e desrespeitar os deuses da cidade, que o levou à condenação e à notória pena de morte por envenenamento (cicuta). O irônico é que as razões alegadas para a sua condenação se baseavam justamente nos valores morais vigentes que o filósofo acabou contribuindo para questionar. Examinemos um exemplo que nos mostra a relação entre moral e direito.

Quando observamos a história do direito, constatamos a influência de valores morais nas formulações das leis: a moral vigente sempre foi a base da regulamentação de normas legais. Por algumas razões que não serão abordadas aqui, hoje o direito não é mais um campo de acolhimento imediato dos valores morais, inclusive porque muitos dos valores vigentes passaram a ser considerados incompatíveis com objetivos constitucionais. Vejamos um caso paradigmático que nos permite destacar a tensão entre essas duas forças de condução das relações e organizações sociais: a aceitação legal de assassinatos de mulheres casadas quando suposta ou comprovadamente envolvidas em relações extraconjugais. As mortes dessas mulheres por serem "adúlteras", além de relacionar moral e direito, nos permitem destacar elementos *masculinistas* que fizeram e fazem parte da tradição teórica Ética. No contexto brasileiro, por exemplo, tais mortes eram socialmente aceitas e legalmente encobertas como atos "em nome da honra", mesmo não existindo hoje qualquer previsão para isso no ordenamento jurídico. Apesar de os tempos hodiernos considerarem legalmente inaceitável, a prática continua acontecendo. Perguntemos: como exatamente eram aceitas e legitimadas essas mortes? O que se passou na relação entre moral vigente e norma legal para que as mortes das mulheres deixassem de ser aceitas? E, talvez mais importante, por que, mesmo deslegitimada, tal prática persiste?

A primeira pergunta nos exige entender o *status* das mulheres na sociedade. Sabemos que mulheres eram consideradas propriedades masculinas, o que equivale a não serem sujeitas plenas de direito, tampouco moralmente autônomas. A subvaloração moral atribuída às mulheres era a condição para que os assassinatos pudessem ser interpretados como legítimos ou não condenáveis no universo jurídico. A recíproca é verdadeira: o valor legal subalternizado atribuído às mulheres mantinha e produzia a cultura moral e política sexista com todas as suas consequências para a vida das mulheres. Os atos, leia-se assassinatos, em defesa da "honra" funcionavam e permaneciam amparando-se na base moral, cuja ideia central, de "honra", só se atribuía aos homens. Lembremos como o contrato de casamento pressupunha uma relação de posse entre o sujeito possuidor e o objeto possuído, nesse caso as mulheres. Dessa relação,[1] decorreu a legitimidade legal e social concedida a essas mortes, que, em lugar de serem tratadas como assassinatos, como de fato eram – e são –, recebiam respaldo, como se fossem uma mera ação reparatória pelo dano do "adultério".

Muito embora no caso brasileiro não exista no ordenamento jurídico a figura da legítima defesa da honra ou, ainda, da reparação por pena de morte, ainda mais executada por uma das partes, apelou-se à ideia de que o réu se motivava pela crença moral compartilhada socialmente de que haveria tal direito.[2] Em maior amplitude e profundidade, a subalternização civil das mulheres foi analisada do ponto de vista da filosofia política – que nos permite elencar implicações éticas – pela filósofa Carole Pateman. Pateman nos explica que o argumento contratualista

---

1 Ver Carvalho (2021).

2 Ver o caso Doca Street (PAULO FILHO, [s. d.]).

de que o patriarcado teria findado com a criação do direito moderno é insustentável, porque se mantiveram resquícios da disparidade de direitos que revelam a constituição de um patriarcado moderno ainda mais sofisticado e se deslocou a disparidade de direitos dos filhos proprietários, tutelados por seus patriarcas, para uma disparidade na qual as mulheres passaram a ser as únicas subalternizadas por todos os homens. Falando desse patriarcado da fraternidade, Pateman explica ainda como tal mudança potencializou a liberdade dos homens sob as custas da subalternização das mulheres de modo que é possível concluir que "a liberdade civil depende do direito patriarcal" (PATEMAN, 1993, p. 19). Uma das consequências dessa disparidade de *status* entre homens e mulheres é que, voltando para a questão dos assassinatos das mulheres, se a liberdade da sociedade civil toma como referência as necessidades e os direitos dos homens, também a ideia de honra se aplica exclusivamente a eles. Quando as Constituições são reformuladas e conclamadas determinando a igualdade entre mulheres e homens perante a lei e o Estado, as mulheres deixam de ser consideradas propriedades e se constituem, ao menos formalmente, como sujeitos de direito. No entanto, além da mudança ser decorrente de reivindicações sociais e embates políticos, que não examinaremos nesta presente oportunidade, é fácil constatar que não houve mudança na hegemonia do conteúdo moral. Em outras palavras, a necessidade de exame segue porque a secularização do direito não finda a moralidade androcêntrica nas relações sociais, tampouco no universo da produção do conhecimento – daí a questão do exame do *ethos* que atravessa ambos ser urgente.

Uma prova inconteste de que ainda vigora culturalmente a coisificação das mulheres é o expressivo número de crimes de feminicídio.[3] Embora tipificado como crime, a causa e o alimento cotidiano do feminicídio

---

3 No Brasil, a lei que tipifica o feminicídio foi sancionada em 9 de março de 2015, pela presidenta Dilma Rousseff, alterando a Lei n. 13.104 do Código Penal, incluindo o feminicídio como homicídio qualificado e hediondo. São crimes contra a vida das mulheres resultantes do costume moral sexista que dispõe sobre a vida das mulheres, em razão do menosprezo e da discriminação contra a sua condição de mulher. Ver Brasil (2015).

permanecem descobertos pela lei, que se omite quanto à sua natureza, deixando de tipificá-los. Piadas e campanhas misóginas e androcêntricas compõem o universo cultural/moral que vigora sem qualquer proteção, configurando uma dinâmica cultural sexista e feminicida que prevalece respaldada pela omissão legal. O que esse exemplo evidencia? A moral seria sinônimo de bons valores? Lamentavelmente não é tão simples assim. Ela pode ser discriminatória e preconceituosa, pode ser fonte de exclusões e segregações, pode ser mortal e persecutória – e em geral o é. Pode ser racista, protofascista e misógina. Assim como poderia ser democrática e inclusiva. O que temos aqui é uma tensão na relação entre moral e Ética.

ÉTICA E MORAL: ONDE SE ENCONTRAM E SE DISTINGUEM?

Neste tópico, pretendo distinguir minimamente Ética e moral, a fim de mostrar e sustentar que a tradição filosófica reproduz alguns valores que deveria, por ofício, problematizar.

Mesmo que encontremos referências etimológicas da palavra *ética* já nos antigos poetas, é consenso dizer que foi Sócrates quem primeiro mobilizou uma reflexão filosófica para pensar a origem/essência das ideias e dos valores nesse âmbito. *Ethos*, palavra que nos chega traduzida como *ética*, possui duas grafias e duplo aspecto de compreensão (SPINELLI, 2009). Quando grafada com a vogal "e" breve – *épsilon* (ἔθος) –, *ethos* se refere ao temperamento, à morada do ser, àquilo que constitui o caráter de cada ser, seus hábitos e suas escolhas. Neste caso, mantemos a palavra Ética como conceito que será apresentado mais adiante, mas que implica também, no âmbito das escolhas individuais, seleção de valores e hábitos entre os que se encontram no conjunto de valores vigentes socialmente. Esses valores orientam as escolhas que cada um(a) elege ou cria para si diante de situações corriqueiras e de situações dilemáticas. Por implicar reflexão, também chamamos de

Ética, aqui com letra maiúscula, a área de investigação e análise filosófica sobre as formulações éticas e suas aplicações. É desde esse âmbito de análise que neste capítulo apresento tal distinção, passeando por algumas contribuições da tradição canônica e fazendo desse passeio uma análise e escrutínio eticista feminista.

Posto isso, se a Ética é o estudo dos valores e demais elementos constitutivos do exercício da moralidade e, também, seu funcionamento no âmbito individual e coletivo, podemos concluir que uma de suas primeiras constatações não pode deixar de ser a existência de diversidade e concorrência entre esses valores. Menos evidente, porém incontestável, é a relação entre essa concorrência de valores e as disputas por poder, por acumulação de riqueza e por imposição de crenças.

Por isso, retomando a importância de Sócrates, sobre a qual falamos anteriormente, fica ainda mais forte a compreensão de que a problematização dos valores morais e suas bases foi justamente o que o levou à morte. Mesmo que Sócrates não concordasse que a democracia era o melhor sistema político, o movimento de questionamento ético que o filósofo mobilizou com suas abordagens aos atenienses só poderia ser acolhido no âmbito de uma democracia. E, apesar de Atenas viver uma democracia, certos questionamentos atravessavam crenças e modos de vida de maneira que, em lugar de um debate público, resultou em sua condenação. Fatos como esse se repetem ao longo da história até os momentos presentes.

Assim, é de estranhar que a tradição eticista – que deveria ser a guardadora da reflexão filosófica ética – abrigue, se alimente e reproduza, em lugar de problematizar, valores hegemônicos que não possam suportar o crivo da reflexão crítica. No entanto, contraditoriamente, essa reprodução de valores insustentáveis alimentou a formulação de conceitos e pressupostos tanto epistemológicos como éticos, conforme podemos identificar desde Platão, como pretendo salientar. Se a justificativa para interromper tal escrutínio e explicar valores não examinados nessa tradição foi sempre amparada na cultura, façamos o esforço de retomar o papel da Ética: refletir sobre os constituintes da moralidade, os valores, o senso moral e, portanto, também problematizar alguns elementos da cultura nesse processo. A cultura está implicada na análise e por isso também Sócrates se viu embaraçado e condenado pelo pensamento hegemônico. Ao longo da história, o preço pago pela problematização de hábitos, valores e costumes foi caro.

A CONSTRUÇÃO DO ANTAGONISMO ENTRE EMOÇÃO E A RAZÃO: PRIMÓRDIOS DO PONTO DE VISTA MORAL MASCULINISTA

A racionalidade é a característica à qual a humanidade recorre para definir sua identidade e proclamar sua superioridade em relação aos outros animais e às demais formas de vida no planeta. Essa visão originou critérios epistêmicos e éticos que se tornaram as bases de concepções em diversas áreas do conhecimento, bem como estruturou a base dos julgamentos e as avaliações cotidianas nas relações sociais e pessoais. Os critérios epistêmicos e éticos foram formulados desde uma estrutura binária de pensamento na qual o par conceitual *cultura-natureza* se origina da racionalidade como referência supostamente neutra e superior. Dessa estrutura, origina-se um binômio, cujas partes foram tratadas como antagônicas e hierarquicamente distintas, atravessando toda a tradição canônica da Ética, razão pela qual é eleito neste capítulo como fio condutor para examinar o que estou chamando de ponto de vista moral masculinista, a saber, o par conceitual *razão-emoção*. Por ocasião das análises críticas feministas mais recentes, podemos identificar ainda outra hierarquia conceitual: *justiça-cuidado*, também eleita aqui para avaliar o antagonismo que surge da suposta neutralidade do ponto de vista moral na contemporaneidade.

O primeiro antagonismo produzido conceitualmente já se faz presente desde a filosofia clássica. Em *Apologia de Sócrates* e *A república*, Platão é taxativo ao defender a ideia de que emoções e razão são não apenas diferentes, mas opostas, sendo a primeira característica corporal do mundo sensível, imanente, empírico e, por isso, segundo Platão, capaz de atrapalhar a contemplação racional necessária para uma vida plena. Já em Aristóteles, encontramos uma concepção mais complexa e interessante. Caracterizada nos estudos eticistas como teleológicas, isto é, uma concepção que se pauta pela busca de um *télos* – quer dizer, um fim –, a concepção aristotélica buscou medianizar tanto a razão como a emoção. Em seu livro *Ética a Nicômaco*, Aristóteles estabelece a busca da felicidade como o fim (*télos*) último das ações humanas e o sentido da moralidade. Em sua concepção ética, a virtude moral seria uma disposição (*héxis*) deliberada e praticada por meio do exercício habitual da mediania, cuja principal função é evitar os "extremos" em cada caso. Em sua obra *Retórica*, Aristóteles procura compor razão e emoção argumentando que os juízos carregam emoções, mas, ainda assim, defende que estas precisariam estar de acordo com o mesmo princípio ético: precisariam ser regidas pela mediania. Apesar de procurar compor emoção e razão, a virtude moral segundo Aristóteles dependeria do comando da racionalidade. Diferentemente de Platão, para quem o conhecimento é inato, assim como as virtudes, Aristóteles concebe a virtude como uma prática desenvolvida pelo hábito. Por essa razão, para ser virtuoso, basta que a pessoa opte por agir virtuosamente e pratique ações virtuosas. A virtude se efetiva, atualiza e realiza quando praticada constantemente, não sendo uma característica inata. Seriam, portanto, as ações virtuosas na esfera das emoções e das ideias que fariam de nós seres virtuosos.

Já na fase final da filosofia antiga, particularmente no chamado período helenístico, no qual a Roma imperial passa a controlar a Grécia, encontramos outras concepções que tratam da ética como uma relação entre emoção e razão, a saber: o estoicismo e o epicurismo. Ambos procuram eliminar as paixões por considerá-las, cada um à sua maneira, fontes de desarmonia. A Ética epicurista, assim como a de Aristóteles, é teleológica e busca a felicidade como bem maior. Concebida por Epicuro como prazer, a felicidade seria a ausência de dor e de movimento. A filosofia poderia contribuir para desenvolver tais virtudes, permitindo que a vida seja vivida em harmonia com os prazeres naturais. Pressupondo que as emoções conduzem à dor, o epicurismo concebe a eliminação das paixões como o fim (*télos*) primordial para alcançar a felicidade.

Mais complexa e conciliadora, do ponto de vista da relação entre razão e emoção, a filosofia estoica busca a tranquilidade da alma como principal virtude ética. Para Sêneca, um dos filósofos estoicos, há uma comunicação entre emoção e razão, e certos juízos operariam com emoções. As paixões se baseariam em juízos morais, ou seja, não seriam sentimentos desprovidos de racionalidade, mas justamente ao contrário. No entanto, como as paixões também levariam ao descontrole e à perturbação da alma – impedindo o exercício da virtude –, Sêneca defende que seria preciso considerar falsas algumas crenças ou juízos quando esses alimentassem emoções intranquilas. Assim, o método consistiria em desfazer o núcleo desarmônico dessa emoção, fazendo-o ceder o comando das ações para uma ideia substituta. Ao ressignificar e mudar certas ideias, alteramos estados perturbadores ou desarmônicos. A força dessa concepção de Sêneca é atribuir ao pensamento a responsabilidade pela mobilização e endosso das emoções. Para que essas não sejam perturbadoras, seria preciso alterar o pensamento que as mobilizam. Aqui, em alguns aspectos mais que em Aristóteles, finalmente podemos dizer que encontramos uma visão conectada entre razão e emoção, menos dual, hierárquica e antagônica que complementar. O problema não seria a constatação de que a cólera/raiva, por exemplo, seja uma emoção que pode servir, em muitos casos, de combustível para ações impensadas. Ou, ainda, que possa servir de má conselheira para a tomada de decisões. A terapia filosófica estoica para esse caso seria: compreender que as emoções funcionam a partir de juízos ou ideias morais; permite-nos dar a elas um conteúdo cognitivo que nos faça bem e faça bem aos demais. Posto isso, produzimos um novo arranjo e organização de sentimentos e emoções.

De todo modo, com algumas variações, a sobrevalorização da racionalidade predomina não somente nessas filosofias como também em inúmeras concepções em todas as áreas de conhecimento e mesmo no imaginário e na visão do senso comum desde a Antiguidade, o que implica desdobramentos estruturais nas formas que nos organizamos socialmente, que mantemos relações pessoais e sociais e que avaliamos e julgamos. Na modernidade, o esquema antagônico permaneceu e se intensificou. Diante de tantas esperanças emancipatórias, talvez fosse esperado que a modernidade desfizesse ou ressignificasse diversas estruturas opressivas de pensamento. É compreensível que o predomínio autoritário escolástico-patrístico tenha deixado marcas traumáticas, de modo que a produção de pensamento na Modernidade tenha feito da liberdade e da razão os antídotos contra qualquer autoridade dogmática. No entanto, o exílio das emoções ou a arquitetura dicotômica caricata expressa no binômio dicotomizado *emoção* × *razão* não funcionou nem pode funcionar como solução para preservar a autonomia da razão contra os ditames do obscurantismo dogmático. Talvez pelo fato de que os articuladores do iluminismo filosófico fossem predominantemente homens, e enquanto tais não eram afetados drasticamente por algumas dessas estruturas, não foi possível a eles enxergar e compreender a amplitude e o espraiamento ético-político e social da eleição da antagonização entre *razão-emoção*. Ao contrário, ao elegê-lo, mantém-se um lugar de privilégio cognitivo, ético e epistêmico e social. O privilégio sociopolítico já se pode notar nas posições das iluministas Olympe de Gouges[4] e Mary Wollstonecraft,[5] que estendem a razão examinando seu uso para os interesses apenas

---

4 Ver Gouges (2011).

5 Ver Wollstonecraft (2016).

de uma parte da humanidade. Passando ao largo desta análise,[6] foquemos nas implicações para o exercício ético-reflexivo.

KANT E KOHLBERG: ANTAGONISMOS MAIS SOFISTICADOS

Embora a Modernidade, cujo berço inicial é o Renascimento, tenha mobilizado justa e interessante reação à "tirania política-celestial" imposta durante o medievo – e a estendido a qualquer forma de autoritarismo –, ela aceita e realiza um resgate da liberdade de pensamento da antiguidade filosófica. Tal resgate foi, no entanto, realizado de modo a atribuir à razão um poder superavitário, que, junto com a ideia de *neutralidade*, foi alçada à categoria epistemológica e ponto de vista moral que esconde – como procuro mostrar ao longo deste capítulo – o *ethos* obducto de um ponto de vista masculinista.

Nas formulações éticas da modernidade, encontramos contribuições indispensáveis e outras indefensáveis. Consideremos dois aspectos comprometedores: o desprezo teórico pelo papel dos sentimentos/emoções morais e o apartamento da conexão entre liberdade e sociabilidade na formulação ética deontológica. Enquanto para os antigos gregos o *ethos* se associava à vida em coletividade, já que a vida boa, livre e justa era indissociável da pólis (cidade); na Modernidade, sob a ótica do entusiasmo iluminista racionalista, e mais ainda de uma ótica liberal, a liberdade individual assumirá o papel central privilegiado no pensamento corrente e nas formulações teóricas, sobretudo de natureza política e ética. Com algumas ressalvas, um bom exemplo que resulta desse movimento de pensamento seria as obras *Fundamentação da metafísica dos costumes* e *Crítica da razão prática*, publicações originais de 1785 e 1788, respectivamente, de Immanuel

---

6 Para acompanhar a constatação da incoerência das promessas da Modernidade protagonizada por Mary Wollstonecraft e Olympe de Gouges, ver os textos de ambas referenciados anteriormente, bem como Carvalho (2018).

Kant. Em sua concepção, Ética prevalece um ideal de sujeito legislador autônomo e autodeterminado, característica da maioridade moral deliberativa. Para Kant, essa autonomia da razão do sujeito autolegislador se coadunaria com um princípio moral universal caracterizado como um imperativo categórico que a razão pode impor a si mesma, um grande ganho da filosofia prática kantiana, indispensável por deslocar o dever moral do âmbito da autoridade transcendental religiosa que prevalecia no medievo para o âmbito do exercício moral autônomo humano.

Um dos problemas é que o funcionamento teórico-prático do imperativo categórico[7] depende de um procedimento monológico distanciado do contexto social, além de implicar outro aspecto indefensável para qualquer análise feminista que se disponha a examiná-lo: em certa medida, o imperativo pressupõe o isolamento não somente do contexto social, mas também da subjetividade, da experiência, dos "móbiles sensíveis", nas palavras do próprio Kant. O objetivo de Kant ao estabelecer tal procedimento foi garantir isenção e preservação da lei moral em relação às "influências" de fatores externos, já que os móbiles e os contextos sensíveis submeteriam a vontade livre a seu comando, comprometendo negativamente a liberdade da vontade e da razão e, portanto, comprometendo os juízos morais. Assim, na concepção kantiana, os contextos não devem ter peso no julgamento ou deliberação moral porque para ele a ação moral "não se relaciona com a matéria da ação e com o que dela deve resultar, mas com a forma e o princípio de que ela mesma deriva; e o essencialmente bom na ação reside na disposição, seja qual for o resultado" (KANT, 1960, p. 49). É por isso que caracterizamos a Ética kantiana como uma ética deontológica, uma ética relacionada ao dever, e não a um *télos*, como é o caso da perspectiva aristotélica. A estrutura deontológica fica ainda mais comprometida quando Kant sustenta que:

---

7   Ver Carvalho (2019).

FILOSOFIA FEMINISTA

> Tudo, portanto, o que é empírico é, como acrescento ao princípio
> da moralidade, não só inútil mas também altamente prejudicial
> à própria pureza dos costumes; pois o que constitui o valor
> particular de uma vontade absolutamente boa, valor superior
> a todo preço, é que o princípio da ação seja livre de todas as
> influências de motivos contingentes que só a experiência pode
> fornecer. (KANT, 1960, p. 63)

Logo, como podemos ver, ao eliminar as "particularidades" sensíveis, os contextos dilemáticos da moralidade seriam esvaziados. De certa maneira, desse esvaziamento também se extraem as condições ideais para a universalidade do alcance da lei moral e da ação moral se pensarmos especificamente nesse arranjo. Os aspectos sensíveis e os contextos seriam obstáculos à deliberação moral e à universalização do princípio moral porque geram emoções, que atrapalhariam a autonomia da vontade e a própria deliberação. A filósofa eticista Maria de Lourdes Borges explica, em seu livro *Razão e emoção em Kant* (2012), que o filósofo não nega a existência de sentimentos morais, mas o endosso de um caráter determinante desses sobre a ação moral. Em vista disso, ao descartar as emoções morais para essa função, as máximas de ação ficariam isentas de comprometimentos relativos às especificidades limitadoras, podendo, assim, se aplicar a todos.

Concordando com a colega eticista, sustento, porém, que podemos ajustar o arranjo teórico conceitual de modo que a capacidade de universalização das máximas, requisito para que sejam válidas, não eliminem justamente as questões concernentes ao universo das considerações morais, ou seja, não isole o cerne da moralidade:[8] as situações reais sobre as quais somos convidados a deliberar eticamente. O papel dos sentimentos morais, conforme explica Maria de Lourdes Borges, é reconhecido como constitutivos da moralidade e do senso moral por Kant, porém, são desprezados nessa equação da Ética. Se

---

8 Hegel formula uma crítica ao caráter monológico da razão kantiana, concebendo em seu lugar uma perspectiva ética dialógica que inspira Jürgen Habermas, Seyla Benhabib e Axel Honneth, entre outros eticistas.

os sentimentos morais não podem ter caráter peremptório, tampouco poderiam ser eliminados do cálculo. Distante disso, deveriam compor os dilemas morais. O princípio da ação universalizável precisaria incorporá-los para não comprometer o próprio sentido da moralidade. Se a racionalidade autônoma e autolegisladora puder presumir "sujeitos/eus transcendentais" de maneira intersubjetiva e contextual, o escopo da ética kantiana ampliará em muito seu alcance e deixará de ser comprometedor. Considero que a ética kantiana tem muitos méritos, entre eles o fato de ser a concepção sobre respeitabilidade entre humanos mais bem formulada e completa. Ainda assim, seu arranjo ortodoxo é, em certo sentido, um tanto solipsista e inegavelmente monológico, apresentando uma limitação ético-epistemológica, sobre a qual não me deterei nesta oportunidade. Flertando com uma lógica matemática, pergunto: como conceber uma visão segundo a qual uma parte (do todo) pretende corresponder ao todo (universal)? O que é o todo e o que é a parte, então? É possível um todo sem partes? Se uma parte é o todo, a outra faz parte do que exatamente? Trago a teoria do desenvolvimento moral de Lawrence Kohlberg como um exemplo que pode ser paradigmático desse raciocínio, é a aplicação aqui ao critério kantiano de universalidade a fim de tentar permitir que enxerguemos a relação entre elementos de certas teorias e a cultura androcêntrica.

Em sua pesquisa sobre os juízos morais, Kohlberg defende a tese segundo a qual a capacidade de fazer julgamentos se iniciaria de maneira imatura na infância e culminaria em pleno desenvolvimento e competência na fase adulta. Com Kohlberg, o exercício da moralidade passa a ser visto na psicologia como um desenvolvimento progressivo que resulta das relações, experiências e capacidade de abstração que conferem autonomia aos sujeitos. Antes de seus estudos, prevalecia o consenso de que a moralidade seria uma habilidade incorporada pelas crianças por meio da repetição e sugestão/imposição de valores. Nesse sentido, a concepção de Lawrence Kohlberg é encorajadora, sobretudo porque esse desenvolvimento seria associado ao desenvolvimento de senso crítico, e não apenas repetições. Como resultado do estudo de Kohlberg, foi desenvolvida uma proposta de educação moral que conecta filosofia e psicologia. Na esteira de *O juízo moral na criança*, de 1932, de Jean Piaget, desenvolvido a partir da noção de competência moral, sinônimo de maturidade moral, Kohlberg fala em três níveis de racionalização, a saber: o pré-convencional, o convencional e o pós-convencional. Cada um desses abarcaria dois estágios de evolução, totalizando seis etapas até o alcance da competência moral de avaliação, cujo parâmetro é a noção de justiça. Kohlberg toma a justiça como noção moral que inspira a competência em compreender, formular e deliberar moralmente, mas o raciocínio abstrato do justo tomaria como referência os direitos humanos. Por relacionar aprendizado, pensamento e ação moral, seus estudos são endossados e referenciados por outros filósofos, sobretudo de inspiração kantiana, entre eles Jürgen Habermas. Em *Consciência moral e agir comunicativo* (2003), ao revisar o aspecto monológico do imperativo categórico kantiano problematizado no tópico anterior, Habermas ressalta que a explicação do desenvolvimento moral apresentada por Kohlberg mantém a perspectiva kantiana ao mesmo tempo que favorece a dimensão intersubjetiva na qual as interações sociais acontecem, indo além do aspecto solipsista que prevalece em Kant.

Nesse aspecto, poderia concordar com a perspectiva habermasiana, mas procuro mostrar que (1) os critérios eleitos por Kohlberg como parâmetros de avaliação da maturidade moral, tomada como capacidade plena de julgamento ético, se revelam pouco inclusivos, além de controversos e androcêntricos. Outrossim, é preciso evidenciar que fica de fora de suas percepções ou exames (2) o fato de que sua perspectiva analítica toma como base uma estrutura binária de pensamento que, por sua vez, se ancora em valores androcêntricos vigentes. Por fim, veremos que (3) tal arranjo faz prevalecer uma omissão ética que reforça o androcentrismo, já que o sujeito que na esfera pública se porte respeitosamente atingindo o "nível máximo de desenvolvimento moral" pode, sem cobranças de incoerência ética, se portar como imaturo e/ou abusivo nas relações de interação privada e social.

O conjunto dessas hipóteses será perseguido a seguir a fim de que nos permitamos perguntar: tal perspectiva pode ser concebida como ponto de vista moral neutro? Para desenvolver as questões e a análise crítica que apresentei até aqui, recorro às contribuições de Carol Gilligan, como se seguem.

CAROL GILLIGAN E O TRABALHO ETICISTA DE TEÓRICAS FEMINISTAS

> A VOZ DIFERENTE QUE EU DEFINO CARACTERIZA-SE NÃO PELO GÊNERO, MAS PELO TEMA. SUA ASSOCIAÇÃO COM AS MULHERES É UMA OBSERVAÇÃO EMPÍRICA, E É, SOBRETUDO, ATRAVÉS DAS VOZES DAS MULHERES QUE EU TRAÇO O SEU DESENVOLVIMENTO.
>
> CAROL GILLIGAN, *UMA VOZ DIFERENTE* (1982).

Na contemporaneidade, poucas exceções ousaram compor arranjos conceituais diferentes daqueles que vimos até aqui. Entre as que ousaram fazê-lo, estão Carol Gilligan e outras teóricas da ética do cuidado; Martha Nussbaum, neoestoica que resgata os componentes cognitivos das emoções; ecofeministas como Maria Clara Dias com sua *Perspectiva dos funcionamentos* (2015), que inclui animais não humanos e demais formas de vida no universo da consideração ética; entre outras teóricas. Ainda assim, a visão do *eu* transcendental superior e racional, "idealmente" afastado das emoções a fim de deliberar eticamente, se tornou a principal fonte de inspiração e referência teórica para a maior parte dos eticistas. A filósofa e psicóloga feminista Carol Gilligan representa uma das grandes contribuições da filosofia eticista contemporânea porque identificou e problematizou a presença de estereótipos de gênero no âmbito ético-epistemológico, esforço analítico que se soma a outros igualmente importantes com o mesmo propósito. Gilligan se situa no feminismo de segunda onda, que incorpora a preocupação em analisar as diferenças que resultam da socialização mobilizada pelos agenciamentos androcêntricos. Sem deixar de

FILOSOFIA FEMINISTA

considerar a importância de direitos iguais, o foco da segunda onda incorpora maiores problematizações filosóficas no esforço de identificar a produção das diferenças, de um lado, e a estigmatização do que foge às normas androcêntricas, de outro. Tal esforço analítico resulta em análises nas diversas subáreas da filosofia de gênero, como a filosofia política, a Ética, a epistemologia, a estética e a ontologia.

A ficção e a falácia, a um só tempo, do ponto de vista pretensamente neutro da psicologia e da filosofia, aparecem significativamente mais evidentes na teoria do desenvolvimento moral de Lawrence Kohlberg, como mostra Gilligan, razão pela qual trago-a como exemplo paradigmático do questionamento eticista acerca do que ela nomeia de "preconceito valorativo" e "preconceito observacional", indispensáveis para caracterizar não só as bases eticistas canônicas, mas também epistêmicas. Na pesquisa que resultou na obra *Uma voz diferente*, Carol Gilligan pôde demonstrar que algumas pesquisas em psicologia mantêm a estrutura explicativa responsável por perpetuar padrões de avaliação discriminatórios. Gilligan evidencia que a psicologia toma por base os tipos de experiências mais comuns entre socializações de homens como se fossem um modelo de observação isenta e universal da humanidade, como característica do ideal do desenvolvimento da maturidade moral. Diferentemente dessa ideia, Gilligan suspeita que:

> [...] o fato de que as mulheres não se ajustem aos modelos existentes de crescimento pode apontar para um problema na representação, uma limitação na concepção da condição humana, uma omissão de certas verdades sobre a vida. (GILLIGAN, 1982, p. 11)

Ainda que Gilligan fale de uma maioria de mulheres, que são consideradas nas visões masculinistas, tal maioria é constituída por contextos políticos não genéticos; a autora se dirige às experiências socializadoras. Ao examinar a concepção de Sigmund Freud sobre o superego, Gilligan desvela que o psicanalista reproduz preconceitos que levam à ideia de que haveria problemas no desenvolvimento das mulheres, já que Freud argumenta que mulheres "mostram menos senso de justiça que os homens" e "são mais frequentemente influenciadas em seus julgamentos por sentimentos de afeição ou hostilidade" (FREUD, 1925, p. 257-258 *apud* GILLIGAN, 1982, p. 17). Gilligan explica que essa assertiva de Freud – autor indispensável por suas importantes contribuições, mas que revela um masculinismo não examinado – não parte de pesquisas voltadas para o entendimento das situações, mas, sim, de valores que respaldam preconceitos já existentes. Preconceitos esses cuja presença Gilligan também identifica nas posições de Jean Piaget e Lawrence Kohlberg. A pesquisadora problematiza a percepção sexista de senso moral de Piaget, que, ao avaliar a habilidade de meninos e meninas diante de regras, concebe que tal habilidade é mais desenvolvida nos meninos do que nas meninas, pois os meninos desenvolver-se-iam mais porque querelam mais sobre regras; e querelam mais porque teriam interesse e prazer em falar sobre regras. Ou, nas palavras de Piaget: "eles são fascinados pelo debate ao passo que as meninas são mais pragmáticas, condescendentes" (PIAGET, 1932 *apud* GILLIGAN, 1982, p. 20). Gilligan argumenta, no entanto, que a prioridade do sistema de regras deveria ser facilitar a continuação do jogo e a manutenção das relações, e não apenas a solução de disputas. Quando coloca a competência moral nesses termos, Piaget contribui para a consolidação dos preconceitos que embasam alguns critérios e conclusões presentes na concepção de desenvolvimento moral de Lawrence Kohlberg. Há uma redução do universo dos pesquisados nos estudos de Kohlberg que faz Gilligan – e qualquer outra pessoa que acompanhe criticamente a leitura de Kohlberg – observar e concluir que não haveria outro resultado dentro da limitação da amostragem da pesquisa. Kohlberg volta-se para a voz-padrão, isto é, a voz ou perspectiva socialmente construída para, e desde, a masculinidade social. Tomar apenas esse universo de pesquisados como referência e critério sem problematizar as questões envolvidas permite perceber que o referencial de excelência, competência e maturidade ética corresponde não à humanidade, mas, sim, a uma parte dela. A condução da pesquisa de Kohlberg parte de um preconceito valorativo que resulta em preconceito observacional e, portanto, vicia a pesquisa e as conclusões desta. Se a Ética, como campo de estudos, consiste em analisar e refletir sobre os aspectos constitutivos do campo moral, o trabalho deveria resultar em problematização cultural, e não reprodução de valores. Mas por que um estudioso reproduziria lugares-comuns da cultura do senso comum?

Porque esse estudioso parte de arranjos conceituais já presentes no cânone que perpetua tal imaginário. Na concepção ética tradicional, a maturidade ética consistiria em identificar conflitos hierárquicos entre normas no sistema de leis, voltando-se para direitos humanos como eixo principal do senso e maturidade ética que se encontra entre homens, porque estão voltados para a esfera pública; ao passo que se preocupar com manutenção das relações, componente que aparece nas preocupações das mulheres investigadas, equivaleria a "limitar--se" ao universo privado, portanto, seria uma visão que escapa ao cerne da moralidade por se constituir, supostamente, universo inferior. Esse seria o caso das mulheres, o que equivaleria a chegar ao entendimento de que haveria um problema no desenvolvimento moral. Chamo a atenção para um antagonismo entre público e privado que equivale ao antagonismo entre razão e emoção. Olhar o mundo e nos situar nele, assim como ler análises que elegem as relações de poder e os sistemas de opressão como objeto de investigação, permitem concluir que há prevalência de certas situações vivenciadas por homens e por mulheres que resultam da estrutura social sexista, e não da biologia – fato que há muito o feminismo problematizou, pelo menos desde 1959, com a publicação da obra *O segundo sexo*, de Simone de Beauvoir (2009). Igualmente conclusivo é o entendimento de que qualquer pesquisa séria precisaria adotar metodologias realistas e inclusivas, como Gilligan faz quando incorpora os tipos de experiências que predominam tanto entre os homens como entre mulheres. Com a adoção de um conjunto de pesquisados(as) composto tanto por homens como por mulheres, Gilligan pôde analisar as razões éticas às quais ambos os grupos recorrem para suas deliberações e ações morais. Essa constituição de pessoas e contextos, além de mais fidedigna ao real, tornou possível avaliar de maneira mais factual e menos preconceituosa o exercício da moralidade. Por reconhecer o papel das relações no exercício da moralidade, as pesquisas de Gilligan puderam mostrar que a avaliação moral das mulheres tende a preservar mais as relações porque elas consideram a importância da manutenção da vida que construíram. Esse perfil moral configura o que Gilligan nomeia de *voz diferente*, que dá nome a seu livro. Por ser *diferente*, tal voz é *desviante* dos parâmetros de Kohlberg, que avalia a moralidade como garantia de não violação à garantia dos direitos individuais. Ademais, as pesquisas de Kohlberg mostram que o senso e o raciocínio moral estão presentes de maneira madura na preservação dos direitos individuais e nas ações morais voltadas para justiça. É nesse contexto que Gilligan dá destaque ao senso moral do *cuidado* como algo do qual a política pública e moralidade carecem. Embora o aparecimento desse conceito se dê antes de Gilligan, em outro contexto teórico, ganha nela novo contorno e novo escopo. Entre os teóricos que já trataram do cuidado antes de Gilligan, estão David Hume e Martin Heidegger; entretanto, a noção de cuidado antes de Gilligan não recebera a potência para desconstruir hierarquias sociais e distinções sistêmicas de sexo, gênero e/ou sexualidade, que constituem as categorias/condições produzidas pelo androcentrismo. É com Gilligan que o cuidado é identificado como exercício da moralidade desviante. A cultura androcêntrica, base a partir da qual a estrutura de subordinação das mulheres se ergue e se impõe, precisa da moralidade vigente para se manter, o que exclui a adoção do cuidado nos moldes que compõem as preocupações das *vozes diferentes* que aparecem nas pesquisas de Gilligan. Para a autora, os raciocínios morais que consideram ou procuram preservar as relações entre os envolvidos nos dilemas morais cotidianos também são necessários.

O "cálculo do senso moral" do tipo kohlberguiano, que se mantém no imaginário social, não contempla preocupações intersubjetivas fora do escopo no canônico da ética e da justiça, o raciocínio consagrado associa público e razão e antagoniza privado e emoção, como uma caricatura funcional masculinista de conceber o mundo contra a dinâmica real da vida. Tal fato aponta para um déficit das perspectivas éticas e consequente necessidade de ampliação dessas concepções tanto ética como de justiça.[9] Nesse sentido, é possível afirmar a importância da inclusão da *categoria cuidado* como cimento para composição do tecido social, assim como das relações pessoais e políticas para produção de uma nova cultura moral, na qual mulheres e homens sejam educados e educadas para essa competência e maturidade moral nas diversas esferas da vida. A expansão do cuidado como uma visão ética e política ganha sentido nesse contexto. Não por acaso, o trabalho de Carol Gilligan deu origem, até o momento, a duas gerações de analistas que adotam o cuidado como categoria ético-política.

Apesar disso, não foi possível evitar uma crítica frequentemente dirigida à Gilligan no que diz respeito à possível essencialização da condição das mulheres, ao que Gilligan responde com a afirmação de que não pretendeu sustentar a existência de qualquer condição feminina intrínseca, mas derivada do fato de as mulheres compartilharem condições sociais que gerariam experiências diferenciadas no que tange ao cuidado. Reconhecendo a importância do trabalho de Gilligan e descartando a interpretação do cuidado como inerente à "feminilidade", Ilze Zirbel argumenta em sua tese que não pretende "defender o cuidado como algo característico de uma moralidade feminina, uma virtude ou em oposição à justiça, como algumas pesquisadoras da primeira geração o fizeram" (ZIRBEL, 2016, p. 24). Zirbel interpreta a contribuição de Gilligan como uma teoria política efetiva de combate ao sistema de gênero, já que esse, embora se desenvolva e atravesse o contexto relacional familiar e ambiente doméstico, se mantém e perpetua por meio da produção do conhecimento.

De fato, em *Uma voz diferente*, encontramos a denúncia paradigmática de um sistema de pensamento ético e epistêmico. A esse respeito, meu argumento concebe as perspectivas supostamente universalistas

---

9 Ver Carvalho (2015).

da maturidade moral como resultantes e mantenedoras da estrutura binária de pensamento da qual falamos no tópico anterior e a partir da qual se estereotipa seres da razão e seres da emoção, como se ambas as habilidades fossem isoladas ou incompatíveis. Conforme destacado anteriormente, por trás dessa oposição, se encontra não só o par binário cultura-natureza, mas também o público e privado. A cultura corresponderia à racionalidade, à universalidade e à autodeterminação, ao passo que a natureza envolveria a emotividade, a parcialidade e a ação instintiva. A consequência não poderia ser diferente: moralidade, isenção ética, maturidade universalista de raciocínio e de ação moral, direitos humanos universais e, agora, a esfera pública e da justiça se contraporiam ao cuidado.

Eleger o trabalho de Gilligan sobre vozes diferentes como indispensável para repensarmos a visão de desenvolvimento e maturidade moral não significa, sustento, que a solução precise, tampouco deva, implicar a substituição do eixo da justiça como parte do senso ético, mas, sim, que há a necessidade de uma composição que amplie e modifique o escopo moral-político almejável e urgente. A voz diferente foi capaz de pôr à prova o cálculo supostamente universalista da competência, da habilidade e da maturidade moral nos termos kohlberguianos. Como ter contribuído com o diagnóstico não significa resolver por substituição ou eleição de outra voz-padrão, a categoria *cuidado* tampouco pode ser atribuída a uma voz ou segmento da humanidade. O cuidado só funciona como subversão ética do caráter obducto masculinista do *ethos* se for tomada como categoria ético-política. Somadas as vozes e aplicada a categoria ético-política do cuidado à educação moral de todas e das instituições públicas e privadas, daremos lugar a um novo imaginário ético, novas perspectivas inclusivas, nova organização social e direitos sociais e individuais. É nesse sentido que sustento mobilizar a contribuição ética de Carol Gilligan como subversão dos aspectos androcêntricos do cânone: tratar do cuidado não como uma característica essencial das mulheres, mas, sim, como algo que teria se desenvolvido "mais expressivamente" entre essas/nós em razão de

FILOSOFIA FEMINISTA

sua/nossa condição social de maior vulnerabilização criada pela cultura hierárquica androcêntrica, mas que não se limita nem se faz presente plenamente entre esse segmento populacional.

Percorridos os passos analíticos até aqui, podemos concluir que a estrutura de julgamento moral vigente se ampara em pressupostos epistêmicos androcêntricos que projetam a condição masculina como superior. Tal diagnóstico se aplica à teoria do desenvolvimento moral, cabendo ao campo de análises eticistas identificar padrões parciais, como é o caso do ponto de vista moral masculinista, e problematizá-los. Pensando assim, retomemos o que caracterizei anteriormente como tratamento hierárquico atribuído à relação entre emoção e razão, e nos perguntemos: é racional identificar peremptoriamente metade da humanidade como emotiva e a outra metade como racional, como vem sendo reiteradamente afirmado ao longo da história do pensamento? Se não, podemos questionar igualmente a razão que leva a psicologia moral de Kohlberg a reproduzir o mesmo problema apontado neste capítulo como presente na filosofia moral de Kant, que estabelece a maturidade moral como exercício monológico em que o sujeito exerce a capacidade de universalizar normas e fazer juízos, supostamente imparciais e neutros. Quem é esse sujeito? De que experiência teórico-existencial ele parte para tal procedimento? O ideal de exercício da moralidade, que parte e desemboca na eleição de uma perspectiva cuja universalidade dependa da neutralidade fazendo do sujeito moral legislador isolado dos móbiles sensíveis e das experiências dilemáticas concretas, só pode resultar em exclusão de uma parte da comunidade moral de pleno reconhecimento moral e até mesmo ontológico. Se avaliar o critério de universalização kantiano aos olhos leigos pode parecer "perda" de tempo destinado à reflexão teórica, distante da realidade, sua aplicação por Lawrence Kohlberg deixa claro que há implicações práticas e concretas na vida social e nas estruturas de julgamento, razão pela qual as análises de Gilligan não encontram dificuldades para mapear o que aqui caracterizo como o ponto de vista moral masculinista. A Ética como área de filosofia nunca foi tão requisitada e tão importante em sua história, fato que exige que a(o) filósofa(o) esteja em constante laboratório observacional do real e de sua complexidade. Mostrar e analisar o funcionamento e as implicações do engendramento androcêntrico está no cerne do escrutínio das análises da filosofia ética feminista.

REFERÊNCIAS

ARISTÓTELES. *ÉTICA A NICÔMACO / POÉTICA*. 4. ed. São Paulo: Nova Cultural, 1991. (Os pensadores, v. 2).

ARISTÓTELES. *RETÓRICA*. 2. ed. Lisboa: Imprensa Nacional-Casa da Moeda, 2005.

BEAUVOIR, Simone. *O SEGUNDO SEXO*. 2. ed. Rio de Janeiro: Nova Fronteira, 2009.

BORGES, Maria de Lourdes. *RAZÃO E EMOÇÃO EM KANT*. Pelotas: Editora e Gráfica Universitária, 2012. (Coleção Dissertatio).

BRASIL. Lei n. 13.104, de 9 de março de 2015. Altera o art. 121 do Decreto-Lei n. 2.848, de 7 de dezembro de 1940 – Código Penal, para prever o feminicídio como circunstância qualificadora do crime de homicídio, e o art. 1º da Lei n. 8.072, de 25 de julho de 1990, para incluir o feminicídio no rol dos crimes hediondos. *DIÁRIO OFICIAL DA UNIÃO*, Brasília, DF, 10 mar. 2015.

CARVALHO, Príscila. A (i)legítima defesa da honra ou sobre o caráter masculinista da liberdade civil. **ANPOF**, 6 abr. 2021. Disponível em: https://anpof.org/comunicacoes/coluna-anpof/a-ilegitima-defesa-da-honra-ou-sobre-o-carater-masculinista-da-liberdade-civil. Acesso em: 4 jan. 2022.

CARVALHO, Príscila. A perspectiva dos funcionamentos aplicada a uma concepção ecofeminista não essencialista e antiespecista. *In*: DIAS, Maria Clara (org.). *PERSPECTIVA DOS FUNCIONAMENTOS*: fundamentos teóricos e aplicações. Rio de Janeiro: Ape'Ku, 2019.

CARVALHO, Príscila. Conflitos sociais, moralidade e justiça. *REVISTA ETHIC@*, Florianópolis, v. 14, n. 1, p. 13-35, jul. 2015.

CARVALHO, Príscila. Por uma educação não sexista contra a neutralidade ideológica de gênero. *APRENDER — CADERNO DE FILOSOFIA E PSICOLOGIA DA EDUCAÇÃO*, ano XII, n. 20, p. 35-52, jul./dez. 2018.

DIAS, Maria Clara (org.). **PERSPECTIVA DOS FUNCIONAMENTOS**: fundamentos teóricos e aplicações. Rio de Janeiro: Pirilampo, 2015.

GILLIGAN, Carol. **UMA VOZ DIFERENTE**. Rio de Janeiro: Rosa dos Tempos, 1982.

GOUGES, Olympe de. **DECLARAÇÃO DOS DIREITOS DA MULHER E DA CIDADÃ**. [s. l.]: Edição Nova Delphi, 2011.

HABERMAS, Jürgen. **CONSCIÊNCIA MORAL E AGIR COMUNICATIVO**. Rio de Janeiro: Tempo Brasileiro, 2003.

KANT, Immanuel. **FUNDAMENTOS DA METAFÍSICA DOS COSTUMES**. Coimbra: Atlântida, 1960.

PATEMAN, Carole. **O CONTRATO SEXUAL**. Rio de Janeiro: Paz e Terra, 1993.

PAULO FILHO, Pedro. O caso Doca Street. **OAB SÃO PAULO**, [s. d.]. Disponível em: https://www.oabsp.org.br/sobre-oabsp/grandes-causas/o-caso-doca-street. Acesso em: 4 jan. 2022.

PLATÃO. **A REPÚBLICA**. 7. ed. Lisboa: Fundação Calouste Gulbenkian, 1993.

PLATÃO. **APOLOGIA DE SÓCRATES, CRÍTON**. Lisboa: Edições 70, 1997.

SÊNECA. **SOBRE A IRA / SOBRE A TRANQUILIDADE DA ALMA**. São Paulo: Companhia das Letras, 2014.

SPINELLI, Miguel. Sobre as diferenças entre *éthos* com epsílon e *êthos* com eta. **REVISTA TRANS / FORM / AÇÃO**, São Paulo, v. 32, n. 2, p. 9-44, 2009.

WOLLSTONECRAFT, Mary. **REIVINDICAÇÃO DOS DIREITOS DA MULHER**. São Paulo: Boitempo, 2016.

ZIRBEL, Ilze. **UMA TEORIA POLÍTICO-FEMINISTA DO CUIDADO**. 2016. Tese (Doutorado) – Centro de Filosofia e Ciências Humanas da Universidade Federal de Santa Catarina (UFSC), Florianópolis, 2016.

CAPÍTULO 9

MILENE CONSENSO TONETTO

FILOSOFIA FEMINISTA E DIREITOS HUMANOS

O feminismo pode ser entendido como um movimento filosófico, político e social que busca promover a justiça e o fim da discriminação das mulheres; dessa maneira, está comprometido com a defesa da igualdade de direitos humanos. Alguns eventos historicamente importantes para o feminismo foram realizados tendo em vista a exigência da igualdade de direitos. No final do século XIX, na Europa, e início do século XX, nos Estados Unidos, o movimento sufragista reivindicou o direito das mulheres ao voto. No final da década de 1960, também nos Estados Unidos, a chamada "segunda onda" do movimento feminista colocou grande ênfase para implementar a emenda dos direitos iguais na Constituição americana e para eliminar a discriminação das mulheres em todas as suas formas. Mesmo que tenham reconhecido essas demandas, muitas vertentes do pensamento feminista passaram a criticar teorias éticas e políticas com base em direitos, principalmente, por aquelas que valorizam os relacionamentos e o cuidado com os outros. A primeira parte deste capítulo pretende apresentar o desenvolvimento do conceito de direitos humanos e sua aplicação, destacando principalmente a questão de como as mulheres foram desconsideradas por importantes filósofos clássicos e modernos que trabalharam com a teoria do direito natural. A segunda parte apresenta as principais críticas que as teorias feministas fazem aos direitos humanos. Apesar dessas objeções, muitas feministas consideram importante a maneira como a linguagem dos direitos humanos pode ser usada para promover algumas das questões defendidas pelas mulheres, pois ela está bem estabelecida nas instituições políticas. Assim, na terceira parte do capítulo, exploraremos a proposta de reformular e revisar o conceito e o escopo dos direitos humanos de modo a garantir que injustiças contra as mulheres não sejam negligenciadas.

AS MULHERES E O DESENVOLVIMENTO DO CONCEITO DE DIREITOS HUMANOS

Os direitos humanos podem ser definidos como garantias morais básicas que os seres humanos têm em todos os países e culturas simplesmente porque são seres humanos. Ao menos quatro características principais podem ser identificadas na definição contemporânea de direitos humanos (NICKEL, 2007; 2017). Em primeiro lugar, há uma característica óbvia: os direitos humanos são *direitos*. A maioria dos direitos humanos são direitos de reivindicação (*claim rights*) que impõem deveres ou responsabilidades a seus destinatários. Os direitos podem dizer respeito a uma liberdade, a uma proteção, a um *status* ou a um benefício para seus titulares. Os deveres associados aos direitos humanos muitas vezes exigem ações que envolvam respeito, proteção, facilitação e provisão. Os direitos geralmente são obrigatórios no sentido de impor deveres aos outros. Todavia, alguns direitos humanos legais parecem ser considerados metas de alta prioridade e exigem apenas sua realização progressiva. Em segundo lugar, os direitos humanos são *plurais*. Eles abordam uma variedade de problemas específicos, como assegurar julgamentos justos, acabar com a escravidão, garantir a disponibilidade de educação, prevenir o genocídio, etc. Alguns filósofos podem defender uma lista menos extensa de direitos humanos, mas todos vão aceitar essa ideia de pluralidade. Em terceiro, os direitos humanos são *universais*. Todos os seres humanos vivos – ou talvez todas as pessoas vivas – possuem direitos humanos. Características como raça, gênero, religião, *status* social e nacionalidade são irrelevantes para saber se alguém possui direitos humanos. Eles são universais no sentido de que se estendem a todos. Nessa ideia de universalidade, também está incluída a concepção de uma "existência independente". As pessoas têm direitos humanos, independentemente de serem reconhecidos na cultura, na moralidade ou no direito de um determinado país. A ideia de universalidade precisa, todavia, de algumas qualificações. Por exemplo, alguns direitos, tal como o direito de votar, são exercidos apenas por cidadãos adultos e se aplicam apenas para votar no país a que se pertence. Outros direitos, como o direito humano à liberdade de movimento, podem ser restringidos temporariamente, nesse caso, quando uma pessoa é condenada por cometer um crime grave, por exemplo. Além disso, alguns tratados de direitos humanos defendem os direitos de grupos vulneráveis, como minorias raciais, mulheres, povos indígenas e crianças. Em quarto lugar, "os direitos humanos são padrões de *alta prioridade*, não são absolutos, mas são fortes o suficiente para ganhar a maior parte do tempo quando competem com outras considerações" (NICKEL, 2007, p. 9). Como tal, eles devem ter fortes justificativas que se aplicam a todos os lugares do mundo e apoiem sua independência e sua alta prioridade. Se os direitos humanos não tivessem alta prioridade, não teriam a capacidade de competir com outras considerações poderosas, como a estabilidade e segurança nacionais, a autodeterminação individual e nacional e a prosperidade nacional e global. Além disso, parece haver variação de prioridade nos direitos humanos; por exemplo, quando o direito à vida entra em conflito com o direito à privacidade, este último geralmente será suplantado.

A concepção contemporânea de direitos humanos universais consolidou-se logo após a Segunda Guerra Mundial com a publicação da Declaração Universal dos Direitos Humanos, em 1948, pela Organização das Nações Unidas (ONU). Mas suas origens podem ser traçadas a partir de concepções filosóficas anteriores sobre os direitos, principalmente as formuladas pelas teorias do direito natural e pelas teorias políticas liberais. A exposição apresentada a seguir não analisará todas as teorias filosóficas que contribuíram para o desenvolvimento conceitual dos direitos humanos. O principal objetivo é mostrar que a visão contemporânea dos direitos humanos incorporada na Declaração e em tratados subsequentes é mais igualitária do que as concepções clássicas e modernas do direito natural. Os documentos atuais sobre direitos humanos enfatizam a igualdade perante a lei e a proteção contra diferentes formas de discriminações. Embora as declarações do século XVIII promulgavam a igualdade, a realidade naquela época era a de que os direitos básicos eram negados a determinadas pessoas em virtude de sua raça, nacionalidade, gênero ou posição social.

A doutrina do direito natural pode ser retomada a partir do início da filosofia ocidental, com os filósofos gregos. Em *Politics* [*A política*], Aristóteles apresenta a concepção de lei natural. A pólis, ou cidade--estado, é uma forma de associação natural que considera os seres humanos animais políticos: "a cidade pertence à classe de coisas que existe por natureza, e o homem é por natureza um animal político" (ARISTOTLE, 1995, p. 10, tradução minha). Os filósofos estoicos, por exemplo Cícero, também se comprometeram com uma lei natural. Eles defendiam a ideia de uma razão universal da natureza (*logos*) e a partir disso consideravam-se "cidadãos do mundo". Os estoicos entendiam que deviam fidelidade à toda a humanidade, e não apenas à sua localização geográfica, à sua religião ou à sua cultura. O termo "cosmopolita" origina-se com os estoicos e é derivado de *cosmo*, que significa mundo, e pólis, que significa Estado ou cidade.

A concepção de *lei natural* foi apropriada pelo cristianismo e é considerada uma marca distintiva da filosofia cristã medieval, particularmente a tradição do direito natural exposta por Tomás de Aquino (1225-1274). De modo geral, a teoria do direito natural afirma que há leis naturais que são sempre obrigatórias, universais e não dependem de nenhuma cultura, situação histórica ou arranjos sociopolíticos particulares. Todavia, na prática, como deixa claro Aristóteles, nem todos os indivíduos eram considerados cidadãos na pólis. As mulheres eram inelegíveis, assim como os escravos, pois suas naturezas não as faziam adequadas à cidadania. Os gregos distinguiam a esfera "pública" da pólis da esfera "privada" da *oikos* (casa, lar). Os romanos também fizeram essa distinção ao afirmar que a *res publicae* dizia respeito às preocupações da comunidade, e a *res privatae* dizia respeito às preocupações dos indivíduos e das famílias. O domínio público era o setor dos homens livres, cujo *status* econômico de proprietários transmitia a cidadania para participar do governo. Em contrapartida, o domínio privado se preocupava com a sobrevivência biológica e econômica. As esposas, os filhos e os escravos pertenciam à esfera privada, vivendo como auxiliares que se subordinavam aos cidadãos masculinos. Como será visto, a distinção entre público e privado será criticada pelas teorias feministas.

A teoria do direito natural foi considerada por muitos filósofos modernos, por exemplo, Thomas Hobbes e John Locke. Particularmente importante para o estudo do desenvolvimento da concepção de direitos humanos é a obra de Locke. No livro *The second treatise of government* [*Segundo tratado do governo*], de 1689, ele afirma a existência de direitos naturais à vida, à liberdade, à propriedade (LOCKE, 2001). Eles são direitos naturais na medida em que são integrantes da natureza humana. Todavia, no estado de natureza, os direitos são vulneráveis àqueles que não observam as regras da justiça. Por meio dos mecanismos do contrato social, o governo é criado para executar e estabelecer os direitos. Para Locke, então, o papel do governo é proteger e garantir os direitos naturais. As pessoas consentem em obedecer ao governo somente na medida em que ele protege e garante efetivamente seus direitos individuais. Se o governo falhar nessa tarefa e violar os direitos, as pessoas podem não prestar obediência e derrubar seu governo. Locke aumenta a lista de direitos reconhecida pela teoria do contrato social e usa esses direitos para estabelecer a supremacia do povo, limitando a autoridade do governo.

Os escritos de Locke exerceram profunda influência sobre Thomas Jefferson, o principal idealizador da Declaração de Independência dos Estados Unidos (1776). Em seu preâmbulo, a referência de que "todos os homens nascem iguais, dotados pelo Criador de certos direitos inalienáveis, entre os quais estão a vida, a liberdade e a busca da felicidade" lembra a concepção lockeana de direitos naturais. Ideias muito similares também são encontradas na Declaração dos Direitos do Homem e do Cidadão de 1789, que funda a República Francesa. Tanto a Declaração americana quanto a francesa enfatizam a importância da liberdade e igualdade, pois estavam substituindo monarquias e rejeitando o sistema hierárquico feudal em favor de ideais igualitários nos relacionamentos sociais, mas nenhuma delas assegurou direitos iguais às mulheres. Apesar disso, pode-se afirmar que a teoria de Locke influenciou a defesa contemporânea dos direitos humanos, principalmente pela ênfase dada aos direitos à vida e à liberdade presentes na Declaração Universal dos Direitos Humanos e em declarações subsequentes.

A Constituição da França dividia a população entre cidadãos ativos e passivos com base na riqueza. Isso excluía a grande maioria dos cidadãos do sexo masculino da plena participação política. Mas as leis também classificavam as mulheres (sem exceção) como cidadãos passivos, privando-as do direito de votar. Em resposta à Declaração dos Direitos do Homem e do Cidadão, Olympe de Gouges escreveu, em 1791, a Declaração dos Direitos da Mulher e da Cidadã [*Déclaration des Droits de la Femme et de la Citoyenne*] para defender uma aplicação mais igualitária dos direitos declarados. Se os direitos são naturais e se eles são de alguma maneira inerentes aos indivíduos, todos merecem esses direitos, independentemente de qualquer particularidade, como o gênero. Olympe de Gouges foi executada durante a Revolução Francesa em razão de seus escritos políticos.

Jean-Jacques Rousseau também utiliza a ideia do contrato social para demonstrar como a sociedade pode ser fundada sem dominação involuntária. Na obra *O contrato social*, de 1762, ele defende que, no estado de natureza, os indivíduos são naturalmente livres. O objetivo de formar a comunidade política é possibilitar que as pessoas aperfeiçoem suas virtudes naturais e exercitem o direito básico à liberdade. A teoria de Rousseau parece inspirar uma vida social igualitária, em que todas as pessoas são livres, uma vez que estão sujeitas apenas à regra do direito imposta pela "vontade geral" da comunidade. Todavia, Rousseau deixa claro na obra *Emile: or on education* [*Emílio, ou da educação*] que não reserva às mulheres igual consideração; para ele, as mulheres são mais fracas, menos racionais, dependentes dos homens e, por isso, elas devem agradar os homens e ser subjugadas (ROUSSEAU, 1979, p. 363-364). Como explica Tong (2009, p. 14), Rousseau "estava comprometido com o dimorfismo sexual, a visão de que o 'homem racional' é o complemento perfeito para a 'mulher emocional' e vice-versa". Rousseau retratou o desenvolvimento da racionalidade como o objetivo educacional mais importante de Emílio, que representava o modelo ideal de estudante masculino, mas não para a Sofia, a personagem que representava as meninas. Os homens devem ser educados com as virtudes da coragem, da temperança, da justiça e da fortaleza, enquanto as mulheres devem ser educadas com as virtudes da paciência, da docilidade, do bom humor e da flexibilidade. Rousseau queria aprimorar as capacidades mentais de Emílio tornando-o um cidadão autônomo e limitar Sofia a ser uma mulher simpática, receptiva, uma mãe carinhosa e amorosa.

No livro *A vindication of the rights of woman* [*Reivindicação dos direitos das mulheres*], de 1792, Mary Wollstonecraft criticou o projeto educacional de Rousseau para Sofia. Ela concorda com o projeto para o Emílio e propõe estendê-lo para as mulheres (WOLLSTONECRAFT, 2004, p. 31). Para alguns comentadores, o trabalho de Wollstonecraft representa, dentro do Iluminismo, uma importante tentativa de se mudar o discurso dos direitos naturais, que tradicionalmente negligenciou a desigualdade e a marginalização histórica das mulheres, para um discurso de direitos *humanos*. Ela defende que as mulheres têm a mesma racionalidade dos homens e que isso conferia igual dignidade, igual valor moral aos seres humanos. Portanto, homens e mulheres devem ter os mesmos direitos políticos e sociais. Wollstonecraft argumenta que a proposta de Rousseau de educar as meninas com novelas, música, poesia e bons modos contribuirá com a formação de um caráter mais artificial e ainda mais fraco, e consequentemente com a formação de um ser inútil para a sociedade. Ela exige que as mulheres possam "fazer parte dos direitos inerentes da humanidade" e reivindica: "Deixem [as mulheres] livres e rapidamente elas se tornarão sábias e virtuosas" (WOLLSTONECRAFT, 2004, p. 218). As meninas devem receber a mesma educação dos meninos, simplesmente porque todos os seres humanos devem ter uma chance igual de desenvolver suas capacidades racionais para alcançar seu desenvolvimento pleno.

Com o passar do tempo, no Iluminismo, o pensamento baseado em direitos naturais tornou-se secularizado. Kant foi um dos principais filósofos a fornecer uma fundamentação racional, antidogmática do direito e a promover os direitos na teoria ética e política. Em *A metafísica dos costumes*, de 1797, ele defende que a liberdade é um direito único, originário, pertencente a cada homem em virtude de sua humanidade. A partir da liberdade, Kant deriva analiticamente um sistema de direitos que inclui outros direitos inatos, a saber, o direito à igualdade e os direitos adquiridos, como o direito à propriedade e os direitos políticos. Kant discute como um estado civil é justificado por meio de um contrato social que respeite a concepção de humanidade como um fim em si mesma. Na sociedade civil, o cidadão possui princípios inseparáveis de sua natureza, a saber, a *liberdade* legal, a *igualdade* civil e o atributo da *independência* civil (KANT, 2005, p. 179). Somente a capacidade de votar qualifica o indivíduo como cidadão *ativo*, isto é, aquele que pode participar de eleições. Nem todos os indivíduos possuem essa capacidade de votar. Kant sustenta que as mulheres, os serviçais, os ajudantes, os menores e aqueles que não se sustentam com salário próprio, mas com a disposição de outros, carecem de *personalidade civil*. Eles são cidadãos *passivos* e, portanto, terão que ser comandados ou protegidos por outros indivíduos. Essa diferença justifica a desigualdade de direitos entre dois grupos da sociedade, a saber, entre homens que podem contribuir com a formulação das leis e participar das eleições, e as mulheres que devem obedecer, ser protegidas e comandadas.

A teoria contratualista clássica que justifica o estabelecimento do Estado para proteger direitos naturais individuais foi fortemente criticada pelas feministas. De acordo com elas, o contrato social coloca as mulheres em uma relação de dupla dependência: por um lado, elas são subordinadas ao chefe masculino da família e, por outro lado, suas condições de vida são determinadas por processos de decisão política e econômica em que não podem participar. Carole Pateman afirma que o contrato social que inicia a sociedade civil e prevê o exercício legítimo dos direitos políticos é também um contrato sexual que estabelece o que ela chama "a lei do direito sexual masculino", garantindo o acesso sexual masculino e o domínio sobre as mulheres (PATEMAN, 1988, p. 2). O contrato social explica a gênese do direito político como patriarcal e legitima o poder que os homens exercem sobre as mulheres.

A teoria do direito natural também foi criticada pelo utilitarismo. Jeremy Bentham, por exemplo, analisa a Declaração francesa no texto *Anarchical fallacies*, de 1816, e condena a ideia de direitos naturais. Para ele, os direitos são produtos do direito existente e não procedem do estabelecimento de um Estado. Os direitos naturais são simples absurdos (*nonsense*): "direitos naturais e imprescritíveis, absurdo retórico – um disparate que anda sobre pernas de pau" (BENTHAM, 2001, p. 124, tradução minha). Bentham defende que os seres humanos devem agir em busca do prazer ou da felicidade, evitando a dor. Ele segue a tradição filosófica empirista, pois sua ética utilitarista é baseada na experiência real ou potencial das pessoas. Nesse sentido, chama as teorias do contrato social e do direito natural de meras ficções que oferecem abstrações não históricas da realidade social. Todavia, nem todos os filósofos utilitaristas concordam com as críticas de Bentham. John Stuart Mill tenta conciliar os direitos do indivíduo com a filosofia utilitarista herdada de Bentham. Em *A liberdade*, de 1859, Mill defende o direito à liberdade individual. Seu princípio é de que as pessoas devem ser livres para fazer o que quiserem, contanto que não façam mal aos outros: "Na parte que diz respeito apenas a si mesmo, sua independência é, de direito, absoluta. Sobre si mesmo, sobre seu corpo e mente, o indivíduo é soberano" (MILL, 2000, p. 17-18). O governo não deve interferir na liberdade individual a fim de proteger uma pessoa ou impor as crenças da maioria no que concerne à melhor maneira de viver. Os únicos atos a respeito dos quais uma pessoa deve explicação à sociedade são aqueles que atingem os demais. Ao discutir a relação entre utilidade e justiça em *Utilitarismo*, de 1861, Mill argumenta que os direitos morais devem ser defendidos, pois eles protegem certos aspectos do bem-estar humano, por exemplo, a vida e a saúde. De acordo com ele, "ter um direito é ter alguma coisa cuja posse a sociedade deve defender" (MILL, 2000, p. 260) para promover a utilidade geral. Tendo por base esses valores da liberdade, autodesenvolvimento e maximização da felicidade, Mill ataca os arranjos sociais existentes e denuncia, na obra *The subjection of women*, de 1869, a subordinação que a mulher sofre na sua posição social, econômica e política. Mill defende "que o princípio que regula as relações sociais existentes entre os dois sexos – a subordinação legal de um sexo ao outro – é errado em si mesmo e [...] um dos principais obstáculos do melhoramento humano" (1994, p. 119, tradução minha). Mill descreve o casamento como semelhante à escravidão, uma relação que frequentemente envolvia a violência física e privava a mulher dos direitos de propriedade (inclusive da própria herança), da personalidade jurídica e do direito de guarda das crianças (1994, p. 147-149). Para Mill, a participação em uma parceria tão desigual como o casamento fazia com que as mulheres desenvolvessem personalidades constrangidas, artificiais e submissas. Essa subordinação impede o desenvolvimento moral e intelectual das mulheres, restringindo seu campo de atividades, e torna os homens mais brutais nas suas relações com as mulheres, degradando suas personalidades. Desse modo, aquele princípio de subordinação deve "ser substituído por um princípio de igualdade perfeita, não admitindo nenhum poder ou privilégio de um lado, nem deficiência do outro" (MILL, 1994, p. 119, tradução minha). Mill defende a igualdade de oportunidades educativas, do direito de votar e participar de eleições e de assumir profissões que envolvem responsabilidades públicas importantes (MILL, 1994). Apesar de reconhecer a ampliação de direitos das mulheres, as feministas criticam Mill por aceitar a divisão do trabalho de acordo com o sexo (PATEMAN, 1988, p. 163). Mill considera que as responsabilidades domésticas impedem a mulher casada de trabalhar fora de casa. De acordo com ele, quando o sustento da família depende de salários, a combinação segundo a qual o homem ganha o dinheiro e a mulher orienta a economia doméstica parece a divisão mais adequada entre duas pessoas (MILL, 1994, p. 164). A ideia feminista liberal de que a justiça requer que os homens partilhem a responsabilidade pelas tarefas domésticas e o cuidado dos filhos não foi considerada por Mill.

Tendo em vista essa reconstrução, pode-se resumir a evolução dos direitos em três gerações: (1) os direitos civis e políticos; (2) os direitos econômicos, sociais e culturais; e (3) os direitos dos povos (WIDDOWS, 2011, p. 104). Os direitos dos povos dizem respeito à igualdade de direitos de grupos minoritários e historicamente desfavorecidos, por exemplo, indígenas, negros e mulheres. As feministas afirmam que a Declaração Universal dos Direitos Humanos, de 1948, incorpora os direitos de primeira e segunda geração, mas não se pronuncia sobre os direitos de terceira geração. Os direitos civis e políticos protegidos por essa Declaração são aqueles que dizem respeito à liberdade de interferência pelo Estado, por exemplo, liberdade de associação, liberdade de expressão e segurança. Os direitos políticos incluem os de participação no governo e o direito ao devido processo legal. Os direitos econômicos, sociais e culturais incluem direitos à educação, emprego, formação da família, saúde e bem-estar social. As feministas acreditam que a Declaração Universal dos Direitos Humanos dá prioridade aos direitos políticos e civis em detrimento dos direitos sociais, culturais e econômicos. Uma razão apontada para essa prioridade é que os direitos políticos e civis originariam os direitos econômicos e sociais. As feministas defendem o contrário: os direitos políticos e civis só poderão ser usufruídos se os indivíduos tiverem satisfeitos os direitos econômicos e de subsistência. MacKinnon (2006), por exemplo, considera que as mulheres não vão dar prioridade aos direitos políticos e civis, mas, sim, aos econômicos e sociais. Se elas não possuírem poder econômico e social, os direitos civis e políticos serão em grande parte inacessíveis e superficiais. A seguir, as principais críticas feministas aos direitos humanos serão apresentadas.

AS CRÍTICAS FEMINISTAS AOS DIREITOS HUMANOS

De modo geral, as teorias éticas e políticas baseadas em direitos humanos são fortemente criticadas por duas posições feministas principais: (1) pela ética do cuidado, modelo de teoria ética que valoriza o caráter da pessoa e os relacionamentos com base no cuidado; e (2) pelas juristas feministas que denunciam os sistemas jurídicos e o escopo dos direitos humanos por incorporar atitudes patriarcais e defender estruturas sociais opressivas.

A preocupação principal da ética do cuidado diz respeito ao modelo "masculino" de ser humano adotado por teorias que abordam os problemas morais em termos de direitos e justiça (HELD, 2006). Para essas teorias, esse modelo apresenta essencialmente o ser humano como um agente isolado que geralmente faz julgamentos éticos racionais e autointeressados. Ao contrário, um modelo "feminino" de moralidade reconhece fatores como os relacionamentos, o contexto em que os indivíduos se encontram e as diferenças que podem ser traçadas entre eles, e considera esses elementos importantes para influenciar os tipos de decisões éticas e políticas que podem ser tomadas (YOUNG, 1990, p. 55). Esse ponto de vista adotado pela ética do cuidado foi desenvolvido principalmente com os trabalhos de Carol Gilligan, publicados no livro *In a different voice*, de 1982. Gilligan apresentou a diferença entre uma "visão" masculina e feminina da moralidade entrevistando meninos e meninas. Ela demonstrou que as meninas usam uma estrutura moral baseada no cuidado em vez da justiça e, assim, têm diferentes prioridades morais. "Uma moralidade de direitos e não interferência pode parecer assustadora para as mulheres com a justificativa potencial de indiferença e despreocupação" (GILLIGAN, 2003, p. 22, tradução minha). As prioridades no modelo do cuidado são as responsabilidades e os relacionamentos. O seu foco é contextual e narrativo, em vez de formal e abstrato. Assim, em vez de aplicar regras e princípios universais, a ética do cuidado dá atenção às necessidades específicas de indivíduos particulares. Gilligan, finalmente, defende a complementaridade entre uma ética de direitos e uma ética de responsabilidade que é encontrada na maturidade dos indivíduos (GILLIGAN, 2003, p. 165).

A ética do cuidado valoriza as conexões entre as pessoas, em contraste com o individualismo. Ela também valoriza a confiança, a empatia, a sensibilidade e a atenção aos aspectos particulares das pessoas nas relações entre membros da família e amigos, assim como nas relações profissionais. Nesse modelo, então, o indivíduo não é um sujeito isolado, mas relacional e interdependente. Ao criticar os pressupostos de concepções liberais de justiça e direitos, Eva Feder Kittay observa criticamente que "o liberalismo construiu uma igualdade para os chefes de família [...] e então considerou a pessoa do chefe de família como um *indivíduo* que é independente e pode agir em seu próprio nome" (KITTAY, 1995, p. 11). Ela argumenta que isso cria a ilusão de que as dependências não existem, que a sociedade é composta de indivíduos livres, iguais e independentes que se unem para formar associações enquanto de fato a cooperação social é requerida como uma condição prévia e para os que *não* são independentes. Todos nós fomos, somos ou seremos dependentes de outros por algum período de nossas vidas. Tais dependências fazem parte da vasta rede de relações que constituem os laços centrais e essenciais da vida social humana.

A ênfase dada às relações de cuidado entre as pessoas parece ir contra a moral da justiça e dos direitos que considera os indivíduos isoladamente e prioriza seus direitos e posses. Nesse sentido, as feministas alegam que, dependendo de como os direitos forem entendidos em termos de prioridade, eles podem sustentar situações de confronto em vez de construção (WIDDOWS, 2011, p. 257). Consideremos, por exemplo, a concepção de "direitos como trunfos" apresentada por Ronald Dworkin. Para ele, os direitos possuem um tipo de prioridade, uma característica de sobreposição, isto é, de ultrapassar outras considerações morais, como os benefícios sociais e econômicos mais amplos que uma sociedade pode ter. Além de universais, os direitos humanos teriam essa característica de serem inalienáveis: a ideia de que os direitos individuais não podem ser ignorados em face de outras preocupações ou sacrificados para alcançar outros fins ou propósitos, seja lá quais forem as consequências e os benefícios que poderiam advir. Um direito individual, então, nos termos de Dworkin, pode "passar por cima" de razões que poderiam justificar outros cursos de ação para garantir interesses públicos. Todavia, há algumas situações em que se poderia justificar o sacrifício de um direito individual para se obter outros benefícios. Em casos de epidemias, por exemplo, seria aceitável isolar as pessoas que possuem alguma doença e considerar a saúde pública mais importante do que os direitos individuais. Isolar os doentes pode restringir seus direitos de liberdade, mas estaria justificado para prevenir maiores danos para a sociedade.

É importante destacar que as feministas socialistas também compreendem os seres humanos como seres sociais, em vez de indivíduos isolados, e criticam os direitos por promoverem um certo tipo de egoísmo individual. Tendo por base o pensamento de Karl Marx, elas enfatizam que os direitos se desenvolveram historicamente para atender às exigências burguesas de proteção da propriedade em detrimento da comunidade. Marx não necessariamente criticou a ideia de que as pessoas podem ter direitos, ele defendeu que as pessoas devem ser livres de certas restrições para alcançarem o florescimento humano. Em *On the Jewish question* [*Sobre a questão judaica*], de 1844, Marx critica o conceito de direitos que surgiu das condições da sociedade burguesa liberal, pois promoviam o egoísmo, a competição, e não a cooperação nas sociedades capitalistas. Consequentemente, os direitos naturais que focam principalmente nas liberdades negativas (a liberdade de interferência) são meios insuficientes para alcançar a emancipação humana. Marx estava preocupado com o modo que os trabalhadores no capitalismo eram oprimidos, alienados e restringidos de realizar seus interesses e desejos próprios da natureza humana. As socialistas feministas compartilham dessas críticas, mas vão além ao mostrar como as mulheres são oprimidas por *serem* mulheres, não só enquanto integrantes da classe trabalhadora (FERGUSON, 1999).

A segunda fonte de críticas às teorias dos direitos humanos advém das juristas feministas. Elas questionam a defesa dos direitos humanos por não se levar em conta os diferentes riscos enfrentados pelas mulheres. Por exemplo, questões como a escolha reprodutiva, a violência doméstica e o tráfico de mulheres e meninas para o trabalho sexual não têm lugar de destaque nos primeiros documentos e tratados de direitos humanos. No artigo "Are women human?", MacKinnon apresenta algumas dessas questões e questiona: as mulheres já são consideradas seres humanos? Sua resposta é negativa. As mulheres ainda são tratadas como "coisas", e não como pessoas:

> Se as mulheres fossem humanas, seríamos uma cultura comercial enviada da Tailândia em contêineres para os bordéis de Nova York? Será que seríamos escravas sexuais e reprodutivas? [...] Nossos órgãos genitais seriam cortados para "nos purificar" (as partes do nosso corpo são sujas?), para nos controlar, nos marcar e definir nossas culturas? [...] Seríamos impedidas de aprender a ler e a escrever? Se as mulheres fossem humanas, teríamos tão pouca voz nas deliberações públicas e no governo dos países onde vivemos? Será que estaríamos escondidas atrás dos véus e presas nas casas,

FILOSOFIA FEMINISTA

> apedrejadas e baleadas por recusá-los? [...] Seríamos sexualmente molestadas em nossas famílias? Seríamos estupradas no genocídio para aterrorizar, expulsar e destruir nossas comunidades étnicas e estupradas novamente naquela guerra não declarada que acontece todos os dias em todos os países do mundo no que é chamado de tempo de paz? [...] E, se fôssemos humanas, praticamente nada seria feito quando essas coisas acontecessem? (MACKINNON, 2006, p. 41-42, tradução minha)

As perguntas colocadas ilustram as injustiças específicas que as mulheres enfrentam além daquelas que compartilham com os homens na sua comunidade. As mulheres são atingidas pela "dupla penalização": elas sofrem as mesmas injustiças que atingem sua comunidade, a saber, pobreza, falta de saúde ou conflitos; e sofrem também pela exploração e opressão adicional de serem mulheres. Em 1979, a ONU promulgou a Convenção sobre a Eliminação de todas as Formas de Discriminação contra as Mulheres para ampliar os direitos de proteção das mulheres.

MacKinnon também argumenta que a teoria e a aplicação dos direitos humanos excluem as mulheres por não reconhecer que a ocorrência da violência sexual e desrespeito aos direitos reprodutivos são violações de direitos humanos. Com base em relatos de atrocidades cometidas contra muçulmanos e croatas durante campanhas sérvias de limpeza étnica na antiga Iugoslávia, MacKinnon demonstra como as agressões contra as mulheres tornaram-se um instrumento de guerra e genocídio (MACKINNON, 2001, p. 531). As mulheres do mundo inteiro têm sido estupradas por causa de seu gênero e de sua identidade étnica ou religiosa. Estimativas da ONU calculam que 500 mil mulheres foram estupradas no genocídio de Ruanda, em 1994, e 50 mil mulheres durante os conflitos nos Bálcãs, nos anos 1990. Nas últimas décadas, o direito internacional reconheceu o estupro como um crime de genocídio e um crime contra a humanidade no Tribunal Criminal Internacional da ONU para Ruanda (1999) e para a antiga Iugoslávia (1993), respectivamente.

As feministas defendem que uma maneira de dominar o corpo das mulheres se dá por meio do controle das relações sexuais e da reprodução. De acordo com Widdows (2011, p. 254), isso pode acontecer em dois níveis. No nível *micro*, esse controle acontece dentro da família, por exemplo, o uso de cintos de castidade na Idade Média. A mutilação genital feminina é realizada ainda em vários países como um método de controle da sexualidade feminina. Em muitas culturas, as mulheres são proibidas de deixar suas casas desacompanhadas e, se uma gravidez indesejada ocorrer, a culpa geralmente recai sobre a mulher, em vez do homem. No nível *macro*, o controle da liberdade reprodutiva e sexual das mulheres se dá por meio de leis que proíbem a contracepção e o abortamento, e de leis que proíbem o divórcio e limitam a liberdade das mulheres. Algumas medidas de controle populacional também podem ser exemplos desse tipo de dominação, como a esterilização forçada, uma prática adotada por vários países, por exemplo, a China, com a política de ter apenas uma criança, e a Europa e os Estados Unidos. O relatório *Body and soul*, publicado pelo Center for Reproductive Rights (2003), denunciou a prática forçada ou ao menos coagida da esterilização de mulheres romenas na Eslováquia. Em alguns hospitais, as mulheres romenas eram solicitadas durante o trabalho de parto a assinar um termo de consentimento que autorizava não apenas a realização da operação cesariana, mas também a ligadura de trompas. A Anistia Internacional relatou que oficiais da cidade de Puning, na China, pretendiam esterilizar 9.559 pessoas, algumas contra sua vontade, até 26 de abril de 2010, para cumprir os objetivos da política de planejamento familiar. Desde 2002, a esterilização forçada, a violência sexual e reprodutiva é considerada crime contra a humanidade.

No debate sobre a questão do aborto, as feministas ativistas pró-escolha costumam fazer a defesa dos direitos reprodutivos como direitos humanos fundamentais para as mulheres. Os direitos reprodutivos compreendem basicamente os direitos que dizem respeito ao controle do corpo da mulher, a saber, o direito à contracepção, o direito de escolher o momento certo para se reproduzir, o direito de realizar a interrupção da gravidez e o direito à proteção da integridade corporal. Dados fornecidos pela Organização Mundial da Saúde (OMS) mostram que cada vez mais tribunais e organizações internacionais, regionais e nacionais de direitos humanos recomendam "a legalização do aborto, prestando atendimento médico à mulher em situação de abortamento com vistas a proteger sua vida e sua saúde e em caso de estupro" (OMS, 2013, p. 87). A legislação utilizada para proibir o aborto não diminui sua prática e força as mulheres pobres a realizar procedimentos inseguros em clínicas clandestinas por profissionais sem qualificações. Consequentemente, as leis que criminalizam o aborto, geralmente nos países em desenvolvimento, não protegem as mulheres e acabam interferindo nos direitos à liberdade, à vida e à segurança pessoal.

Outra crítica realizada pelas feministas destaca que as violações dos direitos humanos das mulheres muitas vezes ocorrem em casa nas mãos de membros da família, portanto, na esfera "privada" da vida familiar. Susan Moller Okin (1998; 1999) denuncia que muitas vezes essas violações são justificadas por apelos a normas culturais ou religiosas. Okin chama atenção para abusos cometidos contra as mulheres dentro das famílias que podem não ser reconhecidos como violações de direitos humanos. Por exemplo, a escravidão é geralmente reconhecida como uma violação dos direitos humanos, mas, em alguns lugares do mundo, muitas de suas manifestações não são assim reconhecidas. Por exemplo, os pais que aceitam casar uma filha em troca de dinheiro. O marido que paga um dote para se casar com sua esposa ou se casa com uma mulher que não é ainda adulta e incapaz de dar seu consentimento. Um marido que proíbe sua esposa de trabalhar fora de casa, que se apropria de seu salário ou ainda que lhe espanca por desobediência. Em algumas partes do mundo, esses atos seriam considerados um comportamento normal e culturalmente apropriado para pais ou maridos (OKIN, 1998, p. 35).

As feministas também apontam que muitas teorias políticas falham por não considerar as injustiças estruturais que ocorrem em certas instituições da sociedade. As diferenças de poder dentro de determinados grupos e as injustiças de gênero são alimentadas e perpetuadas por instituições como a família. A teoria de justiça enquanto equidade de John Rawls sugere que uma das instituições que fazem parte da estrutura básica da sociedade e deve ser regulada pelos princípios de justiça é a família. A estrutura básica da sociedade diz respeito à "forma como as principais instituições sociais distribuem os direitos e deveres fundamentais e determinam a divisão das vantagens da cooperação social" (RAWLS, 1971, p. 6, tradução minha). No livro *Justice, gender, and the family* (1989), Okin argumenta que atualmente a estrutura básica distribui benefícios e encargos injustamente em razão do sistema de gênero ou da natureza patriarcal de tradições e instituições herdadas. Okin afirma que o sistema de gênero viola os dois princípios estabelecidos por Rawls, a saber, o princípio da liberdade e o da igualdade de oportunidades, porque, ao atribuir efetivamente papéis aos cidadãos de acordo com o sexo, desconsidera a "livre escolha de ocupação" dos cidadãos (OKIN, 1989, p. 103, tradução minha). Nenhuma das instituições da estrutura básica, incluindo a família, pode atribuir papéis de acordo com o sexo. Isso significa que, em uma sociedade justa, "o gênero não poderia mais formar uma parte legítima da estrutura social, dentro ou fora da família" (OKIN, 1989, p. 103, tradução minha). Rawls não fala sobre as possíveis injustiças sofridas pelas mulheres dentro da família nem sobre as estruturas de poder desse contexto. Isso tem levado muitas feministas a defender que o governo não pode ser visto como o único endereçado a proteger os direitos humanos das mulheres e que o direito à privacidade do lar e da família precisa de qualificações para permitir que haja proteção das mulheres dentro de casa. A seguir, algumas propostas feministas de reformulação dos direitos humanos serão apresentadas.

REFORMULAÇÕES FEMINISTAS DOS DIREITOS HUMANOS

As críticas apresentadas anteriormente não podem levar à conclusão de que as feministas recusam totalmente a defesa dos direitos humanos. Virginia Held sugere que os direitos devem ser reformulados com outra estrutura para garantir que certas injustiças não sejam negligenciadas. Desse modo, muitas teorias feministas, inclusive a ética do cuidado, consideram os direitos para fazer progressos em algumas questões. Held afirma que as críticas feministas podem ser interpretadas como (1) exigências para reformular os sistemas de direitos existentes, (2) apelos para reconstruir o conceito de direitos e (3) recomendações morais para limitar o alcance da lei ao seu domínio apropriado (HELD, 2006, p. 142). De acordo com Held, a jurisprudência feminista tem contribuído com análises detalhadas e reformulações sobre o que exige a igualdade de direitos para as mulheres. Elas examinam quando as diferenças entre homens e mulheres ou as diferenças entre as próprias mulheres devem ser levadas em consideração. As reformulações visam mostrar o que a igualdade de tratamento pode exigir de pessoas diferentes em aspectos importantes. O alcance da igualdade pode requerer ações positivas, incluindo ações governamentais, em vez de meramente ignorar as diferenças. Por exemplo, a defesa do direito de licença-maternidade, de assistência aos cuidados infantis e de programas de ação afirmativa combinam tanto o reconhecimento da igualdade quanto das diferenças.

Além de ser reformulado, o direito precisa ser reconceitualizado como não ideal. Em vez de conceber os direitos como pertencentes a um sistema de direitos e liberdades desenvolvidos para um mundo ideal de justiça perfeita, devemos pensar que eles refletem a realidade social e são capazes de diminuir a opressão e as injustiças reais. Held afirma ainda que as feministas têm reexaminado e repensado a distinção público/privado que historicamente reservou às mulheres o espaço privado preocupado com a organização e a economia doméstica, excluindo-as das decisões da esfera pública ou subordinando-as neste espaço. Há uma concordância ampla de que essa concepção tradicional é insatisfatória. A privacidade do domínio familiar e doméstico não pode ser utilizada como uma ferramenta para a manutenção da dominação masculina (PATEMAN, 1988; OKIN, 1989). Em muitos lugares, as mulheres acabam por restringir suas atividades, pois elas estão sujeitas a violência, inclusive doméstica, porque o âmbito público do direito falha em protegê-las. As posições que sustentam que "o lar é um castelo do homem dentro do qual o direito não deve se intrometer, e que o homem será o protetor da sua família, tem deixado mulheres e crianças vulneráveis dentro e fora de casa" (HELD, 2006, p. 148, tradução minha). Relações abusivas podem ocorrer dentro da família, por exemplo, quando uma criança está sendo explorada sexualmente, um pai idoso está sendo negligenciado ou um dos parceiros no casamento está sendo espancado ou estuprado. O governo não pode proteger os cidadãos vulneráveis à violência doméstica se houver limites elevados de privacidade legalmente sancionados para cercar a família (ALLEN, 1999), mas, em muitas jurisdições, a separação entre público e privado já foi reconsiderada em relação ao estupro e à violência doméstica. A privacidade conjugal não pode mais imunizar homens casados ou namorados de serem acusados de estuprar suas esposas e namoradas nem permitir que um homem ou uma mulher espanque seu cônjuge ou ainda que um pai ou responsável seja violento para disciplinar suas crianças.

Held assegura que a ética do cuidado deixa claro quais atividades de cuidado devem ser consideradas ao se pensar a relação entre direitos e igualdade. De acordo com ela, a ética do cuidado tem sido defendida como um modelo ético aperfeiçoado tanto para mulheres quanto para homens e pode ser incorporada junto com uma ética da justiça em qualquer sistema moral. Por isso, não devemos apresentar os direitos como elementos que defendem apenas a individualidade. Os direitos podem ser revisados e reconstruídos para incluir as preocupações com as relações e o cuidado dos outros. Eles podem ser usados para reconhecer que respeitamos os outros como membros semelhantes do nosso grupo.

No livro *Globalizing democracy and human rights* (2004), Carol Gould também defende a necessidade de revisar os direitos humanos com ideias do pensamento feminista e da ética do cuidado. Ela defende os direitos humanos, mas considera algumas das críticas ao modelo liberal dos direitos. Como outras feministas, Gould rejeita o individualismo que caracteriza a teoria liberal dos direitos e descreve os seres humanos como sujeitos relacionais e conectados ou "indivíduos em relações". Na sua visão, os indivíduos devem ser considerados de modo que todas as suas atividades reconheçam as necessidades e as relações dos outros. Ao defender direitos com base nesse entendimento de ser, Gould é capaz de reconhecer a natureza relacional dos seres humanos sem negar o significado moral do indivíduo. De acordo com a autora:

> [...] os direitos humanos são sempre direitos dos indivíduos, baseados em suas exigências válidas a condições para suas atividades, mas os indivíduos somente têm esses direitos em relação aos outros indivíduos e instituições sociais. O direito é, nesse sentido, um conceito intrinsecamente relacional.
> (GOULD, 2004, p. 37, tradução minha)

Assim, os direitos não podem ser considerados propriamente sem o reconhecimento do ser humano como um ser relacional e conectado. Os direitos não seriam respeitados e reconhecidos em um mundo formado por indivíduos isolados e egocêntricos. Para os direitos funcionarem em qualquer contexto, é necessário um entendimento relacional dos seres humanos, porque se eles não cuidarem uns dos outros e considerarem suas necessidades, a exigência dos direitos será vazia. De outro modo, os direitos humanos poderiam ser afirmados, mas não haveria bases para levá-los à sério e cumpri-los.

Outras filósofas feministas consideram as ideias sobre racionalidade, contexto, proximidade e relação e procuram reformar a estrutura universal de teorias para abordar assuntos como os direitos das mulheres e a justiça de gênero. No artigo "Capabilities and human rights" (2001), Martha Nussbaum apresenta sua perspectiva das capabilidades aplicada aos direitos humanos. Ela defende que os direitos humanos são exigências de recursos e oportunidades que promovem o completo funcionamento humano de cada indivíduo. Nussbaum argumenta que a abordagem dos direitos humanos pela teoria das capabilidades fornece uma base forte para o entendimento do que as pessoas precisam para serem capazes de exercer o funcionamento humano. A lista de capabilidades inclui: (1) a vida (não morrer prematuramente); (2) a saúde corporal (ter saúde, comida e abrigo); (3) a integridade corporal (ter liberdade de movimento sem medo de sofrer agressão, inclusive agressão sexual ou violência doméstica, e ter oportunidade de fazer escolhas reprodutivas); (4) os sentidos, a imaginação e o pensamento (educação e liberdade de expressão); (5) as emoções (liberdade de amar e formar relacionamentos); (6) a razão prática (viver de acordo com sua concepção de vida boa); (7) a afiliação (*a* – ser capaz de viver com e voltado(a) para outros, reconhecer e mostrar preocupação com outros seres humanos, ocupar-se com várias formas de interação social, ser capaz de imaginar a situação do(a) outro(a); *b* – ter as bases sociais de autorrespeito e não humilhação, ser capaz de ser tratado como um ser digno cujo valor é igual ao dos outros – isso inclui disposições de não discriminação com base em raça, sexo, orientação sexual, etnia, casta, religião, origem nacional); (8) outras espécies (ter preocupação com os animais, plantas e natureza em geral); (9) o divertimento (recreação e ser capaz de sorrir); e (10) o controle de seu ambiente (incluindo: *a* – participação política; *b* – ter propriedade material e emprego). A lista de capabilidades faz referência ao que é necessário para o florescimento humano, ao que pode ser entendido como uma vida boa, e nesse sentido não diz respeito apenas à mera sobrevivência, mas a uma vida com oportunidade, escolha e criatividade (NUSSBAUM, 2001, p. 224-225; 2011, p. 33-34).

Nussbaum também se ocupa de uma pergunta importante para o feminismo: como se pode respeitar o contexto e a realidade das experiências de um grupo e ao mesmo tempo garantir que indivíduos (frequentemente mulheres) não sejam subjugados e oprimidos nessas relações? Nussbaum defende o feminismo liberal e acredita que as mulheres podem ser protegidas por meio de valores universais. Ela enfatiza que muitas injustiças são realizadas contra as mulheres em determinadas culturas porque elas são mulheres. Ela rejeita as objeções do relativismo cultural e admite que muitas das injustiças contra as mulheres são estruturais e institucionalizadas em determinadas sociedades e não podem ser negligenciadas. No livro *Women and human development,* ela defende que as mulheres carecem de apoio para levar vidas que são totalmente humanas. "Esta falta de apoio é frequentemente causada por sua condição de mulheres. Assim, mesmo quando vivem em uma democracia constitucional, como a Índia, onde são iguais em teoria, elas são, na realidade, cidadãos de segunda classe" (NUSSBAUM, 2000, p. 4, tradução minha). Além disso, a autora sustenta que as mulheres que fazem parte de culturas patriarcais podem ter *preferências adaptativas,* isto é, seus desejos e preferências se adequam ao que está disponível naquela sociedade. Elas vão internalizar o papel de pertencer a uma "segunda classe" e dizer que essa posição de injustiça está correta, que é natural na sua cultura e adequada a suas expectativas e desejos. Para resolver esse problema, Nussbaum sugere aplicar medidas universais, como a sua teoria das capabilidades, em diferentes contextos. A sua proposta reconhece que os seres humanos possuem necessidades, problemas e capacidades comuns e que eles se manifestam em diferentes circunstâncias, por exemplo, nas questões de gênero. Para se respeitar os indivíduos e a cultura, Nussbaum enfatiza que se deve assegurar às mulheres a lista de capabilidades por meio dos direitos humanos.

CONSIDERAÇÕES FINAIS

A análise do desenvolvimento conceitual e da aplicação dos direitos demonstra que, em determinados momentos da história, as mulheres não foram reconhecidas como portadoras de direitos. As teorias filosóficas feministas chamaram atenção para a necessidade da igualdade de consideração dos direitos civis, políticos e sociais. Além disso, elas apresentaram a crítica de que teorias políticas e morais com base em direitos podem fomentar as discriminações baseadas em gênero ou relações que não valorizam os relacionamentos, o cuidado e as responsabilidades. Todavia, as teorias filosóficas feministas apresentam propostas para reformular os direitos humanos, em vez de simplesmente rejeitá-los. Com certeza, essas propostas formuladas por teorias filosóficas morais e políticas feministas irão contribuir com a reflexão sobre o conteúdo dos direitos das mulheres e sobre o que os governos e os indivíduos precisam fazer para aprimorar o respeito aos direitos humanos.

REFERÊNCIAS

ALLEN, Anita. Privacy. *In*: JAGGAR, Alison M.; YOUNG, Iris Marion (ed.). *A COMPANION TO FEMINIST PHILOSOPHY*. Malden/Oxford: Blackwell Publishing, 1999.

AQUINAS, St. Thomas. Summa theologica. *In*: HAYDEN, Patrick. *THE PHILOSOPHY OF HUMAN RIGHTS*. Saint Paul: Paragon House, 2001.

ARISTOTLE. *POLITICS*. Oxford: Oxford University Press, 1995.

BENTHAM, Jeremy. Anarchical fallacies. *In*: HAYDEN, Patrick. *THE PHILOSOPHY OF HUMAN RIGHTS*. Saint Paul: Paragon House, 2001.

CENTER FOR REPRODUCTIVE RIGHTS. *BODY AND SOUL*: forced sterilization and other assaults on Roma reproductive freedom in Slovakia. New York: Center for Reproductive Rights, 2003.

CICERO. On the laws. *In*: HAYDEN, Patrick. *THE PHILOSOPHY OF HUMAN RIGHTS*. Saint Paul: Paragon House, 2001.

DWORKIN, Ronald. *LEVANDO OS DIREITOS A SÉRIO*. São Paulo: Martins Fontes, 2002.

FERGUSON, Ann. Socialism. *In*: JAGGAR, Alison M.; YOUNG, Iris Marion (ed.). *A COMPANION TO FEMINIST PHILOSOPHY*. Malden/Oxford: Blackwell Publishing, 1999.

GILLIGAN, Carol. *IN A DIFFERENT VOICE*: psychological theory and women's development. Cambridge: Harvard University Press, 2003.

GOULD, Carol C. *GLOBALIZING DEMOCRACY AND HUMAN RIGHTS*. Cambridge: Cambridge University Press, 2004.

HELD, Virginia. Rights. *In*: JAGGAR, Alison M.; YOUNG, Iris Marion (ed.). *A COMPANION TO FEMINIST PHILOSOPHY*. Malden/Oxford: Blackwell Publishing, 1999.

HELD, Virginia. *THE ETHICS OF CARE*: personal, political, and global. Oxford: Oxford University Press, 2006.

KANT, Immanuel. *A METAFÍSICA DOS COSTUMES*. Lisboa: Fundação Calouste Gulbenkian, 2005.

KITTAY, Eva F. Taking dependency seriously: the family and medical leave act considered in light of the social organization of dependency work and gender equality. *HYPATIA: A JOURNAL OF FEMINIST PHILOSOPHY*, v. 10, n. 1, p. 8-29, 1995.

LINDEMANN, Hilde. *AN INVITATION TO FEMINIST ETHICS*. New York: McGraw-Hill, 2006.

LOCKE, John. The second treatise of government. *In*: HAYDEN, Patrick. *THE PHILOSOPHY OF HUMAN RIGHTS*. Saint Paul: Paragon House, 2001.

MACKINNON, Catharine A. *ARE WOMEN HUMAN?* And other international dialogues. Cambridge: Harvard University Press, 2006.

MACKINNON, Catharine A. Rape, genocide, and women's human rights. *In*: HAYDEN, Patrick. *THE PHILOSOPHY OF HUMAN RIGHTS*. Saint Paul: Paragon House, 2001.

MARX, Karl. On the Jewish question. *In*: HAYDEN, Patrick. *THE PHILOSOPHY OF HUMAN RIGHTS*. Saint Paul: Paragon House, 2001.

MILL, John Stuart. *A LIBERDADE / UTILITARISMO*. São Paulo: Martins Fontes, 2000.

MILL, John Stuart. The subjection of women. *In*: MILL, John Stuart. *ON LIBERTY AND OTHER WRITINGS*. Cambridge: Cambridge University Press, 1994.

NICKEL, James W. Human rights. *THE STANFORD ENCYCLOPEDIA OF PHILOSOPHY — SEP*, Spring 2017 Edition, Edward N. Zalta (ed.). Disponível em: https://plato.stanford.edu/archives/spr2017/entries/rights-human/. Acesso em: 13 out. 2022.

NICKEL, James W. *MAKING SENSE OF HUMAN RIGHTS*. 2. ed. Malden: Blackwell Publishing, 2007.

NUSSBAUM, Martha C. Capabilities and human rights. *In*: HAYDEN, Patrick. *THE PHILOSOPHY OF HUMAN RIGHTS*. Saint Paul: Paragon House, 2001.

NUSSBAUM, Martha C. *CREATING CAPABILITIES*: the human development approach. Cambridge/London: Belknap Press of Harvard University Press, 2011.

NUSSBAUM, Martha C. *WOMEN AND HUMAN DEVELOPMENT*: the capabilities approach. Cambridge: Cambridge University Press, 2000.

OKIN, Susan Moller. Feminism, women's human rights, and cultural differences. *HYPATIA: A JOURNAL OF FEMINIST PHILOSOPHY*, v. 13, n. 2, p. 32-52, 1998.

OKIN, Susan Moller. *IS MULTICULTURALISM BAD FOR WOMEN?* Princeton: Princeton University Press, 1999.

OKIN, Susan Moller. *JUSTICE, GENDER, AND THE FAMILY*. New York: Basic Books, 1989.

OKIN, Susan Moller. *WOMEN IN WESTERN POLITICAL THOUGHT*. Princeton: Princeton University Press, 1979.

ORGANIZAÇÃO MUNDIAL DA SAÚDE (OMS). *ABORTAMENTO SEGURO*: orientação técnica e de políticas para sistemas de saúde. 2. ed. Genebra: OMS, 2013. Disponível em: http://apps.who.int/iris/bitstream/10665/70914/7/9789248548437_por.pdf. Acesso em: jul. 2017.

PATEMAN, Carole. The rights of man and early feminism. *ANNUAIRE SUISSE DE SCIENCE POLITIQUE / SCHWEIZERISCHES JAHRBUCH FÜR POLITISCHE WISSENSCHAFT*, v. 34, p. 19-31, 1994.

PATEMAN, Carole. *THE SEXUAL CONTRACT*. Cambridge: Polity Press, 1988.

RAWLS, John. *A THEORY OF JUSTICE*. Oxford: Oxford University Press, 1971.

ROUSSEAU, Jean-Jacques. *EMILE*: or on education. New York: Basic Books, 1979.

ROUSSEAU, Jean-Jacques. The social contract. *In*: HAYDEN, Patrick. *THE PHILOSOPHY OF HUMAN RIGHTS*. Saint Paul: Paragon House, 2001.

TONG, Rosemarie. *FEMINIST THOUGHT*: a more comprehensive introduction. Philadelphia: Westview Press, 2009.

WIDDOWS, Heather. *GLOBAL ETHICS*: an introduction. London/New York: Routledge, 2011.

WOLLSTONECRAFT, Mary. *A VINDICATION OF THE RIGHTS OF WOMAN*. London: Penguin Books, 2004.

YOUNG, Iris Marion. *JUSTICE AND THE POLITICS OF DIFFERENCE*. Princeton: Princeton University Press, 1990.

CAPÍTULO 10

ILZE ZIRBEL

FILOSOFIA POLÍTICA FEMINISTA

O feminismo é *político*.[1] Qualquer que seja sua vertente, linha de pensamento e proposta de atuação, ela será política. Trata-se de uma reação a uma realidade social injusta, marcada por desigualdades e hierarquias pautadas nas diferenças (físicas ou não) de seus indivíduos. O feminismo é político em sua reflexão e sua ação. Seu pensamento é voltado às formas de organização social vigentes, repensando-as de maneira crítica, a partir da experiência concreta de diferentes pessoas, em especial de diferentes mulheres, propondo-se a pensar maneiras mais respeitosas, equitativas, solidárias e justas de viver em sociedade. Sua atuação é marcada pela resistência às estruturas, às regras e aos modelos de conduta identificados como opressivos, injustos, discriminatórios e violentos, assim como pelas lutas por transformação do pensamento, dos hábitos, dos costumes, das regras, das leis e das teorias que perpetuam tais estruturas e condutas.

---

1 É cada vez mais comum falar de feminismos, no plural, dada a variedade de interpretações feministas da realidade e de suas propostas para a superação de problemas diagnosticados. Ainda assim, optei por apresentar, inicialmente, uma definição bastante geral de feminismo, procurando descrever um tronco comum do qual partem os variados ramos de teorias feministas, com seus diagnósticos e práticas de intervenção. A opção tem a ver com o meu imaginário das práticas e reflexões feministas como múltiplas, mas constantemente entrelaçadas entre si, interferindo nos espaços umas das outras, utilizando-se de elementos comuns e produzindo, por fim, um efeito material conjunto (a transformação, ainda que lenta, das relações sociais).

FILOSOFIA FEMINISTA

O feminismo afirma, igualmente, que as estruturas sociais e políticas de inúmeras sociedades contemporâneas discriminam as mulheres permitindo que sejam oprimidas enquanto grupo (como gênero) e como indivíduos (de acordo com suas especificidades e transversalidades). Nesse sentido, a filosofia política feminista visa demonstrar como a filosofia política tradicional está implicada nos processos de discriminação e opressão de gênero (assim como de raça, classe, localização geográfica, etnia, etc.) e visa encontrar maneiras de eliminar essa opressão e reestruturar a política.

Não é possível apresentar neste capítulo toda a riqueza de discussões e reflexões políticas feministas. Ainda assim, procurarei apresentar um panorama geral. Em um primeiro momento, posicionarei a filosofia política feminista no campo da filosofia política, argumentando que este é um campo de disputas teóricas sobre maneiras de interpretar a realidade política e social. Em seguida, farei um recorte voltado à relação entre teoria política feminista e teorias políticas liberais. Tal recorte é justificado em razão da centralidade do liberalismo no cenário político ocidental.

Um segundo recorte será feito em meio às críticas feministas direcionadas às teorias liberais, focando no problema do *sujeito das teorias*, apontado como um problema central não apenas para o campo das teorias políticas, mas também para a epistemologia, a ontologia e a ética. Além disso, as discussões em torno do sujeito liberal permitem pontuar, igualmente, os temas do androcentrismo e do contexto de elaboração das teorias liberais.

Em meio à discussão sobre o contexto do liberalismo clássico, apresentarei algumas pistas apontadas pela cientista política Joan Tronto para explicar a invisibilidade de certos temas entre o arcabouço político tradicional e o posicionamento deles no campo do privado, ainda que sejam interpretados pelas mulheres (feministas ou não) como vitais para os indivíduos e para a sociedade.

Quanto à crítica ao sujeito, apresentarei os argumentos da filósofa Alison Jaggar de que ele apresenta um *dualismo normativo* com implicações que vão além do androcentrismo e dos binarismos atribuídos aos gêneros. O sujeito das teorias liberais clássicas seria inadequado para a cooperação social por ser muito fechado em si mesmo (solipsista), implicando um ceticismo político em relação à possibilidade de se estabelecer instituições que promovam alguma concepção específica de bem-estar coletivo ou individual.

A fim de fechar a discussão sobre o sujeito que embasa as teorias liberais contemporâneas, apresentarei a hipótese de que as teorias feministas têm apontado, nas últimas décadas, para o que pode vir a ser um sujeito alternativo às teorias políticas, morais e epistêmicas. O sujeito em questão demanda outras formas de organização social e política, possibilitando arranjos mais justos do que os atuais, em especial para as mulheres.

Por fim, para concluir o capítulo, procurarei apresentar uma visão geral do campo de trabalho da filosofia política feminista e alguns dos seus principais desafios e objetivos.

A FILOSOFIA POLÍTICA COMO UM CAMPO DE DISPUTAS TEÓRICAS

O termo "política" é bastante utilizado, mas complexo de definir. Uma das definições recorrentes é a que faz referência a uma "arte de governar" (uma cidade, um Estado ou a vida coletiva) e às discussões e práticas a ela associadas (negociação de interesses, organização e administração de assuntos internos e externos ao grupo, etc.).[2] Segundo Miller (1998), a tarefa da filosofia política é a de justificar os arranjos coletivos

---

2 Conforme o Oxford Dictionary ("Politics"), a Encyclopedia Britannica ("Political philosophy"), o American Heritage® Dictionary of the English Language ("Political philosophy") e o Dictionnaire de Philosophie en Ligne ("Politique").

que são feitos para ou por um grupo. Uma vez que, na modernidade, esses arranjos deixaram de ser compreendidos como fazendo parte de uma ordem natural imutável, tornou-se necessário justificá-los. Coube à filosofia política refletir sobre a melhor forma de organização social, analisando e interpretando ideias consideradas chaves (liberdade, justiça, igualdade, autoridade, democracia, etc.) e procurando estabelecer princípios básicos que justifiquem uma determinada forma de Estado, embasem direitos, valores e instituições, e auxiliem na distribuição dos recursos disponíveis.

A definição da melhor maneira de viver em conjunto (um ideal normativo) traz consigo, ainda que de maneira implícita, um grupo de elementos que vão desde a identificação dos males sociais existentes até os comportamentos e deveres esperados de seus participantes. Além disso, qualquer projeto implica algum tipo de viabilidade e, para tanto, é preciso saber como as coisas são e como o mundo social se estrutura. Há, pois, uma dependência da filosofia política para com as informações disponíveis sobre o mundo, o que levanta o problema de determinar quais descrições da realidade devem ser aceitas como válidas. Em geral, uma das mais persistentes disputas nas ciências humanas é justamente a que diz respeito, não aos fatos, mas à sua interpretação, ou seja, sobre quais modelos teóricos fazem mais sentido ou melhor explicam a realidade e os fatos (JAGGAR, 1983, p. 18). Teóricas feministas têm participado ativamente dessas disputas por acreditarem que os modelos majoritários de interpretação da realidade não levaram suficientemente em consideração as experiências e demandas das mulheres.

Em razão dos diferentes métodos e abordagens utilizados pelos filósofos ao longo do tempo, uma grande diversidade de posicionamentos e teorias é verificável na reflexão da filosofia política. Atualmente, o pensamento político-filosófico liberal é, sem dúvida, o que predomina entre as associações de filosofia no Ocidente. Sua definição de direitos a serem garantidos e preservados pelo Estado (como o direito à liberdade, à propriedade, à segurança, assim como à vida e à busca da felicidade) e a definição desses direitos como universais (ainda que, na prática, tenham sido aplicados especialmente a homens brancos com certo poder aquisitivo) mostraram-se atrativas para uma grande quantidade de indivíduos.

O vocabulário liberal da igualdade de direitos e das liberdades pareceu um parceiro perfeito às lutas das mulheres identificadas como feministas, tanto no final do século XIX quanto no século XX. O mesmo poderia ser dito de alguns dos pressupostos filosóficos da ética e da filosofia política, como os do universalismo e da imparcialidade. No entanto, a relação dos diversos grupos de feministas com o liberalismo ou com outras vertentes políticas modernas é marcada por uma constante tensão ou mesmo por um confronto.

FILOSOFIA POLÍTICA LIBERAL E FILOSOFIA POLÍTICA FEMINISTA[3]

Em geral, é claro para as teóricas feministas que, desde o início, a liberdade e a igualdade não foram pensadas para as mulheres e que a discussão sobre esse assunto foi impossibilitada mediante insistência de filósofos e teóricos políticos da modernidade em manter as mulheres no âmbito do privado-doméstico (ZIRBEL, 2017a). Esse fato repercutiu sobre questões de justiça e segurança, implicando a manutenção do domínio e da violência de gênero "entre quatro paredes" (como fica

---

3 Não será possível, no pequeno espaço de um capítulo, abordar as inúmeras temáticas e discussões levadas a cabo entre pensadoras feministas acerca do arcabouço teórico liberal. Cabe comentar, no entanto, que há grupos de feministas mais ou menos identificadas com esse arcabouço (que fazem críticas a ele, mas que defendem parte de seus conceitos e propostas, como é o caso das filósofas Martha Nussbaum, Drucilla Cornell, Linda McClain, Amy Baehr e Sharon Lloyd, entre outras) e grupos de feministas céticas em relação aos conceitos e políticas liberais (que acreditam ser necessário desmantelar todo o sistema social e político em vigor nas sociedades ocidentais, como é o caso de Susan Brownmiller, Andrea Dworkin, Shulamith Firestone, Germaine Greer, Carol Hanisch, Catharine MacKinnon, Kate Millett, Monique Wittig, entre outras).

evidente nos estudos sobre a cultura do estupro, direitos reprodutivos e relações intrafamiliares, apenas para dar alguns exemplos).

O argumento da natureza, evocada no início da modernidade para afirmar a igualdade dos homens – como indivíduos nascidos livres e iguais, sendo estas qualidades alçadas à universalidade –, foi utilizado de maneira distinta para o gênero feminino. Para as mulheres, o que contaria como natural seria a procriação e as atividades de cuidado, descaracterizadas como universais e transformadas em questão privada, julgadas pelos homens como de pouco interesse para o conjunto da sociedade.

Como observou Carole Pateman (2008), os teóricos clássicos do contrato construíram a diferença sexual como uma diferença política e, com isso, a liberdade e a igualdade foram defendidas como direitos naturais para os homens, e a sujeição, como algo natural nas e para as mulheres.

Muitos dos conceitos liberais estabelecidos como universais representaram, no fundo, normas culturais, crenças religiosas e esquemas de poder marcados por interesses de classe, raça, gênero e crenças religiosas, como bem pontuou Ivone Gebara (2017, p. 67). O conceito de "sujeito universal" apresentou as mesmas marcas.

QUEM É ESSE SUJEITO?

Um dos pontos que mais chamou a atenção de filósofas políticas feministas foi a contradição inerente à concepção do sujeito universal das teorias éticas e políticas tradicionais. Características consideradas universais ou em alta estima por alguns filósofos coincidiram com aquelas atribuídas em maior grau aos homens (racionalidade, neutralidade, autonomia, liberdade, capacidade de abstração, etc.) e características desqualificadas ou pouco exploradas por eles (intuição, sentimentos, vulnerabilidade física e psíquica, dependências, etc.) não foram consideradas universais, mas femininas ou típicas de mulheres, assim como de homens "desviantes" ou "falhos".

O sujeito pretensamente neutro e universal revelou-se parcial e particular, uma vez que não era, deliberadamente, aplicável às mulheres e a uma grande quantidade de homens. Com base nele, as mulheres foram retiradas do campo semântico do que viria a ser pensado como o cidadão das sociedades modernas, havendo uma tensão "entre uma igualdade fundada no quesito espécie e uma desigualdade baseada na perspectiva do gênero" (SPINELLI, 2016, p. 201).

Como um sujeito parcial veio a ter centralidade nas teorias do início da modernidade e por que foi tão pouco questionado pelos filósofos dos séculos seguintes? A resposta, com certeza, não é simples, e é possível abordá-la de várias maneiras, sem esgotá-la. Dois elementos deveriam, no entanto, ser considerados: o contexto de elaboração das teorias liberais e a falha dupla decorrente do machocentrismo[4] praticado por elas.

O contexto das teorias políticas liberais elaboradas nos territórios europeus dos séculos XVIII e XIX aponta para interesses econômicos capitalistas (de exploração da mão de obra das populações urbanas e rurais) de grupos de homens com possibilidade de implementar regras e leis favoráveis a tais interesses. Para eles, teorias contratualistas não só faziam sentido como foram almejadas. O período foi marcado, igualmente, por transformações cruciais na forma de vida de milhares de pessoas por causa da Revolução Industrial (novos costumes, diminuição das distâncias, acumulação de capital, necessidade de novas regras de grupo, de organizações políticas, etc.), e uma espécie de "minimalismo moral" (TRONTO, 2009, p. 59) parecia

---

4 A palavra machocentrismo é usada aqui em substituição à palavra androcentrismo, de origem grega e comum na literatura acadêmica feminista. Trata-se da prática, consciente ou não, de representar o mundo pelas experiências e opiniões de homens, transformando-as em norma universal. Ela se torna visível, por exemplo, no uso do termo "Homem" (com ou sem maiúscula) para fazer referência à humanidade ou nas descrições da humanidade, do mundo e dos problemas sociais considerando apenas o ponto de vista masculino (tido como o mais correto ou adequado).

ser o único tipo de moralidade possível. Tal minimalismo demandava regras básicas e gerais, passíveis de aceitação por um grande grupo de pessoas para regular e acomodar com mais facilidade os conflitos sociais recorrentes.

Produções teóricas menos racionalistas e reducionistas foram exploradas e defendidas no início da modernidade. Os escoceses Francis Hutcheson e David Hume, por exemplo, enfatizavam a importância dos sentimentos morais e as relações de proximidade na produção do conhecimento, da moralidade e da política. Filósofas como Mary Wollstonecraft,[5] Mary Astell, Madeleine de Scudéry, Olympe de Gouges e Madame du Châtelet[6] discutiam e defendiam uma política não misógina para a sociedade. No entanto, tais posições não eram atrativas para uma classe dirigente em busca de uma teoria ético-política voltada às relações formais e classistas de mercado, pautada em regras e princípios racionais, abstratos e cujos objetivos poderiam aparentar imparcialidade e universalidade.

Presente em várias sociedades e tempos históricos, o machocentrismo adquirira aspectos institucionais durante a segunda metade da Idade Média junto aos mosteiros católicos (muitos deles desenvolvendo teologias abertamente sexistas e misóginas). Dos mosteiros, a prática passou às universidades (muitas ligadas aos próprios monastérios) e aos círculos intelectuais masculinos que elaboraram teorias políticas, fechadas às contribuições e demandas de mulheres ou grupos de homens com opiniões distintas da elite branca e dona do capital, sobre como organizar as relações sociais e as instituições.

A prática do machocentrismo, aliada à implantação do capitalismo e do colonialismo, permitiu o afastamento de certos grupos sociais do

---

5 Para uma visão mais abrangente da filosofia política de Mary Wollstonecraft, ver Bergès e Coffee (2016).

6 Estes são apenas alguns dos nomes que podem ser indicados aqui. Para uma visão mais geral do pensamento político de mulheres, pelo menos no território europeu, de onde vieram as principais teorias políticas aceitas por uma elite econômica e política que impunha sua visão de mundo sobre as demais, ver Green (2015).

campo da produção de teorias e regras sociais, possibilitando a elaboração de um modelo idealizado de homem e sua equiparação ao sujeito universal, representante da própria humanidade. Desde então, uma falha dupla passou a marcar as teorias filosóficas de maneira geral.

→ A FALHA DUPLA

As mulheres, que representam metade da humanidade, foram excluídas, de antemão, da posição de sujeitos pensantes (produtores de conhecimento) e de sujeitos político-morais (cujas experiências, valores e opiniões devem ser considerados e equiparáveis aos dos homens). Uma falha dupla foi estruturada e mantida pelas teorias filosóficas: mulheres não participaram da produção das teorias políticas e tampouco foram consultadas ou ouvidas adequadamente como representantes legítimas da humanidade.

Classificadas como sujeitos cognitivo-político-morais falhos – destoantes do "sujeito universal" – as demandas e os valores das mulheres permaneceram de fora das teorias políticas. Essa exclusão implicou o estabelecimento de regras e instituições que permitiram o afastamento das mulheres dos cargos e posições com maior poder decisório, sua subordinação aos homens em praticamente todas as esferas da sociedade, sua associação quase que exclusiva às atividades de cuidado – assim como a desassociação dos homens dessas atividades –, e a exploração constante dessa situação para benefício dos homens e do mercado capitalista.

Dada a falha dupla, as mulheres não participaram das discussões e elaboração de regras sobre a vida em comum, a utilização dos recursos coletivos, a organização da produção de alimentos e objetos considerados necessários ou importantes, as relações de trabalho dentro e fora dos núcleos familiares, os valores morais e políticos centrais, a divisão sexual das atividades domésticas, etc. Pouquíssimas mulheres conseguiram implementar maneiras de viver em liberdade e igualdade e pouquíssimas foram amparadas pela justiça em caso de violência conjugal ou de afastamento deliberado de oportunidades de desenvolvimento, por serem mulheres.

→ O PRIVADO E O PÚBLICO

A falha dupla possibilitou que o mundo das relações familiares e domésticas fosse desconsiderado como essencial ao social e ao político. Possibilitou, igualmente, que as mulheres perdessem gradativamente direitos reprodutivos e decisórios sobre seu corpo e sua sexualidade, como bem apontou Silvia Federici (2017). Todas essas questões estão ligadas a um dos grandes *slogans* do feminismo da década de 1970 que apontava para o fato de que o que se costumava considerar pessoal ou privado era, no fundo, uma questão política.

O privado costuma ser pensado como uma área propriamente masculina na qual os homens exercem sua vontade, sem interferência do Estado. Pouco se fala, no entanto, do privado dentro do privado: o doméstico. Pensado como o lugar do feminino e da subalternidade, nele devem atuar e estar os servos, as mulheres, as crianças, as pessoas com deficiência e os idosos. As pessoas no mundo doméstico não possuem, necessariamente, uma vida privada, mas se encontram sujeitas ao "homem da casa" que, por sua vez, representa o imaginário do sujeito universal: livre, dono de si, exercendo suas escolhas e fazendo-as valer no seu mundo privado.[7]

A cientista política Joan Tronto (2009), como outras feministas, observou que a separação entre as esferas pública e privada, junto com o estabelecimento do sujeito universal, possibilitou a fixação das mulheres e a maioria das suas atividades – descritas como atividades de cuidado – do outro lado da fronteira do político e do que deveria receber a estima social. Como observa Garrau (2008), tais práticas

_____

7 Para essa discussão, ver Zirbel (2016b, cap. 3).

ancoraram igualmente a compreensão moderna de cidadania e um determinado modelo de autonomia pensado como atributo de certos indivíduos (desvinculado de questões subjetivas e materiais necessárias para implementá-la).[8]

Dada a separação entre público e privado e o desaparecimento do mundo doméstico do horizonte das teorias políticas, não causa estranheza que o sujeito das teorias contratualistas pareça ser pré-social, alguém que entra em cena pronto para a barganha e a discussão das regras que o farão entrar em sociedade e protegerão a si e aos recursos que adquiriu ou tem interesse em adquirir. Como observou, de maneira irônica, a filósofa espanhola Amelia Valcárcel (2001), muitos dos filósofos políticos (a exemplo de Locke, Espinosa e Descartes, entre outros) imaginaram um ser humano que não nascia, não tinha sexo e não morria, além disso, era racional inclusive quando buscava seu próprio interesse. Descrito como alguém que não parece precisar de outras pessoas para sobreviver ou viver (não teve infância, não tem vulnerabilidades ou desejos que envolvem relações pessoais), o sujeito em questão parece, igualmente, um ser abstraído do corpo, sem necessidades básicas e engajado em reflexões puramente racionais, pautadas pelo cálculo e jogos de interesses.

O DUALISMO NORMATIVO DO SUJEITO UNIVERSAL

Alison Jaggar (1983, p. 39) atribui à definição do sujeito universal das teorias políticas modernas um dualismo normativo que valoriza, acima de tudo, a habilidade mental humana, em detrimento de outras

---

8 Filósofas feministas vêm trabalhando, nas últimas décadas, em um modelo alternativo de autonomia, muito mais focado nas questões relacionais do que no imaginário de uma autonomia inata que apenas certos indivíduos são capazes de encontrar em si mesmos e a fazer uso dela (como muitas teorias parecem sugerir ser o caso). Para esse tema, ver autoras como Jennifer Nedelsky, Diana Meyers, Marilyn Friedman, Marina Oshana, Andrea Westlund e Catriona Mackenzie, entre outras.

habilidades e características. Esse dualismo incorreria no risco de um solipsismo e ceticismo político.

O solipsismo é um tipo de visão de mundo na qual nada existe fora do pensamento, das experiências e sensações do eu/indivíduo, sendo os outros entes (seres humanos e objetos) meras impressões sem existência própria. O solipsismo do sujeito moderno poderia ser percebido no pressuposto de que os indivíduos são essencialmente solitários, com necessidades e interesses separados dos demais indivíduos. Para Jaggar, esse pressuposto gera questões da filosofia política fundamentais: "quais são as circunstâncias sob as quais indivíduos essencialmente solitários devem concordar para se unirem em uma sociedade civil, o que os justificaria a agirem dessa forma e como os conflitos podem ser prevenidos quando assim o fizerem?" (JAGGAR, 1983, p. 40, tradução minha).

As respostas às questões de Jaggar foram elaboradas na forma de teorias de justificação de tipo contratualista, especificando os interesses que sujeitos individualistas poderiam vir a ter em associações civis bem como limitando os poderes resultantes de tais associações. Para indivíduos assim concebidos, a proteção de uns diante dos outros é central e surge na forma de proteção da vida, da propriedade e das liberdades civis. O todo da teoria torna-se plausível, uma vez que apresenta respostas adequadas às perguntas que se formulou. No entanto, Jaggar observa ser esta plausibilidade dependente do solipsismo já pressuposto pelas perguntas (Por que viver em sociedade? Quais regras adotar?, etc.), baseado em um indivíduo que se vê como autossuficiente. Entretanto, tal indivíduo não teria base na realidade.

Mesmo que concebamos todos os seres humanos como adultos e saudáveis, como parece ocorrer com as teorias contratualistas, "assim que levamos em conta os fatos da biologia humana, especialmente a biologia reprodutiva, torna-se óbvio que o pressuposto da autossuficiência individual é impossível" (JAGGAR, 1983, p. 40-41, tradução minha). O período excessivamente longo de dependência de um infante demanda cuidados que uma única pessoa não é capaz de providenciar. Além disso, a preservação da espécie, em qualquer tempo histórico, necessita da produção e do cuidado de uma boa quantidade de crianças, implicando nela um grande número de cuidadores e cuidadoras organizados em grupos nos quais os recursos disponíveis são partilhados com os mais jovens e os que estão temporária ou permanentemente incapacitados (feridos, doentes, cansados, com alguma deficiência, etc.). A interdependência é, pois, uma necessidade da biologia e um fato das sociedades humanas – o que tende a ser ignorado pelo dualismo normativo.

Além do solipsismo, Jaggar atribui à teoria política liberal um ceticismo em relação à possibilidade de se estabelecer instituições políticas que promovam alguma concepção específica de bem-estar ou de finalidade para a vida humana. A ênfase na autonomia e na liberdade demandaria que as instituições políticas fossem neutras a esse respeito, uma vez que a autonomia requer para cada indivíduo o máximo de liberdade, a fim de que determine um conceito de bem e de verdade/regras válidos para si. De igual forma, o que possibilita ao indivíduo fazer uma escolha visando a um fim, entre uma variedade de meios, é a sua racionalidade interpretada de modo instrumental. Ainda que certos indivíduos venham a partilhar finalidades, não haveria nenhuma justificativa para as instituições defenderem qualquer concepção particular de vida boa ou do que dá valor à vida (JAGGAR, 1983, p. 41).

Apesar da defesa de uma neutralidade relativa a um conceito de vida boa por parte do Estado e das instituições da sociedade, defendida pelas teorias liberais, é possível perceber que há um conjunto de valores definidos de antemão pelas teorias como essencial ou superior. São valores a serem almejados, respeitados e implementados tanto pelo indivíduo quanto pelo Estado (como os valores da igualdade, da liberdade, da autonomia). Além disso, o conceito de racionalidade humana faz referência a noções normativas sobre o que é ou deve ser entendido como pessoa, o que deve ser considerado um dano ou um bem, etc.

O solipsismo e o ceticismo impactam de maneira negativa sobre questões políticas fundamentais como a possibilidade de definir o que são necessidades humanas comuns e qual o critério objetivo para atendê-las. Poderíamos acrescentar ainda que a ideia de que cada pessoa deve fazer apenas o que pensa ser o melhor para sua vida sem interferir na vida dos demais é uma ideia que se contrapõe à consciência feminista e de outros grupos, de que existem desvantagens que não se dão apenas no nível individual, mas grupal, e que demandam ações coletivas de cunho político mais amplo para enfrentá-las.

REPENSAR E REFAZER

Um modelo alternativo de sujeito, que não seja dualista normativo e solipsista, poderia resultar em uma visão menos cética das instituições sociais no que se refere à implementação de projetos que visam promover um certo conceito de bem-estar universal? Poderia uma teoria política feminista fornecer esse modelo e esse conceito? Nossa hipótese é a de que um outro modelo de sujeito está em formação nas mais diversas correntes teóricas feministas e que ele há de orientar novas teorias políticas. Em meio às teorias do cuidado e da autonomia relacional, esse sujeito já começa a apresentar forma como um sujeito que possui um conjunto de necessidades básicas a serem levadas à sério pelo coletivo (em vez de serem posicionadas no reino do "não político", no mundo do privado e do doméstico).

O sujeito das teorias feministas vem sendo construído como plural, interdependente e vulnerável, assim como capaz de agir e pensar de maneira autônoma (ZIRBEL, 2016b). Tal sujeito demanda um modelo de Estado mais ativo e ajustável do que neutro (engajado no estabelecimento de regras que buscam eliminar desigualdades não justificadas e informado pelas necessidades básicas de seus cidadãos e cidadãs), bem como novas formas de organização das atividades domésticas e do mercado de trabalho formal, a fim de acomodar de maneira mais justa homens e mulheres nesses espaços (ZIRBEL, 2016b).

Teorias machocentradas devem ser deixadas de lado. Em seu lugar, precisam ser elaboradas teorias que considerem as experiências e demandas das mulheres, em toda a sua diversidade. Muitas dessas demandas e experiências dizem respeito à manutenção da vida (pessoal, relacional e comum – incluindo questões ecológicas) e a outras formas de organização das atividades de reprodução social.[9]

No contexto brasileiro, em especial, muitas das discussões político-feministas dos últimos anos têm girado em torno do manifesto elaborado por Cinzia Arruzza, Tithi Bhattacharya e Nancy Fraser intitulado *Feminismo para os 99%*. A tese central do manifesto é a de que o amplo corpo de atividades vitais de reprodução social se encontra encoberto e renegado a fim de ser submetido a práticas capitalistas que visam produzir lucro para poucos. Tais práticas implicam uma divisão hierárquica de gênero, a manutenção dessa divisão dentro do espaço doméstico, assim como uma divisão racial do trabalho reprodutivo e o controle da sexualidade e dos direitos reprodutivos das mulheres – sendo a criminalização do aborto um dos pontos centrais.

ALGUNS TRAÇOS GERAIS DE UMA FILOSOFIA POLÍTICA FEMINISTA

No campo político, como nos demais campos de investigação e produção teórica, feministas trabalham conscientes da existência de um

---

9 Filósofas feministas como Ivone Gebara e Adriana Cavarero (2009) suspeitam que violência e morte se converteram, de certa maneira, na base da civilização e da política. Para Gebara (2017, p. 23-24), ambas estão marcadas por atitudes de afastamento, separação, dominação ou eliminação do outro em nome da defesa da civilização e do progresso. Assim, fazemos da mortalidade que nos caracteriza uma forma de poder sobre os outros e lhes damos a morte para salvar nossa forma de vida ou para privilegiar certas vidas ou estilos de vida. Em contrapartida, inúmeras feministas têm apontado para as questões de reprodução social e manutenção da vida como temas centrais e recorrentes entre mulheres.

FILOSOFIA FEMINISTA

sistema hierárquico e discriminatório que divide a espécie humana em dois grupos básicos distintos (ou gêneros): o das mulheres e o dos homens. A divisão de grupos de pessoas em uma sociedade, em si, não precisa ser um problema e pode vir a ser necessário e útil, em inúmeras ocasiões (como na divisão de atividades cotidianas ou em ambientes de trabalho). No entanto, o sistema de gênero funciona no sentido de fomentar e distribuir privilégios e obrigações de maneira desigual entre homens e mulheres e alia-se a uma série de outros marcadores físicos e sociais (tom de pele, classe, etnia, idade, funcionalidade, etc.) para subordinar variados grupos de pessoas ao grupo identificado como mais capaz em tomar decisões para e pelos outros (na família, na política, nas empresas, na igreja, nos sindicatos, no sistema financeiro, etc.): o homem branco, letrado, sem deficiências e com bons recursos econômicos.

O sistema hierárquico de gênero possibilitou que um pequeno grupo de homens privilegiados (que tem suas necessidades e cuidados básicos supridos, tempo disponível, reconhecimento social, acesso ao conhecimento e maior poder aquisitivo) assumisse para si a tarefa de definir os valores, as regras e as formas de organização social dos Estados modernos ocidentais.[10] Tais definições resultaram na separação e na ênfase da realidade social como dividida em duas esferas distintas (a esfera pública e a privada) e contribuiu para estabelecer as fronteiras entre o que se considera realmente importante para a política e o que deve ser compreendido como secundário ou fora do seu escopo. Além disso, o sistema hierárquico de gênero (reforçado e mantido pelos discursos religiosos, filosóficos, econômicos, etc.) possibilita a transferência e a manutenção sistemática de *status* e poder para um pequeno grupo de homens em cada sociedade.

---

10 A referência específica aos Estados modernos ocidentais não tem aqui a função de insinuar que isso seja uma prática apenas Ocidental, mas de deixar em aberto as formas de funcionamento do sistema de gênero e do machocentrismo em outras sociedades. A dinâmica do controle de valores, regras e organização dos indivíduos assume uma grande variedade no todo da humanidade, e diferentes grupos assumem esse controle de maneira variada (muitos, inclusive, com a participação ativa de mulheres).

Não raro, ao trabalharem com teoria política, feministas perguntam-se pelos motivos que levaram grandes pensadores, que não hesitavam em se contrapor a certas convicções e costumes de seus tempos (como as fontes do poder político dos monarcas), a manterem-se de acordo com o senso comum no que diz respeito à sujeição das mulheres e de outros grupos sociais. De igual modo, há um esforço por identificar e expor o machocentrismo das teorias.

Em geral, as críticas feministas pautam-se na experiência das mulheres como grupo e como indivíduos singulares inseridos em uma teia de relações complexas e transversais. A experiência histórica de exclusão do campo das decisões políticas levada a cabo junto com a elaboração, por parte dos filósofos e teóricos políticos, das grandes premissas liberais da igualdade e da liberdade evidenciou a existência de falhas, preconceitos e interesses ocultos em meio a tais premissas. Parte da tarefa da filosofia política feminista é identificar e corrigir essas falhas e preconceitos, verificando a possibilidade (ou não) de elaborar teorias verdadeiramente universais.

Também tem sido preocupação de filósofas políticas incorporar novas questões e temas ao repertório das teorias tradicionais. Como exemplo podemos citar a busca por compreensão de como as desigualdades e as injustiças são geradas e mantidas; como a opressão funciona e quais são suas formas mais recorrentes; como ocorre a socialização de meninos e meninas; como raça e classe perpassam o gênero, como o gênero e a etnia perpassam a religião (e assim por diante); o que é injustiça estrutural; como caracterizar a responsabilidade política e seu oposto, a irresponsabilidade privilegiada (e quais os grupos que as exercem); como as atividades domésticas influenciam os planos de vida e as oportunidades das mulheres; o que são direitos reprodutivos e quais seus aspectos políticos; como pensar o estupro de um ponto de vista filosófico; entre outros.[11]

---

11 Algumas das autoras que vêm trabalhando com esses tópicos serão apresentadas no final deste capítulo, em uma lista complementar de bibliografia.

FILOSOFIA FEMINISTA

À luz do que foi apresentado neste capítulo, podemos descrever alguns dos objetivos gerais de uma filosofia política feminista, como segue:

- Entender como e em quais casos o machocentrismo e o sistema de gênero atuaram em meio à produção teórica-filosófica do campo da política (ao definir, por exemplo, os conceitos de liberdade, justiça, igualdade, autonomia, público, privado, democracia, economia, contrato social, sociedade civil, cidadania, esfera pública, racionalidade, neutralidade, razoabilidade, necessidades básicas, etc.).

- Reescrever e rearticular a teoria política convencional à luz de questões feministas. Para isso, é necessário trabalhar com os temas identificados como centrais pela teoria tradicional (alguns dos quais foram apontados anteriormente), além de identificar temas relevantes para as mulheres e submetê-los ao escrutínio teórico.

- Verificar se e como a atuação das instituições sociais e políticas é afetada pelo sistema hierárquico de gênero (se elas priorizam questões tidas como masculinas muito mais do que as descritas como femininas ou se tendem a favorecer mais os homens do que as mulheres).

- Avaliar se é possível e eficaz fazer uso de instituições e políticas públicas para corrigir ou modificar as desigualdades de gênero estruturadas, bem como suas transversalidades – filósofas como Martha Nussbaum e Nancy Fraser, apenas para dar dois exemplos, defendem a importância das instituições e políticas públicas na formação de conceitos e práticas políticas, devendo ser utilizadas para alterar realidades identificadas como injustas, como as que dizem respeito às relações de gênero, classe, etnia, etc.

Há, diante da filosofia política feminista, um horizonte desconhecido por emergir. Ele precisa ser pensado e implementado em diálogo com a realidade existente. O que se sabe dele é que primará pelo fim das relações de exploração e opressão tanto no âmbito doméstico quanto público, redefinindo grande parte das relações e instituições sociais que privilegiam especialmente homens brancos e donos do capital.

REFERÊNCIAS

ARRUZZA, Cinzia; BHATTACHARYA, Tithi; FRASER, Nancy. **FEMINISMO PARA OS 99%**: um manifesto. São Paulo: Boitempo, 2009.

BERGÈS, Sandrine; COFFEE, Alan. **THE SOCIAL AND POLITICAL PHILOSOPHY OF MARY WOLLSTONECRAFT**. Oxford: Oxford University Press, 2016.

CAVARERO, Adriana. **HORRORISMO**: nombrando la violencia contemporánea. Ciudad de México: Anthropos, 2009.

FEDERICI, Silvia. **CALIBÃ E A BRUXA**: mulheres, corpo e acumulação primitiva. São Paulo: Elefante, 2017.

GARRAU, Marie. Care (Éthiques et politiques du). **DICOPO — DICTIONNAIRE DE THÉORIE POLITIQUE**, 28 mar. 2008. Disponível em: http://www.dicopo.org/spip?article101. Acesso em: set. 2009.

GEBARA, Ivone. **FILOSOFIA FEMINISTA**: uma brevíssima introdução. São Paulo: Terceira Via, 2017.

GLENN, Evelyn Nakano. Creating a caring society. **CONTEMPORARY SOCIOLOGY**, v. 29, n. 1, p. 84-94, jan. 2000.

GREEN, Karen. **A HISTORY OF WOMEN'S POLITICAL THOUGHT IN EUROPE, 1700-1800**. Cambridge: Cambridge University Press, 2015.

JAGGAR, Alison M. **FEMINIST POLITICS & HUMAN NATURE**. New Jersey: Rowman & Littlefield Publishers, 1983.

MCAFEE, Noëlle. Feminist political philosophy. **THE STANFORD ENCYCLOPEDIA OF PHILOSOPHY — SEP**, Winter 2016 Edition. Disponível em: https://plato.stanford.edu/archives/win2016/entries/feminism-political/. Acesso em: dez. 2017.

MILLER, David. Political philosophy. **ROUTLEDGE ENCYCLOPEDIA OF PHILOSOPHY**, 1998. Disponível em: http://www.rep.routledge.com/article/S099. Acesso em: mar. 2015.

OKIN, Susan Moller. *JUSTICE, GENDER, AND THE FAMILY*. New York: Basic Books, 1989.

PATEMAN, Carole. *O CONTRATO SEXUAL*. São Paulo: Paz e Terra, 2008.

SPINELLI, Letícia Machado. Crítica feminista ao contratualismo: interfaces de gênero na obra de Rousseau. *REVISTA CAFÉ COM SOCIOLOGIA*, v. 5, n. 3, ago./dez. 2016.

TRONTO, Joan C. *MORAL BOUNDARIES*: a political argument for an ethic of care. New York: Routledge, 1993.

TRONTO, Joan C. *UN MONDE VULNÉRABLE*: pour une politique du care. Paris: Editions La Découverte, 2009.

VALCÁRCEL, Amelia. *SEXO Y FILOSOFÍA*: sobre "mujer" y "poder". Barcelona: Anthropos, 2001.

ZIRBEL, Ilze. O problema do padrão duplo de cidadania das teorias políticas modernas. *In*: CASTRO, Susana de; CORREIA, Adriano; SPARANO, Maria Cristina de Távora (org.). *PSICANÁLISE E GÊNERO*. São Paulo: Anpof, 2017a. (Coleção XVII Encontro Anpof).

ZIRBEL, Ilze. Reflexões feministas sobre igualdade como uniformização e igualdade relacional. *REVISTA PERSPECTIVA FILOSÓFICA*, v. 43, n. 1, p. 39-55, 2016a.

ZIRBEL, Ilze. Teorias políticas, justiça, exploração e cuidado. *GUAIRACÁ REVISTA DE FILOSOFIA*, Guarapuava /PR, v. 33, n. 1, p. 48-64, 2017b.

ZIRBEL, Ilze. *UMA TEORIA POLÍTICO-FEMINISTA DO CUIDADO*. 2016. Tese (Doutorado) – Centro de Filosofia e Ciências Humanas da Universidade Federal de Santa Catarina (UFSC), Florianópolis, 2016b.

SUGESTÕES DE LEITURA

→ EM PORTUGUÊS

MIGUEL Luis Felipe; BIROLI, Flávia. *FEMINISMO E POLÍTICA*: uma introdução. São Paulo: Boitempo, 2014.

MIGUEL, Luis Felipe; BIROLI, Flávia (org.). *TEORIA POLÍTICA FEMINISTA*: textos centrais. Vinhedo: Editora Horizonte, 2013.

OKIN, Susan Moller. Gênero, o público e o privado. *REVISTA DE ESTUDOS FEMINISTAS*, Florianópolis, v. 16, n. 2, p. 305-332, maio/ago. 2008.

→ EM ESPANHOL

AMORÓS, Célia; MIGUEL, Ana de (ed.). **TEORÍA FEMINISTA**: de la ilustración a la globalización. Madrid: Minerva, 2005.

VALCÁRCEL, Amelia. **DEL MIEDO A LA IGUALDAD**. Barcelona: Crítica, 1993.

VALCÁRCEL, Amelia. **SEXO Y FILOSOFÍA**: sobre "mujer" y "poder". Barcelona: Anthropos, 2001.

→ EM FRANCÊS

DELPHY, Christine. Le patriarcat, le féminisme et leurs intellectuelles. **NOUVELLES QUESTIONS FÉMINISTES**, n. 2, p. 58-74, 1981.

DORLIN, Elsa. **L'ÉVIDENCE DE L'ÉGALITÉ DES SEXES**: une philosophie oubliée du XVIIe siècle. Paris: L'Hatman, 2001.

GARRAU, Marie; LE GOFF, Alice (ed.). **POLITISER LE CARE?** Perspectives sociologiques et philosophiques. Paris: Le bord de L'eau, 2012.

LE DŒUFF, Michelle. **LE SEXE DU SAVOIR**. Paris: Aubier, 1998.

→ EM INGLÊS

ALCOFF, Linda M. Is the feminist critique of reason rational? **PHILOSOPHICAL TOPICS**, v. 23, n. 2, p. 1-26, 1995.

BAEHR, Amy R. Feminist politics and feminist pluralism: can we do feminist political theory without theories of gender? **THE JOURNAL OF POLITICAL PHILOSOPHY**, v. 12, n. 4, p. 411-436, 2004.

BRYSON, Valerie. **FEMINIST POLITICAL THEORY**: an introduction. 2. ed. New York: Palgrave Macmillan, 2003.

ELSHTAIN, Jean Bethke. **PUBLIC MAN, PRIVATE WOMAN**: women in social and political thought. New Jersey: Princeton University Press, 1981.

FINEMAN, Martha Albertson. Cracking the foundational myths: independence, autonomy, and self-suficiency. *In*: FINEMAN, Martha Albertson; DOUGHERTY, Terence (ed.). **FEMINISM CONFRONTS HOMO ECONOMICUS**: gender, law & society. Ithaca: Cornell University Press, 2005.

HARDING, Sandra. Standpoint theories: productively controversial. *HYPATIA — A JOURNAL OF FEMINIST PHILOSOPHY*, v. 24, n. 4, p. 192-200, 2009.

HELD, Virginia. Non-contractual society: a feminist view. *In*: WEISS. Penny A.; FRIEDMAN, Marilyn (ed.). *FEMINISM & COMMUNITY*. Philadelphia: Temple University Press, 1994.

HIRSCHMANN, Nancy. Feminist political philosophy. *In*: ALCOFF, Linda M.; KITTAY, Eva F. *THE BLACKWELL GUIDE TO FEMINIST PHILOSOPHY*. Malden/Oxford: Blackwell Publishing, 2006.

HUANG, Mab. *THE FEMINIST CRITIQUE OF JOHN RAWLS*: Carole Pateman, Susan Okin and Martha Nussbaum (first draft,), [*s. d.*]. Disponível em: http://hre.pro.edu.tw/download/essays-ch-9-1162388202/mab.pdf. Acesso em: 18 jan. 2016.

KITTAY, Eva Feder. Human dependency and rawlsian equality. *In*: MEYERS, Diana Tietjens (ed.). *FEMINISTS RETHINK THE SELF*. Boulder: Westview Press, 1997.

LEVER, Annabelle. Feminism, democracy and the right to privacy. *MINERVA — AN ONLINE JOURNAL OF PHILOSOPHY*, v. 9, p. 1-31, 2005.

LLOYD, Genevieve. *THE MAN OF REASON*: "male" and "female" in western philosophy. London: Methuen, 1984.

MACKENZIE, Catriona; STOLJAR, Natalie. *RELATIONAL AUTONOMY*: feminist perspectives on autonomy, agency, and the social self. Oxford: Oxford University Press, 2000.

PATEMAN, Carole; GROSS, Elizabeth (org.). *FEMINIST CHALLENGES*: social and political theory. Boston/Sydney: Northeastern University Press/Allen & Unwin, 1986. (Northeastern Series in Feminist Theory).

SEVENHUIJSEN, Selma. *CITIZENSHIP AND THE ETHICS OF CARE*: feminist considerations on justice, morality and politics. New York: Routledge, 1998.

SILVERS, Anita. Becoming mrs. Mayberry: dependency and the right to be free. *HYPATIA — A JOURNAL OF FEMINIST PHILOSOPHY*, v. 30, n. 1, p. 292-299, 2015.

YOUNG, Iris Marion. *JUSTICE AND THE POLITICS OF DIFFERENCE*. Princeton: Princeton University Press, 1990.

YOUNG, Iris Marion. *RESPONSIBILITY FOR JUSTICE*. Oxford/New York: Oxford University Press, 2004.

CAPÍTULO 11

SUSANA DE CASTRO

FILOSOFIA GREGA FEMINISTA

DE FATO, SE A MULHER NÃO EXISTISSE A NÃO SER NA FICÇÃO ESCRITA
POR HOMENS, ERA DE SE IMAGINAR QUE ELA FOSSE UMA PESSOA
DE MAIOR IMPORTÂNCIA; MUITO VARIADA; HEROICA E CRUEL,
ESPLÊNDIDA E SÓRDIDA, INFINITAMENTE BELA E HORRENDA AO
EXTREMO; TÃO GRANDIOSA COMO UM HOMEM, PARA ALGUNS ATÉ
MAIS GRANDIOSA. MAS ISSO É A MULHER NA FICÇÃO. NA VIDA REAL
ELA ERA TRANCADA, ESPANCADA E JOGADA DE UM LADO PARA O
OUTRO. [...] ALGUNS DOS PENSAMENTOS MAIS PROFUNDOS VIERAM
DE SEUS LÁBIOS; NA VIDA REAL, ELA POUCO CONSEGUIA LER, MAL
CONSEGUIA SOLETRAR E ERA PROPRIEDADE DO MARIDO.

VIRGINIA WOOLF, *UM TETO TODO SEU* (2014).

Algumas helenistas se deparam com o dilema de escolher entre seus
ideais igualitários e suas obrigações curriculares (RABINOWITZ, 1993,
p. 6). Essas pesquisadoras da antiguidade reconhecem o papel político que os estudos de filologia, literatura, arqueologia, história e filosofia antigas desempenham quando descrevem a cultura grega como
o "berço da civilização europeia". O estudo do passado é um estudo
de nossas origens, mas o que podemos nos perguntar é sobre qual
origem estamos falando, o da glória da civilização ocidental, como
afirmaram até aqui os classicistas tradicionais, ou, por exemplo, o do

momento formativo da misoginia? Se a experiência grega é chamada de o momento de fundação da civilização ocidental, devemos nos perguntar com bastante vagar sobre o que exatamente se quer dizer com essas palavras, o que exatamente significa a atribuição desse ato fundador à experiência grega. Fala-se, por exemplo, sobre o papel humanista da literatura e filosofia gregas, a capacidade de elaborar, analisar e sintetizar as verdades humanas, mas a experiência de quem é validada por essas "verdades"? Quais experiências são excluídas para que a Antiguidade pareça esse todo perfeito (*neat whole*) dos manuais de filosofia, filologia e história clássicos? (RABINOWITZ, 1993, p. 6-7).

Há várias maneiras por meio das quais os estudos clássicos podem ser mais compatíveis com uma visão mais igualitária do mundo, como adotar uma lente geográfica multicultural que nos permita reconhecer que o mundo antigo não é constituído exclusivamente por Grécia e Roma, e, assim, em vez de tomar a Grécia como ponto de partida para a civilização ocidental, nos perguntarmos acerca das suas origens orientais e egípcias; podemos questionar também o "make up" racial dessas regiões que faz com que os gregos sejam brancos, e não marrons como os egípcios ou turcos. No que diz respeito exclusivamente a unir os estudos da Antiguidade grega ao feminismo contemporâneo e sua luta pela igualdade de gênero, nos deparamos com o problema da *evidência*: possuímos muita *representação* masculina das mulheres na literatura e mesmo na filosofia, mas poucos *dados empíricos* (*"hard" data*), históricos, sobre elas, e muito menos ainda material escrito por mulheres. Dada essa situação, uma helenista feminista se perguntaria: como podemos alcançar a experiência subjetiva das mulheres daquela época? Podemos alcançá-la mesmo que utilizemos como base os relatos e representações dos homens sobre elas? O que podemos deduzir acerca das mulheres escritoras? Quando conseguiam falar, quais as convenções e a linguagem que empregavam? (RABINOWITZ, 1993, p. 6-9).

Com exceção de alguns poucos fragmentos da poesia lírica, não há vestígios de peças, relatos, testemunhos escritos por mulheres durante a

Antiguidade grega. Elas, porém, são abundantemente representadas ou descritas por homens em textos de ficção e não ficção. Possuem lugar proeminente na poesia épica e dramática, nos discursos oratórios e nos tratados filosóficos e médicos. Diante disso, a primeira coisa a fazer é se perguntar acerca da validade desses testemunhos masculinos, já que não são baseados na própria vivência do autor enquanto mulher, mas, sim, em sua imaginação. Além do mais, como dar credibilidade a representações masculinas sobre as mulheres que as colocam em grande medida como protagonistas e agentes, como no caso das tragédias, quando, na realidade, eram não só excluídas dos espaços públicos como também proibidas de agir sem a autorização paterna ou do marido?[1] As mulheres aparecem nos diálogos platônicos, nas leis de Sólon, nos poemas trágicos e nos discursos retóricos de Demóstenes, mas nunca são elas as autoras dos discursos, das peças de teatro, das leis ou dos tratados e diálogos filosóficos. Há, portanto, uma total ausência da mulher enquanto sujeito, enquanto porta-voz de uma opinião, testemunha em primeira pessoa de uma experiência, postulante de uma hipótese científica, defensora de seus interesses nos tribunais.

Jamais saberemos toda a verdade sobre as mulheres gregas, como se sentiam, como percebiam seu papel social ou o que de fato faziam no ambiente doméstico, mas podemos, sim, saber algo sobre o modo como os homens gregos, em particular, os atenienses da chamada época clássica, período que se inicia no final do século VI com a fundação da cidade-Estado democrática em Atenas, pensavam sobre as

---

1 O historiador Fábio Lessa (2001) mostra que a visão da mulher recatada e do lar, obediente ao marido e silenciosa, presentes nos testemunhos escritos por homens, representa uma necessidade ideológica desses autores em reafirmar esse modelo convencional. Sua pesquisa imagética, dos vasos gregos que retratam a vida cotidiana das mulheres, mostrou que, na realidade, havia um fosso que separava a ideologia, espelhada na produção teórica e artística dos gregos, das práticas sociais. Os vasos retratavam as mulheres colhendo frutos, indo à fonte, se embelezando, usando joias. Para o autor, essas imagens mostrariam que as esposas atuavam fora do *oîkos*, em certos âmbitos da esfera pública. O modelo idealizado de comportamento feminino serviria, na verdade, como um inibidor das tensões sociais. Ver também Castro (2011) e DuBois (2001, cap. 5).

mulheres, quais as características que lhes atribuíam e a posição social que lhes destinavam dentro da estrutura social (JUST, 1991, p. 2-3).

Do ponto de vista jurídico, nesse momento de construção de um experimento político novo, a democracia, os principais testemunhos acerca das regras que regiam as relações entre os dois sexos são os discursos retóricos apresentados nos tribunais. Mas, com relação ao período arcaico, anterior à democracia, os documentos mais importantes são as leis de Sólon. Elas visavam regular a vida urbana em Atenas de modo a evitar conflitos sociais entre a aristocracia e os comerciantes.

Mas, se sairmos da região da Ática e formos procurar por textos escritos por mulheres e que relatem a experiência feminina, a situação muda de figura. Tem-se testemunho de que na Beócia, no Peloponeso e em Lesbos teriam existido mulheres poetas.[2] Esse fato poderia nos levar a concluir que, em outras regiões da Grécia, vigoraria, diferente da Ática, uma relação de gênero mais igualitária.[3] O que podemos, no entanto, supor é que, tal qual em Lesbos, nesses lugares as mulheres poetas eram as responsáveis pela educação das mulheres da aristocracia, da infância até o casamento (SKINNER, 1993, p. 133).

A tradição poética estava calcada na oralidade, os poemas eram escritos para serem cantados, talvez por isso tenhamos tão pouco material escrito de todas essas poetas, com exceção de uma, Safo. De família aristocrática, nasceu em 630 a.C., na cidade costeira de Êresos, na ilha de Lesbos. Não se sabe se ela era letrada e teria sido a responsável por colocar no papiro suas composições, mas, famosa por seus dons poéticos, teria passado a vida compondo canções. Os bibliotecários de Alexandria teriam reunido suas composições em nove livros, dos quais apenas o primeiro teria tido 1.320 linhas (CORRÊA 2011, p. 15)! Destes livros, porém, só nos restaram fragmentos e um poema completo, o "Hino a Afrodite".

---

2 Ver Antípatro de Tessalônica (séc. I a.C. a I d.C.), *Antologia palatina*, livro IX, epigrama 26 em Ragusa (2011, p. 9).

3 Ver Lesky (1995, p. 210 *apud* RAGUSA, 2011, p. 20).

Talvez parte da crença de que as mulheres durante a Antiguidade grega não dispunham de qualquer função social que não fosse ligada à família e à religião decorra da tendência nos estudos helenistas em priorizar a fase da escrita em Atenas em detrimento de outras fases, orais, tanto na Ática quanto em outras regiões.

Este capítulo reflete essa perspectiva referida de compatibilizar os estudos clássicos com os anseios igualitários, mais especificamente com o anseio pela igualdade dos sexos, no que diz respeito a dois temas: a instituição do casamento e a dinâmica do desejo.

O CASAMENTO GREGO

Na famosa oração fúnebre, reproduzida por Tucídides no livro *História da guerra do Peloponeso*, Péricles se dirige às mulheres viúvas de soldados mortos em combate, dizendo-lhes:

> Se tenho de falar também das virtudes femininas, dirigindo-me às mulheres agora viúvas, resumirei tudo num breve conselho: será grande a vossa glória se vos mantiverdes fiéis à vossa própria natureza, e grande também será a glória daquelas de quem menos se falar, seja pelas virtudes, seja pelos defeitos. (TUCÍDIDES, 1987, p. 114)

As viúvas às quais Péricles se dirige fazem parte da classe dos que são considerados *cidadãos* atenienses, por serem filhas de pais atenienses e viúvas de heróis atenienses. São mulheres pertencentes à classe média e média-alta, que não precisavam do trabalho para a sobrevivência. Delas, espera-se um comportamento virtuoso, como afirma Péricles. Mas quais eram essas virtudes? Havia um conjunto de virtudes reservado às mulheres: a reserva sexual, o silêncio, a submissão ao marido, a fragilidade e debilidade, a reprodução de filhos legítimos, a vida sedentária e reclusa no interior do lar (*oîkos*), e a não participação na vida social e pública (LESSA, 2001, p. 17).[4]

Assim, quando os gregos falavam em virtudes das mulheres e apontavam para o ideal da esposa silenciosa, submissa, reservada e casta, estavam se dirigindo especificamente às mulheres casadas, obrigadas pelo matrimônio a gerar herdeiros homens.[5]

Para os gregos da época clássica, a família era a base da organização política e a pólis era vista como uma agregação de lares, *oikoi* (ARTHUR, 1984, p. 32). A família era o lugar da propriedade e da geração de futuros herdeiros legítimos. Assim, a base do núcleo familiar era o matrimônio. A relação entre marido e esposa era pautada pela obrigação de gerar herdeiros legítimos, futuros cidadãos atenienses e continuadores da linhagem paterna. Justamente por ter esse caráter central na organização social, a análise das relações familiares fazia parte dos tratados econômicos e políticos. No opúsculo *Econômicos*, atribuído a Aristóteles por estar no *corpus aristotelicum*, mas, na verdade, de autoria desconhecida, a teoria da divisão sexual do trabalho é anunciada logo no início: "Quanto ao trabalho, [a Natureza] tornou um sexo mais propenso à vida sedentária e sem força para atividades ao ar livre; ao outro, fez, menos apto para a quietude, mas bem constituído

---

4 Para se ter uma ideia de como esse modelo de feminilidade correspondia a um tipo ideal de mulher de uma determinada classe social, basta que nos lembremos de Aspásia, cortesã grega, originária de Mileto, amante de Péricles. Certamente, ela não era obrigada a seguir essas convenções sociais. Segundo Plutarco (46 d.C. a 120 d.C.), Aspásia teria sido a favorita de Péricles por causa de suas habilidades políticas, reconhecidas inclusive por Sócrates, que a visitaria com frequência, acompanhado de seus discípulos. Ela teria ascendência sobre Péricles e influenciaria suas decisões. Inúmeros cidadãos frequentariam o bordel que ela dirigia para ouvi-la. Diz Platão, no diálogo Menêxeno, que ela teria ensinado retórica a muitos atenienses; Plutarco corrobora essa afirmativa, diz que não lhe falta autenticidade histórica (1963, p. 91). Por outro lado, as mulheres mais pobres não podiam se dar ao luxo de ficar em casa, cuidando apenas dos afazeres domésticos, elas precisavam ocupar o espaço público do comércio e do mercado.

5 Evidente que para os homens não valia essa mesma exigência moral de castidade e fidelidade conjugal, ao contrário, para eles valia uma moral sexual dupla, ambígua, como se depreende da afirmativa de um autor do século IV a.C.: "possuímos amantes para nosso divertimento, concubinas para nos servir e esposas para gerar descendentes legítimos" (PSEUDO-DEMOSTHENES *apud* POMEROY, 1995, p. 8, tradução minha). A liberdade sexual masculina é, certamente, uma das marcas do patriarcado grego.

para atividades agitadas" (ARISTÓTELES, 2011, p. 10). No livro III deste opúsculo, são elencadas as obrigações da esposa, como a administração da casa e o apoio ao marido nas adversidades, enquanto o marido deveria cuidar de "nada negligenciar na formação da esposa, para que esta possa educar os filhos" (ARISTÓTELES, 2011, p. 59), e "acercar-se da esposa com maneiras 'honesta'" (ARISTÓTELES, 2011, p. 61).

Na nossa perspectiva, contemporânea, há um claro viés misógino na sociedade ateniense do final do século VI ao século IV a.C., por reduzir o espaço de atuação social das mulheres ao matrimônio e à maternidade. Mas, na visão de Marylin B. Arthur (1984), a situação da mulher na época de formação e consolidação da cidade-Estado democrática ateniense era muito melhor do que nas épocas arcaicas aristocráticas:

> [...] o código heroico tradicional refletia uma sociedade cujo ideal era exclusiva e unicamente masculino, no qual todas as transações socialmente relevantes ocorriam entre homens da comunidade. A "família" de uma tal comunidade era um conglomerado solto de pessoas relacionadas umas com as outras de diversas maneiras. (ARTHUR, 1984, p. 12, tradução minha)

Para Marilyn Arthur (1984), o novo código, que valorizava o casamento e a relação marital, estaria prefigurado nas obras de Homero. Nelas, em meio às batalhas e peripécias, são inseridas cenas de matrimônio nas quais os personagens femininos possuem um papel de destaque (por exemplo, as cenas entre Ulisses e Penélope ou entre Heitor e Andrômaca). Segundo a autora, no século VII a.C., ocorreu a transição da sociedade aristocrática, pulverizada em diversos clãs e domínios, para a sociedade cidade-Estado, unificada em torno de instituições comuns. É neste período que Homero escreveu seus poemas e que começava a despontar um novo código social, centrado na família nuclear. Segundo o novo código social, os homens passam a ser reconhecidos como chefes de família, e não como membros de uma classe de guerreiros separada do resto da sociedade; e, consequentemente, as mulheres-esposas passam a ter um *status* social mais elevado. É nesse sentido que devemos entender as leis de Sólon respeitantes às famílias atenienses. Se compreendermos, com Marilyn Arthur, o surgimento de uma cidade-Estado mais democrática como ligado ao questionamento dos privilégios das classes aristocráticas por uma crescente classe média que exigia o reconhecimento de seus direitos políticos e econômicos, então, observaremos a reforma de Sólon e, depois, a encenação dos dramas e comédias sob outra óptica.

Entre as leis de Sólon, estava a que regulamentava o modo como as mulheres deveriam se trajar, sem ostentação, quando estivessem passeando, em festas ou em funerais. Foi proibido também que fosse enterrado com o morto mais de três mudas de roupa e que fossem contratadas carpideiras para os funerais. Permitia matar o homem adúltero apanhado em flagrante, e a venda de filhas e irmãs quando estas perdessem suas virgindades antes do casamento. Por outro lado, era permitido que filhas sem irmãos herdassem a propriedade da família, mas, para evitar noivos interesseiros, obrigava as herdeiras (*epikleroi*) a se casarem com o parente de seu lado paterno mais próximo (PLUTARCO, 1963, p. 59; ARTHUR, 1984, p. 35). Para Marylin Arthur, apesar de a estrutura legal e social da cidade-Estado endossar e prescrever a subserviência das mulheres aos homens, a mudança foi significativa na medida em que as mulheres obtiveram alguns benefícios, como o reconhecimento social dos papéis que sempre desempenharam, o de esposas e mães, vitais para a sobrevivência da pólis. Nesse período, os aristocratas donos de terra, privilegiados, são obrigados a ceder espaço político e econômico para uma ampla classe de pequenos proprietários. Sólon acaba com a escravidão e a perda de propriedade por dívida.

A posse de uma propriedade era garantida pela existência de herdeiros legítimos de seus donos. O núcleo familiar torna-se, assim, a base que legitima a autoridade do cidadão ateniense e que lhe outorga direitos políticos: "as democracias da Grécia antiga asseguraram liberdade para todos os seus cidadãos ao inventar um sistema de propriedade privada a qual requeria mulheres para legitimá-la e escravos para trabalhar nelas" (ARTHUR, 1984, p. 37, tradução minha).

Houve, de fato, uma mudança entre a concepção de casamento na época arcaica para a concepção da época clássica, a partir, principalmente, da fundação das cidades-Estado; em particular, do estabelecimento em Atenas da cidade-estado democrática no final do século VI. Mas, como mostra Jean-Pierre Vernant, não existia uma definição legal única do casamento grego, como se pode depreender da leitura dos textos de oradores famosos, como Demóstenes.

> Assim, não encontramos a instituição do casamento perfeitamente definida em Atenas do século V. Pelo contrário, houve vários tipos de união a uma das quais a cidade democrática tentou dar um estatuto privilegiado à exclusão das outras. No entanto, não conseguiu dar-lhe um caráter jurídico totalmente definido, e ao seu lado continuaram a existir diferentes tipos de união cujas implicações para a mulher e os seus filhos variaram de acordo com as circunstâncias históricas. (VERNANT, 1990b, p. 59, tradução minha)

Como citado anteriormente, havia em Atenas o entendimento de que um homem poderia ter amantes (*hetaira*), esposa (*damar*) e concubinas (*pallake*). Assim, apesar de Péricles ter sido o autor da lei que proibia o casamento entre mulheres atenienses e estrangeiros, ele conseguiu que o seu filho com a estrangeira Aspásia fosse apresentado como seu filho legítimo em sua fratria e lhe deu inclusive seu nome. Sócrates teria tido, segundo Diógenes Laércio, duas esposas, e filhos com ambas, mas a segunda, Myrto, não possuía dote (*aproikon*). Ainda segundo Laércio, houve um decreto, promulgado em função da falta de homens durante a guerra do Peloponeso, que permitia a um cidadão ateniense se casar com uma mulher ateniense e ter filhos com outra mulher. Os filhos nascidos dessa união eram certamente livres, mas não herdeiros (VERNANT, 1990b, p. 59).

Para entender melhor a função do casamento na época clássica, é importante investigar como ele se dava na época arcaica. Nesse

FILOSOFIA FEMINISTA

período, a função do casamento era estabelecer relações entre grandes famílias nobres. A troca de mulheres era vista como um meio de criar formas de dependência e união, de adquirir prestígio ou de confirmar a servidão. Com relação a esse aspecto, há, de fato, nos diz Vernant, uma mudança importante no casamento em Atenas, a partir do final do século VI: as uniões matrimoniais não possuíam mais como objetivo o estabelecimento de relações de poder ou de ajuda mútua entre grandes famílias nobres autônomas. Na cidade-Estado democrática de Atenas, o propósito do casamento passou a ser o de perpetuar os lares, ou seja, manter os fogos das lareiras domésticas acesas,[6] responsabilidade das esposas, e, dessa forma, garantir por meio de regras rígidas sobre o casamento a permanência da cidade pela reprodução constante (VERNANT, 1990b, p. 60).

Assim, há, de fato, uma mudança entre a função do casamento na época arcaica e na época clássica. No período arcaico, o casamento era exclusivamente patrifocal e servia para que fossem seladas alianças entre grandes famílias autônomas. Ao se casar, a noiva se transferia para a casa do noivo, e este, em retribuição, entregava presentes ao pai da noiva. Selava-se assim um pacto de ajuda mútua entre as duas famílias. Tais alianças eram fundamentais para a segurança dos clãs em época de guerra. Posteriormente, com a fundação das cidades-Estado, houve uma mudança de mentalidade com relação à finalidade do casamento. Tratava-se ainda de um casamento patrifocal (a esposa se mudava para a casa do noivo e passava a integrar a sua família, e o pai da noiva pagava um dote pelo casamento), mas, diferentemente da época arcaica, havia a possibilidade de separação e de a noiva retornar *com o dote* à casa paterna. De certa maneira, o dote era um componente que assinalava, ao contrário da época arcaica, que a noiva, ao se casar, não deixava para sempre os laços familiares paternos.

---

6 O centro de cada casa era onde ficava a lareira, local no qual o fogo deveria ser mantido sempre aceso para garantir a paz dos antepassados e, com isso, a paz da própria casa. Ver Coulanges (2004).

244

Diferentemente de Marilyn B. Arthur (1984), para Anne Carson (1990), as mudanças introduzidas na instituição do casamento na época clássica não alteraram substancialmente a situação da mulher em Atenas, pois, de uma ou de outra maneira, o casamento continuou sendo patrilocal, ou seja, a esposa era obrigada a se mudar para a casa do marido, e, a despeito de adotar a família do noivo e seus antepassados como se fossem seus próprios familiares, continuava uma "estranha" no lar do marido, por isso, deveria ser vigiada e isolada. Desde o seu nascimento, o cidadão possuía um lugar fixo no seu *oikos* ("lar") e na sua pólis (cidade-Estado), mas as mulheres se deslocavam. A sobrevivência do lar e da pólis, sua reprodução, era baseada no sistema da exogamia, isto é, a troca de mulheres. As mulheres da família quando se casavam mudavam de lar e às vezes de cidade – situação mais comum na época arcaica.[7] Elas perdiam por vezes totalmente o contato com sua família original e eram obrigadas a assumir os costumes e os hábitos da família do esposo.

O casamento faz parte do conjunto de estratégias criadas durante os períodos arcaicos e clássicos para isolar as mulheres e com isso afastar a "poluição" e o perigo que representavam. Essa instituição está inserida dentro de um complexo aparato de controle por meio de códigos de condutas, todos sustentados por uma noção básica de que as mulheres representavam um perigo para os homens (CARSON, 1990, p. 133).

A tese de Carson é a de que há uma relação entre a ausência de liberdade das mulheres gregas no casamento e a insegurança que a presença de uma pessoa estranha à família em geral provocava. A desconfiança deriva de um componente comum à psicologia humana, a saber, a insegurança e o medo que o outro, o estranho, provoca ao ultrapassar os limites e adentrar o "território" alheio. Na Grécia, a "crise" provocada pelas situações que envolviam a proximidade de corpos estranhos no recinto familiar era apaziguada por meio de regras, rituais e ordens que regulavam essa aproximação, como os rituais e as regras

---

7 A tragédia *Medeia*, de Eurípides, ilustra exemplarmente essa situação. Medeia ajuda Jasão a roubar o Velo de ouro e larga sua cidade e sua família para poder ir morar com ele. Na peça, ela não se conforma com o fato de ele não perceber que ela sacrificou tudo para poder ficar com ele.

FILOSOFIA FEMINISTA

que envolviam os suplicantes e a instituição da hospitalidade. A questão, porém, é que a ameaça representada pelas mulheres era não só maior, como também de tipo diferente. Hesíodo recomendava que não se banhasse em água na qual uma mulher tivesse antes se banhado. A "poluição" pode ser tanto física quanto moral. A fim de evitar que a esposa cometesse o adultério por ser originária de outra "casa" e, por isso, não totalmente confiável, a cultura grega criou uma série de mecanismos ideológicos que justificavam sua exclusão da vida civil. Os mecanismos envolviam até "teorias" científicas, como a atribuição de incapacidade de raciocínio, pois sua fisiologia seria diferente da do homem: em vez de seca, a mulher era úmida.

Carson apresenta diversas frases e fragmentos de poetas arcaicos e de filósofos que cobrem grande parte da história antiga grega, e em todos os textos é nítido para o leitor o desprezo de seus autores pelo sexo feminino. Consideradas incapazes de controlar o apetite sexual ou mesmo de ter qualquer controle sobre si, precisavam ser "dominadas" a fim de não "contaminar" os homens com sua falta de controle.

A DINÂMICA DO DESEJO

No período arcaico, antes da criação da cidade-Estado democrática em Atenas, nos séculos VIII, VII e VI a.C., havia espaço na cultura, predominantemente oral, para que poetas, como Safo, responsáveis pela educação das jovens, produzissem melodias e poemas que retratavam uma perspectiva feminina sobre a vida, não contaminada pelo modo como os homens viam as mulheres. Pode-se dizer que ela foi um sujeito feminino, uma narradora das experiências subjetivas femininas. Apesar de tudo levar a crer que tenha feito parte de toda uma tradição de mulheres poetas,[8] ela é a única poeta da época arcaica de

---

8 A *Antologia Palatina* (livro IX, epigrama 26, de Antípatro de Tassalônica *apud* Ragusa, 2011, p. 9) fala de mais oito poetas além de Safo: Práxila, Moiró, Anite, Erina, Telessila, Corina, Nóssis e Mirtes.

246

quem possuímos fragmentos de poemas. Os testemunhos atestam, porém, que não houve poeta mulher que tenha tido uma reputação equivalente à dela, conforme afirma Estrabão (I a.C. a I d.C.): "em todo o tempo recordado não sei de mulher alguma aparecida que seja páreo ou que se aproxime um pouco dela, de Safo, quanto à graça de sua poesia" (*Geografia*, 13.2.3 *apud* RAGUSA, 2011, p. 20).

Para Marilyn B. Skinner (1993), a poesia lírica de Safo é a primeira poesia "heterossexual", pois apresenta *de fato* um sujeito narrador feminino, que narra os fatos e emoções desde a experiência subjetiva feminina. Aqui é preciso explicar que o que Skinner está chamando de "hétero" e "homossexualidade" não tem nada a ver com o que comumente entendemos, ou seja, o desejo sexual voltado para pessoas do mesmo sexo ou para o sexo oposto – inclusive, se assim fosse, teríamos que dizer que, dado o conteúdo homoerótico de algumas poesias de Safo, o correto seria dizer que sua poesia seria "homossexual". Skinner parte da tese da filósofa belga pós-estruturalista Luce Irigaray, para quem a diferença sexual está inscrita de modo bastante rudimentar nos sistemas simbólicos do Ocidente. O que comumente é chamado, na cultura patriarcal do Ocidente, de diferença sexual e diferença de gênero, nada mais é do que *indiferença sexual*, uma vez que o comportamento e a sexualidade feminina são abordados desde uma perspectiva subjetiva dos homens. Essa situação leva-nos ao estado paradoxal de que a relação pseudo--heterossexual, na verdade, é uma relação do homem com ele mesmo ou dele com a fantasia que ele produz no corpo feminino.

Em *Speculum of the other woman* (1985a, p. 243-364), Irigaray mostra como o apagamento da mulher como sujeito começa no século IV a.C. com a metafísica de Platão – auge do período Clássico, iniciado no final do século VI, em Atenas, com o estabelecimento da cidade-Estado, democrática. Segundo Irigaray, a metáfora do mundo das ideias ilustra, por meio do mito da caverna, de maneira simbólica, mas determinante para a estruturação da linguagem e do pensamento, que o lugar da verdade é fora da "caverna", leia-se fora do útero materno, lugar da infância e da simbiose pré-lógica com a mãe. A "subida" ao encontro do "Sol", leia-se, da Verdade, das ideias abstratas, torna impensável um retorno ao escuro da caverna, leia-se, do útero feminino. A partir daí, as únicas relações lícitas serão entre pai e filho ou entre filósofo e seu discípulo. A obsessão filosófica com a pureza do ser, o absoluto, o ideal abstrato, "bane a especificidade da mulher para o vazio do ininteligível" (SKINNER, 1993, p. 127, tradução minha). Então, os homens passaram a se considerar os únicos aptos a falar, interpretar, criar e narrar os acontecimentos, as experiências *de toda a humanidade*. As experiências, as percepções e os valores da outra metade da humanidade, as mulheres, passaram a ser interpretados por eles. Descrita pelo olhar masculino, a mulher passa a ser "aquilo" que o olhar masculino imagina que seja. "A mulher, neste imaginário sexual, é apenas um adereço mais ou menos obrigatório para a encenação das fantasias do homem" (IRIGARAY, 1985b, p. 25, tradução minha). As descrições das relações de gênero na tradição do pensamento ocidental testemunham a interação de um sujeito masculino consigo, ou melhor, com aspectos dele mesmo externalizados e projetados naquilo que tradicionalmente se identifica como "mulher", mas que, na verdade, apenas representa um signo linguístico identificado como o supostamente "oposto" ou "sexualmente diferente" do homem.

Tudo isso implica a conclusão de que não há, na verdade, dois sexos, mas apenas um: "o feminino ocorre apenas dentro de modelos e leis concebidas por sujeitos masculinos. O que implica que não existem realmente dois sexos, mas apenas um" (IRIGARAY, 1985b, p. 86, tradução minha). Dessa maneira, conclui Irigaray, a sexualidade dita "heterossexual" é, na verdade, "pseudo-heterossexual", pois representa a relação do homem com seu supostamente "oposto", porém um "oposto" que ele mesmo construiu. Assim, a relação entre um homem e uma mulher é, na verdade, pseudo-heterossexual ou "hom(m)osexual".

A poesia lírica de Safo descreve em grande parte de seus fragmentos o estado fisiológico que acomete aquele que se apaixona e que deseja. Esse apaixonar-se e desejar é descrito como obra de Eros. Safo dedica-se a descrever o momento do acontecimento do sentimento da paixão, como ela ocorre mental e emocionalmente no amante. O desejo erótico é paradoxal. Ele é, nas palavras de Safo, doce-amargo (*glukupikron*, fr. 130). "Doce-amargo" não descreve uma sucessão, primeiro a paixão, depois a dor da separação. Doce-amargo descreve uma simultaneidade de sentimentos. O desejo erótico é ao mesmo tempo doce e amargo. Eros, desejo erótico, é a representação da falta. O amante apaixonado deseja aquilo que está distante, fora de si. O desejo se sustenta, portanto, nessa tensão física entre o prazer erótico do desejo e a tensão física diante da distância e da ausência do sujeito amado. No fragmento 31, preservado indiretamente pela sua presença no livro de Longino, *Do sublime*, Safo descreve esse estado doce-amargo por meio da estratégia de triangulação: o eu lírico se projeta no indivíduo que está próximo da pessoa amada, considerando esta posição de proximidade o estado ideal, situação que gostaria de estar ocupando, mas isso é apenas um ideal, está apenas no campo da imaginação do eu lírico, que vivencia o desejo erótico justamente graças à distância e ao sofrimento, o amargor doce que lhe provoca, fisiologicamente. Seu estado de torpor e paralisia diante da amada a (o) impede de sequer se aproximar dela. É essa distância que anima o desejo erótico. O movimento todo do desejo se dá no plano emocional e físico. O eu lírico não se move, apenas observa, mas nessa simples observação da cena da proximidade entre a amada e o estranho, uma convulsão de estados físico-emocionais lhe acomete. A dinâmica do desejo erótico se dá simultaneamente nos planos mental-emocional e fisiológico. O que sustenta a tensão doce-amarga própria do desejo erótico é justamente a distância entre a amante e a amada, sua posição inalcançável para a amante. Vejamos:

> Igual aos deuses esse homem
> me parece: diante de ti
> sentado, e tão próximo, ouve
> a doçura da tua voz,
> e o teu riso claro e solto. Pobre
> de mim: o coração me bate

de assustado. Num ápice te vejo
e a voz se me vai;

a língua paralisa; um arrepio
de fogo, fugaz e fino
corre-me a carne; enevoados
os olhos; tontos os ouvidos.

O suor me toma, um tremor
Me prende. Mais verde sou
Do que uma erva – e de mim
Não me parece a morte distante.
(SAFO DE LESBOS, 1992)

Imobilidade, paralisia, coração acelerado, suor, tremor e susto são os estados fisiológicos da apaixonada. Ela sente literalmente desfalecer--se diante da outra desejada e distante.

O grande paradoxo de Eros é que ele se esvai na presença da amada/amado, e só se sustenta na sua ausência/distância, ou seja, ele é a própria representação da falta. Enquanto houver falta, ausência e distância, há desejo. Se a falta for preenchida, isto é, se o sujeito desejante alcançar o sujeito desejado, Eros, a falta, se esvai. Por isso, a força erótica das cartas apaixonadas dos amantes separados, das canções dos trovadores, distantes de suas donzelas. O desejo erótico é caracterizado por uma presença-ausente. Na medida, portanto, que ele se caracteriza tanto por uma doçura, isto é, pelo prazer da imaginação acerca da presença idealizada do amado/amada, quanto por um sofrimento, o reconhecimento da falta e seus transtornos fisiológicos, pode-se dizer que a paixão é tanto amada, desejada, quanto odiada. Mais uma vez uma contradição. O reconhecimento da falta implica o reconhecimento da não completude da apaixonada, ela não se basta, não é completa em si mesma. A dor da falta é a dor da impossibilidade de ultrapassar a fronteira do ego, que então passa a ser visto como um empecilho. Sabe a poeta que canta a dor da paixão que não há união total, jamais dois corpos irão se fundir em perfeição, pois cada qual carrega em si uma falta que jamais poderá ser definitivamente preenchida. Muito pelo contrário, a tentativa de preenchimento acaba em frustração.

Para Skinner (1993, p. 134), o fragmento 31 de Safo ilustra a tese de que há, sim, uma subjetividade propriamente feminina, que se expressa, por exemplo, na dinâmica do desejo sexual de modo distinto da dinâmica masculina do desejo. Enquanto para o homem o desejo sexual é uma conquista, uma caça, uma maneira de se impor ao outro, portanto, uma relação de poder, para a mulher, como mostra esse poema, a dinâmica do desejo não é hierárquica. A narradora do poema está seduzindo aquela que a ouve, mostrando-lhe o quanto ela é desejada por aquela que está fora da cena, e agindo desse modo a narradora encoraja a retratada a responder com o mesmo desejo erótico.

Para Marylin B. Arthur, por outro lado, o fragmento 31 ilustraria o modelo de relacionamento erótico aristocrático, no qual a paixão é controlada. O aristocrata joga o jogo erótico, mas não perde o controle, não cede às paixões. Na medida em que a narradora é capaz de expor sua situação de total imobilidade diante da pessoa que lhe desperta desejo, de maneira não desesperada, mas, sim, alegre, isso seria uma prova de que os poemas eróticos faziam parte das diversões aristocráticas, sempre com contenção e sem exagero. Para Skinner, ao contrário, a triangulação tem também um objetivo concreto, o de mostrar à jovem que é cortejada que, enquanto na narradora ela desperta todo o tipo de estados físicos, provocados pelo desejo, o homem sentado diante dela está indiferente à sua sedução: "a sua intromissão neste *thiasos* íntimo, menos inclinado a apreciar o encanto singular da companheira" (SKINNER, 1993, p. 134, tradução minha).

Safo estaria, segundo Skinner, alertando as jovens para a indiferença que receberão dos homens quando saírem da comunidade de mulheres aprendizes (*thiasos*) e se casarem. O mundo dos homens é o mundo em que o desejo erótico não está voltado para as mulheres.

Ainda que fragmentário, os poemas de Safo, escritos na época arcaica, são as únicas fontes primárias que nos restaram como testemunho da subjetividade feminina. Relato do modo pelo qual a professora e poeta Safo preparava suas alunas para viverem e sobreviverem em uma sociedade patriarcal e misógina. Se na escola de mulheres a relação era simétrica, entre pessoas movidas pelo sentimento de copertencimento a uma comunidade, elas também precisavam aprender a como sobreviver em um ambiente hierárquico, como o ambiente doméstico.

Dentro da lógica hierárquica do mundo dos homens, os jovens que são cortejados por homens mais velhos não poderiam sentir prazer, pois, ao sentir prazer, se tornariam afeminados (DOVER, 2007). Na perspectiva sobre a sexualidade feminina vista pelos homens gregos, a mulher não tinha o controle sobre seu desejo sexual. Ela não poderia engravidar sem que sentisse prazer na relação. Halperin (1990) mostra, entretanto, que essa falsa teoria acerca da sexualidade feminina é construída para encobrir o fato de que quem não consegue controlar o seu desejo é o homem, já que quem precisa ejacular, portanto, sentir prazer, para fecundar é o homem, não a mulher. A rigor, a mulher não precisa sentir prazer para se relacionar sexualmente com um homem, mas ele precisa.

Diotima resolve esse problema. Ela teria sido supostamente professora de Sócrates e lhe ensinara que a verdadeira paixão seria a paixão pela verdade. A relação erótica fundamental, portanto, seria a que se estabelece entre mestre e aluno, justamente porque nela, diz Diotima, eles estão imbuídos de mesmo objetivo, o de atingir o mundo das ideias, da verdade.

Diotima faz parte do programa filosófico de exclusão das mulheres do ambiente discursivo, pois é uma mulher preparada pelos homens. Ela é "higienizada" e apresentada em um formato intelectualizado. Na medida em que o narrador, Platão, tem o controle sobre seus personagens, produz, como assim o fizeram os trágicos, uma personagem feminina de acordo com seus interesses, ou melhor, de acordo com o poder que possui de determinar o outro a partir de si, pois domina a totalidade da existência ao ocupar a posição do narrador onisciente.

CONSIDERAÇÕES FINAIS

A maioria das estudantes de graduação e pós-graduação dos estudos clássicos não recebe treinamento em teoria feminista (RABINOWITZ, 1993, p. 17). Entretanto, como procurei mostrar aqui, a desigualdade de direitos e oportunidades entre homens e mulheres nos dias de hoje inicia-se lá na Grécia com a estruturação do pensamento e linguagem a partir de representações simbólicas que impactaram o imaginário do Ocidente sobre as relações de gênero.

REFERÊNCIAS

ARISTÓTELES. *ECONÔMICOS*. São Paulo: Martins Fontes, 2011.

ARTHUR, Marylin B. Early Greece: the origins of the Western attitude toward women. *In*: PERADOTTO, John; SULLIVAN, J. P. (org.). *WOMEN IN THE ANCIENT WORLD*: the Arethusa papers. New York: The State University of New York Press, 1984.

CARSON, Anne. *EROS*: the bittersweet. Funks Grove: Dalkey Archive Press, 2003.

CARSON, Anne. Putting her in her place: woman, dirt, and desire. *In*: HALPERIN, David M.; WINKLER, John J.; ZEITLIN, Froma I. (ed.). *BEFORE SEXUALITY*: the construction of erotic experience in the ancient Greek world. Princeton: Princeton University Press, 1990.

CASTRO, Susana de. *AS MULHERES DAS TRAGÉDIAS GREGAS*: poderosas? Barueri: Manole, 2011.

CORRÊA, Paula da. Prefácio. *In*: RAGUSA, Giuliana. *SAFO DE LESBOS*. São Paulo: Hedra, 2011.

COULANGES, Fustel de. *A CIDADE ANTIGA*. 5. ed. São Paulo: Martins Fontes, 2004.

DOVER, Kenneth J. *A HOMOSSEXUALIDADE NA GRÉCIA ANTIGA*. São Paulo: Nova Alexandria, 2007.

DUBOIS, Page. *TROJAN HORSES*: saving the classics from conservatives. New York: NYU Press, 2001.

HALPERIN, David M. Why is Diotima a woman? *In*: HALPERIN, David M.; WINKLER, John J.; ZEITLIN, Froma I. (ed.). *BEFORE SEXUALITY*: the construction of erotic experience in the ancient Greek world. Princeton: Princeton University Press, 1990.

HESÍODO. *TEOGONIA*. Niterói: Editora da UFF, 2009.

IRIGARAY, Luce. *SPECULUM OF THE OTHER WOMAN*. New York: Cornell University Press, 1985a.

IRIGARAY, Luce. *THIS SEX WHICH IS NOT ONE*. New York: Cornell University Press, 1985b.

JUST, Robert. *WOMEN IN ATHENIAN LAW AND LIFE*. Londres/New York: Routledge, 1991.

LESSA, Fábio de Souza. *MULHERES DE ATENAS*: Mélissa do Gineceu à Agorá. Rio de Janeiro: LHIA, 2001.

PLUTARCO. *VIDAS*. São Paulo: Editora Cultrix, 1963.

POMEROY, Sarah. *GODDESSES, WHORES, WIVES, AND SLAVES*: women in Classical Antiquity. New York: Schocken Books, 1995.

RABINOWITZ, Nancy Sorkin. Introduction. *In*: RABINOWITZ, Nancy Sorkin; RICHLIN, Amy. *FEMINIST THEORY AND THE CLASSICS* (ed.). New York/London: Routledge, 1993.

RAGUSA, Giuliana. *SAFO DE LESBOS*. São Paulo: Hedra, 2011.

SAFO de Lesbos. [Tradução de Pedro Alvim]. São Paulo: Ars Poetica, 1992.

SKINNER, Marilyn B. Woman and language in Archaic Greece, or, Why is Sappho a woman? *In*: RABINOWITZ, Nancy Sorkin; RICHLIN, Amy. *FEMINIST THEORY AND THE CLASSICS* (ed.). New York/London: Routledge, 1993.

TUCÍDIDES. *HISTÓRIA DA GUERRA DO PELOPONESO*. Brasília: Editora da UnB, 1987.

VERNANT, Jean-Pierre. Héstia-Hermes: sobre a expressão religiosa do espaço e movimento entre os gregos. *In*: VERNANT, Jean-Pierre. *MITO E PENSAMENTO ENTRE OS GREGOS*: estudos de psicologia histórica. 2. ed. Rio de Janeiro: Paz e Terra, 1990a.

VERNANT, Jean-Pierre. Marriage. *In*: VERNANT, Jean Pierre. *MYTH AND SOCIETY IN ANCIENT GREECE*. New York: Zone Books, 1990b.

WOOLF, Virginia. *UM TETO TODO SEU*. São Paulo: Tordesilhas, 2014.

CAPÍTULO 12

JANYNE SATTLER

EPISTEMOLOGIA FEMINISTA

Entre as inúmeras contribuições do feminismo para o repensar da história da filosofia e da atividade filosófica como tal, a epistemologia feminista é talvez a mais radical e a mais desestabilizadora da nossa linguagem teórica tomada em sua acepção canônica. Porque está em jogo aqui a nossa própria prática conceitual e sua concomitante percepção do mundo real – assim como do mundo social, moral e político. Ao questionar as bases daquilo que se considera como um dos núcleos fundamentais para a atividade filosófica "propriamente dita", a epistemologia feminista responde de certa forma à conhecida acusação de que "fazer feminismo" não é "fazer filosofia", não apenas por tratar de questões tradicionais – consideradas, portanto, como "legítimas" – da teoria do conhecimento e da filosofia da ciência, mas também por mostrar que tais questões não estão elas mesmas isentas de um viés social e político (ainda que invisível porque institucionalizado). O que sempre passou por "fazer filosofia" pode muito bem ter sido sempre um "fazer a política" do interesse dominante.

Embora um diagnóstico de fundo seja compartilhado pela maior parte das autoras, a "epistemologia feminista" é plural em suas vertentes propositivas e alternativas metodológicas, o que nos justificaria o emprego de "epistemologias feministas" em vez de sua nomenclatura no singular. Esta é uma ressalva importante para um texto cujo objetivo é uma introdução aos principais tópicos de investigação e às principais abordagens dedicadas a pensar sobre o papel que tem a experiência feminina para as teorias do conhecimento – e seus desdobramentos na filosofia da ciência.[1] Nuances e distinções mais refinadas não poderão, portanto, ser aqui contempladas.

Evidentemente, o ponto de partida para o questionamento em pauta, dado com a "experiência feminina" ou com os "modos femininos de conhecimento", parece carregar consigo um certo risco de naturalização daquelas diferenças que podem muito bem continuar servindo à manutenção de certos estereótipos ou do próprio padrão filosófico hierárquico – do mencionado interesse dominante – ainda em voga. Afinal, a desqualificação do "feminino" sempre favoreceu uma leitura autoritária de toda e qualquer teoria que pretendesse concorrer com os critérios gerais de justificação constituintes da teoria do conhecimento. No entanto, essa preocupação desconsidera a crítica profunda assim iniciada quanto à própria possibilidade de generalização, universalização e objetividade como os padrões necessários da justificação. Do sentimento de exclusão da experiência feminina das abordagens epistemológicas tradicionais, as feministas passam ao questionamento radical da posição de justificação epistêmica ela mesma: também a suposta "generalidade" e "neutralidade" é contextual, situada e informada pelo *status* do sujeito epistêmico – um sujeito masculino, branco e heterossexual, em geral norte-americano ou europeu, em detrimento de todos os outros –, pelo privilégio outorgado a esses conceitos em vez de outros, como o de "corporificação" ou de "emoção", por exemplo, e pela validação de certos valores morais, culturais e até mesmo econômicos – como indubitabilidade, independência e sucesso. O que a epistemologia feminista pretende

---

1 Embora este capítulo não se debruce especificamente sobre a filosofia da ciência, várias das questões referentes à epistemologia feminista servem também como arcabouço para o questionamento das metodologias científicas hegemonicamente masculinas e brancas. Alguns exemplos apresentados provêm essencialmente das ciências; no entanto, tratarei de modo intercambiável (correndo alguns riscos quanto a generalizações) as questões epistemológicas de fundo que são compartilhadas tanto pela metodologia epistemológico-filosófica quanto pela metodologia científica.

mostrar, portanto, é que também as noções supostamente imparciais da tradição epistemológica estiveram desde o início marcadas pela posição e pelas condições do sujeito cognoscente, e que as investigações filosóficas e científicas supostamente desinteressadas dos pesquisadores são, na verdade, igualmente parciais. No horizonte dessa empreitada está, evidentemente, não apenas a legitimação do espaço e do estilo cognitivo das mulheres na pesquisa filosófica, mas também a busca por um conhecimento do mundo e da realidade que possua um padrão mais democrático – com o reconhecimento de que os processos cognitivos ou de produção do conhecimento são inescapavelmente políticos.

No que se segue, pretendo abordar os aspectos fundamentais que caracterizam a epistemologia feminista, descrevendo, em primeiro lugar, as críticas centrais dirigidas à tradição normativa androcêntrica e, em segundo lugar, as principais posturas de espectro mais propositivo. Sem pretender esgotar as alternativas empreendidas pelas epistemólogas, gostaria de salientar alguns dos pontos importantes das correntes mais expressivas neste debate: a teoria feminista do ponto de vista ou da perspectiva (*feminist standpoint theory*), o pós-modernismo feminista (*feminist postmodernism*) e o empirismo feminista (*feminist empiricism*). Uma grande parte das autoras presentes habita o mundo anglo-saxão. É talvez significativo para o contexto filosófico brasileiro que as discussões sobre epistemologia feminista estejam apenas começando. Na verdade, uma parte considerável dos debates sobre o assunto é travada entre historiadoras e estudiosas das questões de gênero em geral,[2] e apenas recentemente por filósofas em

---

2 O texto "Epistemologia feminista, gênero e história", de Margareth Rago (1998), nos dá uma boa introdução ao tema em sua área, valendo-se, não obstante, dos nomes mais importantes advindos também da filosofia. Cf. ainda a impressionante coleção dos Cadernos Pagu e da Revista Estudos Feministas do Instituto de Estudos de Gênero da UFSC, com edições dedicadas à epistemologia nas ciências sociais e na história. Um nome importante aqui, além de Michelle Perrot (1984), é o de Joan Scott e seu texto "Gênero: uma categoria útil de análise histórica" (1991). O fato de que as ciências sociais, a história e os estudos de gênero de modo geral façam apelo às epistemologias feministas, para além da reflexão filosófica de base, aponta talvez para algo de crucial a ser devidamente considerado pela filosofia: a necessidade de se pensar interdisciplinarmente mesmo naqueles domínios inicialmente considerados exclusiva e estritamente filosóficos. Esta é uma questão que reaparecerá mais adiante no que toca à intervenção política do feminismo sobre a epistemologia.

seus departamentos e áreas de origem. Em que pese a exclusão das mulheres dos corpos docentes universitários em filosofia no Brasil, até que ponto podemos considerar essa lacuna teórica como descaso ou atraso das próprias filósofas?[3]

DIAGNÓSTICOS CRÍTICOS

As questões da epistemologia feminista são informadas por dois pontos de vista complementares: por um lado, aquele que investiga as relações entre sujeito e objeto no ato do conhecimento e, por outro lado, aquele que interroga as influências do gênero sobre concepções e práticas epistemológicas. Ao debruçar-se sobre os problemas típicos da teoria do conhecimento com um olhar aguçado pelas opressões percebidas pelos feminismos, a epistemologia feminista não se coloca apenas como mais uma das opções concorrentes entre as vertentes existentes a respeito da natureza da agência, da justificação, da objetividade, da racionalidade e do próprio conhecimento, mas trata essas questões de modo distinto, desde uma perspectiva que poderíamos mesmo chamar de "metafilosófica", ao colocar em xeque as demarcações da disciplina como usualmente concebidas. Contra sua suposta abstração e universalidade, trata-se de trazer à luz a interdependência entre a epistemologia e as outras áreas da filosofia, como a ética e a filosofia política, e o modo complexo como poder e conhecimento são conjuntamente construídos. Trata-se, por isso, não apenas de advogar por uma nova política epistemológica que traga em seu bojo novas configurações sobre a natureza do conhecimento – que sejam inclusivas relativamente a sujeitos "não

---

3 Sobre a ausência das mulheres no espaço filosófico acadêmico atual, ver o pioneiro estudo de Carolina Araújo (2015) e suas mais recentes pesquisas (2019). A mesma incipiência pode ser estendida à consideração das "epistemologias do sul" – uma obra de exceção encontra-se, neste caso, em Boaventura de Sousa Santos e Maria Paula Meneses (2009), note-se, no entanto, tratar-se de obra estrangeira e interdisciplinar, sem protagonismo filosófico. No Brasil, fica por ser feito um estudo de cunho epistemológico das categorias propostas, por exemplo, por Lélia Gonzalez (1988), para além de outros questionamentos filosófico-conceituais específicos de nossa geografia e cultura.

universais" –, mas sobretudo de mostrar que o fazer epistemológico esteve desde sempre comprometido com uma certa agenda de valores morais e políticos obscurecidos por seus próprios ideais de neutralidade e imparcialidade. Negar a intervenção e o viés político sobre a produção do conhecimento é, ingênua e miticamente, endossar o lugar social, ético e político a partir do qual se o afirma. E isso significa também, em última instância, refletir sobre os contornos e o estatuto do fazer filosófico ele mesmo ao trazer a prática feminista – como movimento necessariamente político que é – para questionar as antigas assunções filosóficas de imaterialidade e incorporeidade de sua atividade "profissional". Daí a ideia de uma atitude "metafilosófica".

O reconhecimento das influências políticas e ideológicas sobre as concepções e práticas epistemológicas dominantes evidencia as diversas maneiras pelas quais as mulheres (bem como outros grupos marginalizados) são excluídas dos interesses da reflexão filosófica e científica dos pesquisadores e, assim, do próprio fazer investigativo. Que filosofia e ciência sejam áreas tradicionalmente "masculinas" de trabalho não é algo que se deve apenas aos conhecidos obstáculos sociais, econômicos e educativos (oriundos também, evidentemente, da vigência do patriarcado) aos quais estão submetidas as mulheres desde o início da construção dos cânones ocidentais do conhecimento, acrescenta-se a esse fato da subordinação social concreta também uma inferiorização dos seus modos particulares de conhecimento, nunca publicizados, já que sua esfera de ação e experiência é sempre privada. Desde aí, igualmente, uma rotulação discordante, já que esses modos femininos de cognição não preenchem os critérios válidos da autoridade epistêmica tais como elencados pelas concepções de racionalidade desencarnada e objetividade distanciada e desinteressada: a experiência cognitiva das mulheres é encarnada, relacional e subjetiva. Claro que podemos questionar a existência de estilos "femininos" de cognição contra estilos "masculinos", em razão do risco sempre presente de escorregadelas essencialistas e naturalizantes. No entanto, ainda que os modos específicos de conhecimento das mulheres tenham sido construídos cultural e socialmente, é também verdade que, ao erigir-se como o critério da autoridade epistêmica o sujeito cognoscente "masculino" (semelhantemente construído), ignora-se e apequena-se aquelas características tipicamente associadas à vivência feminina da realidade: situação, contexto, emotividade, corporeidade, interesse e desejo. Traços igualmente faltantes às reflexões filosóficas – até mesmo em áreas como a ética e a política em que pareceriam imprescindíveis em vista da complexidade e pluralidade das vivências morais e políticas. O corolário dessa exclusão da prática investigativa tanto quanto da exclusão de sua condição de sujeito epistêmico legítimo é a produção de teorias que desconsideram os interesses, as atividades e os problemas próprios das mulheres, ocultando com isso também a própria problemática das relações de poder com base em gênero, já que a suposta generalidade dos processos de produção do conhecimento serve à manutenção de uma reiterada hierarquia que se pretende epistemicamente válida e incontestável.

Obviamente, o diagnóstico de um padrão normativo androcêntrico nas práticas tradicionais de atribuição, aquisição e justificação do conhecimento deve ir além da denúncia política. Até mesmo a explicação sobre a ausência das mulheres nos espaços de reflexão e investigação epistemológica e científica depende de uma análise conceitual cujo desenvolvimento e aperfeiçoamento seja também ele epistemicamente adequado. A diferença para a epistemologia feminista, neste caso, fica por conta de uma nova compreensão e de uma nova significação do que seja "adequação", conceito este agora dependente, por exemplo, de outras categorias analíticas até então ausentes das considerações epistemológicas – "gênero", "corpo", "sujeito situado", "saber localizado" – e que possam resultar no que Teresa de Lauretis chama de "pensamento generificado" ou "conhecimento corporificado" (LAURETIS, 1993, p. 84). Nas palavras de Linda Alcoff e Elizabeth Potter, essa adequação implica que não se ignore as políticas envolvidas nos processos de conhecimento:

> [...] para ser *adequada*, uma epistemologia deve atender aos modos complexos pelos quais os valores sociais influenciam

> o conhecimento, incluindo as implicações sociais e políticas
> discerníveis de sua própria análise. Esse novo critério
> de adequação, é claro, torna muito mais difícil fazer boa
> epistemologia. (ALCOFF; POTTER, 1993, p. 13, tradução minha)

Segundo as autoras, não se trata de uma redução da epistemologia à política, mas, sim, da realização de um objetivo emancipatório, claramente feminista e inclusivo, que possibilite "a expansão da democracia na produção do conhecimento", e que nos permita, por sua vez, uma melhor compreensão do mundo em sua pluralidade de vivências, no intuito de se "viver bem nele". A maneira como Donna Haraway (1995) expressa essa concordância em termos dos objetivos da epistemologia feminista deixa claro ainda uma vez o necessário entrecruzamento das áreas filosóficas em sua crítica a uma tradição epistemológica genérica e falsamente imparcial que, ao fim e ao cabo, diz ela, não se responsabiliza por injustiças cometidas em nome do "conhecimento universal":

> As feministas têm interesse num projeto de ciência sucessora que
> ofereça uma explicação mais adequada, mais rica, melhor do mundo,
> de modo a viver bem nele, e na relação crítica, reflexiva em relação
> às nossas próprias e às práticas de dominação de outros e nas partes
> desiguais de privilégio e opressão que todas as posições contêm.
> Nas categorias filosóficas tradicionais, talvez a questão seja ética e
> política mais do que epistemológica. (HARAWAY, 1995, p. 15)

O projeto da epistemologia feminista começa, assim, a partir do diagnóstico de uma tradição hegemônica masculina, pela revisão crítica dos conceitos de "conhecimento", "sujeito cognoscente", "objetividade", "racionalidade", "justificação", "metodologia científica", "generalidade" e "universalização", como conceitos falhos e tendenciosos, em vista de sua reconstrução normativa, prática e ideológica que reconheça, explique e endosse a parcialidade e a contextualidade dos nossos processos de conhecimento. Algumas das questões são, portanto, velhas questões epistemológicas remodeladas e renovadas pela perspectiva de gênero – como o deveriam ser também pela perspectiva de classe, de raça, de pertença cultural e geográfica. Para citar mais uma vez Alcoff e Potter (1993), estas são algumas das questões abertas pela epistemologia feminista na transição para uma nova compreensão filosófica da teoria do conhecimento:

> Quem é o sujeito do conhecimento? Como a posição social do sujeito afeta a produção do conhecimento? Qual é o impacto sobre o conhecimento e a razão do corpo sexuado do sujeito? Todo conhecimento pode ser expresso em forma proposicional? Como podemos maximizar a objetividade se reconhecemos que a perspectiva não pode ser eliminada? As perspectivas dos oprimidos são epistemicamente privilegiadas? Como as categorias sociais, como o gênero, afetam as decisões teóricas dos cientistas? Qual é o papel das ciências sociais na naturalização da epistemologia? Qual é a conexão entre conhecimento e política? (ALCOFF; POTTER, 1993, p. 13, tradução minha)

As noções centrais para se começar a responder a estas perguntas em direção às abordagens mais propositivas das epistemólogas são as de "sujeito situado" e "conhecimento situado". "Situação", aqui, é a marca caraterística do tipo de saber resultante de todas as determinações dadas sobre o indivíduo – este saber que Haraway nomeia como "localizado": determinações contextuais, históricas, temporais, culturais, linguísticas, políticas, éticas, sexuais, étnicas, relacionais, interacionais, subjetivas, intuitivas, emocionais. O conhecimento situado é, portanto, aquele que reflete a perspectiva específica do indivíduo – contra a pretensão de isenção e imparcialidade – e é necessariamente constituído e construído por sua complexidade de pessoa entranhada, corporalmente inclusive, num mundo contingente e habitado pela diferença. O conceito de "gênero" é, neste caso, apenas a primeira categoria a partir da qual refletir sobre o modo como o *status* social do sujeito incide sobre sua aquisição, atribuição e justificação de conhecimento – é o que caracteriza, afinal, uma epistemologia como sendo "feminista", em primeiro lugar.

Notoriamente, a situação em questão é a do sujeito em relação ao objeto de conhecimento – que pode, é claro, ser também um outro sujeito. Os traços que singularizam o modo como algo pode ser apreendido dependem, antes de mais nada, da própria localização corporal do indivíduo – tipicamente, a situação almejada pelo ideal tradicional de uma verdade pura e universal é uma visão total e "de lugar algum", que vê tudo e nada ao mesmo tempo e que é, por isso, incapaz de perceber as coisas como elas são[4] – e da maneira como alguns fatos (sobre estados mentais, por exemplo) são acessados privilegiadamente "em primeira pessoa". Esse conhecimento distinto de si mesmo não cabe nas caixetas da expressão proposicional do conhecimento que regulam a epistemologia impessoal canônica, sobretudo porque essa personificação do saber vem ainda matizada por emoções, atitudes, interesses, valores, crenças de fundo, visões (morais, religiosas, culturais) de mundo e relações interpessoais (apreendidas também interpretativamente) inseparáveis da compreensão do que significa ser alguém que conhece algo ou alguém a partir de uma determinada perspectiva. Finalmente, a situação singular do sujeito em relação a um objeto depende também de suas habilidades e práticas cognitivas (seu *know-how*), adquiridas por processos e objetivos diferentes de aprendizado, de seus estilos investigativos ou modos de representação igualmente influenciados por determinações particulares de finalidade, formação ou treinamento, e de seus distintos vínculos epistêmicos com outros sujeitos cujo conhecimento pode ser mais ou menos relevante.

A todos esses marcadores gerais da situação do sujeito cognoscente, soma-se ainda sua situação social. Neste ponto, a epistemologia feminista é também uma epistemologia social, e a análise dos processos (de acesso, expressão, padrões de justificação e de autoridade epistêmica) do conhecimento reclama a consideração das atribuições *sociais* tanto quanto *subjetivas* de identidade, pertença, relacionamentos, papéis e deveres sociais, e a maneira como estas acabam distribuindo direitos e

---

4 Cf. Haraway (1995) para uma crítica contundente deste ideal e a favor de uma compreensão da visão como incorporada em prol de saberes localizados.

poderes. Evidentemente, a análise da epistemologia feminista enfatiza a marcação de *gênero* na compreensão da condição e do contexto social do sujeito ao salientar aquelas qualidades que são histórica e culturalmente concebidas como "masculinas" e "femininas" na constituição de um saber generificado:[5] papéis sociais e laborais, normas de comportamento, expectativas relativas a características psicológicas e virtudes, identificação subjetiva e performance de gênero – cuja interpretação pós-moderna da teoria feminista reforça justamente a artificialidade dos traços "masculinos" e "femininos", ver Butler (2017), por exemplo –, e projeção de representações simbólicas de gênero sobre os espaços ocupados por homens e mulheres. Ora, o resultado da conjugação de todas essas características de gênero na análise da construção dos processos de conhecimento nos leva a uma melhor compreensão dos mecanismos de exclusão das mulheres da atividade filosófica e científica e do modo como seu saber é invalidado e deslegitimado. Se às mulheres cabe o papel da reprodução – mais do que o papel da produção,[6] um comportamento despretensioso e recatado, devotado ao cuidado da vida e dos outros, cujas virtudes são incompatíveis com o tipo de prática desinteressada e impassível dos estudos filosóficos e científicos –, às mulheres não cabe a atribuição da autoridade epistêmica necessária ao conhecimento das verdades do mundo e às mulheres não cabe fazer ciência. A compreensão dessa engrenagem de afastamento e derrogação não apenas nos ajuda a explicar e a denunciar a ausência das mulheres dos campos epistemológicos, mas nos auxilia também a desconstruir o modelo hegemônico vigente e a propor, em seguida, alternativas mais inclusivas, abrangentes e condizentes com o mundo real em sua complexidade. Como destaca Ilana Löwy (2009), as autoras que perscrutam a relação entre ciência e

---

5 A crítica ao modo como tais modelos são desde sempre construídos é uma crítica eminentemente feminista, mas que não cabe ser feita aqui. Aparentemente, o que a epistemologia feminista pretende fazer ao desconstruir os cânones falsamente neutros da teoria do conhecimento é lidar com o que está dado até o ponto em que se possa também desconstruir os próprios modelos de gênero estabelecidos. Porque, claro, em alguns casos, falar de "conhecimento generificado" pode nos levar novamente de volta aos essencialismos e às naturalizações indesejáveis já antes mencionados.

6 Cf., entre outros, o importante trabalho de Silvia Federici (2017) a respeito desta distinção.

gênero em vista de uma epistemologia feminista deixam claro que "não há cultura fora da cultura, nem história natural fora da História":

> Essas pesquisadoras enriqueceram as reflexões sobre a história social e cultural das ciências com considerações acerca do papel central da divisão homem/mulher na constituição do saber científico. Esta é construída como uma dicotomia natural, rígida, mutuamente exclusiva e hierárquica – o princípio masculino domina sobre o princípio feminino. Dada a relevância fundamental dessa divisão em todas as sociedades humanas e a sua incorporação na cultura e na linguagem, é razoável supor que tenha influenciado a organização do conhecimento sobre o mundo natural e favorecido o desenvolvimento de visões dicotômicas e hierárquicas, apresentadas como equivalentes à "verdadeira estrutura" do mundo. (LÖWY, 2009, p. 41)

Desde aí a necessidade de se refazer a própria metodologia epistemológica e científica, modificando certas questões clássicas da teoria do conhecimento a partir desta constatação do "conhecimento situado" dado com os marcadores de gênero. Afinal, a consideração da perspectiva "feminina" até então negligenciada traz consigo uma apreensão particular da realidade e do próprio conhecimento que dilata certos conceitos, agrega novas noções e introduz imagens provisórias e alteráveis de investigação, sobretudo por tratar-se de empreitada em contínua construção – ponto que aliás desestabiliza e incomoda as antigas propostas unissonantes e homogêneas: contra a verdade pura e universal do balizamento racional e objetivo, contra a normatização e a ancoragem de uma certeza, um diálogo crítico e questionador instável e aberto. Não há, assim, um método que esteja pronto, como não há critério de normalização científica: "Não há ciência normal para nós!", afirma Harding (1993, p. 11).[7] Eis porque muitas das análises da epistemologia feminista oferecerem respostas ainda interinas quanto a seus próprios procedimentos. No entanto, dado o diagnóstico crítico inicial, muitas

---

7 Sobre a questão do método para Harding, conferir também: *Feminism and methodology: social science issues* (1987a).

questões são de antemão esclarecedoras quanto aos possíveis caminhos a seguir, muitas delas manifestamente ligadas ao sujeito "generificado" de conhecimento, cuja listagem aqui não é, evidentemente, exaustiva: uma compreensão (e uma autocompreensão) corporificada da internalização das normas e comportamentos de gênero que nos permita questionar, por exemplo, os modelos dicotômicos de leitura do mundo (mente/corpo, razão/emoção); uma investigação sobre respostas emocionais e valorativas como fontes legítimas de conhecimento da realidade e da realidade dos outros, inclusive quando estes forem objetos de pesquisa, nas ciências sociais, por exemplo; uma investigação sobre percepções, habilidades treinadas ou simbolicamente assumidas e acesso diferenciado pelo gênero a respeito dos espaços sociais ou mesmo dos espaços naturais – neste ponto, reivindica-se a superação do entendimento das competências científicas como "masculinas", já que a inabilidade de identificar-se com suas próprias funções, afirma Anderson (2017, p. 6), acaba por obstaculizar a prática que se pretenderia assumir –; uma investigação sobre métodos alternativos de análise e discurso epistemológico e científico em direção a compreensões do mundo que possam ser não quantitativas, não competitivas e não meramente argumentativas, mas mais holísticas, mais narrativas, sintéticas, intuitivas e imaginativas e mesmo amorosas, de cuja legitimação depende o reconhecimento de estilos cognitivos plurais em conjunção com as diferentes visões de mundo, crenças e saberes daí resultantes.

Objetivamente, esse tipo de reconhecimento depende também da maneira como homens e mulheres compartilham os espaços de pesquisa, de tal modo que a comunicação e a interação do conhecimento situado venham enfim outorgar autoridade e legitimidade à experiência cognitiva das mulheres. É claro que a mera presença das mulheres não traz por si só a ressignificação das práticas[8] – já que tam-

---

8 Avaliação salientada, por exemplo, no importante trabalho de Londa Schiebinger (2001) sobre feminismo, gênero e história da ciência: "Dizer que as qualidades socializadas das mulheres mudaram a ciência não leva em conta os sucessos arduamente obtidos em vinte anos de estudos acadêmicos realizados por mulheres [*women's studies*], o papel de homens feministas e muitas outras coisas" (SHIEBINGER, 2001, p. 36).

bém as mulheres podem ser reprodutoras dos padrões masculinistas de conhecimento, como o são das diversas facetas do machismo na sociedade e na cultura –, mas uma das veias abertas pela participação feminina na reflexão epistemológica e científica é a possibilidade de que novas questões sejam introduzidas na investigação e de que as teorias possam ser avaliadas a partir de seu viés de gênero. Nesse sentido, a presença das mulheres garantiria uma maior probabilidade de que questões de seu próprio interesse fossem também contempladas e de que as teorias daí resultantes pudessem ser menos sexistas. Como observa Löwy (2009), no campo da biologia e da medicina, por exemplo, as compreensões e as prerrogativas masculinas sobre o corpo humano teriam influenciado a "determinação dos rumos e das prioridades da investigação científica: elas podem ser responsabilizadas, por exemplo, pela inexistência, durante tanto tempo, de estudos científicos sobre a contracepção" (LÖWY, 2009, p. 41). De forma complementar, tais prerrogativas dominaram longa e continuamente a própria linguagem explicativa da ciência, e apenas recentemente a inclusão do "gênero" como categoria analítica possibilitou a abertura de "toda uma série de perspectivas de pesquisa sobre um amplo leque de fenômenos reunidos na expressão 'efeitos maternais'" (KELLER, 2009, p. 131).[9] Ainda que se possa questionar uma nomenclatura cujo risco é o da persistência de uma nova dicotomia ou da determinação unívoca das funções femininas, o resgate das caracterizações relativas às teorias reprodutivas, por exemplo, é altamente significativo para a denúncia do viés de gênero dominante no universo das ciências biológicas. Autoras como Nancy Tuana (1989) e Emily Martin (1991) mostram o modo como uma certa concepção das mulheres como "passivas, fracas e geralmente inferiores" condiciona a linguagem científica a respeito do seu papel na reprodução, "assinalando a importação – pela

---

9 O que a autora explica da seguinte maneira: "Estes [efeitos maternais] designam as influências de longo prazo sobre a biologia da progenitura – e mesmo sobre a evolução da espécie – que resultam de certos componentes genéticos (mitocôndrias) do óvulo da mãe, da fisiologia de sua gravidez ou das primeiras influências comportamentais que o recém-nascido recebe. Essas influências se manifestam na biologia da evolução, na ecologia e até na genética do desenvolvimento" (KELLER, 2009, p. 131). Cf. também Keller (1995).

literatura mais recente – de ideias tais como a passividade feminina e o heroísmo masculino para evocar a 'personalidade dos gametas'" (KELLER, 2009, p. 130). As indagações da epistemologia feminista procedem, assim, a uma modificação do empreendimento epistemológico e científico como um todo, tanto relativamente ao peso que tem a linguagem sobre as teorias desenvolvidas quanto relativamente ao significado da própria prática investigativa "como uma atividade 'pura' e desencarnada, pairando sobre o alarido e a desordem do mundo real" (LÖWY, 2009, p. 43). Ademais, esta é uma modificação mais democrática e – nas palavras de Haraway – politicamente mais responsável também por abrir-se às necessidades concretas da sociedade e incluir as pautas de indivíduos até então marginalizados por um saber supostamente universal.

Neste ponto, é importante notar, porém, que as atitudes não universalistas das epistemologias feministas, as quais têm sido salientadas aqui desde o início, não implicam por isso necessariamente uma adesão ao relativismo.[10] Embora Löwy (2009, p. 40) pareça sugerir que um "relativismo metodológico" tenha iniciado as discussões inclusivas do "gênero" como dado contextual e social na reflexão sobre o fazer filosófico e científico, da afirmação do conhecimento e do sujeito *situado*, não se segue que sua avaliação epistêmica só possa ser feita em seus próprios termos e com base apenas em sua própria perspectiva subjetiva. O que está em questão, fundamentalmente, é que essas novas categorias de análise nos permitem colocar questões inauditas a respeito dos próprios conceitos envolvidos em nossas avaliações, sobretudo aqueles de "objetividade", "racionalidade" e "autoridade". Tanto é assim que podemos nomear as principais abordagens feministas do conhecimento situado dentro do escopo e dos critérios de certas tradições epistemológicas – as quais aparecem com mais detalhes mais

---

10 O artigo já mencionado de Donna Haraway é igualmente crítico ao relativismo tal como o é à pretensão de universalização: "O relativismo e a totalização são, ambos, 'truques de deus', prometendo, igualmente e inteiramente, visão de toda parte e de nenhum lugar, mitos comuns na retórica em torno da Ciência" (HARAWAY, 1995, p. 24).

adiante – e que pretendem então responder a perguntas teórico-metodológicas deste tipo:

> Como as reivindicações de conhecimento geradas por perspectivas generificadas se relacionam umas com as outras? São certas perspectivas epistemicamente privilegiadas? Existe alguma maneira de construir uma perspectiva mais objetiva a partir de perspectivas diferentemente generificadas? Qual seria o ponto de se alcançar tal perspectiva? (ANDERSON, 2017, p. 8, tradução minha)

No que se segue, gostaria de esboçar as abordagens mais salientes das epistemologias feministas tais como endossadas por algumas de suas autoras. A distinção proposta por Harding (1986) entre a teoria feminista da perspectiva (*feminist standpoint theory*), o pós-modernismo feminista (*feminist postmodernism*) e o empirismo feminista (*feminist empiricism*), parece ser já amplamente assumida pelas epistemólogas, embora talvez devêssemos dar algum crédito à ressalva de Janack de que "cada teórica em particular poderia muito bem ter sido incluída em várias categorias diferentes" (JANACK, [*s. d.*], p. 2, tradução minha), algo que é corroborado pelas mais recentes intersecções entre tais tendências por questões de cunho mais pontual e local a respeito do conhecimento generificado que independem de (e são até mesmo contrárias a) posições teóricas singulares.[11] Na verdade, as transições entre tradições e possíveis alternativas metodológicas apenas ratificam o caráter instável da epistemologia feminista como um campo de investigação em contínua construção, passível de revisão crítica e aberto a uma pluralidade de visões cooperativas.

---

11 Por exemplo, cf.: Harding (1998), Collins (1990; 1996), Hartsock (1996), Wylie (2003), Solomon (2009) e Intemann (2010).

TEORIA FEMINISTA DA PERSPECTIVA (FEMINIST STANDPOINT THEORY)[12]

Associando elementos hegelianos e marxistas ao conceito de "gênero" como categoria privilegiada de análise do conhecimento situado, Nancy Hartsock (1987) é quem primeiro deriva das especificações epistemológicas gerais dessa abordagem uma reivindicação quanto à superioridade da visão das mulheres para a compreensão das teorias e assunções implícita ou explicitamente sexistas, classistas e – ainda – capitalistas. A autoridade epistêmica sobre a representação da realidade é outorgada a indivíduos ou grupos socialmente subordinados aos distintos, mas interligados, sistemas de opressão, a partir dos quais se esclarecem as principais características das desigualdades e injustiças aí experienciadas: o seu conhecimento do funcionamento da sociedade e das relações de gênero que a permeiam seria mais profundo, mais específico, preciso e fidedigno relativamente ao caráter contingente – e não, portanto, natural ou inevitável – de sua condição. Além disso, os seus interesses por justiça social coincidiriam verdadeiramente com interesses humanos universais – contrariamente à alegação de universalidade da classe branca, masculina, privilegiada, da epistemologia canônica.

Como os objetivos (sobretudo pragmáticos e políticos) da teoria feminista da perspectiva devem servir a uma percepção do mundo social que permita aos indivíduos compreender suas relações de opressão em seus diversos aspectos em vista de sua emancipação e reconstrução das "teias da vida" (ALCOFF; POTTER, 1993, p. 4, tradução minha), este projeto epistemológico baseia-se em alguns traços do conhecimento situado que justificam seus modos de acesso e sua autoridade epistêmica. De acordo com Hartsock e também Rose (1987), por exemplo, é central para o sistema capitalista de produção que as mulheres atendam à reprodução e aos cuidados da vida, o que lhes dá uma

---

12 A expressão é por vezes traduzida também como "teoria feminista do ponto de vista".

perspectiva privilegiada desde a qual observar os mais desatendidos pela opressão do patriarcado (mulheres, crianças, idosos, incapacitados); ao mesmo tempo, o conhecimento que as mulheres têm dos papéis ideológicos a elas destinados pode ser compartilhado coletivamente, e a compreensão conjunta de si como grupo subordinado a uma certa imagem (objetificada) pode servir de base para ações de emancipação. Isso significa fazer uso da perspectiva da opressão a seu próprio favor, identificando os espaços de confinamento e exclusão como pontos privilegiados a partir dos quais se compreende e avalia o opressor *e* o oprimido – aquilo que DuBois há tempos já chamava de uma "consciência bifurcada", reafirmada por Patricia Hill Collins (1990), entre outras feministas negras; mas isso significa também fazer uso das representações dicotômicas de comportamento construídas sobre as teorias psicológicas das relações objetais e sobre procedimentos pedagógicos que continuam engessando supostos estilos cognitivos diferenciados e suas consequentes divisões de trabalho em "masculino" e "feminino", para afirmar a superioridade epistêmica dos modos de conhecimentos das mulheres, uma superioridade avaliada também politicamente contra a lógica do patriarcado capitalista, já que o conhecimento para as mulheres envolve corporeidade, emoção, engajamento relacional e cuidado, posição que desbanca a própria dicotomia "entre o sujeito e o objeto do conhecimento e porque uma ética do cuidado é superior a uma ética da dominação" (ANDERSON, 2017, p. 10, tradução minha).

Evidentemente, a compreensão do próprio indivíduo como privilegiadamente posicionado em uma certa perspectiva – ou bem, como alinhado com a teoria feminista da perspectiva – não é algo "gratuito" e espontâneo, mas adquirido por meio de reflexão crítica. "Ser mulher" não parece por si só ser suficiente para que se possa visualizar todos os meandros do universo da opressão masculina no intuito de se alcançar aqueles objetivos práticos e políticos concretos de libertação via construção epistemológica – por mais que seu conhecimento situado lhe conceda um ponto de partida para uma futura expressão de justificação. No entanto, como observa Anderson, a perspectiva privilegiada não parece ser a da mulher, senão aquela da *feminista*. E é por isso que Catharine MacKinnon (1999) insiste na necessidade de grupos de conscientização em nossas práticas feministas: é apenas com a conquista de um entendimento compartilhado, de uma consciência coletiva, do seu papel na sociedade, que a representação de um ponto de vista privilegiado sobre o mundo patriarcal pode ser profícua para as mulheres.[13]

PÓS-MODERNISMO FEMINISTA (FEMINIST POSTMODERNISM)

A ênfase dada à linguagem é talvez o traço mais marcante do feminismo pós-modernista, cujas influências derivam sobretudo de uma tradição francesa pós-estruturalista. É talvez a epistemologia que mais endossa, movendo-se aí confortavelmente, aquele aspecto da instabilidade e da incerteza característico das novas categorias de análise sobre a apreensão da realidade, reiterando a provisoriedade da própria linguagem e de nossos sistemas de pensamento. "Realidade", aqui, é o que discursivamente se constrói, e não são apenas os conceitos que constituem um sistema holístico de significados inter-referenciais, mas também as ações, os comportamentos e as práticas sociais. Nesse sentido, obviamente não há qualquer coisa que sirva como referência pré-linguística, seja uma realidade externa fixa, seja uma natureza humana essencial que venha a justificar a atribuição de um saber racional, necessário e objetivo, válido independentemente da localidade e parcialidade dos sujeitos cognoscentes. Do caráter mutável dos significados, das nossas palavras e das nossas ações, segue-se a contestabilidade de toda e qualquer condição imposta por nossos

---

13 Como a citação de Anderson deixou claro anteriormente, uma perspectiva ligada de modo conservador ao cuidado e ao "mundo das mulheres" pode ser criticada novamente pelos riscos de engessamento nos supostos papéis femininos. Críticas semelhantes são feitas a MacKinnon a respeito de sua posição em ética e filosofia política.

sistemas supostamente "metanarrativos", os quais não passam, na verdade, de um exercício de poder que outorga legitimidade àquelas manifestações condizentes com as pretensões vigentes de unidade e universalidade – aí inclusa está nossa própria condição identitária.

Evidentemente, tudo isso incide sobre o "gênero" por meio de uma crítica contundente às práticas sexistas cuja naturalização e fixidez do sexo e da binariedade engendra e desde aí justifica a dominação. Entretanto, o pós-modernismo permite igualmente que se responda às exclusões perpetradas pelas próprias teorias feministas hegemônicas, ainda dicotômicas e indiferentes às questões interseccionais – aos marcadores sociais plurais de identidade. Tanto Patricia Hill Collins como Audre Lorde (1984) já haviam chamado a atenção para a cor, a raça e a lesbianidade como estando ausentes das teorias feministas levadas a cabo pelas teóricas brancas de classe média. Mas é sobretudo com Judith Butler (2017) que a ideia do gênero como social e discursivamente construído resulta também no questionamento da própria categoria "mulher", e na possibilidade de uma compreensão mais porosa de sexo e gênero e de suas múltiplas determinações sociais, políticas e linguísticas incessantemente cambiantes. Daí, igualmente, a possibilidade de que tais ordens assim construídas possam ser subvertidas e indubitavelmente ressignificadas. Afinal, se nossos comportamentos e práticas não passam de instanciações performativas autorreferenciais, paródia, ironia e desempenho exagerado podem ser política e socialmente libertadores ao perturbar conceitos e gestos convencionais supostamente rígidos e ao objetar ao essencialismo entranhado na própria prática feminista.

A crítica ao conceito "mulher" tal como destacada por Butler (2017), Jane Flax (1992), Elizabeth Spelman (1988) e Maria Lugones e Elizabeth Spelman (1983), entre outras, enfatiza justamente o caráter essencialista das teorias de gênero e das lutas políticas feministas que acabam por endossar uma categoria normativa em detrimento de outros arranjos identitários, ignorando o caráter histórico e localizado de sua significação. Nesse sentido, a advertência em curso visa toda e qualquer

FILOSOFIA FEMINISTA

afirmação universal a respeito das "mulheres" e clama por uma consideração interseccional plural das identidades de gênero. Ademais, se a categoria "mulher" não pode ser objeto unificado de investigação ontológica e epistemológica, ela também não pode constituir um sujeito singular de conhecimento – tal como pretenderia a teoria feminista da perspectiva vista anteriormente, por exemplo, ou até mesmo, talvez, uma teoria feminista negra. A demanda, neste caso, é por uma mudança incessante de perspectivas assumidas em nome da própria pluralidade epistêmica. O foco de Donna Haraway, por exemplo, é que essa pluralidade e essa reinvindicação de localização constantemente contingente e a cada vez específica desbanquem uma postura típica da epistemologia tradicional como dada abstratamente "desde lugar algum", em prol de uma atitude que seja ao mesmo tempo crítica e responsável – afinal, a capacidade de ver a realidade a partir de várias diferentes perspectivas também nos possibilita compreender melhor representações construídas de modo mais ou menos privilegiado ou mais ou menos opressor. Nas palavras de Haraway (1995):

> Vinculado a essa suspeita [da teoria da perspectiva dos
> subjugados], este texto é um argumento a favor do conhecimento
> situado e corporificado e contra várias formas de postulados
> de conhecimento não localizáveis e, portanto, irresponsáveis.
> Irresponsável significa incapaz de ser chamado a prestar contas.
> (HARAWAY, 1995, p. 22)

Neste sentido, a postura pós-modernista insiste não apenas em negar o critério objetivista do conhecimento, como também a fixidez própria do relativismo sobre uma dada cultura ou uma dada identidade de gênero ou de raça.

EMPIRISMO FEMINISTA (FEMINIST EMPIRICISM)

O projeto de uma epistemologia naturalizada deve sobretudo a Quine o seu desenvolvimento, e o empirismo feminista deriva suas considerações desta compreensão quiniana da experiência, da observação e da epistemologia como elas mesmas já teoricamente carregadas e sujeitas à revisão em suas bases investigativas. No entanto, as epistemólogas empiristas não endossam uma naturalização que se dê em termos reducionistas – seja a ciência ou qualquer outra disciplina – e não aceitam a distinção enfática entre fatos e valores. Estes são dois pontos relacionados que encaminham a discussão para a compreensão dos modos de produção do conhecimento. Em primeiro lugar, trata-se de salientar o aspecto social e político da investigação científica, o fato de que os valores e os preconceitos da sociedade incidem sobre os procedimentos dos pesquisadores enviesando suas conclusões, assim como seus objetivos iniciais. Ao compreender tal incidência como inescapável, a epistemologia feminista não busca refugiar-se em qualquer tipo de individualismo neutro em prol de uma suposta objetividade imaculada, mas notabiliza justamente a abertura das práticas investigativas às influências sociais diversas que devem servir continuamente ao propósito da revisão e da reconstrução dessas práticas. Por isso a assunção a uma "epistemologia socializada" e à compreensão do conhecimento como um processo socialmente construído no qual o sujeito do conhecimento pode ser a própria comunidade – ou grupos humanos específicos. Daí igualmente a importância da interação entre as ciências e os estudos sociais e históricos em vista da compreensão

FILOSOFIA FEMINISTA

dos efeitos dos padrões sociais sobre o próprio fazer epistemológico.[14] Tudo isso se dá no bojo de uma crítica ao caráter androcêntrico e sexista de nossas práticas epistemológicas e científicas e à distinção contundente entre fatos e valores, mas que não resulta, no entanto, na conclusão de que todo viés é epistemicamente ruim (ANTONY, 1993). Para as epistemólogas, a denúncia do viés sexista e a inclusão dos valores feministas visam, na verdade, ao aperfeiçoamento do fazer metodológico científico.

Uma maneira de se compreender tal aperfeiçoamento, segundo Longino (2001), é reconhecer o caráter procedural da investigação epistemológica e científica que depende do exame e da verificação adequada de uma organização social de pesquisa – o que reitera novamente o elemento da comunidade epistêmica como sujeito primordial do conhecimento: "uma organização social que mantém pessoas com diferentes vieses responsáveis umas pelas outras será capaz de eliminar vieses ruins, mesmo que nenhum indivíduo possa em si mesmo ser livre de viés" (ANDERSON, 2017, p. 16, tradução minha). De um ponto de vista pragmático, isso também significa reconhecer a pluralidade de objetivos a que servem as investigações que almejam um certo entendimento da "verdade", já que esta está necessariamente imbricada com preocupações e vantagens sociais, morais e políticas. Uma pluralidade de objetivos reflete uma pluralidade de valores e o aperfeiçoamento reside, então, justamente, em uma verificação responsável dos elementos que informam os primeiros em vista dos segundos.

A dissolução da dicotomia entre fatos e valores permite à epistemologia empirista argumentar a favor dos valores feministas como legitimamente informativos em relação aos objetivos e interesses (das

---

14 Nelson, Potter e Addelson enfatizam uma naturalização nestes termos. A primeira traça o diagnóstico de que nenhuma ciência empírica constitui hoje uma base adequada para a epistemologia feminista, por mais que a naturalização daí adviesse (NELSON, 1993, p. 121-159). Ademais: "Addelson olha para a sociologia interacionista como uma ciência de grupos humanos para fornecer métodos e ferramentas teóricas para explorar a produção corrente de conhecimento, enquanto a sociologia de uma inclinação etnometodológica e a história social oferecem a Potter os meios para explorar a produção de conhecimento científico, especialmente aquela do passado" (ALCOFF; POTTER, 1993, p. 10, tradução minha).

mulheres e de outras classes oprimidas) até então ausentes da tradição epistemológica e científica, bem como legitimamente conducentes à verdade, sobretudo em razão da compreensão dos processos de conhecimento como continuamente passíveis de revisão pela comunidade epistêmica em seu conjunto, tornada responsável pelo favorecimento de certos valores sociais e políticos em detrimento de outros – cujo resultado é sempre a exclusão de valores, interesses e indivíduos não pertencentes à compreensão canônica do conhecimento.

CONSIDERAÇÕES FINAIS

O texto deste capítulo é evidentemente insuficiente para abarcar as diversas particularidades das epistemologias feministas e não tem a pretensão senão de introduzir a temática no âmbito específico da filosofia ao reivindicar sua legitimidade enquanto domínio de uma *filosofia feminista*. Muita coisa fica de fora quando o propósito é uma apresentação em espaço limitado, e um aporte crítico sobre as versões possíveis da epistemologia feminista seria tão interessante quanto as respectivas defesas empreendidas pelas autoras aqui mencionadas. Poderíamos ainda incluir outros tópicos mais pontuais a respeito da epistemologia da virtude, epistemologias da ignorância, sobre injustiça epistêmica e autoridade epistêmica, bem como sobre as diferentes abordagens críticas ao conceito de objetividade, por exemplo. Em filosofia da ciência, mais especificamente, poderíamos também explorar as alternativas em prol de uma investigação carregada de valor. E, embora os principais nomes figurem nas referências, estou ciente das lacunas e das omissões nas quais indubitavelmente incorri.

O subsequente desenvolvimento do tema fica, contudo, para uma outra empreitada. Espera-se que até lá a filosofia feminista tenha aberto espaço suficiente para epistemólogas brasileiras ou amefricanas cujas contribuições possam trazer luz para nossos próprios contextos filosófico-acadêmicos particulares – assim como sobre nossas ausências e nossos silêncios.

REFERÊNCIAS

ADDELSON, Kathryn Pyne. Knower/Doers and their moral problems. *In*: ALCOFF, Linda; POTTER, Elizabeth (org.). *FEMINIST EPISTEMOLOGIES*. New York/London: Routledge, 1993.

ALCOFF, Linda; POTTER, Elizabeth (org.). *FEMINIST EPISTEMOLOGIES*. New York/London: Routledge, 1993.

ANDERSON, Elizabeth. Feminist epistemology and philosophy of science. *THE STANFORD ENCYCLOPEDIA OF PHILOSOPHY — SEP*, Spring 2017 Edition, Edward N. Zalta (ed.). Disponível em: https://plato.stanford.edu/archives/spr2017/entries/feminism-epistemology/. Acesso em: 17 out. 2022.

ANTONY, Louise M. Quine as feminist: the radical import of naturalized epistemology. *In*: ANTONY, Louise; WITT, Charlotte (org.). *A MIND OF ONE'S OWN*. Boulder: Westview Press, 1993.

ARAÚJO, Carolina. Mulheres na pós-graduação em Filosofia no Brasil. *ANPOF*, 5 maio 2015. Disponível em: https://www.anpof.org/wlib/ckfinder/userfiles/files/Files%202/Files%203/ARAUJOCarolina_Artigo_2016.pdf. Acesso em: 17 out. 2022.

ARAÚJO, Carolina. Quatorze anos de desigualdade: mulheres na carreira acadêmica de filosofia no Brasil entre 2004 e 2017. *CADERNOS DE FILOSOFIA ALEMÃ: CRÍTICA E MODERNIDADE*, v. 24, n. 1, p.13-33, jan.-jun. 2019.

BUTLER, Judith. *PROBLEMAS DE GÊNERO*: feminismo e subversão da identidade. 13. ed. Rio de Janeiro: Nova Civilização, 2017.

COLLINS, Patricia Hill. *BLACK FEMINIST THOUGHT*. Boston: Unwin Hyman, 1990.

COLLINS, Patricia Hill. Comment on Hekman's "Truth and method: feminist standpoint theory revisited": Where's the power? *SIGNS: JOURNAL OF WOMEN IN CULTURE AND SOCIETY*, v. 22, n. 2, 1996.

FEDERICI, Silvia. *CALIBÃ E A BRUXA*: mulheres, corpo e acumulação primitiva. São Paulo: Elefante, 2017.

FLAX, Jane. Pós-modernismo e relações de gênero na teoria feminista. *In*: HOLLANDA, Heloisa Buarque de. (org.). *PÓS-MODERNISMO E POLÍTICA*. Rio de Janeiro: Rocco, 1992.

GONZALEZ, Lélia. A categoria político-cultural de amefricanidade. *TEMPO BRASILEIRO*, Rio de Janeiro, n. 92/93, p. 69-82, jan./jun. 1988.

GONZALEZ, Lélia. Racismo e sexismo na cultura brasileira. *REVISTA CIÊNCIAS SOCIAIS HOJE*, Anpocs, São Paulo, p. 223-244, 1984.

HARAWAY, Donna. Saberes localizados: a questão da ciência para o feminismo e o privilégio da perspectiva parcial. *CADERNOS PAGU*, n. 5, p. 7-42, 1995.

HARDING, Sandra (ed.). *FEMINISM AND METHODOLOGY*: social science issues. Bloomington: Indiana University Press, 1987a.

HARDING, Sandra. A instabilidade das categorias analíticas na teoria feminista. *REVISTA ESTUDOS FEMINISTAS*, v. 1, n. 1, p. 7-31, 1993.

HARDING, Sandra. *IS SCIENCE MULTICULTURAL?* Postcolonialisms, feminisms, and epistemologies. Bloomington: Indiana University Press, 1998.

HARDING, Sandra. Is there a feminist method? *In*: HARDING, Sandra (ed.). *FEMINISM AND METHODOLOGY*: social science issues. Bloomington: Indiana University Press, 1987b.

HARDING, Sandra. *THE SCIENCE QUESTION IN FEMINISM*. Ithaca: Cornell University Press, 1986.

HARTSOCK, Nancy. Comment on Hekman's "Truth and method": Truth or justice. *SIGNS: JOURNAL OF WOMEN IN CULTURE AND SOCIETY*, v. 22, p. 367-373, 1996.

HARTSOCK, Nancy. The feminist standpoint: developing the ground for a specifically feminist historical materialism. *In*: HARDING, Sandra (ed.). *FEMINISM AND METHODOLOGY*: social science issues. Bloomington: Indiana University Press, 1987.

HOLLANDA, Heloisa Buarque de (org.). *TENDÊNCIAS E IMPASSES*: o feminismo como crítica da cultura. Rio de Janeiro: Rocco, 1994.

INTEMANN, Kristen. 25 years of feminist empiricism and standpoint theory: where are we now? *HYPATIA: A JOURNAL OF FEMINIST PHILOSOPHY*, v. 25, n. 4, p. 778-796, 2010.

JANACK, Marianne. Feminist epistemology. *INTERNET ENCYCLOPEDIA OF PHILOSOPHY — IEP*, [*s. d.*]. Disponível em: http://www.iep.utm.edu/fem-epis/2017. Acesso em: 17 out. 2022.

KELLER, Evelyn Fox. Linguagem científica (sexuação da). *In*: HIRATA, Helena *et al.* (org.). *DICIONÁRIO CRÍTICO DO FEMINISMO*. São Paulo: Editora Unesp, 2009.

KELLER, Evelyn Fox. *REFIGURING LIFE*: metaphors of twentieth-century biology. New York: Columbia University Press, 1995.

LAURETIS, Teresa de. Upping the anti *(sic)* in feminist theory. *In*: DURING, Simon (ed.). *THE CULTURAL STUDIES READER*. London/ New York: Routledge, 1993.

LONGINO, Helen. *THE FATE OF KNOWLEDGE*. New Jersey: Princeton University Press, 2001.

LORDE, Audre. *SISTER OUTSIDER*. Trumansburg: Crossing Press, 1984.

LOURO, Guacira Lopes. *GÊNERO, SEXUALIDADE E EDUCAÇÃO*. Petrópolis: Vozes, 1997.

LÖWY, Ilana. Ciências e gênero. *In*: HIRATA, Helena *et al.* (org.). *DICIONÁRIO CRÍTICO DO FEMINISMO*. São Paulo: Editora Unesp, 2009.

LUGONES, Maria; SPELMAN, Elizabeth. Have we got a theory for you! Feminist theory, cultural imperialism, and the demand for "the woman's voice". *WOMEN'S STUDIES INTERNATIONAL FORUM*, v. 6, n. 6, p. 573-581, 1983.

MACKINNON, Catharine. *TOWARD A FEMINIST THEORY OF THE STATE*. Cambridge: Harvard University Press, 1999.

MARTIN, Emily. The egg and the sperm: how science has constructed a romance based on stereotypical male-female roles. *SIGNS: JOURNAL OF WOMEN IN CULTURE AND SOCIETY*, v. 16, n. 3, p. 485-501, 1991.

NELSON, Lynn Hankinson. Epistemological communities. *In*: ALCOFF, Linda; POTTER, Elizabeth (org.). *FEMINIST EPISTEMOLOGIES*. New York/London: Routledge, 1993.

PERROT, Michelle. *UNE HISTOIRE DES FEMMES EST-ELLE POSSIBLE?* Paris: Rivage, 1984.

POTTER, Elizabeth. Gender and epistemic negotiation. *In*: ALCOFF, Linda; POTTER, Elizabeth (org.). *FEMINIST EPISTEMOLOGIES*. New York/London: Routledge, 1993.

RAGO, Margareth. Epistemologia feminista, gênero e história. *In*: GROSSI, Miriam Pillar; PEDRO, Joana Maria (org.). *MASCULINO, FEMININO, PLURAL*. Florianópolis: Ed. Mulheres, 1998.

ROSE, Hilary. Hand, brain and heart: a feminist epistemology for the natural sciences. *In*: HARDING, Sandra; O'BARR, Jean F. (org.). *SEX AND SCIENTIFIC INQUIRY*. Chicago: Chicago University Press, 1987.

SANTOS, Boaventura de Sousa; MENESES, Maria Paula. *EPISTEMOLOGIAS DO SUL*. Coimbra: CES, 2009.

SCHIEBINGER, Londa. *O FEMINISMO MUDOU A CIÊNCIA?* Bauru: Edusc, 2001.

SCOTT, Joan W. Gênero: uma categoria útil de análise histórica. *EDUCAÇÃO & REALIDADE*, Porto Alegre, v. 20, n. 2, jul./dez. 1995.

SOLOMON, Miriam. Standpoint and creativity. *HYPATIA: A JOURNAL OF FEMINIST PHILOSOPHY*, v. 24, n. 4, p. 226-237, 2009.

SPELMAN, Elizabeth. *INESSENTIAL WOMAN*. Boston: Beacon Press, 1988.

TUANA, Nancy (ed.). *FEMINISM & SCIENCE*. Bloomington: Indiana University Press, 1989.

WYLIE, Alison. Why standpoint matters. *In*: FIGUEROA, Robert; HARDING, Sandra (org.). *SCIENCE AND OTHER CULTURES*. New York: Routledge, 2003.

CAPÍTULO 13

CAROLINE MARIM

ESTÉTICA FEMINISTA: AÇÕES DE GUERRILHA AFETIVA

Escrever sobre a estética feminista hoje é como construir uma colcha de retalhos cujos pedaços se encontram espalhados ao longo da história. Não temos como apontar um momento exato em que o debate se inicia, o que não se configura propriamente como um problema, mas como sua própria potência, conforme pretendo mostrar neste capítulo. A chamada estética feminista é, antes de tudo, uma crítica à estética tradicional, na qual: conceitos como o de gosto, beleza, sublime e genialidade são revistos; as belas-artes[1] e o artesanato são confrontados na instauração do que é arte; conceitos binários são desfeitos; a exploração teórica do corpo ocupa a cena da arte não apenas como objeto, mas também como o local de perguntas; e a estética e a vida cotidiana se aproximam cada vez mais. Assim, o objetivo é o de apresentar as principais críticas feministas às questões estéticas, analisando como os trabalhos de diferentes artistas vêm contribuindo para a criação de espaços e modos, e para o lugar da fala da mulher na filosofia por meio da arte. Tomamos como ponto de partida as

---

1 Utilizarei "belas-artes" como a tradução para "fine arts".

seguintes questões: que fala é essa? Que arte é essa, com aparência feminina, que vem sendo criada? Por fim, de que modo o debate vida e arte, no qual borbulha uma das principais questões abordadas por artistas de todas as artes, pode reverberar em uma vida feminista, em ações de guerrilha afetivas, como cozinhar, bordar, amar, cuidar de si e dos outros, de modo a criar arquivos afetivos do que já foi produzido e do que ainda queremos produzir enquanto fala e pensamento.

ESTÉTICA FEMINISTA: O QUE É?

A estética feminista não se configura simplesmente como uma variação da estética, ela compreende um conjunto de perspectivas que perseguem não somente premissas relativas a categorias artísticas e estéticas, mas também revê diferentes teorias filosóficas.

As primeiras perspectivas feministas na estética[2] surgiram pela primeira vez na década de 1970 e compreendiam uma combinação de ativismo político no mundo da arte contemporânea a críticas das tradições históricas da filosofia e das artes. Uma das principais críticas feministas aponta para a ilusão de uma linguagem teórica aparentemente neutra e inclusiva da filosofia, e praticamente em todas as áreas da filosofia encontramos a marca do gênero em seus quadros conceituais básicos. No caso específico da estética, do qual estamos tratando, podemos notar facilmente como o gênero influenciou fortemente a formação de ideias sobre arte, artistas e valor estético. Podemos também encontrar uma grande sintonia das perspectivas feministas na estética com as influências culturais que exerceram forte poder sobre a subjetividade, encontrada principalmente nas formas pelas quais a

---

2 Conforme apontado inicialmente, a estética feminista não se situa em um momento específico da história, mas se constitui como uma colcha de retalhos tecida desde a Antiguidade, considerando o ativismo de Safo na Grécia Antiga. A referência à década de 1970 remete apenas à contextualização teórico-histórica enquanto estética feminista. Principalmente porque entende-se que a estética feminista rompe com os cânones históricos e conceituais que localiza a arte e a crítica dela apenas a partir da filosofia antiga e que resume a estética à filosofia do belo.

arte refletiu e perpetuou a formação social de gênero, sexualidade e identidade, bem como a extensão em que todas essas características têm sido enquadradas por fatores como raça, origem nacional, posição social e situação histórica. Recentemente ampliadas às pessoas com deficiência e às identidades transgêneros.

De maneira paralela às investigações e às críticas aos valores atribuídos aos próprios fundamentos da filosofia, a estética feminista realiza um rigoroso exame de conceitos que muitas vezes não se referem diretamente a homens e mulheres, mas cujas hierarquias estão imbuídas de uma significância de gênero; tem sido altamente influente na interpretação crítica da arte e da cultura popular e muitas vezes influenciado o desenvolvimento da prática artística contemporânea de inúmeros artistas; revê desde estereótipos de sexo ou de gênero até a forma como as pessoas pensam sobre arte e a estética influenciada por papéis sexuais instituídos em nossa cultura como o padrão e referência. Assim, coube ao feminismo e às lutas LGBTQIA+ destruir a história tradicional, desafiando os ideais de gosto, beleza, genialidade, belas-artes, artesanato, corpo e cotidiano.

CRÍTICAS FEMINISTAS À ESTÉTICA TRADICIONAL

Inicialmente, as principais críticas feministas se endereçam às teorias estéticas a partir do século XVIII, cujas ideias de prazer estético tentavam definir o "gosto". De acordo com Hilde Hein e Carolyn Korsmeyer (1993), tanto Immanuel Kant como David Hume argumentaram que havia um bom gosto universal, que gerava o prazer estético. Esse tipo de pensamento é problemático porque o prazer de teorizar era visto como uma forma de gozo e, em vez disso, uma feminista poderia ver o objeto de maneira desinteressada, não intelectualizando a sensação.

FILOSOFIA FEMINISTA

Além da crítica ao gosto, a crítica feminista se endereça às categorias de beleza, sublime e de genialidade. De maneira limitada, a beleza era frequentemente associada ao gênero feminino (pequena e delicada), enquanto o sublime era grande e inspirador, tal como o gênero masculino, bem como sua genialidade. Por fim, essas teorias também propunham uma ideia de "belas-artes", que, na verdade, se constituíam como uma mera atividade de lazer, possível apenas àqueles que podiam se dar ao luxo de produzir arte ou produzir supostas verdades universais sobre como elas poderiam ser desfrutadas.

Muitas críticas feministas se concentraram na filosofia do século XVIII, principalmente por causa das inúmeras obras influentes sobre beleza, prazer e gosto que foram escritas naquela época e que se tornaram textos fundamentais para as teorias contemporâneas (FREELAND, 1998; 2001). O que diz respeito ao conceito de "gosto" se refere basicamente à facilidade com que ele permite bons julgamentos sobre arte e as belezas da natureza. Nesse caso, embora a metáfora da percepção seja tomada do sentido gustativo, esse sentido é sobreposto pelo prazer visual, auditivo e imaginativo, uma vez que é amplamente assumido que a experiência do gosto literal é muito corporal e subjetiva e que, por isso, não seria boa o suficiente para produzir problemas filosóficos interessantes. Assim, os juízos do gosto tomam a forma de um tipo particular de prazer, que acabou por ser conhecido como "prazer estético".

O prazer estético, de acordo com a análise mais austera – que passou a dominar a estética e a filosofia da arte por um tempo –, deve estar livre de quaisquer considerações práticas e ser purgado de desejo. Assim, a fome e o apetite sexual – prazeres "interessados" por excelência – são os tipos de desejo mais danosos à contemplação estética, pois a interrompe, ao contrário dos prazeres estéticos desinteressados, chamados de contemplativos. Contudo, é até certo ponto que os requisitos de gosto podem ser vistos como uma ponte entre as diferenças entre as pessoas. Isto é, o sentido do gosto é apenas uma das zonas em que as dimensões estéticas das sensações corporais são reconhecidas e exploradas. Os desejos eróticos, a sexualidade e a sensação corporal em geral são elementos cada vez mais centrais tanto da arte como do discurso estético, e as pesquisadoras feministas são as principais contribuintes para esse movimento (LINTOTT, 2003; 2011; 2017; LINTOTT; IRVIN, 2016).

As investigações feministas mais recentes a respeito da incorporação (*embodiment*), da excitação deliberada e do desgosto como resposta estética têm garantido implicações políticas, éticas e filosóficas. Primeiro, porque invertem os ideais femininos que as enquadram em normas restritivas da aparência pessoal, propondo outros formatos, mais bem-humorados, ou que revelem coragem, tristeza ou agressividade. Alguns exemplos, tal como Ricart (2018)[3] nos aponta, seriam:

> As artistas desta escrita-vivência são Laura de Vison, Vivencial Diversões, Márcia X, o Movimento Arte Pornô, Fernando Noy e Batato Barea. Elas não seriam apenas práticas artísticas marginais e corporalidades não hegemônicas, porém invenções de mundos mais habitáveis, linhas de fuga, que racham a consistência de qualquer diagrama histórico matematicamente desenhado. São corpos e sexualidades desobedientes que abrem outros canais vitais, intensificando as políticas do prazer e dos afetos. São práticas artísticas situadas no limiar fronteiriço entre a performance, a instalação, o audiovisual, o corpo e o objeto. (RICART, 2018, p. 33)

Existem inúmeras maneiras de desafiar os valores estéticos tradicionais esperados no corpo feminino, cujos efeitos emocionais perturbadores fazem o público questionar esses valores e sua abrangência. O cultivo deliberado do que não é bonito, mas é grosseiramente repugnante, se apresenta como um excelente recurso para revelar os tabus

---

3 Paola María Marugán Ricart, pesquisadora em arte, cognição e cultura, e gestora cultural. Atualmente doutoranda do Programa Estudios Feministas de la Universidad Autónoma Metropolitana Unidad Xochimilco (UAM-X). Suas pesquisas surgem no cruzamento entre historiografia da arte, políticas da memória e poéticas corporais, com especial atenção às questões de gênero. Realizou várias curadorias de exposições coletivas de artes visuais e performáticas em diversos países.

FILOSOFIA FEMINISTA

dos corpos, como o sangue menstrual, o excremento e os órgãos internos.

Embora as artistas feministas não sejam as únicas que exploram a interioridade e a materialidade na arte, a abordagem feminista, em vez de manter esses temas como estranhos e misteriosos mitos, apresenta as entranhas, o sangue e, às vezes, a carne, confrontando o público com uma presença particular e perturbadora da própria artista. De fato, essa teorização ultrapassa a arte e as reflexões filosóficas e podem, como o parto, por sua realidade vívida, se configurar como uma experiência transformadora na qual alguns teóricos poderiam reconhecer elementos do sublime (LINTOTT, 2011).

Outra crítica muito frequente feita pela estética feminista é sobre a seleção que infunde gênero na ideia de arte, sustentada principalmente pela ideia do gênio criativo, pois normalmente, quando pensamos ou falamos sobre gênios, excluímos com frequência as mulheres artistas dessa categoria de genialidade criativa.[4] Durante grande parte do período moderno, os melhores exemplos de belas-artes foram entendidos como os produtos criativos de artistas com talento especial que equivale a "gênio", e o gênio é um traço que possui um significado de gênero especialmente enfático. Enquanto o gênio é um presente raro, de acordo com a maioria dos teóricos, o grupo de seres humanos do qual o gênio emerge inclui apenas homens. Além disso, a ideia do próprio gênio criativo celebra o individualismo – que Christine Battersby (1989) chama de "espécie de heroísmo masculino" – e negligencia o trabalho de colaboração conjunta.

Christine Battersby (1989) defende que o conceito de gênio tem suas raízes na Antiguidade, atingindo sua poderosa forma romântica nos séculos XVIII e XIX, e exclui totalmente as mulheres artistas. Ela aponta como Rousseau, Kant e Schopenhauer declararam que as

---

4 Um bom exemplo é o caso de Chiquinha Gonzaga que, apesar de ser um dos nomes mais importantes no surgimento do que pode ser chamado música brasileira, raramente recebe elogios de genialidade que são frequentemente reservados a músicos homens, como Heitor Villa-Lobos ou Carlos Gomes.

mulheres possuem personalidades e mentalidades muito fracas para produzir um gênio. Esse tipo de julgamento representa uma instância específica de teorias mais gerais que atribuem aos machos as qualidades mais fortes e mais importantes da mente, em comparação com as fêmeas. Podemos dizer que, pelo menos desde Aristóteles, a racionalidade e o vigor intelectual foram considerados traços "masculinos" que as mulheres possuem em graus menores do que os homens. As mulheres são normalmente consideradas menos intelectuais e mais sensíveis e emocionais. No que diz respeito ao gênio, no entanto, os artistas masculinos obtêm o melhor dos dois mundos: o grande gênio artístico é ainda mais do que intelectualmente brilhante quando também é emocionalmente sensível e criativo, possuindo igualmente tanto os atributos "masculinos" como os supostamente "femininos".

Todas essas críticas – ao gosto, prazer estético e genialidade – podem ter um alvo particular: o valor estético da beleza. De todos os conceitos estéticos tradicionais, a beleza é um dos conceitos mais contestados e rejeitados pela crítica feminista. A beleza é um dos conceitos de valores filosóficos mais antigos, sendo Platão o inaugurador e criador da definição mais corrente de estética como a análise da beleza. Platão concentrou-se na beleza como uma forma abstrata, cuja essência é atribuída aos itens particulares que a instanciam, e que, de acordo com esse modelo fundamental, os filósofos geralmente podem tratá-la em termos mais gerais.

Combinando a noção platônica de beleza com a noção moderna de atenção desinteressada, essa abordagem ao valor estético parece apontar para o mais alto nível de universalidade de apreciação. No entanto, é curioso que, apesar do caráter de universalidade da beleza, ao mesmo tempo, um dos exemplares mais centrais da beleza foi o corpo feminino, jovem, magro e de pele clara, cujo poder está principalmente em exercer atração erótica e prometer satisfação do desejo físico. Diante de um ideal de beleza, muitas teorias deixaram de lado os chamados corpos desviantes. Assim, partindo de uma apreciação estética rasa, inúmeros filósofos contribuíram para o estabelecimento de um padrão de "normalidade", que na modernidade será adotado pela medicina, a qual passa a considerar qualquer desvio como uma aberração e uma doença a ser curada (IRVIN, 2016).

Assim, junto com a redução da beleza a um padrão eurocêntrico, as primeiras revisões feministas na estética fazem forte crítica à inflexão de gênero em teorias supostamente neutras, bem como suas implicações raciais. Esses esforços teóricos se fundiram com as críticas sociais das normas de beleza que circularam no final do século XX e que, por algum tempo, marginalizaram a beleza do mundo da arte (DANTO, 2003). Como resultado, a beleza deixou de ser o centro de atenção, e por um bom tempo a apreciação estética foi colocada para escanteio e o conceito substituiu o olhar.[5]

→ A ARTE E SEUS BINARISMOS

O alvo histórico mais rico para as críticas feministas das filosofias da arte tem sido o conceito de belas-artes, que diz respeito à arte que se cria principalmente para o prazer estético. No seu núcleo, podemos incluir pintura, música, literatura e escultura, excluindo artesanato, arte popular e entretenimento.

A famosa pergunta feita em 1971 pela historiadora da arte Linda Nochlin, "Por que não houve grandes mulheres artistas?", tinha como ponto de partida a tradição artística da pintura (NOCHLIN, 1988). Para

---

5 Quando Danto (2006) trata do fim da estética e início da filosofia da arte em *Após o fim da arte*, ele aponta que o que faz uma obra ser arte não é mais visual, mas conceitual, e que a diferença não pode ser sensível, porque ela não pode ser estética. Em meu artigo "Objetos de emoções: objetos de amor, tecidos afetivos, peles..." (MARIM, 2017), apresento algumas revisões necessárias à compreensão de sensibilidade que Danto se refere quando reduz a arte aos conceitos, e isso pautada nas teorias das emoções. Algumas das questões tratadas são: de que modo as teorias das emoções têm mostrado que sensibilidade e julgamentos são parte da mesma experiência? Se compreendemos as emoções como juízos cognitivos seria, portanto, a criação de conceitos também uma experiência sensível? Por fim, de que modo podemos reinventar a experiência estética à luz das teorias das emoções e talvez repensar se se trata de um fim ou de um novo começo, mas um começo que permanece sensível?

responder essa pergunta, Nochlin fez uma rigorosa investigação sobre o termo "arte" ao longo da história da arte. A princípio, esse termo nem sempre serviu de taquigrafia para as belas-artes. Como a maioria dos termos que se referem a principais âncoras conceituais da tradição intelectual ocidental, suas origens podem ser atribuídas à Antiguidade Clássica. O termo grego que agora traduzimos generalizadamente por "arte" é, na verdade, *techné* (técnica), vocábulo igualmente traduzido como "habilidade", que em seu sentido mais amplo foi usado para distinguir artefatos humanos de objetos da natureza. Assim, os tipos de técnica que mais se assemelham ao nosso conceito moderno de arte são os chamados "miméticos" ou imitativos, isto é, que reproduzem a aparência de um objeto ou que expressam uma ideia na narrativa ou no drama.[6]

Alguns pesquisadores afirmam que o conceito de belas-artes surge no Renascimento, enquanto outros defendem que é no século XVIII que a arte realmente se firma como uma classificação distinta (KRISTELLER, 1951; KIVY, 1992; SHINER, 2001). Neste momento, a ideia de que a arte é essencialmente mimética começa a recuar, e gradualmente dá lugar a um conceito romântico de arte como autoexpressão. O século XVIII é também o período que produz muitos tratados que comparam as artes de acordo com os princípios compartilhados e, ainda mais importante, desenvolve teorias influentes sobre um tipo particular de prazer em objetos da natureza e da arte que se conhece como prazer "estético".

O foco nas belas-artes destaca os valores puramente estéticos das obras de arte e as posiciona tão centralmente que o próprio conceito de arte é reduzido. A arte que é apreciada por sua beleza ou outras virtudes estéticas é distinta do tipo de arte que produz itens para uso prático, como móveis, almofadas ou utensílios. Designados como "artesanato", tendo suas necessidades de utilidade e habilidades reconhecidas, a criação de um objeto artesanal era considerada decididamente

---

6 Por exemplo, a escultura imita a forma humana; a música imita sons da natureza e das vozes ou, mais abstratamente, as emoções humanas. O drama e a poesia épica imitavam os eventos vividos. Para saber mais, ver Platão (2002).

menos uma conquista original do que a criação de uma obra de belas-
-artes. Assim, a criatividade artística passou a ser cada vez mais considerada como uma espécie de expressão pessoal que externaliza a visão
do artista individual em uma obra de valor autônomo. E o artesanato,
em contrapartida, visa a algum uso prático.

Essa distinção entre belas-artes e artesanato para as feministas é fundamental, pois ela guarda uma avaliação substancial da produção
criativa das mulheres. Embora existam muitos objetos excluídos da
categoria das belas-artes, cujos criadores são do sexo masculino, os
objetos de uso doméstico, cuja criação era predominantemente das
mulheres, eram todos marginalizados por essa categoria e seus valores (PARKER; POLLOCK, 1981; POLLOCK, 2008). As artes domésticas
tradicionais foram removidas da história da arte propriamente dita,
e essa mudança histórica sugere uma razão pela qual a pintura, por
exemplo, teve tão poucas mulheres praticantes, pois provavelmente os
esforços criativos das mulheres eram direcionados para a produção de
mercadorias domésticas, chamadas agora de artesanato.

Além desse aspecto, a instituição moderna do museu colocou pinturas
e esculturas em exibição enquanto a educação musical e artística dada
às mulheres era colocada como um atributo das jovens bem-criadas,
e seus recitais se restringiam ao ambiente do lar. Em alguns períodos,
não raro também, temos casos como o de Camille Claudel, assistente
e amante de Rodin, que era por ele desprezada, enlouquecendo e
sendo fadada ao ostracismo.[7] Outro motivo àquela época, pelo qual
as mulheres artistas em muitos gêneros fiquem atrás de seus colegas
masculinos, é que retiraram ou foi negado a elas o tipo de educação e
treinamento que os preparou para os padrões exigentes da audiência
pública.[8]

---

7 Sem dúvida há algumas exceções, como as musicistas Clara Schumann e Fanny Mendelssohn,
contudo, o número de artistas mulheres nesses períodos é consideravelmente pequeno
(SHINER, 2001).

8 Nochlin (1988) observa quantas mulheres pintoras foram treinadas por pais-artistas que foram
capazes de proporcionar-lhes o tipo de treinamento que, de outra maneira, seria difícil de se
obter. Pode-se dizer isso também de músicas femininas, ver Citron (1993).

Portanto, podemos ver como o conceito de "arte", restrito ao de belas-artes, configura-se como um conceito de gênero que seleciona como grandes obras a maioria dos trabalhos criados por artistas masculinos. Embora os critérios de exclusão das belas-artes tenham se transformado no século XX, ainda permanece como um dos fatores mais relevantes no debate da arte contemporânea feminista, como revela o ativismo das Guerrilla Girls.[9] Conscientes dos efeitos que as divisões rigorosas entre belas-artes e artesanato exerceram sobre a criatividade feminina, as artistas feministas que atuaram no movimento feminino da década de 1970, como Faith Ringgold e Miriam Schapiro, incorporaram materiais artesanais como fibra e pano em suas telas (LAUTER, 1993). Seus trabalhos invocam materiais cujas associações estejam diretamente ligadas a objetos domésticos e femininos, chamando assim a atenção para o trabalho de mulheres de tradições que longamente foram negligenciadas no mundo da arte. Atualmente, vemos inúmeras dessas artistas (que agora são chamadas de avós) tendo seu trabalho reconhecido. Seus trabalhos são os próprios objetos artesanais, como colchas, bordados e utensílios domésticos, que agora têm seu reconhecimento devido. Esses tipos de trabalho sugerem que, de um certo ponto de vista, as mulheres não foram tão ausentes da história da arte, mas foi a história da arte a responsável por eliminar muitas das formas às quais tradicionalmente elas se dedicavam.

A princípio, as filósofas feministas não podem sustentar que a arte mimética foi responsável pelos binarismos de gênero, contudo, na modernidade, o dualismo mente-corpo é fortemente associado com a assimetria de gênero, no qual outros binarismos se associam a estes, como: universal-particular, razão-emoção e sentido-apetite. Em todos

---

9 O coletivo de artistas mulheres Guerrilla Girls foi criado em 1985, nos Estados Unidos, e tem como principal objetivo questionar a falta de diversidade de gênero em museus, galerias e leilões. Suas lutas procuram combater desigualdades em diversas camadas, apoiando também lutas de mulheres negras, trans, lésbicas, etc. Uma das principais características da arte ativista das Guerrilla Girls é o anonimato. Elas só aparecem usando máscaras de gorilas e utilizam codinomes inspirados em outras artistas mulheres. A ideia é atingir pessoas que nunca pensaram sobre o assunto por meio de cartazes que mostram os números de artistas por gênero nas instituições artísticas. O coletivo trabalha como se fosse um artista.

esses casos, o primeiro do par é considerado naturalmente superior ao segundo (GATENS, 1991). Por exemplo, a universalidade é considerada superior à particularidade porque fornece conhecimento mais geral; a razão é superior à emoção porque é supostamente uma faculdade mais confiável. Ambas as preferências representam uma parcialidade para a "objetividade" em relação à "subjetividade", conceitos que têm um significado especialmente complicado na estética.

Por fim, um dos tópicos mais discutidos na estética feminista e na filosofia hoje trata direta ou indiretamente do "corpo". Esse interesse não apenas representa as investigações e as críticas contínuas do tradicional dualismo mente-corpo, mas também sobre qual o papel da morfologia sexual no desenvolvimento do gênero e do sujeito. São propriamente as pesquisas dos artistas, filósofos e cientistas sobre o corpo que permitem a revisão das funções dos sentidos. Assim, a ideia de que a visão e a audição são os sentidos estéticos mais adequados, de acordo com a teoria tradicional, é colocada em xeque (HOWES, 1991).

Um bom exemplo foi a pesquisa desenvolvida por Irigaray e Cixous, que convocaram vários artistas a examinarem indiretamente o problema da experiência sensorial por gênero pelo emprego de alimentos como meio para suas obras (KORSMEYER, 2004). Um dos resultados estéticos foi que a presença de alimentos reais, em oposição às representações da pintura da vida morta, em instalações de arte, confundia ideais estéticos tradicionais, como a ideia de que a arte tem valor duradouro e que esse tipo de arte melhora consideravelmente os sentidos de gosto, bem como o de olfato. Na verdade, em vez de agradar o sentido de gosto, essa arte se dedica à excitação do gosto na imaginação sensível.

Os usos dos alimentos por parte de artistas femininas são particularmente significativos, dada a tradicional associação de mulheres com o corpo, a alimentação, a nutrição, a transitoriedade e a mortalidade. Há várias versões da exploração deste tema, um deles podemos encontrar na performance "Pancake", de Márcia X (2001), cuja sutileza de sua performance, na qual ela derrama uma lata de leite condensado na cabeça e no corpo e depois confeitos coloridos, pretende, segundo ela, "criar figuras místicas femininas, trabalhar em torno das obsessões culturalmente associadas às mulheres, como beleza, alimentação, rotina, limpeza e religião" (MÁRCIA X, [s. d.]).

Todavia, mesmo diante das críticas apontadas pela estética feminista, não podemos definir um tipo particular de arte feminista, embora existam muitos usos aos quais as feministas e os pós-feministas concentram seus esforços criativos, como a exploração das questões de gênero e sexualidade, e a crítica às tradições da arte e da beleza impostas pelos padrões estéticos do passado.

AÇÕES DE GUERRILHA AFETIVAS: COZINHAR, BORDAR, FAZER AMOR, CUIDAR DE SI E DOS OUTROS

As análises feministas das práticas estéticas do passado influenciaram a produção da arte feminista de nossos tempos, que, por sua vez, contribuiu para uma alteração dramática do clima do mundo da arte. As mudanças que cercaram os mundos da arte no século XX, talvez de maneira mais dramática nos campos das artes visuais, são frequentemente objeto de discussões filosóficas na tradição analítica sobre a possibilidade de definir a arte (DANTO, 2005). Contudo, o desafio para a definição de arte hoje decorre do fato de que os artistas contemporâneos frequentemente criam com a intenção de questionar, minar ou rejeitar valores que definiram a arte do passado.

Conforme vimos anteriormente, a categoria das belas-artes tem sido um foco da crítica feminista, porque seus valores eliminaram muitos dos esforços criativos das mulheres ou dissuadiram ativamente suas tentativas de praticar certos gêneros de arte. No entanto, a dissolução dos valores das belas-artes precedeu a cena artística das feministas na década de 1970. Embora tenha ocorrido mudanças radicais nos conceitos de arte e seus propósitos que caracterizam muito a arte do século XIX, o número de mulheres praticantes em artes como pintura, escultura e música manteve-se pequeno. Os movimentos antiarte e de vanguarda, tão frequentemente discutidos por filósofos analíticos contemporâneos, eram tão dominados pelos homens quanto a música clássica ou a escultura do Renascimento. Além disso, os valores em torno do "gênio" artístico ainda eram tão vigorosos como sempre. O cenário é alterado por movimentos ativistas, como o da Guerrilla Girls da cidade de New York, cujo objetivo é o de garantir às mulheres mais visibilidade e reconhecimento no mundo da arte. Assim, o século XXI passa a fazer parte da pauta de artistas feministas, não só o reconhecimento do seu trabalho, mas também de que modo o pensamento tradicional e conservador perpetuava fortes exclusões das mulheres dos poderosos centros de cultura.

As artistas feministas desafiaram as ideias de que o valor principal da arte é estético – isto é, para a contemplação, e não para o uso –, cujo ideal se sustenta na visão de um gênio, e que sua obra é única (DEVEREAUX, 2003). Contudo, ainda que o feminismo tenha sofrido inúmeras críticas internas por ainda ter como principal foco a mulher branca, ocidental, deixando de lado questões que permeiam o universo das mulheres negras, indígenas,[10] entre outros grupos, no final do século XX e no início do século XXI, artistas feministas e pós-feministas de diversas origens raciais e nacionais tornaram a presença das mulheres no mundo da arte contemporânea poderosa.

Assim, o objetivo aqui é mostrar um pouco do cenário da arte feminista na atualidade, tendo como eixo norteador as seguintes perguntas: que fala é essa? Que arte é essa, com aparência feminina, que vem sendo criada? De que modo o debate vida e arte, no qual borbulha uma

---

10 Em meu artigo "Descolonizando o olhar: a construção de um ethos estético-político feminista que cria estratégias de luta e resistências pela palavra por meio do reconhecimento de outras vozes e escritas do corpo", amplio o debate tratando da descolonização e despatriarcalização estética desde e dos feminismos de Abya Yala (MARIM, 2022).

das principais questões abordadas por artistas de todas as artes atualmente, pode reverberar em uma vida feminista, em ações de guerrilha afetivas, como cozinhar, bordar, amar, cuidar de si e dos outros, criando arquivos afetivos do que já foi produzido e do que ainda queremos produzir enquanto fala e pensamento.

Um dos aspectos estéticos mais relevantes e presentes em todas as linguagens de arte cujo cunho pretende-se feminista carrega como principal característica o caráter temático de uma estética construída na experiência vivida. O foco nas questões do corpo, em toda a gama de sua sensibilidade, bem com a inclusão de atividades tradicionalmente reduzidas ao ambiente doméstico, pode-se incluir ao que se chama de "estética cotidiana". Essa estética que, por muito tempo, foi desvalorizada e rotulada como artesanato inclui inúmeras práticas realizadas no âmbito da casa, como cozinhar, jardinagem e organização – todas atividades cotidianas que possuem características estéticas (ROSS, 1998). Apesar de não serem atividades valorizadas fora do âmbito do lar, é exatamente seu caráter sensível, ou ritmo que essas atividades se impõem no dia a dia, na semana ou no ano, e seu lugar nos padrões da vida os responsáveis por deslocar a atenção estética para novos lugares teóricos, principalmente por uma experiência marcadamente vívida.

Sem dúvida, a inclusão de tais atividades como parte do campo da estética deve-se às constantes críticas e lutas feministas que contribuíram para o desenvolvimento desse campo de interesse, passando a ocupar a arte institucional. Podemos considerar alguns exemplos, como a recente exploração teórica a respeito de questões sobre alimentação (KORSMEYER, 1999), gravidez e maternidade[11] – tópicos também explorados na arte contemporânea feminista e pós-feminista, conforme observado anteriormente.

---

11 A estética do corpo explora o corpo materno, suas mudanças durante a gravidez, o nascimento e a enfermagem, e as exigências cotidianas da paternidade, dentro e entre as quais as feministas exploraram o belo, o sublime, o romance e o inquietante, o reconfortante e o tranquilo – como manifesta nos eventos e nas atividades que se encontra todos os dias.

A estética da própria experiência vivida vem atender temas excluídos da esfera teórica há séculos, não somente aquelas relacionadas ao corpo, mas principalmente seus aspectos desagradáveis ou conflituosos.

Esse fenômeno de exclusão também vem sendo reparado tanto institucionalmente quanto monetariamente dentro das artes visuais. Recentemente tem aumentado as exposições das chamadas "avós da arte", artistas mulheres com mais de 70 anos que, após décadas de negligência e desprezo, têm invadido museus, bienais, feiras e leilões. Um dos exemplos é Sheila Hicks, norte-americana de 83 anos, cujas obras têxteis monumentais foram ignoradas por décadas, principalmente menosprezadas ao serem consideradas arte decorativa (VICENTE, 2017). Outro exemplo conhecido no campo da performance é Marina Abramović,[12] considerada a "avó da performance", cujo trabalho explora as relações entre o artista e a plateia, explorando os limites do corpo e as possibilidades da mente.

Assim, a partir do que foi apresentado até agora, o objetivo é mostrar que a ideia e a proposta de uma estética feminista extrapolam não somente o modo de tratar conceitos tradicionais, mas também se coloca como uma fala que aponta para novos caminhos para se fazer filosofia, fazer arte e viver. A estética feminista, como tem sido feita por inúmeras artistas, filósofas, escritoras, mulheres que cuidam de seus filhos, que fazem bolos ou que escolhem viver de seus hobbies e passatempos, extrapola a tentativa de reconhecimento tradicional por alguma instituição, mas pretende se instaurar como um novo modo de vida, um *ethos* político que recoloca o cotidiano como sua mais poderosa arma de guerrilha. Sua bala é sua fala, esta que não quer mais seguir um modelo preexistente e que pretende propor modos de como viver uma vida feminista. E não estamos falando aqui apenas de teoria.

---

12 Em 2010, o Museu de Arte Moderna de Nova York (MoMa) realizou uma grande retrospectiva do trabalho de Abramović. Essa foi a maior exposição de arte de performance na história do MoMA.

ESTÉTICA FEMINISTA

Sara Ahmed,[13] em seu livro *Living a feminist life* (2017), nos aponta um caminho e algumas ferramentas bem interessantes, como seu manual de guerrilha Killjoy:

> Viver uma vida feminista não significa adotar um conjunto de ideais ou normas de conduta, embora isso possa significar perguntar questões éticas sobre como viver melhor em um mundo injusto e desigual (em um mundo antifeminista e não feminista); como criar relações com outros que são mais iguais; como achar modos de apoiar aqueles que não são apoiados ou sustentados pelos sistemas sociais; como manter vivas contra histórias que têm se tornado concretas, histórias que têm se tornado tão sólidas como muros. (AHMED, 2017, p. 1, tradução minha)

Como podemos tornar o feminismo uma questão para a vida?

O feminismo é um movimento em vários sentidos e nos concentraremos naqueles que nem sempre são registrados em público, mas que vêm construindo arquivos sensíveis potentes. Trata-se, primeiro, de instaurar o âmbito pessoal como político; e segundo, a ideia de que o feminismo acontece em todos os lugares, principalmente naqueles que têm sido historicamente colocados entre parênteses, como não políticos, por exemplo, o espaço doméstico, a casa e todos os lugares por onde a mulher transita, o parlamento, a universidade, os hospitais, etc.

---

13 Sara Ahmed tem como temas-chave de seu trabalho: migração, orientação sexual, diferença, estranheza e identidades mistas, temas que estão diretamente relacionados a questões feministas. É fundadora do Instituto para Estudos da Mulher na Lancaster University, diretora do Centro de Pesquisas Feministas da Goldsmiths, University of London, escritora do blog feministkilljoys sobre feminismo e autora do livro *Living a feminist life*, no qual mostra como a teoria feminista é gerada a partir da vida cotidiana e das experiências comuns de ser uma feminista em casa e no trabalho.

Um exemplo é Gloria Anzaldúa,[14] escritora e pesquisadora norte-americana, que escreveu sua experiência incorporada de vida na fronteira México-Texas como uma experiência que revela as diferenças, os problemas de gênero e os pré-conceitos, criando uma esfera de poder que provê para as gerações futuras de mulheres novas diretrizes para a escrita e a pesquisa teórica. Sua escrita é animada por sua experiência diária, cuja escolha é pelo detalhe do encontro, de um incidente, um acontecimento ou um insight (AHMED, 2017, p. 10). Desse modo, tal como Anzaldúa, Ahmed propõe que essa possa ser sua inspiração: escrever sua própria experiência, isto é, o que te anima diariamente. O que se consolida com esse procedimento é principalmente tornar a escrita pessoal como um modo de produzir teoria. Frequentemente, as teorias são abstratas, em terceira pessoa e cujos exemplos nunca são pessoais. No entanto, a proposta é trazer a teoria de volta à vida, e a vida cotidiana, de volta à vida.

Esse trazer de volta pode estar presente no simples ato de ler uma feminista negra ou uma indígena e permitir que ela altere sua perspectiva. Ou prestar atenção em alguns detalhes como: se em vez de colocarmos "ele" em um poema, passemos a utilizar "ela". Atentar-se para as palavras que são utilizadas é fundamental, por exemplo, o uso de termos como costurar, gerar, proteger, entre outros. Ou seja, precisamos de uma gramática que seja escrita de outro modo, com outras palavras e principalmente com o corpo, como vemos nas performances, que têm ocupado o lugar da fala da mulher há algum tempo.

---

14 Gloria Anzaldúa foi uma escritora e pesquisadora norte-americana da teoria cultural chicana, teoria feminista e teoria queer. É conhecida pelo seu livro semiautobiográfico *Borderlands/ La frontera: the new mestiza*, no qual descreve sua infância e adolescência solitária e isolada vivendo na fronteira México-Texas. Anzaldúa discute muitas questões que se relacionam com a experiência chicana, como heteronormatividade, colonialismo e dominância masculina. Ela faz um relato pessoal que incorpora seus sentimentos ao longo da vida de marginalização social e cultural em seu trabalho, contribuindo amplamente com diferentes campos do feminismo, teoria queer e teoria crítica, ao tratar da opressão às lésbicas mexicanas e das expectativas de gênero nos comportamentos que normalizam a deferência das mulheres para a autoridade masculina em sua comunidade.

As performances têm sido, há muito tempo, a linguagem de arte mais utilizada pelas mulheres como investigação feminista, tanto ética como política e epistemológica. De acordo com Paola María Marugán Ricart (2018):

> Se asseveramos que a memória não pode se hospedar e permanecer nos corpos, as narrativas orais, as performances, os rituais ou os cantos não seriam práticas habilitadas para escrever a história dos povos. Daí desconsideramos a transmissão corporal como forma de conhecimento e o potencial transformador de tais experiências, que não correspondem ao conhecimento racional. De que modo pode-se resgatar práticas e vozes que uma certa Academia não legitima por meio de sua estrutura (dissertações de mestrado e teses de doutorado, artigos, palestras)? No caso de Laura de Vison, o corpo-arquivo é a base que sustenta a escrita sobre sua vida. As memórias das pessoas que a conheceram são os alicerces principais sobre os quais vou construir esta escrita. E não apenas as lembranças, quanto os afetos que esses encontros produziram nos corpos, e que me instigaram a reconstruir um arquivo de vida marcado pela precariedade, o apagamento e o desinteresse das instituições acadêmicas. (RICART, 2018, p. 65)

Assim, é importante pensar na performance como um processo que persiste no tempo apesar de seu caráter efêmero, constituindo-se como uma excelente ferramenta política, principalmente diante de regimes ditatoriais, evitando-se, assim, o aniquilamento histórico de outras epistemologias.

De acordo com Ricart (2018), os arquivos de performance podem se apresentar como um modo de preservação e acesso a relatos históricos marcados pela desaparição. Um exemplo é o arquivo da artista Márcia X, que foi exposto em 2013, no Museu de Arte Moderna do Rio de Janeiro.[15] Algumas características da performance atraem as feministas: arte que se inscreve no corpo, fonte de experimentação

---

15 Exposição Arquivo X, Márcia X, de 2013. Disponível em: https://www.premiopipa. com/2013/02/marcia-x-no-mam-rio/. Acesso em: 30 nov. 2022.

e experiência histórica, possibilidade de experimentar as próprias vivências, sua singularidade.

Em seu livro *The archive and the repertoire: performing cultural memory in the Americas*, Diana Taylor aponta que:

> [...] a performance – enquanto prática que tem o corpo como eixo principal – não é uma invenção situada na década de 1960 no Norte Global (na Europa, Estados Unidos e Japão, as áreas mais afetadas pela Segunda Grande Guerra, em que um pensamento sobre o corpo foi necessariamente desenvolvido no meio artístico). A autora considera que é possível rastrejar práticas performativas nas culturas pré-colombianas das Américas, enquanto atos de transmissão de memória e identidade. (TAYLOR, 2003 *apud* RICART, 2018, p. 70)

Desse modo, a performance contribui para produzirmos "novos agenciamentos de singularização que desenvolvam uma sensibilidade estética e ativem uma transformação da vida no plano do cotidiano" (RICART, 2018, p. 65). Isso se aproxima inteiramente à proposta de Ahmed de que o movimento feminista depende principalmente de nossa habilidade em continuar insistindo na construção de uma outra fala, na qual o feminismo é o dever de casa.[16]

Em outras palavras, a lição de casa, aponta Ahmed, não significa apenas limpar a casa, mas também como a mantemos, como a decoramos, como a transformamos em um local para residir. Embora o movimento feminista atual precise rever o que chamamos de teoria feminista, podemos dizer que teoria feminista não é apenas o que se faz na academia, além desse espaço, propõe-se também que a teoria seja feita em casa e que seja tanto intelectual como sensível, observando as restrições de possibilidade e como podemos transitar nessas restrições.

---

16 "Quando uso a expressão trabalho de casa, penso primeiro que ele está na escola. Eu penso em ser dado como uma tarefa, por um professor, para levar para casa. Eu penso em sentar na mesa da cozinha e fazer o trabalho, antes que eu possa brincar" (AHMED, 2017, p. 65, tradução minha).

A academia já concentra um grande capital, um capital de citações que mantém e organiza essa mesma teoria, e nós, por outro lado, podemos trazer o que sabemos para casa, pois "uma pergunta pode estar fora do lugar: as palavras também" (AHMED, 2017, p. 9, tradução minha). As ideias feministas que surgem de teorias feministas podem muitas vezes gerar distâncias ou virem de uma abstração, de um mundo que frequentemente nos deixa perplexas. Contudo, este pode ser um bom início para um trabalho crítico.

Ricart (2018) nos traz o exemplo de Heloisa Toller Gomes, em seu artigo "Visíveis e invisíveis grades: vozes de mulheres na escrita afrodescendente contemporânea", no qual estuda a força da oralidade associada à memória vinculada à voz da mulher negra. A oralidade é a maneira de narrar uma história que ultrapassa do plano individual para o coletivo, enlaçando várias gerações de mulheres e desenvolvendo uma preocupação sócio-histórica. Esse caráter dinâmico do passado na escrita dessas mulheres problematiza o presente enquanto interroga o futuro, abolindo, por sua vez, a artificialidade das fronteiras entre "culto-popular" ou "nacional-estrangeiro" (RICART, 2018, p. 68).

Nas tradições africanas, a fala antes de tudo não é apenas a comunicação no plano do cotidiano, mas também um meio de preservação da sabedoria ancestral dos povos. As palavras têm o poder de criar; nos rituais africanos, se constata que "dizer" é "fazer". Ao contrário:

> A oralidade não corresponde a nenhuma ausência de habilidades, e sim uma forma de se posicionar no mundo. Ela demanda outros ritmos, outras acelerações: dar-se tempo e espaço para escutar, processar, compreender essa outra semiótica. É um aprendizado vital. Portanto, essa diversidade na conceição do tempo implica outras formas de conceituar a memória. (RICART, 2018, p. 68)

Para Elizabeth Jelin, a memória é construída por meio de lembranças/esquecimentos, narrativas/ações, silêncios/gestos, saberes/emoções e buracos/fratura (JELIN, 2001, p. 25). Essa memória é tecida por meio dos relatos dos entrevistados, mostrando "os vazios, as emoções, outras epistemologias, fragmentações, trejeitos, que não podem ser avaliados segundo a lógica do verdadeiro ou falso, conforme a aquilo original e autêntico" (RICART, 2018, p. 68).

Seguindo essa proposta ancestral, Ahmed propõe o que ela chama de "conceitos suados" (*sweaty concepts*). Um exemplo é o trabalho de Audre Lorde, no qual, as palavras escolhidas por ela vêm de sua experiência como mulher negra, mãe, lésbica, poeta, guerreira. Suas palavras podem nos encorajar a fazer novas experiências na pesquisa. Eu mesma poderia me perguntar: como posso acomodar minha fala, minha teoria, nesse universo? Como posso construir minha fala a partir de minhas experiências, não somente como filósofa, mas como bailarina? Ou, como minha experiência como mulher, heterossexual, branca, brasileira, pesquisadora em filosofia, em um universo estritamente masculino, branco e heteronormativo se apresenta? Sem dúvida, assumir essa proposta pode ser um pouco frágil e sempre foi, mas nos ajuda a sobreviver a uma experiência destruidora.

O suor é corporal. Nós podemos ser mais, suar mais durante uma atividade mais intensa e muscular. Um conceito suado pode sair de uma experiência corporal que está tentando. A tarefa é manter-se com uma dificuldade e continuar explorando-a, e não podemos eliminar nossos esforços. Os conceitos suados também são gerados em experiências práticas que procuram transformar o mundo (AHMED, 2017, p. 13).

O "conceito suado" de Ahmed pretende nos deslocar de uma experiência destruidora para uma experiência ativa de vida. Isso é alcançado de dois modos. Primeiro, é necessário que o trabalho conceitual seja compreendido como distinto da descrição de uma situação, principalmente uma situação que demanda resposta. Uma situação que combina diferentes experiências e que as tornam críticas (AHMED, 2017), como mostrar que posso criar conceitos com o corpo, que a performance se apresenta como local de pensamento, reflexão e pesquisa

(MARIM, 2016).[17] Lauren Berlant descreve essa situação como "um estado de coisas em que algo, que talvez seja importante, está se desenrolando em meio à atividade habitual da vida" (BERLANT, 2008, p. 5 *apud* AHMED, 2017, p. 13, tradução minha).

Conceitos tendem a ser identificados pelos pesquisadores como se viessem de algum lugar, frequentemente da contemplação, "mais do que como uma imagem que vem de sua cabeça, provocando a revelação de uma posição de exterioridade" (AHMED, 2017, p. 13, tradução minha). Na verdade, conceitos estão presentes em nós independente do que fazemos, "Conceitos estão no mundo e nós estamos nele" (AHMED, 2017, p. 13, tradução minha).

Segundo, o uso de conceitos suados tenta mostrar como descrever seu trabalho é um trabalho conceitual que permite uma reorientação para o mundo, uma maneira nova de transformar as coisas. Um conceito é, na verdade, uma descrição de como me sinto no mundo e pelo mundo, e como eu poderia me sentir mais nele. Qual é o mundo que me abarca? Como instauro meu corpo, minha fala no mundo?

Conceitos suados são também gerados em experiências práticas que procuram transformar o mundo:

> Nós assim decretamos o feminismo em como nos relacionamos com a academia. Quando eu estava fazendo meu doutorado, foi-me dito que devia dar meu amor a este ou a esse teórico masculino, a segui-lo, não necessariamente como um comando explícito, mas por meio de um questionamento aparentemente gentil mas cada vez mais insistente: você é uma derridiana; não, você também é uma lacaniana; não, oh, ok, você é uma deleuziana; não, então, o quê? Se não, então, o quê? Talvez a minha resposta tenha sido: se não, então, não! Eu nunca estava disposta a aceitar essa restrição. (AHMED, 2017, p. 15, tradução minha)

---

17 Neste meu artigo, proponho uma integração entre dança e filosofia, pretendendo bordar novos caminhos para a minha fala que se dá pelo corpo que cria conceitos enquanto dança.

No entanto, quando não concordamos com essa restrição exigida, nós podemos criar novos caminhos a seguir; e para isso, precisamos de outras que vieram antes de nós. Assim, é valioso citar mulheres, em vez de homens brancos (AHMED, 2017, p. 15).

Embora esses passos possam ainda parecer fracos, pois ainda não o percorremos, precisamos muitas vezes encontrá-los sozinhas ou porque nos perdemos neles, a política de citação proposta por Ahmed tem dado mais espaço para as feministas que vieram depois dela. Ela mesma diz que:

> Citação é a memória feminista. Citação é como nós reconhecemos nosso débito àquelas que vieram antes; que nos ajudaram a encontrar o nosso caminho quando ele ainda era obscuro porque nos desviavam dos caminhos que nos foi dito para seguir. As citações podem conter os materiais com os quais nós criamos nossas casas. Sua política de citação tem afetado o tipo de casa que você constrói. (AHMED, 2017, p. 15, tradução minha)

Nós não podemos confundir a história das ideias com o homem branco, embora, um conduza ao outro, ou seja, nos ensinam onde as origens surgiram apenas a partir da perspectiva de um gênero. Nossas ideias são assumidas como vindas do corpo do homem, mas, ao contrário, precisamos pensar o edifício filosófico como um quadro de madeira em torno do qual uma casa está sendo construída. Talvez essas ideias estejam perdidas ou esquecidas, ou mesmo precisamos escavar para encontrá-las. Outras vezes, precisamos de distância para seguir a pensar. Por vezes, precisamos esquecer a distância e prosseguir o pensamento. Há muitos modos de fazer, contudo, o feminismo é um arquivo frágil, "um corpo reunido de estilhaços, de salpicos, um arquivo cuja fragilidade nos dá responsabilidade: cuidar" (AHMED, 2017, p. 16, tradução minha).

É uma experiência prática que surge contra o mundo que está aí, ideias que não dependem de uma mente que se retirou (porque um mundo permitiu essa retirada), mas um corpo que tem de se mover para criar mais espaço. O feminismo precisa estar em toda parte porque o feminismo não está em todos os lugares.

E talvez por isso o feminismo cause tanto medo, pois, juntas, podemos ser perigosas.

REFERÊNCIAS

AHMED, Sara. *LIVING A FEMINIST LIFE*. Durham: Duke University Press, 2017.

BATTERSBY, Christine. *GENDER AND GENIUS*: towards a feminist aesthetics. Bloomington: Indiana University Press, 1989.

CITRON, Marcia J. *GENDER AND THE MUSICAL CANON*. Cambridge: Cambridge University Press, 1993.

DANTO, Arthur C. *A TRANSFIGURAÇÃO DO LUGAR COMUM*. São Paulo: Cosac Naify, 2005.

DANTO, Arthur C. *APÓS O FIM DA ARTE*: a arte contemporânea e os limites da história. São Paulo: Odysseus Editora/Edusp, 2006.

DANTO, Arthur C. *THE ABUSE OF BEAUTY*: aesthetics and the concept of art. Chicago: Open Court, 2003.

DEVEREAUX, Mary. Feminist aesthetics. *In*: LEVINSON, Jerrold (ed.). *THE OXFORD HANDBOOK OF AESTHETICS*. New York: Oxford University Press, 2003.

FREELAND, Cynthia. *BUT IS IT ART?* An introduction to art theory. New York: Oxford University Press, 2001.

FREELAND, Cynthia. Film theory. *In*: JAGGAR, Alison M.; YOUNG, Iris Marion. *A COMPANION TO FEMINIST PHILOSOPHY*. Malden: Blackwell, 1998.

GATENS, Moira. *FEMINISM AND PHILOSOPHY*: perspectives on difference and equality. Bloomington: Indiana University Press, 1991.

HEIN, Hilde; KORSMEYER, Carolyn (ed.). *AESTHETICS IN FEMINIST PERSPECTIVE*. Bloomington: Indiana University Press, 1993.

HOWES, David (ed.). *THE VARIETIES OF SENSORY EXPERIENCE*. Toronto: University of Toronto Press, 1991.

IRVIN, Sherri. *BODY AESTHETICS*. Oxford: Oxford University Press, 2016.

JELIN, Elizabeth. ¿De qué hablamos cuando hablamos de memorias? *In*: JELIN, Elizabeth. *LOS TRABAJOS DE LA MEMORIA*. Madrid: Siglo XXI, 2001.

KIVY, Peter (ed.). *ESSAYS ON THE HISTORY OF AESTHETICS*. Rochester: University of Rochester Press, 1992.

KORSMEYER, Carolyn. *GENDER AND AESTHETICS*: an introduction. London: Routledge, 2004.

KORSMEYER, Carolyn. *MAKING SENSE OF TASTE*: food and philosophy. Ithaca: Cornell University Press, 1999.

KRISTELLER, Paul Oskar. The modern system of the arts: a study in the history of aesthetics. *JOURNAL OF THE HISTORY OF IDEAS*, v. 12, n. 4, p. 496-527, 1951.

LAUTER, Estella. Re-enfranchising art: feminist interventions in the theory of art. *In*: HEIN, Hilde; KORSMEYER, Carolyn (ed.). *AESTHETICS IN FEMINIST PERSPECTIVE*. Bloomington: Indiana University Press, 1993.

LINTOTT, Sheila. Feminist art: the very idea! *In*: MUSGRAVE, L. Ryan (ed.). *FEMINIST AESTHETICS AND PHILOSOPHY OF ART*: critical visions, creative engagements. New York: Springer, 2017.

LINTOTT, Sheila. Sublime hunger: a consideration of eating disorders beyond beauty. *HYPATIA: A JOURNAL OF FEMINIST PHILOSOPHY*, v. 18, n. 4, p. 65-86, 2003.

LINTOTT, Sheila. The sublimity of gestating and giving birth: toward a feminist conception of the sublime. *In*: LINTOTT, Sheila; SANDER-STAUDT, Maureen (ed.). *PHILOSOPHICAL INQUIRIES INTO PREGNANCY, CHILDBIRTH, AND MOTHERING*. New York: Routledge, 2011.

LINTOTT, Sheila; IRVIN, Sherri. Sex objects and sexy subjects: a feminist reclamation of sexiness. *In*: IRVIN, Sherri. *BODY AESTHETICS*. Oxford: Oxford University Press, 2016.

MÁRCIA X. Pancake. *MÁRCIA X*, 2001. Disponível em: http://marciax.art.br/mxObra. asp?sMenu=1&sObra=1. Acesso em: 20 jul. 2017.

MÁRCIA X. Panorama da arte brasileira – MAM SP. *MÁRCIA X*, [*s. d.*]. Disponível em: http://marciax.art.br/mxText.asp?sMenu=3&sText=13. Acesso em: 20 jul. 2017.

MARIM, Caroline I. Descolonizando o olhar: a construção de um *ethos* estético-político feminista que cria estratégias de luta e resistências pela palavra por meio do reconhecimento de outras vozes e escritas do corpo. *In*: MARIM, Caroline I.; CASTRO, Susana de (org.). **ESTUDOS EM DECOLONIALIDADE E GÊNERO**, v. II. Rio de Janeiro: Ape'ku, 2022. (Coleção Pindorama).

MARIM, Caroline I. Filosofia como performance. *In*: ROMAN, Ana *et al*. **O QUE NÃO É PERFORMANCE?** São Paulo: Coletivo Sem Título S.D., 2016.

MARIM, Caroline I. Objetos de emoções: objetos de amor, tecidos afetivos, peles... **PERSPECTIVA FILOSÓFICA**, v. 44, n. 1, p. 218-230, 2017.

NOCHLIN, Linda. Why have there been no great women artists? *In*: NOCHLIN, Linda. **WOMEN, ART, AND POWER AND OTHER ESSAYS**. New York: Harper and Row, 1988.

PARKER, Rozsika; POLLOCK, Griselda. **OLD MISTRESSES**: women, art and ideology. New York: Pantheon Books, 1981.

PLATÃO. **A REPÚBLICA**. Rio de Janeiro: Best Seller, 2002.

POLLOCK, Griselda. **ENCOUNTERS IN THE VIRTUAL FEMINIST MUSEUM**: time, space and the archive. London: Routledge, 2008.

RICART, Paola María M. **TRANSARQUIVO**: uma escrita revolucionária de relatos da história da arte. Curitiba: Editora CRV, 2018.

ROSS, Stephanie. **WHAT GARDENS MEAN**. Chicago: University of Chicago Press, 1998.

SHINER, Larry. **THE INVENTION OF ART**: a cultural history. Chicago: University of Chicago Press, 2001.

TAYLOR, Diana. **THE ARCHIVE AND THE REPERTOIRE**: performing cultural memory in the Americas. Durham: Duke University Press, 2003.

VICENTE, Álex. La hora de las abuelas del arte. **EL PAÍS**, 28 ago. 2017. Disponível em: https://elpais.com/cultura/2017/08/28/actualidad/1503937494_302480.html?id_externo_rsoc=FB_CC. Acesso em: 20 set. 2017.

PARTE III

TEMAS FEMINISTAS

CAPÍTULO 14

ANA CAROLINA DA COSTA E FONSECA

ABORTO: UM PROBLEMA MORAL?

Debates, orais ou escritos, sobre aborto, em geral, seguem a mesma estrutura: autoras/autores e debatedoras/debatedores defendem uma das posições, a favor ou contra a descriminalização do aborto, e tentam apresentar seus argumentos da maneira mais impactante possível, de modo a convencer a audiência de que sua posição é a melhor em relação ao aborto. Especialmente os debates orais carecem de racionalidade, sendo inflamados por argumentos e performances que visam apenas convencer, e não desenvolver uma sincera e efetiva reflexão sobre a questão. Neste capítulo, discuto dois pontos concernentes ao debate sobre o aborto. Primeiramente, por que o aborto é considerado um problema moral; para tanto, analiso, sucintamente, a maneira como o aborto é valorado ao longo da história da humanidade, bem como o significado da permissão ou da proibição do aborto para a vida em sociedade, especialmente para a vida das mulheres. Em um segundo momento, analiso os valores morais que fundamentam os argumentos apresentados usualmente como neutros, mas que decorrem, de fato, de *uma* certa concepção de moralidade.

PRELIMINAR APENAS ANUNCIADA: A FALÁCIA DA NEUTRALIDADE

Ciência e filosofia decorrem de valores morais e não são, portanto, neutras, mesmo que nem sempre declarem explicitamente os pontos de partida, que são, repito, morais e que fundamentam escolhas sobre o que e como pesquisar, pensar, refletir, escrever. Em sentido similar, Nietzsche (2001) discute a vontade de verdade dos seres humanos, que criam primeiramente o conceito de verdade para, em seguida, criarem verdades que tomam como algo que é conhecido; desse modo, justificam que exista, em termos absolutos, a pretensão de verdade previamente criada. Nietzsche introduz um elemento essencialmente volitivo no que se apresenta como algo que decorreria, de fato, da natureza, qual seja, o desejo de conhecer, e discute de que modo a vontade de conhecer está diretamente relacionada com a criação de alternativos conjuntos de verdade, chamados por Foucault (2017) de regimes de verdade. O ponto poderia ser longamente discutido, contudo, neste capítulo, vou apenas anunciá-lo como uma preliminar. Estou supondo e reconhecendo a inexistência de neutralidade em relação ao que pensamos, dizemos e fazemos, bem como o fato de que criamos o que chamamos de verdade, de modo especial em relação a questões que nos provocam moralmente. À medida que apresento e discuto argumentos sobre a moralidade do aborto, indico como a falsa neutralidade tenta se impor no cenário argumentativo.

DA DISTINÇÃO ENTRE ÉTICA PÚBLICA E ÉTICA PRIVADA: SOBRE O QUE CABE AO DIREITO LEGISLAR

Em geral, criminaliza-se o que, de algum modo, é repudiado moralmente. Tal repúdio varia espaço-temporalmente e, por isso, as regras jurídicas também variam de lugar para lugar ao longo do tempo. Um dos princípios constitucionais, que se aplica também em matéria de direito penal, é o da reserva legal, que diz: "ninguém será obrigado a fazer ou deixar de fazer alguma coisa senão em virtude de lei" (BRASIL, 1988, art. 50, II), ou seja, podemos fazer tudo aquilo que não for proibido. No presente, o aborto é permitido em quase todos os países democráticos e desenvolvidos do mundo (CRR, [*s. d.*]). Há uma relação direta entre a forma de organização de um Estado (democrático ou não democrático) e seu grau de desenvolvimento econômico (desenvolvido ou em desenvolvimento), que tem consequências diretas sobre o grau de escolaridade da população e o reconhecimento de maior liberdade para os indivíduos em matérias que são de ética privada, como o aborto (BIROLI; MIGUEL, 2016).

As regras que regem a vida em sociedade deveriam tratar apenas de questões de ética pública, qual seja, daquelas questões que afetam direta ou indiretamente a vida de todos, enquanto membros de uma coletividade, portanto, temas a respeito dos quais caberiam a todos legislar sobre. Há questões que também são de ética, mas que se referem ao que pertence à esfera íntima de decisão e, consequentemente, de esfera de decisão de cada um. Nesses casos, cabe a cada um estabelecer quais valores morais determinarão como se dará sua atuação.

Com relação ao aborto, defender que ele não deveria ser criminalizado não implica – sendo mulher e estando grávida de um bebê indesejado ou sendo homem e estando uma mulher grávida de um filho seu que não é desejado – optar por um aborto. É possível que uma mulher defenda o direito de todas as mulheres escolherem se querem ou não ter um filho até certa idade gestacional, apesar de ela, enquanto indivíduo, ter certeza de que jamais faria um aborto. A regra que vale para todos os membros de uma sociedade (não criminalização do aborto, por exemplo) pode ser diferente da regra que um indivíduo impõe a si mesmo, enquanto ser autônomo agindo de modo singular. Não há contradição entre defender a descriminalização do aborto, o que facultaria aos que estão em um certo país a, caso desejem, realizar legalmente um aborto, e, enquanto indivíduo, decidir que, em nenhuma circunstância, faria um aborto. A descriminalização do aborto permite o exercício da liberdade, neste caso, quanto a fazer ou não fazer um aborto.

DA REALIZAÇÃO DO ABORTO POR MULHERES NA ESFERA PRIVADA À PROIBIÇÃO POR HOMENS NA ESFERA PÚBLICA

A pergunta que ora proponho se refere a onde e quando (ou desde quando) o aborto é proibido. Historiadores se ocupam há pouco tempo de questões que são fundamentalmente privadas. Ao longo de muitas décadas, quando a história era escrita, principalmente, por homens, e em razão dos textos de história preservados ao longo dos séculos serem escritos, quase sempre, por homens, eram os fatos da vida pública que pareciam ser, outrora, os únicos a ter algum valor (histórico). Quando a história começa a ser escrita por mulheres, os fatos privados passam a ser narrados e tomados como uma outra maneira de se contar a história (PERROT, 2015). No mundo ocidental, dos gregos antigos até meados do século XX, as mulheres viveram diferentes, mas sucessivos, processos de confinamento ao lar. Vários são os motivos alegados (pelos homens) para que as mulheres não ocupassem (e em muitos lugares, para que ainda não ocupem) espaços na esfera pública. A luta do feminismo pode ser descrita, em linhas gerais, como um grande e longo esforço para que as mulheres possam e efetivamente ocupem, em igualdade de condições, espaços na esfera pública, e para que sejam tratadas com igual respeito e consideração não apenas na esfera pública como também na esfera privada.

Ao longo da história, abortos, assim como partos, são tradicionalmente realizados por mulheres em mulheres. A mesma mulher que realiza partos é a que realiza abortos. Mesmo que houvesse proibição, e houve frequentemente, não tinha possibilidade de controle, pois ambos eram realizados apenas por mulheres, dentro de seus lares, sendo algo fundamentalmente privado (MUCHEMBLED, 2007). Quando o nascimento se torna um evento médico, a partir dos anos 1960, e passa a ser realizado em hospitais, se institucionaliza mais uma forma de controle sobre os corpos das mulheres. Durante um bom tempo dos últimos sessenta anos, os partos são realizados, em geral, por médicos homens, pois as mulheres, até pouco tempo atrás, eram impedidas de estudar inclusive medicina – ou, quando tinham a permissão legal de estudar, enfrentavam obstáculos que dificultavam o acesso à universidade. O saber biomédico passa a determinar como mulheres devem ser tratadas e como devem se comportar, isto é, passa a impor seu poder sobre os corpos das mulheres, além de controlar se e quando os abortos são realizados. Abortos e partos deixam de ocorrer na esfera privada entre mulheres e passam a ser de domínio público, domínio, este, controlado por homens.

Os argumentos para justificar a imposição de afastamento das mulheres da esfera pública relacionam-se, em geral, com a maternidade. Eis alguns exemplos. Mulheres não podem nem estudar nem trabalhar porque precisam cuidar dos filhos (e da casa); e se não cuidarem dos filhos, eles não serão bons filhos. Mulheres não podem estudar porque o uso do cérebro atrofia o útero – no início do século XX, algumas teses médicas afirmavam que se as mulheres fossem para a escola e para a universidade ficariam estéreis, e se ficassem estéreis, obviamente, não poderiam ter filhos. Como precisariam ter filhos, não poderiam estudar.

A maternidade é naturalizada em dois sentidos: não apenas todas as mulheres *devem* ter filhos, como também todas as mulheres *desejam* ter filhos. A impossibilidade de ter filhos é vista como motivo para sentir pena de algumas mulheres ("pobre", "coitada", "infeliz mulher estéril"!), e desabonadora, afinal, elas devem ser culpadas pela própria esterilidade ("O que esta mulher fez para que Deus não dê filhos para ela?" ou "O que ela fez para não poder ter filhos?"). O desejo de não ter filhos parece a muitos ainda mais grave e evidencia algo de significativo e pejorativo a respeito do caráter das mulheres ("Que mulher é essa que não quer ter filhos? É egoísta? Má?"). Como consequência, percebe-se, ora de modo mais, ora de modo menos velado, o que se chama de maternidade compulsória, isto é, a suposição de que todas as mulheres querem não apenas ter filhos, como também ter o máximo possível de filhos – e, por isso, todos os filhos que possam ter. A maternidade e o desejo de ter filhos jamais são questionados, ao contrário, são tomados como comum a todas as mulheres e presumidos. Questionam e pedem justificativas para o alegado desejo não natural de não ter filhos. Logo, pareceria não haver motivos para consentir que o aborto fosse permitido, afinal, apenas mulheres que agem contra a própria natureza ou que têm alguma deformidade no caráter não desejariam ter o filho que carregam no ventre (BADINTER, 2001).

A pergunta "por que o aborto deve ser proibido?", em uma perspectiva crítica, nos afasta do debate sobre o valor da vida biológica e nos aproxima do valor da vida enquanto biografia escrita, diariamente, por cada um de nós (RACHELS, 2004). Suposições sobre a natureza da mulher e sobre a natureza da maternidade, se feitas como descrição de como (todas) as mulheres são, eliminam o que há de singular em cada uma. Corpos são desqualificados em razão da esterilidade. Caracteres são desqualificados por causa de uma condição física, a esterilidade, por serem tomados como causadores dela. E ainda mais desqualificados se a ausência de filhos decorrer da vontade da mulher.

O deslocamento da esfera de realização do aborto, da esfera privada entre mulheres para a esfera pública com o envolvimento de homens, acarretou maior controle sobre o que ocorre nos corpos das mulheres. A proibição legal e moral do aborto é uma constante ao longo da história, mas o exercício de tal controle se torna efetivo apenas no século XX (MUCHEMBLED, 2007).

Com o surgimento das primeiras vozes feministas, em meados do século XVIII, diversas formas de iniquidades entre homens e mulheres entram em pauta. Primeiramente, as mulheres reivindicam o direito de agir na esfera pública: votar, estudar, decidir com quem se casar, divorciar-se, gerenciar seus próprios bens. Em um segundo momento, o exercício do controle sobre o que ocorre em seus corpos entra em pauta, e o direito ao aborto se torna uma das principais demandas do movimento feminista em meados do século XX.

OS TRÊS PODERES DA REPÚBLICA (LEGISLATIVO, JUDICIÁRIO E EXECUTIVO) E O ABORTO NO BRASIL

Quando nos perguntamos sobre o que pode e o que não pode ser feito em um país, pensamos, primeiramente, no que diz a legislação quanto aos aspectos penais. A parte especial do Código Penal em vigor no Brasil, que define os crimes e suas respectivas penas, é de 1940. Apenas a parte geral, que trata da aplicação da lei penal, dos crimes em geral, da imputabilidade penal, do concurso de pessoas, da aplicação das penas, das medidas de segurança, da ação penal e da extinção da punibilidade, é de 1984. Os artigos que tratam do aborto são os últimos do capítulo que discorre sobre os crimes contra a vida. São eles:

> **Aborto provocado pela gestante ou com seu consentimento**
> Art. 124. Provocar aborto em si mesma ou consentir que outrem lho provoque:
> Pena – detenção, de um a três anos.
>
> **Aborto provocado por terceiro**
> Art. 125. Provocar aborto, sem o consentimento da gestante:
> Pena – reclusão, de três a dez anos.
> Art. 126. Provocar aborto com o consentimento da gestante:
> Pena – reclusão, de um a quatro anos.
> Parágrafo único. Aplica-se a pena do artigo anterior, se a gestante não é maior de quatorze anos, ou é alienada ou débil mental, ou se o consentimento é obtido mediante fraude, grave ameaça ou violência.

Forma qualificada

Art. 127. As penas cominadas nos dois artigos anteriores são aumentadas de um terço, se, em consequência do aborto ou dos meios empregados para provocá-lo, a gestante sofre lesão corporal de natureza grave; e são duplicadas, se, por qualquer dessas causas, lhe sobrevém a morte.

Art. 128. Não se pune o aborto praticado por médico:

Aborto necessário

I – se não há outro meio de salvar a vida da gestante;

Aborto no caso de gravidez resultante de estupro

II – se a gravidez resulta de estupro e o aborto é precedido de consentimento da gestante ou, quando incapaz, de seu representante legal. (BRASIL, 1940)

Algumas são as questões jurídicas envolvidas em tais artigos. A mulher pode ser punida por provocar aborto em si mesma ou por permitir que lhe provoquem aborto (art. 124), exceto nos casos permitidos por lei, que são: para salvar a vida da gestante (art. 128, I); ou em caso de gravidez decorrente de estupro (art. 128, II); ou por decisão judicial, como no caso de feto com anencefalia (ver ADPF 54 – BRASIL, 2012). A lei também pune quem provoca o aborto intencionalmente sem o consentimento da gestante (art. 125). Esses casos, em geral, envolvem algum tipo de agressão física contra a gestante com vistas a provocar o aborto.

Quando o aborto decorre de algum tipo de agressão física cometida contra a gestante, sem intenção de afetar a gravidez, mas que tem como consequência previsível a morte do feto, o agente é punido não pelo crime de aborto, mas por lesão corporal provocada na grávida com resultado aborto na forma culposa (art. 129, parágrafo 20, inciso V). A pena é quase igual à do art. 125, mas aquele não é considerado um crime contra a vida, é um crime contra a integridade física com resultado aborto. A diferença é relevante juridicamente, pois crimes dolosos contra a vida são julgados por júri popular, enquanto outros crimes com resultado morte, se culposos e não dolosos, são de competência do juízo comum. O aborto é um crime doloso contra a vida, exceto o aborto previsto no art. 129, 20, V (lesão corporal com resultado aborto).

As demais formas de aborto culposo não são punidas penalmente. Por exemplo, o aborto que decorre por erro, ou seja, por imprudência, negligência ou imperícia, pelo uso indevido de um medicamento, isto é, o medicamento não foi tomado para provocar um aborto, mas o aborto decorreu do uso do medicamento, quando não havia a intenção de provocar o aborto.

Quem provoca o aborto, com consentimento da gestante, também é punido (art. 126), por exemplo, médicos, "curiosas", "fazedoras de anjos", são algumas das pessoas que podem ser punidas nesses casos. Quando a gestante sofre lesão grave ou morre, em razão das manobras abortivas, a pena é aumentada (art. 127).

Os médicos são os únicos que podem provocar aborto legalmente sem serem punidos, desde que nos casos permitidos supracitados (art. 128). Nenhum outro profissional é habilitado a realizar abortos. Mulheres não podem, legalmente, provocar abortos em si mesmas, nem nos casos permitidos por lei ou por decisão judicial.

É coautor de um crime quem ajuda na sua execução. No caso do crime de aborto, é coautor quem ajuda a realizá-lo, por exemplo, quem atua como instrumentador de um médico que realiza abortos clandestinamente. Com relação à coautoria, não há discussão doutrinária.

Há, contudo, uma última questão relevante e não resolvida nem pela doutrina nem pela jurisprudência, e que envolve participação no crime de aborto. É partícipe quem induz, instiga ou auxilia (secundariamente) a prática de um crime (art. 29 do Código Penal). No caso de uma mulher ser, por exemplo, acompanhada, financiada ou incentivada por alguém a se submeter voluntariamente a um aborto provocado por terceiro, aquele que acompanha, financia ou incentiva a gestante é partícipe. Mas a questão é: partícipe de quem? Da mulher ou do terceiro que provoca o aborto? Resolver tal questão é relevante, pois a pena da mulher que provoca o aborto é menor do que a de terceiro que o provoca em mulher com o consentimento dela, e a pena do partícipe é igual a do executor. Então, a questão é, se quem acompanha, financia ou incentiva será punido como a mulher que pratica o aborto em si mesma (com pena menor) ou como aquele que provoca o aborto na mulher (com pena maior).

Duas são as decisões judiciais mais relevantes no Brasil que tratam do aborto, e ambas foram tomadas por ministros do Supremo Tribunal Federal (STF). A primeira é a decisão na Arguição de Descumprimento de Preceito Fundamental 54/DF (ADPF 54), ação que tramitou de 2004 a 2012, quando os ministros decidiram que mulheres poderiam abortar em caso de anencefalia do feto (BRASIL, 2012). A segunda é o *Habeas corpus* 124.306/RJ; o mais importante neste caso é o voto do Ministro do STF Luís Roberto Barroso no *habeas corpus* impetrado por médicos presos que praticaram aborto em uma clínica clandestina no Rio de Janeiro. A decisão concede o direito desses médicos responderem ao processo em liberdade. Um dos fundamentos do voto do Ministro Barroso consiste no reconhecimento de que o aborto deveria ser permitido no Brasil até a 12ª semana de gestação, sem qualquer alteração da legislação infraconstitucional vigente, apenas pela interpretação dos art. 124 a 126 do Código Penal, conforme a Constituição da República Federativa do Brasil de 1988.

Tramitaram também no STF duas ações que pediam a descriminalização do aborto. A primeira é a Ação Direta de Inconstitucionalidade 5.581/DF, que contém vários pedidos, sendo um deles o de facultar o aborto às mulheres grávidas e contaminadas com o vírus da Zika (BRASIL, 2020). A decisão não discute o mérito do pedido por entender que a autora da ação não tinha legitimidade ativa, ou seja, não poderia ser autora desta ação; e a questão do aborto não foi discutida, apesar de mencionada brevemente por um dos julgadores. A segunda é a Arguição de Descumprimento de Preceito Fundamental 442, impetrada em 8 de março de 2017, que pede que sejam declarados parcialmente não recepcionados pela Constituição Federal de 1988 os arts. 124 e 126 do Código Penal, por violarem:

> [...] os princípios fundamentais da dignidade da pessoa humana, da cidadania e da não discriminação, bem como os direitos fundamentais à inviolabilidade da vida, à liberdade, à igualdade, à proibição de tortura ou tratamento desumano ou degradante, à saúde e ao planejamento familiar, todos da Constituição Federal (art. 1º, incisos I e II; art. 3º, inciso IV; art. 5º, *caput* e incisos I, III; art. 6º, *caput*; art. 196; art. 226, § 7º). (BRASIL, 2017)

Ambas pedem o reconhecimento de que a liberdade é um direito fundamental estabelecido constitucionalmente e que deveria poder ser exercido pelas mulheres, inclusive para decidirem se querem levar a cabo ou não uma gravidez. No caso de eventual contaminação pelo vírus da Zika, percebemos claramente que a indesejabilidade de uma gestação pode acontecer não apenas no seu início, mas também no decorrer de intercorrências, estas, sim, indesejadas. Pode ocorrer de uma mulher não desejar, desde o início, uma gravidez, pelos mais variados motivos. Pode ocorrer também de uma mulher desejar uma gravidez e, dado um fato superveniente, como a contaminação pelo vírus da Zika, a gestação, outrora desejada, se tornar indesejada.

Entre os projetos de lei que já tramitaram e que ainda tramitam no Congresso Nacional, alguns tratam do aborto, tanto com a intenção de descriminalizar quanto de restringir ainda mais a possibilidade de realização de um aborto. Não discutirei tais projetos. Interessa-me apenas apontar a diferença entre o modo como são tomadas as decisões por membros do poder legislativo e por membros do poder judiciário, conforme discutido por Ronald Dworkin (2003) em *Domínio da vida*.

O poder legislativo é composto por membros eleitos. Teoricamente, eles representam, de algum modo, a moral média dos eleitores. De fato, sabemos que o poder econômico, percebido no quanto cada candidato gasta na sua campanha eleitoral, influencia significativamente no resultado das eleições. As decisões dos legisladores não precisam ser justificadas. Eles participam de debates, propõem leis e votam para defender pontos de vista que deveriam ser os de seus eleitores, pois eles são representantes do povo, e, enquanto representantes, falam em nome dos seus representados.

Os membros do poder judiciário, ao contrário, não são eleitos, mas fizeram e foram aprovados em um difícil concurso público. Suas decisões precisam ser fundamentadas na legislação vigente, sendo a Constituição Federal em vigor o texto jurídico máximo que determina como será feita a leitura dos dispositivos infraconstitucionais.

Mesmo que os processos de eleição de representantes para o poder legislativo e de escolha dos membros do poder judiciário variem de país para país, em linhas gerais, permanece a distinção entre aqueles que tomam decisões que não precisam ser fundamentadas e os que precisam fundamentar juridicamente suas decisões, seja em decisões anteriores, seja na legislação vigente. Tal distinção contribui para que as decisões do poder judiciário sejam mais técnicas e menos passionais. E isso talvez explique por que, em muitos casos, a legalidade do aborto mudou não em decorrência de uma mudança na legislação, mas de uma alteração da interpretação da legislação infraconstitucional, como ocorreu nos Estados Unidos, em 1973, na época do julgamento do caso Roe *vs.* Wade. Levar dispositivos constitucionais a sério implicou reconhecimento de que o aborto deveria ser permitido com base no direito à liberdade ou no direito à privacidade, por exemplo.

Cabe, ainda, mencionar a função do poder executivo quando se trata do exercício do direito ao aborto. Usarei a permissão do aborto em caso de estupro e a dificuldade de as mulheres exercerem tal direito como exemplares para discutir a omissão do poder executivo em tomar posição em uma questão tão polêmica.

No Brasil, desde 1940, mulheres que foram estupradas podem abortar. A legislação vigente não faz nenhuma exigência quanto à comprovação do alegado estupro. Nada poderia ser exigido das mulheres se não há previsão legal. E não deveria haver motivos para se duvidar da palavra das mulheres que alegam estarem grávidas em decorrência de um estupro. Contudo, ocorre que, da gravidez decorrente da violência sexual, se seguem, muitas vezes, sucessivos atos de violência durante os quais as mulheres são acusadas, por exemplo, de terem provocado o estupro, de estarem usando roupas provocantes, e, portanto, serem as próprias mulheres causadoras e responsáveis pela ação dos homens de as estuprarem. Em outros casos, são tratadas como mentirosas que alegam terem sido estupradas para obter o direito de abortar um filho que não desejam ter e que estão gestando apenas por serem irresponsáveis e não usarem métodos contraceptivos. Além de culparem as mulheres pelos estupros que sofrem, usualmente, também cobram delas o uso de métodos anticoncepcionais, algo que não cobram dos homens, apesar de eles poderem facilmente usar preservativo e, desse modo, contribuírem para evitar a gravidez de um filho que não desejam. As mulheres precisam, então, convencer profissionais da saúde de que deveriam apenas realizar o que é facultado por lei, de que a relação sexual da qual decorreu a gravidez não foi consensual. Essa é mais uma situação em que fica evidente o exercício do poder biomédico sobre os corpos das mulheres, que, depois de serem abusadas sexualmente, são abusadas psicologicamente por profissionais a quem se permite que detenham, de fato, apesar de não de direito, o poder de decidir se uma mulher poderá exercer ou não um direito assegurado pela legislação brasileira, que nada exige além da mera declaração da mulher de que foi estuprada.

ANÁLISE DE ARGUMENTOS CONTRÁRIOS À DESCRIMINALIZAÇÃO DO ABORTO

Os argumentos dos que são contrários à descriminalização do aborto, mesmo que formulados de diferentes maneiras, basicamente dizem respeito ao pretenso direito dos fetos à vida. A mulher, um ser que

FILOSOFIA FEMINISTA

também tem direito à vida, é desqualificada de vários modos, sempre em comparação ao feto. O feto é inocente, e o único inocente. A mulher, consequentemente, é culpada, e sua principal culpa foi não ter evitado a gravidez, ou, em caso de gravidez decorrente de estupro, de tê-lo provocado, ou, ao menos, de não ter evitado o estupro. Alguns chegam a argumentar que a mulher só engravida quando deseja, portanto, permitir que realize um aborto seria permitir que fizesse algo, de fato, contra sua vontade. Não são poucas as mulheres que vêm a público falar em nome de todas as mulheres, dizendo que fizeram um aborto e se arrependeram depois, portanto, todas as demais mulheres deveriam ser proibidas de abortar porque certamente se arrependeriam. Este é mais um tipo de argumento que pressupõe que todas as mulheres têm os mesmos desejos e sonhos, e que ser mulher é ser uma coisa específica. A pluralidade é, uma vez mais, desconsiderada.

Os diversos argumentos têm em comum a desqualificação da mulher. A mulher é um ser vivo em dois sentidos. Ela tem vida enquanto um ser dotado de vida biológica, assim como o feto. Mas também como um ser que escreve sua biografia, que não apenas participa do ciclo do carbono, mas que vive a vida. Tal distinção é mais evidente em grego, língua que tem respectivamente duas palavras, *zoe* e *bios* (RACHELS, 2004). A mulher escreve sua biografia diariamente, aos fazer escolhas, pequenas e grandes. Tal distinção é convenientemente esquecida, com isso, a vida da mulher fica reduzida a aspectos meramente biológicos. A mulher não apenas é um ser vivo, mas também é um ser que faz escolhas conforme o que dá sentido à própria vida.

Após a desqualificação da vida, reduzindo-a ao que é meramente biológico, a inocência do feto é exaltada em comparação e desqualificação com a mulher, que é culpada de uma gravidez indesejada. E sua culpa decorre do próprio fato de estar viva. Mas não basta culpar a mulher, é preciso ainda desqualificar a sua vontade. Por isso, muitos dizem que a mulher quer ser mãe, quer ter aquele filho, mesmo que ache que não deseja o filho que espera.

Os argumentos desqualificam, sucessivamente, a vida da mulher, a vontade da mulher de não engravidar e – engravidando – a vontade da mulher de deixar de estar grávida e de não vir a ser mãe do feto que gesta. A legislação penal é o instrumento que permite que o controle sobre os corpos das mulheres seja exercido.

Mais um argumento contrário à possibilidade de descriminalização do aborto merece menção: outrora, havia a obrigação das mulheres de gerar cidadãos, pois populações maiores significavam maior poder militar para um Estado. O fundamento de tal obrigação era, novamente, a natureza. A mulher, naturalmente, desejaria ter filhos. Seguir sua natureza seria o melhor para o Estado. Não haveria, pois, razões para abortar.

No Brasil,[1] hodiernamente, muitas das mulheres que abortam são casadas e decidem de comum acordo com seus respectivos maridos que não desejam mais filhos, que não desejam filhos em um certo momento ou que não desejam filhos com certa condição física ou psíquica. Outras foram abandonadas pelos pais dos bebês que carregam no ventre. Os homens exercem sua vontade e decidem que, se não querem ser pais de certos bebês, agirão como se não houvesse o filho, a despeito do que estabelece a legislação com vistas à proteção de crianças e adolescentes. Muitos dos homens que defendem que mulheres não devem ter o direito de abortar são os mesmos que abandonam os filhos que geraram. O que justifica essa posição? A natureza! Eis o pretenso fundamento: as mulheres naturalmente desejam ser mães, enquanto os homens, naturalmente, desejam espalhar seus genes pelo mundo. A natureza justificaria, para os homens, a infidelidade e o abandono da prole, pois, naturalmente, desejam não cuidar de seus filhos, apenas terem o maior número possível de filhos com o maior número possível de mulheres. Se as mulheres não perceberam que os homens (naturalmente) são assim e supuseram que os homens assumiriam os filhos que fizeram, foram ingênuas, e, uma vez mais, são as

---

1 Para compreender melhor a realidade do aborto no Brasil, recomendo a leitura dos artigos escritos por Debora Diniz e Marcelo Medeiros (2010; 2012; 2017) a respeito do aborto.

únicas responsáveis e culpadas pela existência do feto que carregam no ventre.

A ideia da mulher como um ser dotado de interesses que devem ser levados em consideração e contrapostos aos interesses dos demais envolvidos em uma possível decisão de abortar um feto que carrega no ventre, conforme análise feita por Peter Singer em diversos de seus escritos, por exemplo, no capítulo do livro *Ética prática* (2006) em que trata do aborto, é desconsiderada. Este, contudo, é um dos argumentos mais fortes para justificar o direito das mulheres de abortar em qualquer situação, e por qualquer motivo, até certa idade gestacional.

O DIREITO À INDIFERENÇA E A ILEGITIMIDADE DO CONTROLE SOBRE OS CORPOS ALHEIOS

O direito à indiferença não significa o direito do outro de ser indiferente ao sofrimento de terceiros, como se percebe, por exemplo, em muitas situações de abandono. Moradores de rua são vistos com indiferença pelos transeuntes; idosos deixados em asilos são vistos com indiferença por seus descendentes; o sofrimento daqueles que não gozam do mesmo *status* socioeconômico é desprezado. Muitos negam ou minimizam o sofrimento causado por diversas formas de discriminação. Ser indiferente em sentido negativo significa desprezar o sofrimento alheio daquele que está em situação de fragilidade. Tal tipo de indiferença não se justifica do ponto de vista moral.

O direito à indiferença em sentido positivo significa, ao contrário, o direito de cada indivíduo gozar da indiferença alheia contra qualquer pretensa intromissão ou imposição de valores morais de terceiros, contra o desejo daquele a quem se reconhece o direito à indiferença. Todos têm direito à indiferença alheia para fazerem escolhas sobre a própria vida. O direito à indiferença é respeitado quando respeitamos a singularidade alheia, isto é, quando reconhecemos que o outro pode fazer escolhas morais diferentes das nossas e isso nos é indiferente, ou seja, quando sabemos que sequer nos cabe comunicar ao outro que "nós", em situação semelhante, agiríamos de modo diferente. Ser indiferente, em sentido positivo, significa não se incomodar se as escolhas morais alheias são diferentes das suas. Em sentido positivo, indiferença é o reconhecimento de que o outro, sendo capaz, tem o direito de fazer escolhas morais diferentes das minhas sem sofrer qualquer tipo de represália ou de perturbação por isso.

O dever moral de cuidar dos que estão em uma situação de fragilidade é um dever de oferta. Do que não se segue que exista um respectivo dever de aceitar a oferta feita. Devemos, moralmente, nos preocupar com os que moram na rua, com os pobres, com os discriminados, com as mulheres que desejam abortar. Mas não temos o direito de, dada a fragilidade alheia, impor nossos valores morais a terceiros. Quando pensamos a respeito de questões morais mais sensíveis e que dizem respeito a aspectos íntimos da vida alheia, como aborto, orientação sexual, identidade de gênero, casamento não monogâmico e casamento entre pessoas do mesmo sexo, o direito à indiferença se faz importante e evidencia se, efetivamente ou não, tomamos o outro como um indivíduo autônomo e respeitamos sua autonomia. Muitas vezes, a fragilidade do outro decorre, exatamente, do fato de sua vontade não ser respeitada e de haver sistemática violência contra a sua pessoa.

Demonstramos que reconhecemos o outro como um ser, de fato, autônomo quando o exercício da autonomia alheia se dá de modo contrário à maneira como nós agiríamos na mesma situação. Se entendemos que os outros são autônomos apenas quando agem como agiríamos, não estamos, efetivamente, reconhecendo a autonomia alheia.

CONSIDERAÇÕES FINAIS

→ A PERGUNTA QUE DEVERIA SER FEITA NO DEBATE SOBRE O ABORTO

No opúsculo *Para educar crianças feministas*, Chimamanda Ngozi Adichie (2017) nos apresenta uma lista com quinze sugestões para, como diz o próprio título do livro, educarmos crianças feministas. Dada a maneira como muitos homens e mulheres tratam as mulheres no presente, as sugestões feitas pela autora se dirigem não apenas às crianças, como também aos adultos.

A primeira sugestão é: "Seja uma pessoa completa. A maternidade é uma dádiva maravilhosa, mas não seja definida apenas pela maternidade" (ADICHIE, 2017, p. 14). Tal sugestão pressupõe uma possibilidade: que a mulher possa escolher e efetivamente ser uma pessoa completa no mundo sem um filho. Para tanto, é preciso que existam mecanismos que assegurem o exercício de tal possibilidade; em um primeiro momento, para evitar uma gravidez indesejada. A pílula anticoncepcional feminina começou a ser comercializada em 1960, nos Estados Unidos, e as reações a ela também tinham uma conotação moral. Dois são os principais valores morais em questão. Primeiro, se qualquer mulher, e até mesmo as mulheres casadas, teria o direito de evitar uma gravidez indesejada e, portanto, de engravidar apenas se e quando quisesse, ou seja, primeiramente, a moralidade do uso de métodos contraceptivos foi discutida. Superado esse ponto, a questão passa a ser quais mulheres poderiam usar métodos contraceptivos e, portanto, se mulheres não casadas teriam o direito de usá-los, afinal, o sexo era uma prática moralmente permitida para mulheres apenas se realizado durante a constância do casamento e com o próprio marido. Se a gravidez, apesar de indesejada, ocorresse, o próximo passo, então, consistiria em assegurar que a mulher pudesse interrompê-la. O aborto seria o mecanismo a ser usado em último caso. A discussão sobre os malefícios da pílula anticoncepcional para a saúde das mulheres é muito recente e está em consonância com uma preocupação cada vez maior para com os malefícios que os mais diversos produtos criados pelos seres humanos podem, eventualmente, causar à saúde.

A décima sugestão de Chimamanda Ngozi Adichie é: "Ensine-a a questionar o uso seletivo da biologia como 'razão' para normas sociais em nossa cultura" (ADICHIE, 2017, p. 61). Tal sugestão foi seguida ao longo deste capítulo. Em relação aos motivos para proibir legalmente ou, ao menos, condenar moralmente o aborto, quais deles decorrem de um uso seletivo da biologia que estabelece uma relação direta entre ser mulher e ser (ou ao menos desejar ser) mãe, entre o ser mulher e o dever ser mãe? A sugestão se refere a ensinar a questionar. Portanto, urge ainda perguntar sobre tal ensino. Quem deve ensinar a questionar? Professores? Pais e mães? Outros familiares? Amigos? Os membros da sociedade como um todo? Onde o ato de questionar deve ser ensinado? Em casa? Alguma instituição é o *locus* por excelência para tal aprendizagem? A família? A escola? A universidade? Os mais variados meios de comunicação devem desenvolver esse papel? Tal dever é exclusivo de alguém ou de alguma instituição? Ou deveria ser compartilhado amplamente por todos?

A ausência de obrigação moral em assumir um certo papel na sociedade (mãe, mulher) e a recusa em usar a biologia como justificativa para regras que são, de fato, culturais permearam essa discussão. Voltemos, pois, ao dito no início.

O ponto de partida deste capítulo foi a pressuposição de que, no debate sobre o aborto, fazemos desde sempre a pergunta errada. A pergunta correta não é se o aborto é moralmente aceitável ou não. Mas quais são as relações de poder que motivam a suposição de que o aborto poderia ser imoral. Substituí a pergunta sobre a moralidade do aborto (É o aborto moral? Deveria o aborto ser legalizado?) pela pergunta a respeito das relações de poder envolvidas no debate sobre o aborto. Inspirada em Nietzsche (2001) e em Foucault (2017), pergunto: o que de fato está em jogo? E a resposta é: o controle sobre os corpos (e, consequentemente, sobre as vidas) das mulheres. O fato de o aborto passar a ser considerado um crime em muitos países quando as primeiras feministas começaram a ganhar espaço no debate público, reivindicando igualdade de direitos, em torno dos anos 1850 (RACHELS, 2004), evidencia o caráter político, e não meramente moral, da proibição do aborto. O aborto não é criminalizado porque repudiado moralmente, mas como instrumento para o controle sobre os corpos das mulheres e, por impor-lhes não apenas a maternidade como também um certo modo de cuidar dos filhos, isto é, para mantê-las restritas à esfera privada de atuação. Após explicitadas as relações de poder que estão em jogo, cabe ao leitor rever os termos do debate.

REFERÊNCIAS

ADICHIE, Chimamanda Ngozi. PARA EDUCAR CRIANÇAS FEMINISTAS: um manifesto. São Paulo: Companhia das Letras, 2017.

BADINTER, Elisabeth. O CONFLITO: a mulher e a mãe. Rio de Janeiro: Record, 2001.

BIROLI, Flávia; MIGUEL, Luis Felipe (org.). ABORTO E DEMOCRACIA. São Paulo: Alameda, 2016.

BRASIL. CÓDIGO PENAL. Brasília: Senado Federal, 1940.

BRASIL. Constituição da República Federativa do Brasil de 1988. DIÁRIO OFICIAL DA UNIÃO, Brasília, DF, 5 out. 1988.

BRASIL. Supremo Tribunal Federal (Plenário). Acórdão de Arguição de Descumprimento de Preceito Fundamental 54/Distrito Federal. Decisão em plenário em 12 de abril de 2012, sendo relator Ministro Marco Aurélio. Disponível em: http://www.stf.jus.br/portal/processo/verProcessoAndamento.asp?incidente=2226954. Acesso em: 31 ago. 2017.

BRASIL. Supremo Tribunal Federal (Plenário). Ação Direta de Inconstitucionalidade 5.581/Distrito Federal. Decisão em 4 de maio de 2020, sendo relatora Ministra Cármen Lúcia. Disponível em: https://portal.stf.jus.br/processos/downloadPeca.asp?id=15344876705&ext=.pdf. Acesso em: 20 out. 2020.

BRASIL. Supremo Tribunal Federal. Arguição de Descumprimento de Preceito Fundamental 442. Petição inicial, impetrada em 8 de março de 2017, sendo relatora Rosa

Weber. Disponível em: http://www.stf.jus.br/portal/processo/verProcessoAndamento.asp?incidente=5144865. Acesso em: 31 ago. 2017.

BRASIL. Supremo Tribunal Federal (Primeira Turma). *Habeas Corpus* 124.306/Rio de Janeiro. Decisão em 9 de agosto de 2016, sendo relator Ministro Marco Aurélio. Disponível em: http://www.stf.jus.br/portal/processo/verProcessoAndamento.asp?incidente=4637878. Acesso em: 31 ago. 2017.

CENTER FOR REPRODUCTIVE RIGHTS (CRR). The world's abortion laws. *CRR*, [*s. d.*]. Disponível em: https://reproductiverights.org/maps/worlds-abortion-laws/. Acesso em: 20 out. 2022.

DINIZ, Debora; MEDEIROS, Marcelo. Aborto no Brasil: uma pesquisa domiciliar com técnica de urna. *CIÊNCIA & SAÚDE COLETIVA*, v. 15, Supl. 1, p. 959-966, jun. 2010.

DINIZ, Debora; MEDEIROS, Marcelo. Itinerários e métodos do aborto ilegal em cinco capitais brasileiras. *CIÊNCIA & SAÚDE COLETIVA*, v. 17, n. 7, p. 1671-1681, 2012.

DINIZ, Debora; MEDEIROS, Marcelo. Pesquisa Nacional de Aborto 2016. *CIÊNCIA & SAÚDE COLETIVA*, v. 22, n. 2, p. 653-660, 2017.

DWORKIN, Ronald. *DOMÍNIO DA VIDA*: aborto, eutanásia e liberdades individuais. São Paulo: Martins Fontes, 2003.

FOUCAULT, Michel. *MICROFÍSICA DO PODER*. Rio de Janeiro: Paz e Terra, 2017.

GALEOTTI, Giulia. *HISTÓRIA DO ABORTO*. Lisboa: Edições 70, 2007.

MADEIRO, Alberto Pereira; DINIZ, Debora. Serviços de aborto legal no Brasil – um estudo nacional. *CIÊNCIA & SAÚDE COLETIVA*, v. 21, n. 2, p. 563-572, 2016.

MUCHEMBLED, Robert. *O ORGASMO E O OCIDENTE*: uma história do prazer do século XVI a nossos dias. São Paulo: Martins Fontes, 2007.

NIETZSCHE, Friedrich. *A GAIA CIÊNCIA*. São Paulo: Companhia das Letras, 2001.

PERROT, Michelle. *MINHA HISTÓRIA DAS MULHERES*. São Paulo: Contexto, 2015.

RACHELS, James. *ELEMENTOS DE FILOSOFIA MORAL*. Lisboa: Gradiva, 2004.

SINGER, Peter. *ÉTICA PRÁTICA*. São Paulo: Martins Fontes, 2006.

STEARNS, Peter N. *HISTÓRIA DA SEXUALIDADE*. São Paulo: Contexto, 2010.

THOMSON, Judith Jarvis. A defense of abortion. *In*: SINGER, Peter; KUHSE, Helga. *BIOETHICS*: an anthology. Oxford: Blackwell Publishers, 1999.

SUGESTÕES DE LEITURA

BIROLI, Flávia; MIGUEL, Luis Felipe (org.). ABORTO E DEMOCRACIA. São Paulo: Alameda, 2016.

BRASIL. Supremo Tribunal Federal (Plenário). Acórdão de Arguição de Descumprimento de Preceito Fundamental 54/Distrito Federal. Decisão em plenário em 12 de abril de 2012, sendo relator Ministro Marco Aurélio. Disponível em: http://www.stf.jus.br/portal/processo/verProcessoAndamento.asp?incidente=2226954. Acesso em: 31 ago. 2017.

BRASIL. Supremo Tribunal Federal (Plenário). Ação Direta de Inconstitucionalidade 5.581/Distrito Federal. Decisão em 4 de maio de 2020, sendo relatora Ministra Cármen Lúcia. Disponível em: https://portal.stf.jus.br/processos/downloadPeca.asp?id=15344876705&ext=.pdf. Acesso em: 20 out. 2020.

MUCHEMBLED, Robert. O ORGASMO E O OCIDENTE: uma história do prazer do século XVI a nossos dias. São Paulo: Martins Fontes, 2007.

PERROT, Michelle. MINHA HISTÓRIA DAS MULHERES. São Paulo: Contexto, 2015.

SINGER, Peter. ÉTICA PRÁTICA. São Paulo: Martins Fontes, 2006.

CAPÍTULO 15

FELINI DE SOUZA

FILOSOFIA FEMINISTA E NOVOS MOVIMENTOS DA JUVENTUDE

Em casa, na escola, na sociedade, a supremacia masculina impera desde que "moças" eram "meninas". O olhar de piedade às mães solos e o olhar de que é preciso obedecer mais ao pai do que à mãe são questões culturais implantadas pelo patriarcado que trazem uma desvalorização da figura da mulher e da mãe. Na escola, a figura masculina é tida como superior à feminina. Quando falamos em conteúdos passados na escola, é possível contar nos dedos quantas vezes ouvimos falar de alguma mulher com algum marco significativo que explique nossa história. Será que não havia mulheres lá? A princesa Isabel é uma das mulheres das quais ouvimos falar nas aulas de história dadas na escola, mas ela aparece como "libertadora", e não como "governante". A mulher com poder é tratada com desdém pela mídia até os dias atuais, e o enfoque muitas vezes acaba sendo na sua vida pessoal, algum atributo físico, alguma característica de aparência. Que espécie de fuga é essa de ter uma mulher com poder aparecendo na história e na mídia? Dá impressão que as mulheres aparecem apenas como aquelas que apoiaram seus maridos em suas conquistas ou que eram as "cuidadoras", as "libertadoras". O mesmo acontece na filosofia.

Aliás, coloca-se a filosofia como uma área pouco feminina, pois ela "se baseia" na "insegurança", na dúvida, que, por sua vez, culturalmente, não deve servir a mulher. Nesse aspecto cultural, a mulher deve buscar a segurança – seja no marido, seja na profissão –, e a filosofia, por se basear na dúvida, no questionamento, não corresponde a essas expectativas. Então, fica a pergunta: será que não tivemos tantas filósofas como tivemos filósofos? Por que não ouvimos falar de filósofas na filosofia antiga? Por que não temos Hipátia de Alexandria nas aulas da faculdade de filosofia? Ela foi uma filósofa e matemática, lecionou filosofia, porém pouco ou nada se ouve sobre ela na academia. Em *A mulher no tempo das catedrais*, Régine Pernoud (1984) fala sobre essa situação, dando enfoque ao período anterior ao século V:

> Quando se estuda história do Ocidente, é impressionante ver a que ponto foi masculina até o século V. Quantas mulheres se podem citar durante os séculos de existência de Roma e da sua dominação? Certamente retém-se o nome de Agripina, a mãe de Nero, mas ela deve-o mais a Racine do que a Tácito. Numerosas moedas trazem a efígie de Faustina, mas que se sabe dela? Os manuais de História Romana que se impunham outrora aos estudantes, tão prolixos sobre a civilização antiga, não mencionavam sequer esta imperatriz, que tem a seu favor apenas o perfil na medalha. (PERNOUD, 1984, p. 13-14)

Desse modo, podemos notar que, na figura histórica, tem-se a mulher como um símbolo. Encontramos esculturas e imagens retratadas em medalhas, mas não se sabe a história daquelas mulheres representadas nesses meios. Ou então, na Antiguidade, encontramos apenas as histórias de mulheres que sobreviveram a ataques ou que foram bondosas, portanto, tornaram-se santas no cristianismo.

Mesmo com essa falta de incentivo dentro de casa, na própria escola e na própria história que nos é contada, na qual temos uma história muitas vezes contada apenas por homens, temos mulheres que foram à luta e organizaram-se em prol do seu espaço e seus direitos.

É ao século XIX que se atribui o surgimento do movimento feminista, cuja ação coletiva das mulheres, em razão da urgência das primeiras correntes feministas, propagou-se pelos países do Ocidente. Depois de muito tempo de exclusão, as mulheres conheceram a alternativa histórica de refletirem sobre sua situação, não mais como algo meramente biológico, e sim como sujeitos de uma atual condição social.

As primeiras pautas de reivindicações do movimento feminista iam da instrução e direito ao ensino à questão do direito ao voto e questões referentes a direitos trabalhistas para operárias das fábricas. O direito à instrução pelo qual as mulheres lutavam refletia em sua condição, na época inferior, de dependência da família ou do companheiro. A busca pela instrução tinha como objetivo a possibilidade de garantir a independência econômica e social para as mulheres. Por incrível que possa parecer, a educação era tida como um atributo masculino, o que nos leva a pensar que condições atualmente consideradas masculinas possam algum dia parecer obviamente femininas também.

Atribuem-se essas reflexões aos anos entre 1850 e 1950, cem anos de luta em prol de direitos negados às mulheres. Durante esses cem anos de lutas, com essas pautas, o feminismo chega ao Brasil e se expande a partir dos anos 1960 e 1970.

As mulheres estão nas ruas há muito tempo lutando por direitos iguais. Não é uma questão de modismo, o feminismo está aí em defesa dos direitos iguais para homens e mulheres; a diferença é que, com o passar dos anos, a maneira de se manifestar e a exposição na mídia têm sido diferentes. Mesmo assim, muitas pautas feministas de anos atrás continuam iguais, mostrando desse modo que não houve um grande avanço. E quando há avanço em busca dos direitos das mulheres, é preciso criar uma nova consciência de aceitação e respeito na sociedade perante esses direitos conquistados.

Junto com essas reivindicações pelo direito à instrução e ao voto, surgiam também os periódicos que expressavam as lutas das mulheres com a condição imposta ao seu sexo. Esses periódicos foram a principal influência da expansão dos ideais feministas pelo Brasil. Mas, mesmo com os periódicos ajudando na expansão e nas lutas pela instrução e pelo direito ao voto, na eleição de 1891, não havia nenhuma mulher votante e nenhuma mulher foi eleita. A Constituição de 1891 trazia no art. 70 a seguinte inscrição: "são eleitores os maiores de 21 anos que se alistarem na forma da lei"; assim, ao interpretar tal artigo, a palavra "cidadão", apresentada apenas no masculino, era entendida em seu sentido estrito, não permitindo às mulheres o direito ao voto.

A questão da linguagem levada ao pé da letra ou tida como o gênero masculino designando também o gênero feminino, é um tema presente atualmente no movimento feminista. A substituição para palavras que especificam o gênero quando designadas tanto ao gênero feminino quanto ao masculino é feita trocando-se pelo gênero neutro. Desse modo, é possível uma representatividade linguística para mulheres, homens e pessoas não binárias.

Entre outros motivos que levam as mulheres a se organizarem em coletivos e manifestos, está a sindicalização. São as mulheres sindicalistas que levam para o interior do movimento sindical o conceito de gênero, no sentido de pensar classe e gênero como padrões indissociáveis das relações sociais.

O dia 8 de março foi instituído pelas inúmeras lutas de mulheres por melhores condições de trabalho, salários equiparados aos dos homens e para terem seus direitos cumpridos. Em Nova York, após manifestações de mulheres operárias de uma fábrica por melhores condições no emprego e melhores salários, foi causado um incêndio na fábrica com as operárias dentro. Foram 129 mulheres mortas nesse episódio, o que nos faz pensar se as manifestações e as reivindicações de direitos que ocorrem hoje ainda precisarão passar por um trágico processo para ter visibilidade e serem tratadas como uma reivindicação de direitos mínimos para qualquer ser humano. Por exemplo, ter a liberdade de ir e vir a hora que bem entender, com a roupa que quiser, sem ser violentada e ainda culpabilizada por tal assédio ou estupro, entre outras problemáticas que as mulheres enfrentam.

A mulher teve um importante papel durante o período da ditadura militar no Brasil. Fazendo parte de organizações políticas, as mulheres estavam presentes em mobilizações e combates durante a ditadura, como a Guerrilha do Araguaia. Nestes e em outros casos, algumas mulheres foram capturadas, torturadas, presas, exiladas, desaparecidas e/ou mortas. A tortura, principalmente a sexual, estava muito presente na ditadura, notadamente aplicada às mulheres. E não era só nos grandes centros urbanos que as mulheres se organizavam. Mulheres de organizações e da sociedade civil estavam presentes nas ruas, em centros de ensino, igrejas, sindicatos, tanto na cidade como no campo. Desse modo, causando grande influência na campanha pelo fim da ditadura.

A utilização das redes sociais e canais do YouTube para discussão e divulgação de conteúdo feminista tem auxiliado o movimento em sua ampliação e conscientização de pessoas que estavam por fora dos ambientes de coletivo feminista, universidades, grupos de pesquisa de gênero.

A Marcha das Vadias é a atual grande mobilização das mulheres para chamar atenção às reivindicações de direitos das mulheres e da humanidade como um todo. A Marcha das Vadias pode assustar a sociedade com o termo que utiliza em seu nome, mas é esse o intuito: Impressionar uma sociedade que não se assusta com o número de estupros, violência doméstica e preconceitos enfrentados pelas mulheres e com as histórias desses casos.

O surgimento da Marcha das Vadias é associado a janeiro de 2011, em Toronto, no Canadá. A Universidade de Toronto havia registrado muitos casos de abuso sexual em mulheres em seu *campus*. Sobre o ocorrido, um policial se pronunciou aconselhando as mulheres a evitarem se vestir como "vadias" para não serem vítimas de tais violências. Indignadas pela violência sexual cometida dentro do *campus* universitário e com essa posição do policial de culpabilidade da vítima, três mil pessoas foram às ruas protestar. Assim nasceu o movimento internacional SlutWalk (no Brasil, Marcha das Vadias), que se expandiu por milhares de cidades do mundo.

> A Marcha das Vadias alavanca tanto no meio acadêmico, político e no senso comum possíveis destituições de feminismos, práticas e opiniões conservadoras. Esse processo é da maior relevância se considerarmos que ele deixa aberturas, primeiro, para novos modos de instituir relacionalmente noções menos essencializadoras de masculino e feminino, violências e práticas sexuais. (BRANCO, 2011)

A Marcha das Vadias tem como seu ponto forte a reivindicação por meio de frases de cunho feminista: "Meu corpo, minhas regras"; "Lugar de mulher é onde ela quiser"; "Você é linda, não acredite nas revistas". Essas frases e temáticas, entre outras, serão tratadas neste capítulo.

"EI, MACHISTA, MEU ORGASMO É UMA DELÍCIA"

As mulheres têm sua sexualidade reprimida desde a infância. É na infância que começamos a ouvir "menina não faz isso", "tem que ter modos de menina para sentar", entre outras normas e classificações de coisas consideradas de "meninos" e de "meninas".

Meninos, desde a infância, tocam-se cada vez que urinam, meninas, não. A falta de incentivo ao toque no seu próprio corpo faz com que meninas não conheçam seu corpo, percorrendo lugares de prazer e até descobrindo algum nódulo para encaminhar à área médica. O incentivo ao autoexame para as mulheres para o diagnóstico imediato do câncer de mama passa por essa situação cultural daquela "zona" considerada proibida, a do toque no seu próprio corpo.

Tem-se a masturbação masculina como algo natural da passagem da adolescência à vida adulta. Para as mulheres, isso é ainda um tabu. Assunto pouco comentado e pouco difundido, como algo proibido, "feio" e "errado". O sexo, para as mulheres, assim, é tomado apenas para fins de reprodução, para continuar a espécie humana; para os homens, é mais que isso, é o prazer da relação.

Por vezes, a menina vai conhecer seu corpo apenas na aula de anatomia da escola, vai ouvir falar de um tal de clitóris e nem sequer saber sua função, que nada mais é do que a de dar prazer. Na escola, a educação sexual não passa de uma educação para "reprodução", e esse assunto ainda é tabu na conversa entre familiares.

Essa ideia de o sexo para mulheres ter um fim unicamente reprodutivo é inconscientemente implantado nas relações amorosas atuais. Percebe-se que o "modelo-padrão" de amor e relacionamento consiste no casal heterossexual, com propriedades e que gerem filhos para poder dar continuidade em suas propriedades e na espécie humana. E tudo isso tem um período da vida do indivíduo para acontecer, como que, passando desse período próprio para a construção da "família-padrão", a pessoa se rendesse ao sofrimento da solidão. A mulher precisa buscar a segurança que apenas um amor monogâmico que pressupõe a construção dessa "família-padrão" pode lhe oferecer. Pejorativamente, ouvimos expressões e apelidos dados às mulheres que teriam passado desse período de construção de uma "família-padrão" e que não atingiram o "amor romântico" – tão adornado pelas mídias, telenovelas e contos –, como "solteironas" e "ficaram pra titia". Essas mulheres aparecem na sociedade como aquelas que não tiveram a sorte de um grande amor e que acabaram na solidão e na tristeza por não ter um lar repleto de filhos, como se o filho desse à mulher o título de mais mulher, de mulher mais realizada. Já o homem que escolher não compor essa família-padrão e nem viver o amor romântico não é visto com o olhar de piedade pela sociedade ou com um julgamento de que tem uma vida infeliz e solitária; ele é o cara que decidiu aproveitar a vida, e não deixa de ser um homem realizado por não ter tido uma casa cheia de filhos.

A liberdade sexual masculina é mais aceita socialmente por uma ideia de que é necessário assegurar a paternidade dos filhos, por sua vez, sendo exigida a fidelidade feminina.

Desse modo, constrói-se a ideia de família monogâmica, teorizada por Friedrich Engels (1981), em *A origem da família, da propriedade privada e do estado*:

> A família monogâmica [...] baseia-se no predomínio do homem, sua finalidade expressa é a de procriar filhos cuja paternidade seja indiscutível e exige-se essa paternidade indiscutível porque os filhos na qualidade de herdeiros diretos entrarão, um dia, na posse dos bens de seu pai. A família monogâmica diferencia-se do matrimônio sindiásmico por solidez muito maior dos laços conjugais, que já não podem ser rompidos por vontade de qualquer das partes. Agora, como regra, só o homem pode rompê-los e repudiar sua mulher. Ao homem, igualmente, se concede o direito à infidelidade conjugal. [...] Quando a mulher, por acaso, recorda as antigas práticas sexuais e intenta renová-las, é castigada mais rigorosamente do que em qualquer outra época anterior. (ENGELS, 1981, p. 66)

Por mais que a citação anterior não seja atual, é possível perceber como culturalmente há ainda uma maior liberdade ao homem com suas aventuras extraconjugais, fazendo parte de uma relação monogâmica, enquanto há a condenação da mulher se fizer o mesmo. E em relação à mulher amante, a mulher que o homem procura para a relação extraconjugal, é aquela que é tida como inadequada para a constituição da família monogâmica. Desde então surge a distinção, presente até os dias atuais, entre mulher para casar e mulher para o sexo. A mulher para casar é a mãe perfeita, a perfeita "dona de casa", criada para passar, lavar, cozinhar e atender bem às necessidades do marido, inclusive de se "comportar" em público e ser fiel a ele. A mulher para o sexo precisa satisfazer os desejos e as necessidades do homem na relação sexual e de preferência não levar os sentimentos para fora dali. Hoje, ainda esbarramos com essa classificação, entre aquelas mulheres que já tiveram muitos parceiros e aquelas consideradas "para se casar" – infeliz distinção e julgamento sofrido pelas mulheres que têm sua vida sexual tratada como um tabu.

Assim como o significado distinto entre os termos "solteirona" e "solteirão", também vivenciamos a diferença dos termos utilizados para as mesmas atitudes quando falamos em "vagabunda" e "garanhão". O "garanhão" é aquele que possui várias amantes, o conquistador, o libertino. A "vagabunda" é aquela que possui vários amantes, a conquistadora, a libertina. A diferença no uso desses termos é que um é atribuído com orgulho (garanhão), enquanto o outro é atribuído com desdém, vergonha (vagabunda). No entanto, são as mesmas atitudes, julgadas pela sociedade de maneira diferente.

O amor livre também é uma causa feminista por ir contra a ideia de hierarquia do patriarcado. No amor livre, não existe o egoísmo de ter para si o outro como posse. Todos são livres para todos. Pode haver uma centralidade de parceiro com relação aos parceiros ou uma horizontalidade nisso. E isso nada tem de libertino como costumam pregar. Os motivos pelo qual o amor livre é malvisto são aqueles mesmos que tornam como que uma obrigação cultural o fato de a mulher ter a função de ser mãe e a função sexual da reprodução. Nossa organização social exige que exista um casal heterossexual que venha a gerir filhos que herdem seus bens e deem a continuidade. E no patriarcado precisa ter esta certeza de que o filho é mesmo do pai, "o provedor dos bens".

Sentimentos como o ciúme e o egoísmo não fazem parte do "amor livre". Ele não considera idealizações comparadas a algo divino que na tradição são associadas ao amor romântico. As meninas que são criadas para o casamento e a maternidade esperam ansiosas pelo seu "príncipe", que é idealizado na figura do homem que vá gerir bens e segurança a essa mulher. Como apresentado no livro de Jurandir Freire Costa (1998), a idealização do amor romântico passa por contradições:

A dificuldade, entretanto, emerge porque um dos principais pleitos amorosos, a liberdade de escolha, é internamente contraditório. Queremos que a pessoa amada seja livre para nos desejar, mas, sendo livre, pode escolher outro parceiro. A liberdade do outro se torna fonte de desafio, ciúme e vontade de domínio. (COSTA, 1998, p. 145)

O "amor livre" exclui esses sentimentos de insegurança que promovem o ciúme e a necessidade de posse do outro. Não quer dizer que não seja possível ter um relacionamento em que o casal, homossexual ou heterossexual, tenha uma "fidelidade" entre eles. Significa que esse sentimento de posse, domínio, insegurança e ciúmes não é o meio pelo qual o casal esteja unido, mas, sim, a liberdade de escolha de estar com essa pessoa. O filósofo francês, René Descartes, considera o ciúme uma das emoções mais censuráveis que temos. De acordo com o filósofo:

Despreza-se um homem que sente ciúme de sua mulher, porque isso testemunha que não a ama seriamente; pois, se nutrisse um verdadeiro amor por ela, não teria a menor inclinação para dela desconfiar; mas não é a ela que propriamente ama, mas somente o bem que imagina consistir em sua posse exclusiva; e não temeria perder este bem, caso não julgasse indigno dele ou então que sua mulher é infiel. Além disso, essa paixão relaciona-se apenas a suspeitas e desconfianças, pois não é propriamente ser ciumento esforçar-se por evitar qualquer mal, quando se tem motivo de receá-lo. (DESCARTES, 1979, p. 282)

O ciúme para Descartes é uma paixão censurável, pois ter sentimento de posse sobre outra pessoa é tirar o que ela tem de mais perfeito e semelhante a Deus, que é a sua liberdade.

De qualquer modo, ainda com relação ao amor livre, podemos considerar algumas críticas que podem ser feitas. Considerando que vivemos em uma sociedade patriarcal, é comum vermos relações livres desiguais.

Inicialmente, na cultura machista em que somos criadas, muitas vezes nos sentimos inseguras, seja pela nossa aparência, emoções ou inteligência, isso traz por consequência a competição entre as mulheres. Tendo em vista que para os homens, conforme dito anteriormente, a relação com mais de uma pessoa simultaneamente é julgada de outra maneira, diferente de como é tratada com relação à mulher, ainda é possível apontar que, em diversos casos, a experiência de amor livre pode ser utilizada pela própria sociedade patriarcal como um discurso romantizado acerca da irresponsabilidade afetiva para com o outro. Com certeza, o amor livre é um ideal, alcançável se vier acompanhado de muita desconstrução da sociedade patriarcal e, é claro, se ambas as partes estiverem em consenso, confortáveis com a relação e em comum acordo.

Sobre a "virgindade", podemos dizer que se trata de um conceito um tanto ultrapassado. Por um lado, há uma grande valorização pela virgindade, mas, por outro, também se tem como uma barreira, uma insegurança da tal "primeira vez". Considera-se que só se perde a "virgindade" na relação sexual com penetração. Tem-se a perda da virgindade como uma mudança na vida da pessoa que de menina teria passado a mulher, tendo estima pelo fálico, em que este falo irá "inaugurar" essa passagem de menina a mulher. Esse pensamento de que a "virgindade" é tirada com a relação sexual com penetração é uma ideia machista em que responsabiliza muitas vezes o homem pela passagem de "amadurecimento" da mulher. Todos os mitos que envolvem a perda da virgindade são heranças desse machismo fálico embutido em nossa sociedade. A demonstração de honra pelo sangue da "primeira vez" pode parecer algo ultrapassado, mas ainda é presente na mentalidade de várias culturas e até disfarçado no meio das culturas consideradas mais livres. Esse mesmo sentimento de responsabilidade por essa "inauguração" faz com que alguns homens acreditem que tirando a virgindade da mulher farão com que elas se apaixonem por eles como se esse ato fosse mais responsável do que qualquer outro ato amoroso. A mulher deve ter a liberdade de escolha de ter relações sexuais com quem e quando quiser, sem cair em rotulações de "vagabunda" ou "puritana", e a "virgindade" não é algo físico que dependa de algo fálico, de penetração, para ser "perdida".

Outra pauta feminista em voga é a questão do aborto. O aborto também entra nesse quesito de liberdade de escolhas, liberdade sexual e do direito ao próprio corpo. A questão do aborto não é a simples opção de não querer ser mãe, há uma série de coisas que levam à opção de abortar, como a questão financeira, porque não é uma "boa" hora, as questões psicológicas ou o simples direito de escolher o que será feito com seu corpo. O que as pessoas que não concordam com a descriminalização do aborto precisam entender é que, mesmo elas não concordando com o aborto, ele acontece, e o maior problema acaba sendo os riscos que a mulher corre ao se submeter a certos métodos abortivos inseguros, sem cuidado e sem preparo.

> É importante destacar que hoje isso já acontece. As mulheres ricas, em sua grande maioria brancas, vão em uma clínica para fazer aborto, para isso é necessário desembolsar um valor considerável em dinheiro. Enquanto isso, mulheres negras e pobres morrem em clínicas clandestinas, em casa ou maltratadas em hospitais. Enquanto o aborto for criminalizado as mulheres continuarão morrendo por racismo e por questões de classe. (ATHAYDE, 2013)

Não é a criminalização que faz com que o aborto não aconteça. Ele já acontece, em qualquer classe social, o que difere são os riscos no procedimento que podem custar a vida das mulheres. Há também, dentro desse assunto de escolhas e planejamento familiar, pouco incentivo para as mulheres que querem decidir por si o que fazer com seus corpos, tendo o controle dos métodos contraceptivos e podendo fazer o procedimento de esterilização feminina, como a laqueadura.

> Ao legalizar o aborto retiramos a questão da área criminal para incluí-la na área de saúde. A partir daí, políticas públicas mais efetivas são desenvolvidas. Tanto na área de planejamento familiar e prevenção de gravidez, como no atendimento às pessoas

> que decidem realizar um aborto. O Uruguai descriminalizou
> e legalizou o aborto em 2012. Este ano foi divulgado que, no
> período de dezembro de 2012 até maio de 2013, nenhuma mulher
> faleceu vítima do procedimento. No período, 2.550 abortos foram
> realizados no país. (ATHAYDE, 2013)

No Brasil, vivemos a incerteza de que serão garantidos o aborto ou, pelo menos, a assistência em casos como de estupro. Por vezes, temos nossos direitos violados por representantes políticos que utilizam seus princípios religiosos para governar. Os que criminalizam o aborto são considerados e se intitulam como "pró-vida", quando podemos questionar: "pró-vida de quem?". Com certeza, não são pró-vida das mulheres que morrem fazendo aborto clandestino, pois esta é a quinta maior causa de morte materna no Brasil.

Desse modo, podemos compreender que ser mãe não é uma obrigação na vida das mulheres, elas têm o direito de escolha sobre a vida e o corpo delas. A mulher não será mais ou menos mulher pelo fato de ser mãe ou não. A maternidade, portanto, deve ser uma opção, e não uma obrigação.

"NINGUÉM MERECE SER ESTUPRADE"

Em 2014, foi lançado o resultado de uma pesquisa do Instituto de Pesquisa Econômica Aplicada (Ipea) que chocou o Brasil e causou várias manifestações nas redes sociais. No resultado da pesquisa, constava que 65% dos entrevistados concordavam que a mulher merecia ser "atacada" se estivesse usando roupas curtas. Surpreende-nos como as pessoas concordam com essa irracionalidade de não conter seus tais "instintos" por atacar alguém que está vestindo roupas curtas. Ao mesmo tempo, vemos casos de violência sexual em culturas que excluem os direitos da mulher, inclusive a impedindo de sair de casa sem estar completamente coberta pela burca, e então culpam tal violência pelo uso da máscara de cílios.

A culpabilização da vítima é muito frequente quando se trata de violência doméstica ou sexual contra a mulher. Sempre questionam "o que ela estava fazendo por essas horas na rua?", "vestida com roupas curtas estava pedindo", entre outras frases que demonstram a culpa sendo imposta na vítima, e não no criminoso que cometeu tais atrocidades.

Foi por causa dessa culpabilização atribuída à vítima que se originou a Marcha das Vadias. Na Universidade de Toronto, no Canadá, como dito anteriormente, em razão do grande número de violências sexuais sofridas pelas alunas da universidade e do comentário do policial responsável pelo caso (que alegou que elas deveriam se vestir apropriadamente, e não como "vadias", para se evitar violências), as alunas se mobilizaram e, de lá para cá, a Marcha das Vadias vem crescendo e a mobilização em prol dessa temática tem sido maior, seja nas ruas, em coletivos ou nas redes sociais. Uma amostra do crescimento da causa foi a campanha instituída no final de março de 2014 nas redes sociais, após o resultado da pesquisa do Ipea: "Eu não mereço ser estuprada". Aliás, ninguém merece.

Mesmo com a correção do Ipea, sobre o número 65% atribuído aos que concordavam que mulher vestindo roupas curtas deveria ser atacada, ainda lamentamos pelos 26% que concordam com essa barbárie. Na mesma pesquisa, é possível ver que 58,5% dos entrevistados acreditam que, se as mulheres soubessem se comportar, haveria menos estupro.

Outra situação muito comum é a do estupro dentro dos relacionamentos. Muitas mulheres são estupradas dentro de casa, pelo seu próprio marido, e, por vezes, não consideram o ocorrido como estupro, por manter uma relação de namoro ou casamento com a pessoa em questão. Como se esse tipo de "contrato" desse total direito para utilizar os órgãos sexuais da sua parceira, mesmo sem seu consentimento.

A infeliz cultura do estupro insiste em pregar que a mulher precisa ser educada para evitar o estupro, em vez de enfatizar que o homem precisa ser criado para aprender a não estuprar. Não há sentido algum em dizer que as mulheres precisam evitar o estupro. É preciso sempre lembrar que a culpa não é da vítima. Do mesmo modo, como ficaremos tranquilas pensando que ainda 26% dos entrevistados creem que mulheres vestindo roupas curtas merecem ser atacadas?

"VOCÊ É LINDA!"

A imagem e a representação são atributos mais valorizados nas mulheres do que nos homens. Grande parte da publicidade mundial utiliza essa imagem e representação feminina para divulgar seus produtos, inclusive nos comerciais voltados ao público masculino o alvo é a conquista da mulher. A mulher representada nessas publicidades é a que corresponde aos padrões instituídos pela mídia. Uma mulher idealizada que muitas vezes está distante da realidade feminina.

Para diferentes alvos da publicidade, há diferentes representações femininas. Seja para os homens a propaganda de cerveja (como se cerveja não fosse consumida também por mulheres), em que a mulher aparece com roupas curtas, corpo atlético e curvas acentuadas, seja para as mulheres, em que elas são representadas por mulheres magras, com porte esbelto e elegante, com classe.

O principal problema dessas idealizações, dos padrões e da perfeição são as frustrações pelo inalcançável padrão de beleza. Essas frustrações e a busca por uma "perfeição" inalcançável podem ocasionar uma série de problemas psicológicos que afetam também o físico, como a anorexia. A anorexia é um distúrbio alimentar em que há uma distorção da visão que o indivíduo tem de seu próprio corpo. Na anorexia, a pessoa se imagina acima do peso, fora dos padrões que exigem a magreza. Mas esse tipo de imaginação que não corresponde ao real e causa distúrbios psicológicos não se dá apenas com relação ao peso, mas também com relação a tudo que está fora dos padrões, seja tamanho do busto, altura, tamanho das mãos, pés, cabeças, odores, enfim; uma infinidade de características próprias de qualquer ser humano que são negadas em busca de um ideal de beleza.

Esse ideal de beleza sofreu diversas alterações no decorrer dos anos. Esse padrão então se torna relativo, e não algo imóvel como parece. Acontece que os padrões tendem a parecer inalcançáveis e ao mesmo tempo causam a frustração por parecer que as pessoas nunca conseguem chegar àquilo ali predeterminado como belo. Outro ponto é que atingir tais padrões parece ser condição de felicidade, promovendo, assim, o caráter de infeliz àqueles que não estão dentro dos padrões.

Desde criança, é implantado nas mulheres o ideário da perfeição feminina. A Barbie, uma das bonecas mais famosas do mundo, representa o ideal que esse padrão de beleza prega. A Barbie não tem pelos, não tem cheiros, não tem manchas, é magra, é alta, é loira, tem o cabelo liso, tem olhos claros. Tudo que está fora dessas características é colocado como feio, fora dos padrões aceitos e desejados pelas pessoas. E mesmo aquelas pessoas que possuem algum dos atributos da Barbie, por não cumprirem todos eles, não estão dentro dos padrões.

Para a filosofia, a beleza trata-se de uma questão da estética, ou seja, aquilo que é perceptível por meio dos sentidos. Então, quando falamos desses padrões de beleza, estamos falando do que a aparência física representa. O filósofo escocês David Hume acreditava que a beleza não é algo objetivo, assim, podemos considerá-la como algo mutável com relação à cultura ou aos hábitos dos indivíduos, o que nos leva a uma reflexão a respeito dos padrões de beleza pelo mundo. Os padrões são inalcançáveis quando não correspondem à descendência cultural e genética dos países.

> É claro que não se pode definir objetivamente a beleza, visto que ela não é uma propriedade imutável que se atribui ou não aos objetos, mas uma sensação própria do sujeito que a percebe,

> ajustada aos seus valores pessoais, ainda que tais valores estejam inevitavelmente subordinados aos valores culturais e histórico-sociais de determinada sociedade em dado tempo histórico. A beleza é relativa, não há como negar, mas essa relativização é profundamente ofuscada pela busca de uma essência ideal, um padrão de beleza. (NUNES, 2014)

E quando se trata de padrões de beleza, a satisfação sempre encontra uma condição, seja porque "eu deveria estar dois quilos mais magra", "meu cabelo não está liso o suficiente" ou qualquer outra condição para esse contentamento consigo.

As mídias têm um impacto muito grande nesse descontentamento com a aparência. Cada vez mais, vemos que são lançados produtos que prometem a tão buscada satisfação. Quando se trata de produtos de higiene pessoal feminina, vemos uma negação do natural, podemos tomar como exemplo os odores naturais. São produtos que prometem neutralizar o cheiro da menstruação, o cheiro do natural, o cheiro do corpo. E o que falar sobre o horror aos pelos? Os pelos têm a função natural de proteção a algumas áreas do corpo, como os pelos da região genital. No entanto, mil e uma técnicas de depilação são inventadas para que os tão "temíveis" pelinhos não apareçam. O problema não é o fato de gostar ou não de se depilar, o problema reside na obrigatorie-dade de cumprir uma norma para se encaixar em um padrão instituído culturalmente ou pela mídia.

Uma das armas utilizadas pela mídia por essa propagação do padrão inalcançável é o uso do Photoshop. A edição de fotos, muito utili-zada em revistas para esconder manchas, dar nova forma ao corpo humano, intensificar algumas partes e neutralizar outras, faz com que acreditemos que aquela imagem expressa na capa de revista seja real. Incontáveis revistas prometem dietas milagrosas para atingir o ideal do corpo de tal celebridade. É literalmente uma ditadura da beleza, em que mulheres são torturadas, a base de uma pressão psicológica da sociedade, na qual você tem que estar (ou pelo menos tentar incan-savelmente) dentro daqueles padrões de beleza instituídos; em que

FILOSOFIA FEMINISTA

mulheres são excluídas de algum meio por não terem atributos que correspondem a esses padrões; em que mulheres se sentem presas a esses padrões.

Grande parte das revistas expõe em sua capa alguém com o corpo totalmente modificado por Photoshop e uma receita de como conquistar tal corpo irreal. As revistas pressionam a mulher a buscar um ideal de beleza longe do real e impõe aquilo que expõe como o bonito e correto. E ainda dão as dicas de como "enlouquecer os homens" – como se o necessário para a felicidade e satisfação feminina fosse agradar os outros –, de corte de cabelo, de maquiagem e de escolha das roupas que disfarcem as "imperfeições". O que seria o imperfeito? Aquilo que está fora dos padrões de beleza impostos? E é isso mesmo, negar sua realidade por uma ilusão, e a frustração quando não se atinge esse ideal ilusório.

Na Marcha das Vadias, é possível visualizar a grande quantidade de cartazes que tratam sobre o tema dos padrões de beleza. Pois, sim, eles matam. Há mulheres que chegam ao extremo nessa busca para o corpo perfeito e acabam morrendo, seja por anorexia, seja por inúmeras cirurgias plásticas que o corpo pode não suportar em prol de um "contentamento". A conclusão a que chegamos é que nós, mulheres, somos ensinadas a buscar a satisfação conforme padrões já determinados culturalmente ou pelas mídias. Sejam esses padrões de beleza ou de uma relação afetiva perfeita. E é isto que o feminismo vem trazer à reflexão: esses padrões de beleza devem ser questionados.

O feminismo vem lutar pelos direitos da mulher que passam a ser também o direito à humanidade. Entre os direitos estão, também, a conscientização da sociedade para uma compreensão dessas pautas. Percebe-se que a maioria das pautas feministas exige a liberdade da mulher, seja a sexual, a de usar a roupa que quiser, a de ir e vir a hora e por onde quiser sem correr riscos de violência sexual, a de escolher o que fazer com seu corpo (em caso de gravidez ou na luta contra os padrões de "beleza"), a de poder ocupar lugares que a cultura pregou

352

como lugares ou profissões masculinas, a de não ficar presa a estereótipos, a de escolher o que quer ser. Espera-se que, em pouco tempo, direitos dados somente aos homens sejam concedidos às mulheres e que as pessoas fiquem indignadas em saber que algum dia aquilo foi proibido para elas, como é pensar que algum dia em nossa sociedade o acesso à educação era proibido às mulheres.

REFERÊNCIAS

ATHAYDE, Thayz. 5 mitos sobre o aborto. **BLOGUEIRAS FEMINISTAS**, 26 set. 2013. Disponível em: http://blogueirasfeministas.com/2013/09/5-mitos-sobre-aborto/. Acesso em: 15 maio 2014.

BEIRA, Gabriella. Por que o poliamor e as relações livres podem ser privilégios para os homens? **CAPITOLINA**, 15 nov. 2014. Disponível em: http://www.revistacapitolina.com.br/por-que-o-poliamor-e-relacoes-livres-podem-ser-privilegios-para-os-homens/. Acesso em: 30 jan. 2017.

BRANCO, Carolina. A força das vadias. **BLOGUEIRAS FEMINISTAS**, 30 jul. 2011. Disponível em: http://blogueirasfeministas.com/2011/07/a-forca-das-vadias/. Acesso em: 10 mar. 2014.

BRASIL. Constituição da República dos Estados Unidos do Brasil, de 24 de fevereiro de 1891. **DIÁRIO OFICIAL DA UNIÃO**, 24 fev. 1891.

COSTA, Jurandir Freire. **SEM FRAUDE NEM FAVOR**: estudos sobre o amor romântico. Rio de Janeiro: Rocco, 1998.

COUTO, Cely. Por que é tão difícil praticar o "amor livre"? **CAFÉ FEMINISTA**, 8 jul. 2013. Disponível em: http://cafefeminista.wordpress.com/2013/07/08/por-que-e-tao-dificil-praticar-o-amor-livre/. Acesso em: 5 abr. 2014.

DESCARTES, René. **AS PAIXÕES DA ALMA**. 2. ed. São Paulo: Abril Cultural, 1979. (Coleção Os Pensadores).

ENGELS, Friedrich. **A ORIGEM DA FAMÍLIA, DA PROPRIEDADE PRIVADA E DO ESTADO**. 7. ed. Rio de Janeiro: Civilização Brasileira, 1981.

LEMOS, Nina. Nojenta? A mulher perfeita não tem cheiro, nem pelos, hálito, chulé ou gosto. Nojo de nós mesmas? *TRIP*, n. 89, 14 jul. 2009. Disponível em: https://revistatrip. uol.com.br/tpm/nojenta. Acesso em: 2 maio 2014.

MERLINO, Tatiana; OJEDA, Igor (org.). *LUTA, SUBSTANTIVO FEMININO*: mulheres torturadas, desaparecidas e mortas na resistência à ditadura. São Paulo: Caros Amigos, 2010. (Direito à memória e à verdade).

NUNES, Amanda. A ditadura do corpo ideal e o preconceito velado. *BLOGUEIRAS FEMINISTAS*, 13 mar. 2014. Disponível em: http://blogueirasfeministas.com/2014/03/a--ditadura-do-corpo-ideal-e-o-preconceito-velado/. Acesso em: 20 maio 2014.

OSORIO, Rafael Guerreiro; FONTOURA, Natália. Errata da pesquisa "Tolerância social à violência contra as mulheres". *IPEA*, 4 abr. 2014. Disponível em: http://www.ipea.gov.br/ portal/index.php?option=com_content&view=article&id=21971&catid=10&Itemid=9. Acesso em: 27 abr. 2014.

PERNOUD, Régine. *A MULHER NO TEMPO DAS CATEDRAIS*. Lisboa: Gradiva, 1984.

SALES, Celecina de Maria Veras; AMARAL, Célia Chaves Gurgel do; ESMERALDO, Gema Galvani Silveira Leite. *FEMINISMO*: memória e história. Fortaleza: Imprensa Universitária, 2000.

STIGAR, Robson. O padrão do gosto em David Hume. *REVISTA FILOSOFIA CAPITAL*, v. 6, n. 12, p. 45-57, 2011.

CAPÍTULO 16

GRAZIELA RINALDI DA ROSA

O QUE AS FILÓSOFAS TÊM A DIZER SOBRE VIOLÊNCIA?[1]

NINGUÉM OCUPADO EM PENSAR SOBRE HISTÓRIA E POLÍTICA PODE FICAR ALHEIO AO IMENSO PAPEL QUE A VIOLÊNCIA SEMPRE DESEMPENHOU NOS ASSUNTOS HUMANOS, E À PRIMEIRA VISTA É SURPREENDENTE COMO TAL VIOLÊNCIA É RARAMENTE ESCOLHIDA PARA CONSIDERAÇÕES ESPECIAIS.
HANNAH ARENDT, *CRISES DA REPÚBLICA* (2006).

Escolher falar sobre violência em uma perspectiva feminista implica reconhecer que as mulheres na filosofia sempre sofreram violências, ocultamentos e silenciamentos. Podemos dizer que as mulheres na filosofia incomodaram/incomodam pelo simples fato de existirem e pensarem filosoficamente. Por muito tempo, homens assinavam seus textos, e a autoria dessas pensadoras não apareciam. Mas, mesmo sofrendo diferentes tipos de violências, e em diferentes épocas e lugares, as mulheres nunca deixaram de escrever e atuar na/com filosofia.

Muitos filósofos escreveram sobre as mulheres e falaram muito mal de *nosotras*. Disseram que o poder é macho e o pensamento só é filosófico

---

1 Texto escrito em 2018.

quando é pensado por homens. Os temas filosóficos e a filosofia pensada pelas mulheres foram historicamente muitas vezes esquecidos e/ou negados, negligenciados, desvalorizados, ridicularizados, retirados.

As mulheres na filosofia sofreram violências e torturas psicológicas na medida em que foram sendo educadas que não há filósofas, que mulheres não escrevem sobre filosofia e que pouco sabemos sobre suas ideias, pois, sendo a escrita um instrumento de poder, em diferentes épocas as mulheres estiveram ali, nesse campo de saber, muitas vezes hostil e perverso para elas – a filosofia –, sem terem reconhecimento de suas ideias.[2]

O "sexismo cotidiano" foi denunciado por Simone de Beauvoir, junto com jovens feministas na redação de *Les temps modernes*. Mesmo não se considerando militante feminista (mas, sim, feminista), Simone de Beauvoir presidia a Liga dos Direitos das Mulheres e apoiava as tentativas que visavam criar refúgios para as mulheres espancadas.[3]

Beauvoir chamava a atenção sobre as violências que as mulheres sofriam e considerava os temas feministas da sua época, como o aborto e o projeto para as mulheres espancadas, importantes.

> Esse projeto para as mulheres espancadas, eu o acho especialmente importante porque, como o do aborto, o problema da violência interessa a quase todas as mulheres, independentemente de sua classe social. Ele extravasa as fronteiras de classe. As mulheres são espancadas tanto por maridos, juízes ou magistrados como por operários. Assim, criamos um "S.O.S. Mulheres Espancadas" e estamos tentando montar casas, para dar, pelo menos provisoriamente, abrigo por uma noite ou algumas semanas a uma mulher e seus filhos, se ela não puder voltar para casa porque se arrisca a ser espancada pelo marido, às vezes até a morte. (BEAUVOIR, 1976 *apud* SCHWARZER, 1986, p. 68)

---

2 Aprofundo mais essas questões no livro *As relações de gênero na filosofia* (ROSA, 2012).

3 Informações que foram relatadas pela própria Beauvoir em entrevista dada a Alice Schwarzer (1986), publicada no livro *Simone de Beauvoir hoje*.

Beauvoir também falou sobre as servidões das mulheres e deixou registros do quanto as feministas a ensinaram. Cabe questionarmos o que estamos aprendendo com as epistemologias feministas? Estamos lendo *nosotras*? Até que ponto rompemos com a filosofia androcêntrica e eurocêntrica que fomos doutrinadas e/ou ensinadas a seguir? Estamos falando e denunciando as opressões que nós, mulheres, sofremos na filosofia? Por que ainda estamos silenciadas? Estas são questões epistemológicas para a filosofia. Trata-se de um campo ainda pouco valorizado – o campo das epistemologias feministas.

As violências vivenciadas e denunciadas pelas filósofas são violências veladas, silenciadas e ocultadas ao longo da história da filosofia, por parte dos homens.[4] As leituras de mulheres filósofas em salas de aula ainda entram timidamente nos planos de ensino e projetos.

Nesse contexto, as filósofas foram criando estratégias para pesquisar seus temas e publicar seus textos e livros, abordando temas de grande relevância social, como podemos ver em Davis (2017):

> O estupro tem relação direta com todas as estruturas de poder existentes em determinada sociedade. Essa relação não é simples, mecânica, mas envolve construções complexas que refletem a interligação da opressão de raça, gênero e classe característica da sociedade. Se nós não compreendermos a natureza da violência sexual como sendo mediada pela violência e poder raciais, classistas e governamentais, não poderemos ter esperança de desenvolver estratégias que nos permitam um dia purgar nossa sociedade da violência opressiva misógina. (DAVIS, 2017, p. 49)

Os estudos feministas e de gênero, classe e raça têm contribuído para que a filosofia não seja tão misógina, racista, androcêntrica, eurocêntrica e patriarcal. Este capítulo se propõe a problematizar o tema violência em uma perspectiva filosófica-feminista, à luz do que as filósofas falaram sobre o tema. Apresentamos algumas denúncias de

---

4 No meu livro *As relações de gênero na filosofia* (2012), aprofundo mais essas questões.

filósofas sobre as diferentes violências, opressões e silenciamentos, ontem e hoje, fortalecendo, assim, os estudos feministas na filosofia, na medida em que problematizamos gênero na filosofia[5] e inserimos o que disseram e dizem algumas filósofas sobre a violência.

GÊNERO, FILOSOFIA E FEMINISMOS: É PRECISO ROMPER COM O SISTEMA PATRIARCAL!

> O DIÁLOGO É UMA PRÁTICA DE NÃO VIOLÊNCIA.
> A VIOLÊNCIA SURGE QUANDO O DIÁLOGO NÃO ENTRA EM CENA.
> MARCIA TIBURI, *COMO CONVERSAR COM UM FASCISTA* (2016).

É importante destacar que se entende gênero não apenas como uma categoria de análise, mas também histórica, como nos ensinou Saffioti (2015):

> O conceito de gênero carrega uma dose apreciável de ideologia. E qual é esta ideologia? Exatamente a patriarcal, forjada especialmente para dar cobertura a uma estrutura de poder que situa as mulheres muito abaixo dos homens em todas as áreas da convivência humana. É a esta estrutura de poder, e não apenas à ideologia que a acoberta, que o conceito de patriarcado diz respeito. Desta sorte, trata-se de conceito crescentemente preciso, que prescinde das numerosas confusões de que tem sido alvo. (SAFFIOTI, 2015, p. 145-146)

Ferreira (2001, p. 47-48)[6] nos esclarece que "o gênero não é um conceito do nosso tempo, habitando desde há muito a tradição filosófica ocidental, é justo que lembremos Platão e Aristóteles como dois principais responsáveis pela sua utilização". Para a filósofa:

---

5 Sugiro a leitura do artigo "Reflexões sobre o conceito de gênero", da professora da Universidade de Lisboa Maria Luísa Ribeiro Ferreira (2001), que possui estudos sobre gênero na filosofia.

6 Sobre a obra *Pensar no feminino*, de Ferreira (2001), ver Rosa (2008).

O gênero é essa categorização vivida e imposta, que leva à identificação de determinados indivíduos considerando-os enquanto pertencentes a um conjunto homogêneo. Ele surge como um construto social e cultural que normaliza os comportamentos esperados por parte de homens e de mulheres. (FERREIRA, 2001, p. 49)

Esclarecer algumas questões sobre gênero e feminismos, especialmente quando nos propomos a desenvolver estudos sobre as mulheres na filosofia, tem sido feito. Ferreira (2001) nos chama atenção:

Constatamos assim que o conceito de gênero sendo central nas temáticas ligadas aos *Estudos sobre as mulheres* não assume no nosso tempo uma conotação unívoca nem é entendido de um modo pacífico. De facto a opção dualista sexo/gênero não congrega os vários feminismos, antes se colocando, as mais das vezes, como critério demarcador de diferentes orientações. Talvez seja essa uma das funções que legitima a sua permanência num futuro. (FERREIRA, 2001, p. 53)

As teorias feministas contribuem, entre outras coisas, para uma história da filosofia menos excludente, misógina, androcêntrica e patriarcal, preenchendo as lacunas existentes na história do pensamento filosófico, analisando os textos clássicos em uma perspectiva feminista e denunciando os textos filosóficos que legitimam o patriarcado.

Efetivamente, quanto mais avançar a teoria feminista, maiores serão as probabilidades de que suas formuladoras se libertem das categorias patriarcais de pensamento. Ou melhor, quanto mais as(os) feministas se distanciarem do esquema patriarcal de pensamento, melhores serão suas teorias. Colocar o nome da dominação masculina – *patriarcado* – na sombra significa operar segundo a ideologia patriarcal, que torna natural essa dominação-exploração. Ainda que muitas(os) teóricas(os) adeptas(os) do uso exclusivo do conceito de gênero denunciem a naturalização do domínio dos homens sobre as mulheres, muitas vezes, inconscientemente, invisibilizam este processo por meio, por exemplo, da apresentação de dados. (SAFFIOTI, 2015, p. 59)

Concordando com Saffioti (2015), no que diz respeito à recusa do uso exclusivo do conceito de gênero, e levando essa ideia para o campo da filosofia, acredita-se que os estudos em uma perspectiva feminista com análise de gênero podem contribuir para as reflexões acerca do tema violência na filosofia. Em uma perspectiva histórica, nós feministas estamos conseguindo trazer para a cena as filósofas historicamente ocultadas nas fontes filosóficas, estabelecendo relações de gênero, denúncias das violências sofridas e reivindicações de valorização de nossos saberes e fazeres.

As feministas na filosofia reconhecem que o patriarcado está em constante transformação, e não abandonam e tampouco abandonarão a luta contra o patriarcado, enquanto houver mulheres morrendo na sociedade, vítimas de diferentes violências. Sabe-se também que a crítica patriarcal não basta para pensarmos as violências sofridas por mulheres negras. O não desaparecimento do patriarcado, dos preconceitos de gênero, das violências, do racismo e das desigualdades nos une em diferentes correntes filosóficas feministas na história do pensamento filosófico-feminista.

> A verdadeira controvérsia em torno do patriarcado começou nos anos sessenta do nosso século, quando a teoria feminista começou a se consolidar. Se Kate Millett pode intitular sua obra mais importante *Política sexual*, é porque em sua formação se combinam os resultados do comparativismo antropológico dos anos trinta com o crescimento excessivo do termo política elaborado pela Escola de Frankfurt. E, naturalmente, porque essas mesmas suposições são compartilhadas por seus potenciais leitores-seguidores. Para esta autora, *política* "é o conjunto de relações e compromissos estruturados de acordo com o poder, em virtude do qual um grupo de pessoas permanece sob o controle de outro grupo". Desta maneira, a posição subsidiária das mulheres torna-se política, política sexual patriarcal. O patriarcado será definido como uma política sexual exercida fundamentalmente pelo coletivo de homens sobre o coletivo de mulheres, cuja origem terá dois tipos principais de explicações, biológicas ou econômicas. Seu modo de funcionamento social e simbólico se tornará o centro de análise da teoria feminista. (VALCÁRCEL, 1994, p. 129, tradução minha)

O patriarcado legitima os espaços históricos de poder masculino, oprimindo, silenciando, discriminando, inferiorizando e dominando as mulheres em diferentes esferas sociais. Contudo, a história da filosofia não ficou alheia a esse processo, e as mulheres sofreram e continuam sofrendo diferentes violências na filosofia, tanto no campo das ideias quanto nas relações cotidianas em interface com os fazeres pedagógicos e filosóficos.

Os estudos feministas e de gênero na filosofia têm há décadas denunciado os contínuos preconceitos e as diferentes violências, no entanto, a filósofa Dorilda Grolli (2004) destaca:

> É preciso que se aponte, novamente, que todos os pressupostos de nossa cultura acerca do feminino mostram como as mulheres foram condicionadas a aceitarem os estereótipos patriarcais de si mesmas, encarando a sua própria condição de mulher com olhos masculinos. Diante dessa realidade a mulher é oprimida por uma totalidade sutil, que, neste caso, é encarnada pela forma de poder no sistema patriarcalista. (GROLLI, 2004, p. 160)

É nesse sentido que este capítulo versa sobre violência com base no que algumas mulheres na filosofia disseram. Não se tem a pretensão de esgotar o tema, mas de provocar que se (re)conheça que filósofas escreveram e falam/falaram sobre violência, como Simone de Beauvoir, Nísia Floresta, Simone Weil, Angela Davis, Hannah Arendt e Marcia Tiburi.

SOBRE AS VIOLÊNCIAS PENSADAS E VIVIDAS POR NOSOTRAS

A ALMA SOFRE VIOLÊNCIA TODOS OS DIAS.
SIMONE WEIL[7]

Para a filósofa Simone Weil, "o espírito está todo o tempo ocupado em se fazer violência e a alma submetida à guerra grita pela libertação" (BINGEMER, 2007, p. 107). Ela escreveu sobre guerra, massacres, destruições, sobre a violência no Antigo Testamento, opressão, liberdade e outros temas. Morreu aos 34 anos, recusando-se a comer enquanto soldados estavam morrendo durante a Segunda Guerra Mundial. Nasceu em família judia e se preocupou em escrever e conhecer a realidade dos(as) trabalhadores(as) de fábricas, denunciando suas condições subumanas, e para isso, se tornou uma operária.

Em uma entrevista, Agnes Heller nos dá um exemplo de como as mulheres se condicionam a ser coadjuvantes do pensar filosoficamente. Mesmo tendo a ideia, entregam aos homens (muitos seus companheiros e maridos) e eles ficam com o título de filósofos.

> Durante um tempo, escrevi livros teóricos sobre política, apesar de não ser cientista política. Também os escrevi com meu marido, que era mais concentrado em teoria política. Eu dava a ideia geral e ele trabalhava os pormenores. Fazíamos sempre dessa maneira, pois sou muito rápida para dar ideias filosóficas sobre temas políticos. Mas não gosto de ler jornais, revistas e artigos sobre política real. Fico completamente entediada. Conheço o significado antes de conhecer os fatos, os dados empíricos, ao passo que meu esposo era muito bom em recolhê-los e pormenorizá-los. E aceitava minhas teorias porque elas sempre se adaptavam aos dados empíricos, àquilo que ele extraía de suas investigações.[8] (HELLER, 2002, p. 45-46)

---

7 Excerto extraído do livro de Bingemer (2007, p. 107).

8 Excerto da entrevista realizada em 2000, por Francisco Ortega, professor e doutor em filosofia da Universidade Estadual do Rio de Janeiro. Entrevista traduzida por Bethânia Assy, que na ocasião era doutoranda em filosofia, orientanda de Agnes Heller na New School for Social Research, em Nova York, e pesquisadora de Hannah Arendt.

É necessário pensar quais os rompimentos necessários que ainda precisamos realizar para superar o problema da exclusão das mulheres na filosofia e as violências que sofrem. Esse é um problema que está no âmbito das violências que nós, mulheres, sofremos nas sociedades ainda patriarcais e/ou androcêntricas. As mulheres na filosofia deixaram um significativo legado sobre o tema violência. Precisaram superar as próprias violências que vivenciavam.

Mary Wollstonecraft, Rosa Luxemburgo, Angela Davis, Simone de Beauvoir, Simone Weil, Marcela Lagarde, Djamila Ribeiro, Célia Amorós, Sueli Carneiro, Lélia Gonzalez, bell hooks e tantas outras filósofas denunciaram a condição de submissão e servidão da mulher e as violências frequentes causadas pelo machismo cotidiano, pelo racismo e pela sociedade patriarcal. Esses temas existem na filosofia e precisam aparecer na formação de professores(as) de filosofia, bem como em livros didáticos e obras filosóficas.

Ainda temos muito a aprender com os feminismos negros. Além do racismo, as mulheres negras denunciam o sexismo, as experiências das mulheres negras escravizadas e as ausências das reflexões sobre as violências das mulheres negras na história do feminismo. Trata de um compromisso ético e epistemológico. É responsabilidade de todos, ler as mulheres negras, ouvir as suas "dororidades" e contribuir para que elas expressem suas experiências e pensamentos a partir do seu lugar de fala (RIBEIRO, 2019).

A filósofa Angela Davis também abordou o tema violência em uma perspectiva étnico-racial e social, na medida em que tem combatido todas as formas de opressão. Foi destituída de seu cargo de professora do Departamento de Filosofia da Universidade da Califórnia em Los Angeles (UCLA) por ser ativista e filiada ao Partido Comunista dos Estados Unidos. Foi ainda injustamente presa e incluída na lista dos dez mais procurados do FBI.

Em seu livro *A democracia da abolição: para além do império, das prisões e da tortura*, Davis (2009) fala sobre a "democracia da abolição" e os sistemas históricos de opressão, linchamento, injustiças, racismo, tortura, privação do direito ao voto, rotulação social, contrato racial, violência ritualística, pena de morte, repressão, coerção sexual, escravidão, democracia, entre outros temas. Analisa ainda o sistema carcerário norte-americano.

Já em *Mulheres, cultura e política* (DAVIS, 2017), foi publicado o discurso apresentado na Universidade Estadual da Flórida, em 1985. Nele, a filósofa escreve sobre a violência contra as mulheres em uma sociedade racista, denunciando o estupro, a intimidação sexual, a saúde das mulheres negras, o espancamento, o estupro conjugal, o abuso sexual de crianças, o incesto e outras violências, contextualizando que

> [...] essas manifestações específicas da violência contra a mulher se situam em um espectro mais amplo de violência produzida socialmente, que inclui violações sistemáticas orquestradas contra os direitos econômicos e políticos femininos. (DAVIS, 2017, p. 42)

Filósofas denunciaram sistemas e pessoas fascistas. Davis (2009), por exemplo, chama a atenção sobre as noções oficiais de democracia que circulam e que são sinais de políticas e práticas fascistas.

> Mas como você pode descrever a tortura, a negligência e a depravação cometidas contra pessoas presas simplesmente por calharem de estar no lugar errado na hora errada? Crianças têm sido encarceradas durante anos sem nenhum contato com suas famílias, e os mais altos funcionários do governo alegam que elas não têm direito a um advogado porque não estão no próprio solo norte-americano. Guantánamo é apenas um buraco controlado pelos EUA dentro do qual as pessoas desaparecem. (DAVIS, 2009, p. 143-144)

Já Mary Wollstonecraft escreveu sobre os direitos das mulheres e as aberrações que filósofos falavam sobre as mulheres. Em seu livro *Reivindicação dos direitos da mulher*, Wollstonecraft escreve um capítulo intitulado "Censuras a alguns dos escritores que têm tornado as mulheres objeto de piedade, quase de desprezo", denunciando as características atribuídas às mulheres por Rousseau, como paciência, beleza, inocência, sensibilidade, mansidão, suavidade, doçura, obediência servil, modéstia, asseio, passividade e fraqueza.

Nísia Floresta, uma brasileira do século XIX, fez uma tradução livre da obra *Reivindicação dos direitos da mulher*, de Mary Wollstonecraft, denunciou as aberrações que os homens falavam sobre as mulheres, as violências, e escreveu sobre as relações de gênero no Brasil colonial, denunciando o abuso sexual com as escravas, a realidade cotidiana das amas de leite e a educação precária que era destinada às mulheres da época. Denunciou ainda as futilidades que eram ensinadas às meninas da época e reivindicou que mulheres deveriam acessar concursos e atuar em diferentes áreas.[9]

Simone Weil desenvolveu um pensamento filosófico sobre violência e força.[10] Escreveu sobre o papel das mulheres na guerra, a liberdade, o corpo feminino, "ética, violência e religião", o sofrimento, a força humana, entre outras questões.

Entre outros temas, Rosa Luxemburgo discorreu e lutou pelas/com proletárias[11] e filosofou sobre o abismo que há entre as mulheres proletárias e as burguesas. Denunciou a violenta desigualdade que existe entre as mulheres burguesas e as proletárias, desde a realidade de seus cotidianos até a aquisição de seus direitos e sua atuação na sociedade de classes.

Hannah Arendt nasceu em 1906 e viveu durante as duas guerras mundiais. Deixou a Alemanha após a chegada dos nazistas ao poder. É reconhecida como uma filósofa política, e não ficou alheia às violências vivenciadas em seu tempo. Entre outros temas, analisou pensamentos

---

9 Para saber mais, ver Rosa (2013).

10 Para saber mais, sugiro a leitura do livro *Simone Weil: a força e a fraqueza do amor*, de Maria Clara Bingemer (2007).

11 O artigo sobre as proletárias tem o título original "Die Proletarierin", publicado originalmente em *Sozialdemokratische Korrespondenz*, n. 27, 5 mar. 1914. Ver Loureiro (2011).

de homens e mulheres diante de tempos sombrios,[12] formas modernas de alienação no mundo e questões relacionadas ao público e privado. Se debruçou sobre temas como o de autoridade, hierarquia, liberdade, crise na educação, crise na cultura, racismo, direitos humanos, desobediência civil,[13] emancipação política da burguesia, burocratização da vida pública, política, agressividade, banalidade do mal,[14] Imperialismo, violência negra, e poder e as origens do Totalitarismo.[15]

Sobre a violência, Arendt (2006) dedica um capítulo no livro *Crises da República*. Essas reflexões foram motivadas pelas guerras, revoluções e violências que aconteciam no seu tempo. Para ela, "a prática da violência, como toda ação, muda o mundo, mas é mais provável que seja uma mudança para um mundo mais violento" (ARENDT, 2006, p. 151). Para Arendt (2006, p. 130), "a violência sempre pode destruir o poder; do cano de um fuzil nasce a ordem mais eficiente, resultando na mais perfeita e instantânea obediência. O que nunca pode nascer daí é o poder".

Hannah Arendt tencionou a questão da violência no campo da política. Para ela, "o poder está na essência de todo governo, mas a violência não. A violência é por natureza instrumental; como todos os meios, sempre necessita de orientação e justificação pelos fins que persegue" (ARENDT, 2006, p. 128). Para a filósofa, a violência não depende de quantidade de pessoas e opiniões, como o poder.

Ao relacionar a ira e a violência, Arendt (2006) chama a atenção para o fato de que, em alguns casos, elas são emoções que compõem e pertencem às emoções humanas "naturais", e diz que livrar o ser humano delas significaria desumanizá-lo e castrá-lo. Assim, "a ausência de emoções não causa nem estimula a racionalidade" (ARENDT, 2006, p. 137). Nesse sentido, podemos pensar que, na história da

---

12 Ver *Homens em tempos sombrios* (ARENDT, 1991).

13 Ver *Crises da República* (ARENDT, 2006).

14 Ver *Eichmann em Jerusalém: um relato sobre a banalidade do mal* (ARENDT, 2003a).

15 Ver *As origens do totalitarismo: Imperialismo, a expansão do poder – uma análise dialética.* (ARENDT, 1976).

humanidade, as mulheres que manifestaram sua ira e violência foram e são consideradas loucas.

A vida dessa filósofa foi uma luta contra a opressão e o preconceito. Em 1941, teve que fugir da perseguição nazista.[16] Na obra *Entre o passado e o futuro*, Hannah Arendt (2003b) se propôs a problematizar o que é autoridade.

> Visto que a autoridade sempre exige obediência, ela é comumente confundida como alguma forma de poder e violência. Contudo, a autoridade exclui a utilização de meios externos de coerção; onde a força é usada, a autoridade em si mesmo fracassou. (ARENDT, 2003b, p. 129)

Arendt (2003b) chama a atenção para a importância histórica de se pensar a relação autoritária. Para ela,

> [...] a relação autoritária entre o que manda e o que obedece não se assenta; o que eles possuem em comum é a própria hierarquia, cujo direito e legitimidade ambos reconhecem e na qual ambos têm seu lugar estável predeterminado. (ARENDT, 2003b, p. 129)

Marcia Tiburi (2016), no livro intitulado *Como conversar com um fascista: reflexões sobre o cotidiano autoritário brasileiro*, problematiza os fascismos de todos os dias. Nessa obra, a filósofa discorre, entre outros temas, sobre o autoritarismo, a violência e os meios de comunicações, o linchamento,[17] o assassinato, a lógica do estupro, a cultura do assédio, a servidão, o coronelismo, a alteridade, a banalização da violência, a violência simbólica, a violência da fala,[18] a violência hermenêutica e o problema filosófico do outro. Para Tiburi, "nos atos físicos

---

16 Para saber mais, ver *O gênio feminino: a vida, a loucura, as palavras*, escrito por Julia Kristeva (2002).

17 Para Tiburi (2016), o linchamento é um tipo de violência hedionda, na lógica do "todos contra um", em que ninguém vai contra a maioria e raramente alguém ousa defender a vítima.

18 A filósofa problematiza o perigo da mídia, e exemplifica o modo agressivo e irresponsável de fomento ao ódio.

de violência de gênero, raça, idade, classe social há sempre violência simbólica"[19] (TIBURI, 2016, p. 77).

SOBRE VIGILÂNCIAS, RESISTÊNCIAS E OS ENFRENTAMENTOS DAS MULHERES NA FILOSOFIA

A "vigilância" foi uma das questões que Simone de Beauvoir aprendeu com o movimento feminista, ficando mais atenta ao sexismo presente até mesmo na gramática, em que "o masculino tem sempre precedência" (BEAUVOIR, 1976 *apud* SCHWARZER, 1986, p. 69). As mulheres na filosofia precisam ainda estar vigilantes, ou seja, não podemos permitir que o preconceito exclua, a opressão silencie, o sexismo violente e o patriarcado oculte. Precisamos filosofar sobre esse "regime de dominação-exploração das mulheres pelos homens" (SAFFIOTI, 2015, p. 47)!

Trata de uma mudança paradigmática, em que o pensar sobre as opressões nesse campo do saber é uma opção epistemológica, que contribui para denunciar as violências vivenciadas com o corpo e no mundo das ideias. Para tanto, é emergente reconhecer que nossos temas filosóficos são tão importantes quanto aqueles cunhados por homens, reconhecendo que temos temas que somente nós, mulheres, abordamos na história da filosofia. Precisamos não violentar as mulheres na filosofia e olhar/ler as obras de filósofas, desde as clássicas. Da mesma maneira, (re)conhecer o que as mulheres negras escrevem como um pensamento filosófico importante ainda é um desafio na filosofia. Citar filósofas negras e estudá-las em disciplinas nas universidades é um passo importante, mas não suficiente, pois, como diz Djamila Ribeiro (2019):

---

19 Marcia Tiburi chama a atenção para o fato de que a violência simbólica está "entrelaçada de modo perigoso com a violência física [...] E toda violência simbólica pesa materialmente" (TIBURI, 2016, p. 77). Reconhece a fofoca, a difamação e a agressividade verbal como violência simbólica.

> As experiências desses grupos localizados socialmente de forma hierarquizada e não humanizada faz com que as produções intelectuais, saberes e vozes sejam tratados de modo igualmente subalternizados, além das condições sociais os manterem num lugar silenciado estruturalmente. (RIBEIRO, 2019, p. 63)

Além de abordar os temas clássicos, as filósofas inserem outros temas, outras filosofias. Como exemplo, trago algumas questões feitas pela filósofa Suzana Albornoz (2008), que, ao pensar a educação das mulheres, questionou: o que se entende por educação? O que significa a expressão educação crítica? Por que é necessário discutir a educação das mulheres? O que é ser mulher? Como os traços culturais são mantidos ou reproduzidos? Para que atividades somos preparadas em nossa cultura? Por que é difícil mudar essa situação, se somos nós, mulheres, as educadoras? Como deveria ser a educação das mulheres de nosso tempo?

Precisamos nos permitir autoria. Não havendo mais como negar as filósofas, tampouco suas contribuições na história da filosofia, insistem em barrar as mulheres e suas temáticas filosóficas. Nós, mulheres, pouco nos denominamos filósofas, pois aprendemos que esse "título" não nos pertence. E talvez essa seja uma das violências que sofremos – a negação de nossa identidade na filosofia.

Virginia Figueiredo (2008) problematiza por que Hannah Arendt não quis se tornar filósofa. Cabe-nos questionar se as mulheres na filosofia não querem ou se não foram/são permitidas ser filósofas.[20] Precisamos de obras que valorize o pensamento filosófico pensado e escrito por mulheres silenciadas na história da filosofia, pois somente aprendendo sobre a existência e o pensamento de mulheres na filosofia é

---

20 Neste sentido, destaco uma obra que buscou romper com essa ausência das filósofas e apresentou ao leitor e à leitora algumas filósofas, como Safo, Aspásia, Diotima, Hipátia, Hildegarda, Christine de Pizan, Olympe, Lou Andreas-Salomé, Rosa Luxemburgo, Ayn Rand, Hannah Arendt, Simone de Beauvoir, Graciela Hierro, Susan Sontag, Julia Kristeva, Marilena Chaui, Angela Davis, Iris Marion Young e Judith Butler. Faço referência ao livro organizado por Juliana Pacheco (2016), intitulado *Filósofas: a presença das mulheres na filosofia*.

que, nós, mulheres que estudamos filosofia, vamos nos autorizar e nos reconhecer como seres pensantes nesse campo do saber.[21]

Há um movimento de mulheres na filosofia (e alguns poucos homens) que vem trabalhando para tornar público as ideias das mulheres na filosofia, na tentativa de inseri-las nas fontes do pensamento filosófico.[22] Como exemplo, analisando os estudos existentes sobre o tema "feminismo, gênero e filosofia" durante minha pesquisa de mestrado, encontrei mais trabalhos do que pensava existir sobre mulheres e filosofia.[23]

Heleieth Saffioti (2015) problematiza o fato de a população brasileira ter se habituado à questão de que ocorre violência quando há ruptura de qualquer forma de integridade da vítima (SAFFIOTI, 2015, p. 18). No entanto, essa socióloga e filósofa feminista nos chama a atenção para o fato de outras violências não serem consideradas socialmente relevantes, como é o caso da violência psicológica e moral.

> [...] o entendimento popular da violência apoia-se num conceito, durante muito tempo, e ainda hoje, aceito como o verdadeiro e o único. Trata-se da violência como ruptura de qualquer forma de integridade da vítima: integridade física, integridade psíquica, integridade sexual, integridade moral. Observa-se que apenas a psíquica e a moral situam-se fora do palpável. (SAFFIOTI, 2015, p. 18)

Assim, as filósofas analisam e denunciam as violências ao longo da história da filosofia. Hannah Arendt (2010), em *A condição humana*, obra publicada originalmente em 1958, problematiza um aspecto que considero importante apontar. Ao dizer que, "historicamente, é muito provável que o surgimento da cidade-Estado e do domínio público tenha ocorrido à custa do domínio privado da família e do lar"

---

21 Sobre essa questão, ver "As mulheres filósofas e as professoras de filosofia: uma autoria a caminho" (ROSA, 2009).

22 Ver *As relações de gênero na filosofia* (ROSA, 2012).

23 Refiro-me à pesquisa desenvolvida sob orientação de Edla Eggert, na Universidade do Vale do Rio dos Sinos (Unisinos), intitulada *As relações de gênero na filosofia: vivências e narrativas de professoras de filosofia* (2007).

(ARENDT, 2010, p. 35), a filósofa denuncia as relações de violência e de poder existentes no âmbito privado na Grécia Antiga. Vejamos:

> A pólis diferenciava-se do lar pelo fato de somente conhecer "iguais", ao passo que o lar era o centro da mais severa desigualdade. Ser livre significava ao mesmo tempo não estar sujeito às necessidades da vida nem ao comando de outro *e* também não comandar. Significava nem governar nem ser governado. Assim, dentro do domínio do lar, a liberdade não existia, pois o chefe do lar, seu governante, só era considerado livre na medida em que tinha o poder de deixar o lar e ingressar no domínio político, no qual todos eram iguais. (ARENDT, 2010, p. 38-39, grifo do original)

Nessa obra, Hannah Arendt fala que essa igualdade no domínio político tem pouco em comum com nosso conceito de igualdade, e que trata de uma igualdade que estava longe do conceito de justiça, pois "ser livre significava ser isento da desigualdade presente no ato de governar e mover-se em uma esfera na qual não existiam governar nem ser governado" (ARENDT, 2010, p. 39).

A liberdade nunca pertenceu às mulheres; por isso, foram tensas muitas das iniciativas das mulheres ao falar e escrever o que pensavam. A filósofa Agnes Heller, filha de judeus laicos, nasceu em Budapeste em 1929 e foi sobrevivente do Holocausto. Filiou-se ao partido comunista em 1947, mas só permaneceu nele por dois anos, pois ousou dizer o que pensava em uma reunião e foi expulsa.[24]

Simone de Beauvoir, por sua vez, manifestou muito interesse em trabalhar com a questão "como se articulam exatamente a opressão patriarcal e a capitalista?".[25]

---

[24] Agnes Heller conta esse fato em entrevista realizada por Francisco Ortega e publicada pela Editora da Universidade do Estado do Rio de Janeiro, em 2002.

[25] Encontramos detalhes sobre suas reflexões sobre esse tema na entrevista de 1972 (SCHWARZER, 1986).

> Tudo o que pude constatar e que me levou a modificar minhas posições de *O segundo sexo* foi que a luta das classes propriamente dita não emancipa as mulheres. Quer se trate de comunistas, trotskistas ou maoístas, há sempre uma subordinação da mulher ao homem. Em consequência, convenci-me de que é preciso que as mulheres sejam verdadeiramente feministas, que assumam o problema da mulher. (BEAUVOIR, 1972 *apud* SCHWARZER, 1986, p. 37-38)

Beauvoir defendeu a ideia de que eliminar o capitalismo não significa suprimir a tradição patriarcal, uma vez que se mantém a família. Para a filósofa, é necessário não só suprimir o capitalismo, mas também modificar os meios de produção e a estrutura familiar. Para Beauvoir, substituir a família e as estruturas familiares por comunidades ou outras formas de convivência poderia contribuir para resolver alguns problemas de desigualdades entre os homens e as mulheres, e possibilitar que as mulheres escapassem das servidões a elas estabelecidas, como a maternidade e a vida doméstica.

Já Rosa Luxemburgo escreveu sobre o direito ao voto das mulheres, a luta de classes e a condição de diferentes mulheres em diferentes realidades:

> A mulher do pequeno camponês suspira à beira do colapso sob o fardo da vida. Ali, na África alemã, no deserto do Kalahari, permanecem os ossos de mulheres Hereros indefesas, que foram levadas pelos soldados alemães à pavorosa morte de fome e sede. Do outro lado do oceano, nos altos rochedos de Putumayo, perdem-se, inaudíveis para o mundo, gritos de morte de mulheres indígenas torturadas nas plantações de borracha de capitalistas internacionais. (LUXEMBURGO, 2011 *apud* LOUREIRO, 2011, p. 496)

Nesse olhar para as violências históricas, as filósofas se percebem como mulheres oprimidas, violentadas, alienadas e silenciadas, e criam estratégias de superação de suas próprias condições de vida e como mulheres na filosofia.

CONSIDERAÇÕES FINAIS

→ DA NEGAÇÃO À VISIBILIDADE

As mulheres foram silenciadas (em massa) na história da filosofia. Mesmo sofrendo silenciamentos, filosofaram e denunciaram as violências vivenciadas por serem mulheres. As mulheres na filosofia escreveram sobre temas que envolvem diferentes formas de violências, como servidão, liberdade, libertação das mulheres, escravidão, emancipação feminina, luta de classes, subordinação, opressão feminina, entre outras questões que se inserem no conceito de violência.

As mulheres negras têm manifestado que "o feminismo é para todo mundo" (HOOKS, 2019) e também questionado se não são mulheres, como faz o próprio título do livro de bell hooks (2020), denunciando, entre outras coisas, as desvalorizações e violências que sofreram e sofrem, o racismo e o sexismo, também presentes nas próprias teorias feministas.

As filósofas também filosofaram/filosofam sobre violência. Portanto, para falar de violência, é preciso ler e citar as pensadoras, pois elas vivenciaram e denunciam as diversas facetas da violência em diferentes perspectivas e na história da filosofia.

As mulheres na filosofia ainda são estudadas como discípulas, e não como filósofas. Os estudos feministas na filosofia têm muito a contribuir para a superação dessa invisibilidade. Além disso, são as filósofas que melhor retratam a realidade da vida das mulheres em diferentes períodos históricos, além de denunciar as negligências e violências históricas acerca da existência de mulheres na filosofia e de uma filosofia pensada e escrita por mulheres.

Ao trabalharmos gênero na filosofia, questionamos a construção filosófica do masculino e do feminino na história desse campo do saber, além de denunciarmos as aberrações ditas pelos filósofos sobre as mulheres e/ou sobre seus escritos filosóficos. Mas isso não basta. É preciso que mais mulheres acessem concursos públicos na área da filosofia, que novas linhas de pesquisas sejam criadas e que as redes criadas nessa perspectiva se fortaleçam, como é o caso da Rede Brasileira de Mulheres Filósofas e do GT Filosofia e Gênero da Anpof.

Por sua vez, os feminismos na filosofia enfatizam que é preciso ler as filósofas, ressaltam a existência de filósofas negras e de outras epistemologias e filosofias, e buscam denunciar as violências que as mulheres sofreram e sofrem na área, na tentativa e no intuito de fortalecer a presença das mulheres na filosofia. Os estudos feministas buscam dar visibilidade às concepções filosóficas de mulheres em livros didáticos, pesquisas, grupos de estudos, eventos científicos, bem como em produções bibliográficas, e tentam fazer uma (re)leitura da história da filosofia, inserindo nas obras filosóficas o pensamento das filósofas.

Na medida em que as mulheres não podiam assinar suas teorias e descobertas, foram submetidas a uma lógica androcêntrica e patriarcal. Foram condicionadas a depender do outro, diante da negação da autonomia autoral, mesmo quando escreveram muito. Essa violência deixou um legado de exclusão das filósofas e de suas teorias até nossos dias, que somente com os estudos de gênero, dos feminismos e com uma verdadeira revolução na filosofia, motivada por pesquisadoras, estudantes e/ou militantes feministas, é que será possível erradicar as violências que as mulheres ainda sofrem na filosofia.

Sem o intuito de esgotar a reflexão sobre o tema violência, finalizo com algumas provocações para refletirmos: o que/quem determina que uma mulher seja considerada filósofa? Teria relação o "ser filósofa" com a aceitação dos homens da filosofia? O não reconhecimento das mulheres na filosofia possui relação com a temática da violência? Que condições políticas, sociais e morais foram determinantes para as mulheres não se autorreconhecerem como filósofas da mesma maneira que os homens se autorreconhecem? Estamos reconhecendo as mulheres em nossas fontes filosóficas? O que sabemos das filósofas negras? E, ainda, até quando vamos aceitar que homens determinem que nossos temas não são filosóficos ou que gênero e/ou feminismos não são temas filosóficos?

Por fim, ressalto a importância de lermos as mulheres negras para aprendermos com elas outras filosofias e contribuirmos para que elas não sofram mais violências epistemológicas. Djamila Ribeiro (2018) nos provocou a refletir sobre "Quem tem medo do feminismo negro?" e, da mesma maneira, a reconhecermos "o lugar de fala" a partir de um histórico de segregação racial e epistemicídio.

REFERÊNCIAS

ALBORNOZ, Suzana. **AS MULHERES E A MUDANÇA NOS COSTUMES**. Santa Cruz do Sul: Editora da Unisc, 2008.

ARENDT, Hannah. **A CONDIÇÃO HUMANA**. Rio de Janeiro: Forense Universitária, 2010.

ARENDT, Hannah. **AS ORIGENS DE TOTALITARISMO**: Imperialismo, a expansão do poder – uma análise dialética. Rio de Janeiro: Documentário, 1976.

ARENDT, Hannah. **CRISES DA REPÚBLICA**. São Paulo: Perspectiva, 2006.

ARENDT, Hannah. **EICHMANN EM JERUSALÉM**: um relato sobre a banalidade do mal. São Paulo: Companhia das Letras, 2003a.

ARENDT, Hannah. **ENTRE O PASSADO E O FUTURO**. São Paulo: Perspectiva, 2003b.

ARENDT, Hannah. **HOMENS EM TEMPOS SOMBRIOS**. Lisboa: Antropos, 1991.

BINGEMER, Maria Clara. **SIMONE WEIL**: a força e a fraqueza do amor. Rio de Janeiro: Rocco, 2007.

DAVIS, Angela. **A DEMOCRACIA DA ABOLIÇÃO**: para além do império, das prisões e da tortura. Rio de Janeiro: Difel, 2009.

DAVIS, Angela. **MULHERES, CULTURA E POLÍTICA**. São Paulo: Boitempo, 2017.

FERREIRA, Maria Luísa. Reflexões sobre o conceito de gênero. *In*: FERREIRA, Maria Luísa Ribeiro (org.). **PENSAR NO FEMININO**. Lisboa: Colibri, 2001.

FIGUEIREDO, Virginia. Por que Hannah Arendt não quis tornar-se filósofa? *In*: TIBURI, Marcia; VALLE, Bárbara (org.). **MULHERES**: filosofia ou coisas do gênero. Santa Cruz do Sul: Edunisc, 2008.

GROLLI, Dorilda. **ALTERIDADE E FEMININO**. São Leopoldo: Nova Harmonia, 2004.

HELLER, Agnes. **AGNES HELLER** – entrevistada por Francisco Ortega. Rio de Janeiro: Editora Uerj, 2002. (Pensamento Contemporâneo.)

HOOKS, bell. **E EU NÃO SOU UMA MULHER?** Mulheres negras e feminismo. Rio de Janeiro: Rosa dos Tempos, 2020.

HOOKS, bell. **O FEMINISMO É PARA TODO MUNDO**: políticas arrebatadoras. Rio de Janeiro: Rosa dos Tempos, 2019.

KRISTEVA, Julia. **O GÊNIO FEMININO**: a vida, a loucura, as palavras. Tomo I – Hannah Arendt. Rio de Janeiro: Rocco, 2002.

LOUREIRO, Isabel (org.). **ROSA LUXEMBURGO**: textos escolhidos – volume I (1899-1914). São Paulo: Editora Unesp, 2011.

PACHECO, Juliana (org.). **FILÓSOFAS**: a presença das mulheres na filosofia. Porto Alegre: Editora Fi, 2016.

RIBEIRO, Djamila. **QUEM TEM MEDO DO FEMINISMO NEGRO?** São Paulo: Companhia das Letras, 2018.

RIBEIRO, Djamila. **LUGAR DE FALA**. São Paulo: Jandaíra, 2019. (Coleção Feminismos Plurais).

ROSA, Graziela Rinaldi da. As mulheres filósofas e as professoras de filosofia: uma autoria a caminho. *In*: EGGERT, Edla; SILVA, Márcia Alves da (org.). **A TECELAGEM COMO METÁFORA DAS PEDAGOGIAS DOCENTES**. Pelotas: Editora UFPEL, 2009.

ROSA, Graziela Rinaldi da. **AS RELAÇÕES DE GÊNERO NA FILOSOFIA**. Santa Cruz do Sul: Edunisc, 2012.

ROSA, Graziela Rinaldi da. **AS RELAÇÕES DE GÊNERO NA FILOSOFIA**: vivências e narrativas de professoras de filosofia. 2007. Dissertação (Mestrado) – Escola de Humanidades da Universidade do Vale do Rio dos Sinos (Unisinos), São Leopoldo, 2007.

ROSA, Graziela Rinaldi da. Conhecendo maneiras de pensar gênero na filosofia de Portugal. **REVISTA ESTUDOS FEMINISTAS**, Florianópolis, v. 16, n. 1, p. 249-252, 2008.

ROSA, Graziela Rinaldi da. Equidade de gênero em Nísia Floresta. *REVISTA SOCIAIS E HUMANAS*, Santa Maria, v. 26, n. 3, p. 509-529, set./dez. 2013.

SAFFIOTI, Heleieth. *GÊNERO, PATRIARCADO, VIOLÊNCIA*. São Paulo: Fundação Perseu Abramo/Expressão Popular, 2015.

SCHWARZER, Alice. *SIMONE DE BEAUVOIR HOJE*. Rio de Janeiro: Rocco, 1986.

TIBURI, Marcia. *COMO CONVERSAR COM UM FASCISTA*: reflexões sobre o cotidiano autoritário brasileiro. São Paulo: Record, 2016.

VALCÁRCEL, Amelia. *SEXO Y FILOSOFÍA*: sobre "mujer" y "poder". Barcelona/Santa Fé de Bogotá: Anthropos, 1994.

WOLLSTONECRAFT, Mary. *REIVINDICAÇÃO DOS DIREITOS DA MULHER*. São Paulo: Boitempo, 2016.

CAPÍTULO 17

MARIA DE LOURDES BORGES

BELEZA

Em *Demônio de neon*, filme dirigido por Nicolas Winding Refn, um estilista provoca o namorado de sua mais bela top model, Jesse, dizendo que ele nem olharia para ela se não fosse pela beleza. O namorado responde com o chavão: "beleza não é tudo". O estilista, então, profere as palavras que servirão como mote do filme: "Beleza não é tudo, beleza é a única coisa". Ainda que tenha sido proferida em um contexto de uma profissão que valoriza muito a beleza, as palavras do estilista parecem ser um alerta para todas as mulheres. A beleza de cada mulher, fruto de um acaso genético, e não determinada pelo seu esforço ou virtude, essa beleza eivada de contingência e arbitrariedade selará seu destino. A beleza de cada uma ditará seu sucesso social, sua capacidade de despertar paixões e inveja, será o determinante fundamental de sua vida em sociedade.

A BELEZA COMO ESSÊNCIA DO FEMININO

A beleza sempre foi considerada um atributo essencial da mulher. Desde os elogios de Homero à bela Helena, a beleza é o que atrai, desperta paixões e motiva os esforços masculinos. Ela pode provocar disputas e até mesmo a guerra. O encantamento do príncipe Páris é o que o motiva ao sequestro da mulher de Menelau, dando origem à guerra de Troia.

Páris é o protagonista de outro episódio relativo à beleza, que contribuirá para a derrota de Troia. As deusas Hera, Atena e Afrodite discutem sobre quem seria a mais bela entre elas, contudo, como não entram em acordo, visto que cada uma delas pretendia ser a mais bonita, decidem deixar a decisão nas mãos de um mortal. Esse mortal é Páris, que acaba por escolher Afrodite como a mais bela deusa. Enciumada, Atena, deusa extremamente inteligente, saída diretamente da cabeça de Zeus, decide vingar-se do troiano e colocar-se ao lado do astucioso Ulisses, levando Páris à mais terrível derrota.

Na filosofia moderna, Kant reforça a concepção da beleza como essencial ao gênero feminino. Não é só a aparência feminina que deve ser bela, mas também suas virtudes.

Em *Observações sobre o sentimento do belo e do sublime*, Kant (2000) afirma que o esforço na ciência é sublime, pesado, portanto é masculino; o gênero feminino é belo, leve, ele apraz imediatamente. O enorme esforço para entender Descartes, Leibniz e as equações de Newton desperta o sentimento do sublime, não do belo, por isso é contrário à natureza feminina. As mulheres poderiam se deixar levar por essa dura empreitada, contudo, perderiam aquilo que nelas agrada imediatamente, sua beleza e leveza (KANT, 2000, p. 49).

Ao dizer que a mulher se relaciona ao belo, Kant não nega a relevância do seu papel na sociedade nem a reduz a um papel doméstico. Ela deve frequentar os salões e deixá-los mais leves com sua presença, servindo de contraponto à seriedade dos assuntos masculinos. O belo feminino deve servir como uma pausa ao sublime masculino, pois aqueles que combinam ambos os sentimentos descobrem que a comoção do sublime é mais poderosa que a do belo, só que, sem ser alternada com esta ou ser por ela acompanhada, cansa, e não pode ser desfrutada por muito tempo.

O elogio da beleza como um dos predicados mais importantes das mulheres parece ser comprovado por estudos empíricos. Nos experimentos levados a cabo por John Marshall Townsend (TOWNSEND;

LEVY, 1990), foram mostrados aos homens três fotos de mulheres, e às mulheres, três fotos de homens, cada foto representando pessoas de belezas desiguais e com profissões de *status* socioeconômico diverso (garçonete/garçom, professora/professor e médica/médico). Foi perguntado aos participantes da pesquisa com quais dessas pessoas eles gostariam de sair, de fazer sexo, de namorar e de se casar. As mulheres preferiam o homem mais bonito e com maior *status* socioeconômico, contudo, médicos não atraentes recebiam a mesma preferência que professores muito atraentes. No caso dos homens, mulheres não atraentes fisicamente nunca eram preferidas, independentemente de seu *status* social.

Nancy Etcoff, no livro *Survival of the prettiest: the science of beauty* (1999), apresenta uma série de dados empíricos que apontam para um maior sucesso de mulheres bonitas na disputa de um parceiro. Segundo os dados apresentados, a beleza tende a ser um dos aspectos mais valorizados pelos homens na procura de uma parceira. A inteligência, por sua vez, seria indiferente ou negativa, fazendo com que o índice de mulheres não casadas aumente entre aquelas com inteligência superior.

A beleza se apresenta também como um passaporte para a ascensão social, visto que as moças mais belas do ensino médio são aquelas que conseguem *marry up*, ou seja, casar-se com homens de classe socioeconômica superior à sua.

A beleza também provou ser uma importante preferência na escolha de uma companheira para os homens, de acordo com outra pesquisa, conduzida por David Buss, intitulada "Sex differences in human mate preferences: evolutionary hypotheses tested in 37 cultures" (1989). Essa pesquisa era um estudo multicultural, com o objetivo de testar hipóteses com base na evolução, que explicam as preferências na escolha de parceiro(a) conforme o gênero. De acordo com Buss, as preferências na escolha de parceiro(a) são importantes porque podem afetar a direção da seleção sexual, influenciando quem é diferencialmente excluído e incluído no acasalamento.

Trinta e sete amostras, de um total de 10.047 pessoas, foram obtidas de trinta e sete culturas, localizadas em seis continentes e cinco ilhas. O instrumento usado por David Buss (1989) foi composto de dados biográficos, a diferença de idade preferida entre o entrevistado e seu/sua parceiro(a) e uma terceira parte na qual os sujeitos foram convidados a avaliar as 18 características mais importantes ou desejáveis na escolha de um(a) companheiro(a). Entre essas características, estavam o caráter confiável, a sociabilidade, a castidade, a inteligência, a beleza, as boas perspectivas financeiras, a ambição e a diligência. Utilizou-se uma escala de quatro pontos, variando de 3 (indispensável) a 0 (irrelevante ou sem importância).

Todas as 37 amostras apresentaram diferenças de sexo em relação à beleza, e que os homens valorizam a característica beleza mais do que as mulheres. Para Buss (1989), a hipótese de que os homens valorizam mais do que as mulheres a atratividade física em potenciais companheiros é fortemente corroborada pelos dados dessa pesquisa intercultural.

A importância da atratividade física permanece mesmo após o casamento. Em um artigo de pesquisa intitulado "The continuing role of physical attractiveness in marriage", Margolin e White (1987) mostraram que as diminuições da atratividade da aparência física, normalmente associadas ao envelhecimento, afetam o comportamento dos maridos em relação a suas esposas mais do que das esposas em relação a seus maridos. Os homens que acreditam que sua esposa declinou na aparência física, mas que eles não, são mais propensos do que outros homens de relatar problemas sexuais em seu casamento. Eles descobriram que 23% dos homens são infelizes quando sua esposa ganhou peso, contra 8% quando a esposa e o marido ganharam peso e 5% quando apenas o marido ganhou peso. Para as mulheres, 7% são infelizes quando apenas seu marido ganhou peso, 6% quando a esposa e o marido ganharam peso e 7% quando só a mulher ganhou peso (MARGOLIN; WHITE, 1987).

O DEVER MORAL DE SER BELA

A partir do século XX, os procedimentos estéticos passam a ser popularizados, podendo ser usufruídos por um número cada vez maior de mulheres. Lipoaspiração, botox, implantes de próteses mamárias, clareamento dental, modificação da estrutura capilar foram se tornando cada vez mais comuns e acessíveis. Se por um lado isso indica uma maior autonomia em relação à construção do corpo desejado; por outro, ser bela passa a ser um dever. Não se trata mais de uma dádiva da natureza, mas do resultado da ação da própria mulher.

Joana Novaes, no livro *O intolerável peso da feiura*, analisa o terrorismo contemporâneo com relação à beleza:

> Acreditamos que o terrorismo contemporâneo com relação à beleza tem menos a ver com o grau de repetição das mensagens do que com a aparente democratização da beleza. O que é normativo para a mulher contemporânea não é o fato de os modelos de beleza serem impostos [...] mas o fato de afirmar, sem cessar, que ela pode ser bela, se assim o quiser. (NOVAES, 2013, p. 90)

A beleza deixa de depender da loteria natural e passa a ser um dever moral. A falha em cumprir esse dever será punida de modo mais duro do que se a feiura fosse simplesmente dada pela natureza. Quem é feia o é por decisão ou por fraqueza da vontade, por acrasia, um termo bastante conhecido na ética desde Aristóteles. A mulher sabe o que a faz bonita, sejam tratamentos, sejam exercícios físicos constantes e intensos, e a falha em cumprir esses rituais deve-se à preguiça ou à fraqueza de caráter. No mundo contemporâneo, ser bela seria um produto da virtude. Por essa razão, a feiura é tão mais criticável e imperdoável.

Susan Bordo, no livro *Unbearable weight: feminism, western culture, and the body*, nos apresenta uma leitura do corpo esguio no capítulo "Reading the slender body", mostrando que há uma modificação do significado da gordura do final do século XIX ao início do século

XX. Se as barrigas gordas dos homens de negócios e dos políticos da metade do século XIX eram símbolos de sua riqueza, a partir do século XX, em uma sociedade de abundância de alimentos, o excesso de peso passa a ser sinal de fraqueza da vontade e de uma inadequação moral. A partir dos anos 1970, de modo crescente, "o tamanho e o formato do corpo começaram a operar como uma propaganda de uma ordem (ou desordem) interna – como um símbolo do estado espiritual moral e emocional do indivíduo" (BORDO, 2003, p. 193, tradução minha). A força de vontade expressa em um corpo magro e torneado por exercícios físicos é também um símbolo da capacidade de progresso social, enquanto um corpo gordo é associado a um menor *status* social, com preguiça e falta de disciplina, características nocivas à mobilidade social (BORDO, 2003, p. 195).

O controle em relação à comida atua na própria contradição de uma sociedade de consumo. Somos a toda hora tentados com produtos para consumo, nossos sentidos são envolvidos por uma gama de cores, cheiros e sabores, entretanto, devemos ser fortes e resistir ao consumo desses mesmos produtos. O corpo deve ser o lugar do desejo controlado. Por essa razão, ser gorda passa a ser algo semelhante a um pecado.

O GRANDE PECADO DO MUNDO CONTEMPORÂNEO: SER GORDA

Se analisarmos os modelos de beleza no livro *Storia della bellezza*, de Umberto Eco (2004), veremos que o ideal de beleza feminina sofreu várias mudanças. Se olharmos para o quadro *Helene Fourment como Afrodite*, de Rubens (ECO, 2004, p. 210), percebemos que sua esposa e musa, retratada enquanto deusa do amor, apresenta várias imperfeições se comparadas com o modelo de mulher malhada da contemporaneidade: gordura, flacidez, celulite, barriga proeminente. Se observarmos a *Banhista loira*, de Renoir (ECO, 2004, p. 357), vemos que o ideal de beleza do final do século XIX com certeza seria fortemente advertido dos perigos da obesidade nos consultórios de qualquer endocrinologista do século XXI.

Os ideais de beleza mudam com o tempo, e sua mudança não é aleatória, pois eles se relacionam com os valores de uma determinada sociedade. No século XIX, a abundância corporal se relaciona a uma desejada abundância de nutrientes, símbolo dos setores mais abastados da sociedade.

No século XX, principalmente no período pós-guerra, começamos a ter como ideal de beleza a mulher esguia. Em um mundo que valoriza a produtividade, a rapidez e o movimento, ser gorda aparece como o grande pecado da contemporaneidade. A gordura guarda ainda um parentesco com dois pecados capitais: a preguiça e a gula.

No livro *O intolerável peso da feiura*, Joana de Vilhena Novaes (2013) afirma que o medo da feiura é principalmente o medo da gordura. Em depoimentos coletados na sua pesquisa, muitas mulheres revelavam essa rejeição social à mulher gorda. As falas a seguir mostram como as entrevistadas por Novaes experimentavam a gordofobia:

> "Um professor disse que se eu emagrecesse me tratariam diferente. É claro que os caras não vão olhar para uma banhuda e sim para a saradona."

> "Minha vida já mudou bastante, quando eu tinha 27% eu não saía de casa, agora já sinto que tem gente me olhando, ninguém olha para gordinha. Hoje em dia todo mundo se cuida." (NOVAES, 2013, p. 98)

A rejeição da gordura não se dá apenas por questões estéticas. Há indicações de que a obesidade é fator de risco para vários tipos de câncer, principalmente os estrógeno-dependentes. Assim, ser gorda é não se cuidar, tanto no sentido estético quanto no sentido médico. Quem engorda não está cuidando de sua saúde. O preconceito, contudo, baseia-se no pressuposto de que os gordos são assim porque querem, uma pressuposição que cada dia é mais questionada pelas pesquisas que mostram existirem fatores genéticos para a obesidade.

O ícone da rejeição à gordura feminina é a boneca Barbie, que aparece em 1959 e torna-se o item mais vendido da empresa de brinquedos Mattel. Uma Barbie é vendida a cada 2 segundos, e 95% das garotas norte-americanas têm uma Barbie.

Os pesquisadores Urla e Swedlund realizaram uma pesquisa na década de 1990 no Laboratório de Antropometria da Universidade de Massachusetts, para estimar as dimensões corporais da Barbie, caso ela tivesse um tamanho real (URLA; SWEDLUND, 2000, p. 414). Eles projetaram as medidas da Barbie para a altura de uma top model (1,77 m) e para a altura de uma mulher média norte-americana (1,62 m). No primeiro caso, as medidas de busto, cintura e quadris seriam 89-51-81 cm; no segundo, para a altura da mulher média norte-americana, as medidas seriam 81-43-71 cm, medidas muito difíceis, senão impossíveis de se atingir. Podemos ter uma ideia da impossibilidade de atingir o ideal Barbie se compararmos com as medidas médias da mulher norte-americana: 101-86-109.

O corpo idealizado da Barbie incorpora a contradição de uma sociedade que idolatra o corpo magro e propõe, ao mesmo tempo, o excesso de consumo, incluindo o de nutrientes.

O ideal Barbie leva a mais do que simplesmente uma cópia de um modelo, em alguns casos, podendo chegar a uma série de cirurgias plásticas, a uma mutilação, para se aproximar desse ideal. Há então o que foi denominado de "Barbies humanas". Temos ao menos dois exemplos: Valeria Lukyanova e Dakota Rose. A russa Valeria Lukyanova se submeteu a cirurgias plásticas para ter um corpo aproximado ao corpo do Barbie. Tal fato é um exemplo extremo, mas a boneca Barbie serve como ideal de corpos a serem atingidos pelas cirurgias plásticas, ainda que não como uma perfeita réplica da boneca.

FEMINISMO RADICAL VERSUS FEMINISMO SEXY

A compreensão das práticas de embelezamento pelas feministas foi objeto de controvérsias entre as diversas correntes do feminismo. Durante os anos 1960 e 1970, o movimento feminista dirigiu uma crítica severa à busca da beleza pelas mulheres. Segundo as feministas dessa época, que foi denominada de segunda onda feminista, as mulheres eram coagidas a buscar padrões impostos pela sociedade patriarcal, em práticas que eram consideradas opressivas. O batom, a maquiagem, o penteado arrumado e os saltos altos eram sinais de uma cultura que oprimia e subjugava mulheres. Conforme nos explica Sheila Jeffreys no livro *Beauty and misogyny* (2015), "a crítica feminista da beleza mostrou que a beleza é uma prática cultural que prejudica as mulheres" (JEFFREYS, 2015, p. 6, tradução minha).

Uma das críticas mais radicais à beleza como instrumento de opressão e sujeição das mulheres foi feita por Andrea Dworkin, que descreve, no livro *Woman hating*, as práticas de beleza como uma manipulação opressiva e agressiva de cada parte do corpo feminino:

> Na nossa cultura, nenhuma parte do corpo da mulher é deixada intocada, inalterada. Nenhuma característica ou extremidade é poupada da dor, do melhoramento, da técnica. O cabelo é tingido, alisado, cheio de laquê ou com permanente; as sobrancelhas são pintadas, delineadas; os olhos são delineados, pintados com sombra; os cílios são curvados, ou falsos – da cabeça aos pés, todas as características do rosto feminino, toda parte do seu corpo é sujeita à alteração e modificação. (DWORKIN, 1974 *apud* JEFFREYS, 2015, p. 7, tradução minha)

Uma das maiores expressões da crítica ao conceito de beleza é Naomi Wolf, que em 1990 lança o livro *The beauty myth*. Nesse livro, a autora critica o ideal de beleza como um produto cultural, fonte de opressão e controle sobre o corpo feminino. Ela mostra que a entrada das mulheres no mercado de trabalho teve como contrapartida contraditoriamente um aumento de práticas de beleza, na maioria das vezes dolorosas, caras e demoradas. Por meio dessas práticas, as mulheres corresponderiam à expectativa e ao desejo dos seus colegas homens.

Sheila Jeffreys, no livro *Beauty and misogyny* (2015), retoma a crítica de Wolf, mostrando que a sociedade misógina infringe às mulheres práticas penosas para a obtenção da beleza. Ainda que as mulheres tenham entrado em lugares sociais reservados aos homens, os rituais de beleza ainda são exigidos delas, como uma espécie de credencial, sem o qual elas não podem existir:

> As mulheres colocaram, de forma crescente, sua marca em domínios tradicionalmente masculinos na última década, tais como a política, mas delas é exigido fazer deferência aos homens na sua aparência, com saltos altos, pintura e roupas que restringem o movimento, inapropriadas para a seriedade de seus escritórios. As mulheres que entram o mundo público precisam se autoobjetificar e adotar práticas de beleza nocivas, a fim de evitar repreensão. (JEFFREYS, 2015, p. xiii, tradução minha)

Jeffreys cita o caso da primeira mulher a obter o posto de primeira-ministra da Austrália, Julia Gillard, que, em razão de seus sapatos de salto alto, caiu várias vezes em público no ano de 2012.

A crítica implacável das feministas das décadas de 1970 e 1980 dá lugar, nos anos 1990, à aceitação da beleza enquanto escolha, principalmente pelas feministas liberais e pelo feminismo pós-moderno. Essas correntes valorizavam as ideias de escolha e agência, logo, se as práticas de beleza fossem escolhidas pelas mulheres, não haveria nada a criticar.

A beleza foi, então, readmitida no discurso feminista do que chamamos de terceira onda, ao mesmo tempo que suas precursoras do feminismo radical eram acusadas de puritanismo e de negação do corpo. A própria Naomi Wolf realiza essa transição entre a crítica da beleza, em um primeiro momento, e a aceitação da beleza como escolha e como um elemento de poder feminino, ao escrever seu segundo livro sobre o tema, *Fire with fire*, publicado em 1993.

Nasce, assim, o "feminismo sexy", que considera a beleza do corpo feminino e seu poder sexual sobre os homens como parte do empoderamento feminino. As mulheres dos anos 1990, muito mais livres do que suas mães, poderiam escolher o que vestir, como se comportar sexualmente, onde trabalhar, se querem ser mães ou não. A crítica mordaz aos padrões estéticos e às práticas de embelezamento dão lugar ao discurso do empoderamento feminino, com base em suas próprias escolhas em relação à maquiagem e à moda. Essa concepção é espelhada em ícones como Madonna, símbolo de liberdade e poder advindos da extrema sexualização.

Segundo Sheila Jeffreys (2015), o feminismo liberal que defende a escolha pelas práticas de embelezamento é cego em relação às forças que subordinam as mulheres e as levam a fazer aquelas pretensas escolhas:

> Essas feministas liberais não reconhecem as forças que restringem ou podem inclusive eliminar a capacidade feminina de escolher. Elas não consideram as limitações do "prazer" ou "poder" que as práticas de embelezamento oferecem, ou as formas nas quais elas contribuem para as condições de subordinação da mulher. Então, elas parecem proteger o *status quo* da objetificação sexual cultural das mulheres. (JEFFREYS, 2015, p. 12, tradução minha)

A partir dos anos 2010, as feministas liberais e pós-modernas começaram a ser criticadas. Vários foram os trabalhos, entre os quais o da própria Sheila Jeffreys, que criticam a visão de que as mulheres possam expressar sua escolha e agência por meio de práticas de embelezamento ou da moda. Essa nova crítica é bem exemplificada na expressão de Jennet Kirkpatrick: "Seria o feminismo hoje a liberdade para escolher ser um estereótipo?" (KIRKPATRICK, 2010 *apud* JEFFREYS, 2015, p. 13, tradução minha).

Essa nova onda, que se opõe ao feminismo sexy, entende que este ignora a realidade da opressão feminina, aceitando erroneamente os rituais de beleza como fruto de escolha com base em um prazer genuíno.

PRÁTICAS DE EMBELEZAMENTO: SUBMISSÃO OU AUTONOMIA?

Os padrões de beleza femininos se apresentam com variações culturais, que dependem dos valores de uma determinada sociedade e de uma determinada época. Até onde iríamos para seguir esses padrões? À luz da análise do desenvolvimento histórico das diversas correntes do feminismo, devemos indagar se as atividades que aumentam a beleza feminina poderiam ser consideradas submissão ou revelariam o exercício da autonomia feminina. Se as feministas mais radicais das décadas de 1970 e 1980 consideravam que mesmo a maquiagem e o salto alto eram formas de ceder à imposição de padrões culturais misóginos, somos hoje um pouco menos críticas e mais permissivas em relação às formas de embelezamento.

Devemos questionar, contudo, formas mais radicais de submissão aos padrões de uma cultura. A cirurgia plástica, por exemplo, poderia ser vista como autodeliberação e exercício da liberdade feminina de moldar seu próprio corpo? Ou ela deveria ser criticada como uma mutilação, motivada pela submissão aos modelos impostos? Seria ela um mecanismo de justiça ou uma submissão inaceitável?

Por um lado, podemos considerá-la uma submissão a padrões impostos. Por outro, podemos vê-la como uma autonomia em relação ao nosso próprio corpo, uma liberdade de moldá-lo como queremos, podendo significar uma expansão do nosso poder de escolha. Contudo, podemos objetar que essa escolha não é na verdade uma livre decisão, mas, sim, uma submissão a padrões que nos fazem desejar ter um tipo de corpo específico. Além disso, a cirurgia plástica não estaria muito longe de uma prática de mutilação corporal. Nós, ocidentais, nos sentimos superiores às nossas companheiras que são mutiladas pela prática de mutilação genital feminina, às mulheres girafas, que usam colares que lhes alongam os pescoços, ou às chinesas de outrora com a prática de pés de lótus, que alterava o formato e o tamanho dos pés. Mas não estaríamos hoje nos submetendo ao mesmo tipo de prática mutiladora, por meio da cirurgia plástica, sob pena de sermos excluídas socialmente?

Pensar a cirurgia plástica como autonomia seria possível se a modificação do corpo não seguisse um único modelo. Contudo, nossa sociedade ocidental segue um modelo específico, da mulher esguia, para a qual acúmulos adiposos são considerados atestados de feiura e exclusão social.

A BELEZA RESSIGNIFICADA

Vemos hoje uma tendência que se opõe ao padrão Barbie. Um dos exemplos mais significativos dessa tendência foi a apresentação na mídia de um padrão anti-Barbie, na campanha da marca Dove sobre a beleza real, veiculada entre 2004 e 2007. A campanha, intitulada de "Real curves", teve a ousadia de desafiar os padrões tradicionais de beleza, apresentando corpos femininos de vários tipos. Mulheres acima do peso considerado ideal, com mais idade, fora dos padrões tradicionais, eram mostradas em *outdoors*, lugares antes reservados apenas às modelos magras e jovens.

Como parte da campanha, foi encomendada uma pesquisa de comportamento, realizada em 10 países com três mil mulheres. Segundo a pesquisa, somente 2% das mulheres pesquisadas se autodefinem como bonitas, 75% definem sua beleza como mediana e 50% entendem que seu peso está acima do ideal.

No movimento de mulheres, temos o exemplo recente da Marcha das Vadias, em que as mulheres têm se revoltado contra os padrões impostos. Elas contestam padrões de vestuário considerado "decente", que induzem a pensar que outro tipo de roupa estaria, por exemplo, induzindo ao estupro ou à violência; padrões de comportamento sexual, segundo o qual uma mulher que exerce livremente sua sexualidade deveria ser considerada vadia e também padrões estéticos, segundo o qual a mulher deveria se adaptar a um corpo com proporções previamente definidas. O *slogan* levado pelo movimento "Tire seus padrões do meu corpo" ilustra bem esse tipo de questionamento contra padrões impostos às mulheres.

Por fim, podemos falar sobre o caso da cantora Preta Gil, cujas formas são de uma mulher mais gorda do que o considerado ideal. Ela escandalizou o público há alguns anos, quando posou nua para a capa de seu álbum musical. Considero, contudo, que o escândalo se deve mais ao fato de mostrar uma mulher nua fora dos padrões do que ao nu propriamente dito. Recentemente, ela posou para uma marca de lingeries e a recepção foi bastante polêmica. Nos sites e blogs em que era possível deixar comentários, víamos elogios por parte das mulheres e uma rejeição por parte dos homens, que, na maioria das vezes, consideravam as fotos grotescas.

Se compararmos as fotos da Preta Gil com as banhistas de Renoir, pintadas já no início do século XX, veremos que essas proporções já foram consideradas belas. Isso mostraria a relatividade dos ideais de beleza femininas.

A cantora Preta Gil torna-se uma porta-voz das mulheres com peso acima do considerado ideal e da diversidade estética. Em vários momentos em que se defende a diversidade, seja ela de orientação sexual, de raça ou de padrões de beleza, ela aparece como um ícone da diversidade, pois é mulher, negra, acima do peso considerado ideal e bissexual. Contudo, assumir um corpo gordo é considerado uma das mais graves subversões aos padrões de beleza vigentes.

Em 2013, no quadro "Medida certa", apresentado pelo Fantástico aos domingos, Preta Gil e Gaby Amarantos, outra cantora fora dos padrões estéticos, são pesadas, seus sinais vitais avaliados e elas são finalmente declaradas fora de forma física e não saudáveis. Preta Gil e Gaby Amarantos emagreceram um pouco a cada semana, chegando, ao final do programa, mais saudáveis e mais próximas do padrão considerado belo pelas brasileiras. Contudo, seu biotipo continua sendo de mulheres rechonchudas. Em março de 2022, Preta Gil estampou a capa da revista *Claudia*. Talvez, na longa história desta revista, tenha sido a única vez que uma mulher considerada gorda apareceu na capa. Consciente dessa novidade, Preta afirmou em entrevista à revista "Sei que não sou o padrão de beleza, eu represento essa ruptura"; e em suas redes sociais disse: "Quando eu estampo uma capa de revista, é uma vitória de todas nós!".

Que nossa concepção de beleza do corpo feminino possa ser transformada por essa ruptura, trazendo mais prazer e alegria àquelas que não se encaixam em um padrão muitas vezes inalcançável.

A BELEZA REINVENTADA

A crítica aos padrões inalcançáveis de beleza tem levado o movimento de mulheres e o feminismo a duas possibilidades: negar totalmente a beleza como forma de subordinação da mulher, qualquer que seja o padrão adotado, ou resgatar o prazer de ser bonita e lutar para a ampliação do repertório do que pode ser considerado belo.

Sabemos que os padrões do que é belo mudam conforme o tempo e o lugar. Por que não podemos reinventar uma beleza que corresponda aos ideais feministas de diversidade e aceitação do corpo feminino?

REFERÊNCIAS

BORDO, Susan. **UNBEARABLE WEIGHT**: feminism, western culture, and the body. Los Angeles: University of California Press, 2003.

BUSS, David. Sex differences in human mate preferences: evolutionary hypotheses tested in 37 cultures. **BEHAVIORAL AND BRAIN SCIENCES**, v. 12, n. 1, p. 1-14, 1989.

DEMÔNIO de Neon. Direção de Nicolas Winding Refn. Estados Unidos, França, Dinamarca: Space Rocket Nation, 2016. (118 min.).

ECO, Umberto. **STORIA DELLA BELLEZZA**. Milano: Bompiani, 2004.

ETCOFF, Nancy. **SURVIVAL OF THE PRETTIEST**: the science of beauty. New York: Doubleday, 1999.

JEFFREYS, Sheila. **BEAUTY AND MISOGYNY**: harmful cultural practices in the West. New York: Routledge, 2015.

KANT, Immanuel. **OBSERVAÇÕES SOBRE O SENTIMENTO DO BELO E DO SUBLIME**. Campinas: Papirus, 2000.

MARGOLIN, Leslie; WHITE, Lynn. The continuing role of physical attractiveness in marriage. **JOURNAL OF MARRIAGE AND FAMILY**, v. 49, n. 1, p. 21-27, 1987.

NOVAES, Joana de Vilhena. **O INTOLERÁVEL PESO DA FEIURA**: sobre as mulheres e seus corpos. Rio de Janeiro: Editora da PUC-Rio/Garamond, 2013.

TOWNSEND, John M.; LEVY, Gary. Effect of potential partner's physical attractiveness and socioeconomic *status* on sexuality and partner selection. **JOURNAL OF SEXUAL BEHAVIOR**, v. 19, n. 2, p. 149-164, 1990.

URLA, Jacqueline; SWEDLUND, Alan. The anthropometry of Barbie: unsettling ideals of the feminine body in popular culture. *In*: SCHIEBINGER, Londa. **FEMINISM AND THE BODY**. Oxford: Oxford University Press, 2000.

WOLF, Naomi. **THE BEAUTY MYTH**. London: Chatto & Windus, 1990.

SUGESTÕES DE LEITURA

BORDO, Susan. *UNBEARABLE WEIGHT*: feminism, western culture and the body. Los Angeles: University of California Press, 2003.

JEFFREYS, Sheila. *BEAUTY AND MISOGYNY*: harmful cultural practices in the West. New York: Routledge, 2015.

NOVAES, Joana de Vilhena. *O INTOLERÁVEL PESO DA FEIURA*: sobre as mulheres e seus corpos. Rio de Janeiro: Editora da PUC-Rio/Garamond, 2013.

WOLF, Naomi. *THE BEAUTY MYTH*. London: Chatto & Windus, 1990.

CAPÍTULO 18

MARINA DOS SANTOS

NOTA INTRODUTÓRIA SOBRE A NATUREZA HUMANA ATRAVÉS DAS TRÊS ONDAS DO FEMINISMO

O objetivo deste capítulo é oferecer uma nota introdutória ao tema da importância basilar do conceito de "natureza humana" no interior das discussões sobre a condição feminina. Tentaremos mostrar como as diferentes formas de opressão da mulher encontram-se, muitas vezes, apoiadas sobre a ideia de que há um paradigma de excelência relativo à natureza humana cujas notas características não

FILOSOFIA FEMINISTA

podem ser satisfeitas pelas mulheres. Buscaremos apontar como as chamadas "ondas"[1] do feminismo procuram, cada uma a seu modo, questionar e reagir aos fundamentos e à legitimidade dessa base de opressão. Nesse sentido, acreditamos ser possível afirmar que as três ondas identificam a causa da construção e corroboração da opressão feminina na sustentação da ideia de que a natureza humana é dotada de certas características essenciais que a mulher, também concebida como dotada de uma essência naturalmente dada, não seria capaz de satisfazer. Exporemos as chamadas três ondas do feminismo por meio do apontamento dos posicionamentos contrastantes que cada onda oferece em relação à concepção de natureza humana. Para isso, não tomaremos como objeto de consideração todos os movimentos e as matizes que se encontram no interior de cada onda, mas apenas uma posição marcante relativa a cada uma delas. No que se refere à primeira onda, nosso caso central será a busca feminina pelo sufrágio; na segunda onda, a teoria beauvoiriana, que identifica a base da opressão da mulher na sua alocação como o *segundo* sexo; e, na terceira onda, resumiremos a posição de Judith Butler e sua revisão radical dos conceitos de natureza e condição humanas e femininas por meio de uma dura crítica à possibilidade de sustentação de sujeitos uniformes que possam conferir uma única identidade ao feminino ou a qualquer um dos gêneros.

---

1 O termo "onda" remete à expressão empregada pela jornalista Martha Weinman Lear em seu artigo "The second feminist wave", publicado na *New York Times Magazine*, em 10 de março de 1968. Nosso objetivo com a utilização desse termo consiste apenas em fazer referência a momentos marcantes da história do feminismo, sem desprezar os problemas que essa generalizadora classificação encontra para indicar as diferentes vertentes e nuances no interior de cada "onda". Também não é nosso objetivo, com o emprego desse termo, desconsiderar a possibilidade de certas visões coexistirem no interior desses três momentos, mas, sim, buscar ressaltar certas mudanças estruturais no modo de estabelecimento da relação entre os conceitos de sexo, gênero, natureza e condição humanas. Para aprofundamento da discussão sobre a heterogeneidade das diferentes épocas do feminismo e sobre como o vocábulo "onda" não consegue captar essa heterogeneidade, ver Offen (2012, p. 56).

PRIMEIRA ONDA DO FEMINISMO

Grosso modo, podemos dizer que a primeira "onda" do feminismo, historicamente situada entre o século XIX e a primeira metade do século XX, firma-se, de modo majoritário, a partir da desconstrução da ideia de que as mulheres devem ser excluídas de atividades e assuntos concernentes à esfera pública ou política e que sua capacidade de ação está intrinsecamente ligada à esfera privada ou doméstica. O "fato" de as mulheres serem incapazes de deliberar sobre assuntos públicos em "razão" de sua "natural" propensão à emotividade, a qual lhes turva a capacidade racional de análise e ação diante das circunstâncias envolvidas pela esfera pública, será posto em xeque principalmente por um ciclo de mobilização centrado na conquista de direitos e dotado de várias estratégias e modalidades de engajamento. Benhabib (1992) afirma que:

> Todas as lutas contra a opressão no mundo moderno começam com uma redefinição das questões que antes eram vistas como "privadas", não públicas e apolíticas, em assuntos de interesse público, em problemas de justiça, em posições de poder que precisam de legitimação discursiva. (BENHABIB, 1992, p. 100)

Nesse sentido, a primeira onda feminista não só pressionará a expansão da ação feminina ao campo da esfera predefinida como pública, mas também forçará uma revisão das concepções de esfera pública e privada e das atividades que podem ser subsumíveis a esses conceitos.

Assim, a primeira vaga feminista reivindica a extensão dos direitos políticos, civis e econômicos às mulheres: direito à voz (persuasão pública) e ao voto, direito à educação, fim dos casamentos arranjados, direito ao divórcio, igualdade de oportunidades e acesso às profissões qualificadas, melhores condições de trabalho e igualdade de direito à propriedade. Essas reivindicações, no mais das vezes, assentam-se sobre a crença de que a mulher também é capaz de satisfazer o ideal de humanidade ligado ao marco liberal. Nesse momento, não parece haver ainda uma preocupação em questionar se esse marco tem um viés masculinizante da natureza humana apoiado na noção de racionalidade, mas apenas estender o paradigma de humanidade, assim entendido, às mulheres por meio da luta pelo reconhecimento de que elas são dignas de gozar de liberdade e igualdade tomadas como direitos inerentes a todo ser humano enquanto tal.[2] Assim, a marca distintiva da primeira onda não está em questionar se a diferença biológica entre os sexos pode ou não servir de fundamento às distinções sociais e culturais elaboradas e adotadas com base nessa diferença, mas, sobretudo, articula-se a partir do pressuposto que, malgrado as diferenças biológicas que "naturalmente" refletem sobre a ordenação da sociedade, mulheres e homens devem ser considerados iguais perante a lei. Nesse sentido, a primeira onda caracteriza-se como um movimento cujo eixo estruturante é o viés político-jurídico da igualdade entre os sexos.

Uma das grandes críticas feitas ao feminismo da primeira onda é sua suposta postura acrítica diante da incorporação de uma agenda liberal predefinida que adota como eixo sujeitos e temas concernentes à esfera pública e ao debate político. A centralidade da demanda pelo sufrágio costuma ser considerada uma marca dessa incorporação. No curso do século XIX, o voto tornou-se gradualmente central às demandas feministas, pois, do ponto de vista simbólico, o direito ao voto representa o reconhecimento da plena cidadania atribuída às mulheres, e, do ponto de vista prático, revela-se um meio e mecanismo essencial nas lutas cotidianas para a promoção de mudanças substantivas nas condições da vida feminina (WALTERS, 2005).

Eis o motivo pelo qual o movimento das sufragistas costumeiramente é tomado como o símbolo maior da primeira onda feminista. Não obstante, a conquista do direito ao voto feminino revela-se um processo longo e intrincado, cujo desenvolvimento se dá em diferentes frentes e a partir de estratégias diversas. No mais conhecido dos casos,

---

2 Para um resumo da posição moderna/liberal da natureza humana, ver Cyfer (2009, p. 9-14).

o das sufragistas britânicas,[3] é possível identificarmos três fases ou frentes de luta no interior do movimento. Grosso modo, a militância sufragista adota, inicialmente, *práticas tradicionais* de pressão aos parlamentares em encontros públicos, evoluindo gradualmente para a promoção de marchas e comícios de massa. Todavia, o insucesso em promover o convencimento parlamentar por meio de boas razões, bem como pela formação de uma opinião pública favorável à extensão do sufrágio, conduz o movimento a um *ativismo mais intenso*, por assim dizer, cujas práticas se caracterizam pela interdição do debate público e visam chamar atenção para sua agenda política, irrompendo a blindagem institucional. Nas palavras de Emmeline Pankhurst, "quebrar vidraças [seria] o mais valioso argumento na política moderna", ou, como advertiu de modo dramático e visionário Lydia Becker, as "'ações que promovam o derramamento de sangue ou a violência revelam-se necessárias' antes que o governo possa ser 'levado a promover a justiça'" (WALTERS, 2005, p. 75). No caso das *suffragettes*, para além das vidraças, suas ações visavam à explosão de caixas do correio, à interrupção das linhas de comunicação e aos escrachos às residências de integrantes do governo, e culminam com o conhecido martírio de Emily Davison durante o Derby de Epsom Downs em 1913 (EUSTANCE, 1998). Isso posto, segundo Teele (2014), uma fração das sufragistas inglesas teria adotado uma terceira estratégia para impor ao parlamento seu plano. Conduzidas por Catherine Marshall, essa fração do movimento feminino promoveu uma aliança estratégica entre a National Union of Women's Suffrage Societies (NUWSS) e o Labour Party, cujo objetivo era financiar as atividades e as campanhas eleitorais do Labour Party com os recursos, cada vez mais substantivos, da NUWSS. Ou seja, buscou-se agir no interior das instituições, por meio de práticas tradicionais, para romper as barreiras que excluíam a participação feminina na pauta política institucional. Uma vez

---

3 Tal como no caso europeu, podemos identificar no movimento sufragista brasileiro um braço intelectual representado pela bióloga Bertha Lutz, uma das fundadoras da Federação Brasileira pelo Progresso Feminino, e por uma vertente operária de orientação anarquista organizada na União das Costureiras, Chapeleiras e Classes Anexas. Cf. Pinto (2003).

FILOSOFIA FEMINISTA

considerado o peso dessa terceira frente de luta para a aprovação do Representation of the People Act, seria possível sugerir que a disputa política, embora ainda fosse retoricamente posta nesses termos, não dizia mais respeito à (in)capacidade das mulheres em satisfazer os requisitos da natureza humana no que se refere aos assuntos público--políticos. Mas, antes, o que passa a desafiar e orientar as posições dos agentes do sistema político é um cálculo acerca das consequências e do impacto da participação feminina sobre a agenda institucional por meio dos processos eleitorais.

Essa descrição da primeira onda, no entanto, deixa em segundo plano as diferenças entre os movimentos de orientação liberal e o braço anar-cossocialista ou sindical do feminismo. Por ora, em lugar de escrutinar detalhadamente os traços distintivos de ambas as tradições, gostaría-amos de sublinhar (1) como a luta pela igualdade de oportunidades entre homens e mulheres é compartilhada tanto por feministas libe-rais quanto pelas socialistas marxistas. Todavia, na medida em que as socialistas focalizam sua atenção sobre aspectos particulares das mulheres operárias e, mais especialmente, lutam tanto politicamente quanto em suas vidas privadas pelo direito ao aborto, ao divórcio e contra o sexismo, seja no interior dos movimentos socialistas, seja nas instituições da sociedade burguesa, (2) elas terminam por construir os caminhos que nos conduzem às reivindicações do feminismo de segunda onda (KROLOKKE; SORENSEN, 2006). Mais uma vez, sem que nos detenhamos minuciosamente às peculiaridades característi-cas das tendências liberais e das radicais, o *slogan* "o pessoal é polí-tico" simbolizará a agenda do feminismo desenvolvido a partir do final dos anos 1960.[4] Essa agenda, como se pode observar, colocará em disputa a rígida fronteira liberal entre assuntos concernentes aos domínios público/político e privado e, por conseguinte, questionará como a *condição da mulher* está enredada em desigualdades que se

---

4 A expressão foi cunhada por Carol Hanisch (2009) e dá título a um texto originalmente publi-cado em 1969. Não obstante, como veremos, vale destacar que *O segundo sexo*, de Simone de Beauvoir, obra central para a segunda onda, foi pioneiramente publicado em 1949.

constituem no espaço privado, nas relações familiares, e condicionam o acesso e a igualdade na vida política.

SEGUNDA ONDA DO FEMINISMO

O segundo sexo, de Simone de Beauvoir, pode ser tomado como um cânone da literatura feminista, no qual se inaugura a problematização do estabelecimento de um nexo causal necessário entre a distinção biológica entre os sexos (fundada no papel distinto que cada um deles desenvolve na reprodução humana) e a identidade ou condição da mulher. Sob a ótica dessa problematização, Simone de Beauvoir afirma que a identidade da mulher é uma condição forjada na relação com o diferente de si, na qual a mulher, ao longo de toda a história, foi compreendida, descrita e submetida a ocupar o papel secundário do *outro*. Nesse sentido, o *ser mulher* sempre implicou a caracterização de um ser cuja natureza e essência estão vinculadas à privação ou à ausência de qualidades e atributos que pertencem essencialmente ao *ser homem*, no sentido de varão (BEAUVOIR, 2009). Com vistas a tornar clara essa narrativa opressora em relação à condição da mulher, Beauvoir apoia-se no texto de Claude Lévi-Strauss,[5] o qual lhe dá subsídios para deslocar o centro da análise das diferenças entre homens e mulheres (e das fontes da opressão dos primeiros sobre as segundas), antes dela alocado na distinção anatômico-biológica entre os sexos, para uma categoria sociocultural que não consiste em um mero reflexo da biologia:

> Ao fim de um estudo aprofundado das diversas figuras das sociedades primitivas, Lévi-Strauss pode concluir: "A passagem do estado natural ao estado cultural define-se pela aptidão por parte do homem em pensar as relações biológicas sob a forma de sistema de oposições: a dualidade, a alternância, a oposição e a

---

5 Na obra de Lévi-Strauss *Les structures élémentaires de la parenté*, ver Beauvoir (2009, p. 18, nota 4).

> simetria, que se apresentam sob formas definidas ou formas vagas, constituem menos fenômenos a serem explicados que os dados fundamentais e imediatos da realidade social". Tais fenômenos não se compreenderiam se a realidade humana fosse exclusivamente um *mitsein* baseado na solidariedade e na amizade. Esclarecem-se, ao contrário, se, segundo Hegel, descobrimos na própria consciência uma hostilidade fundamental em relação a qualquer outra consciência; o sujeito só se põe em se opondo: ele pretende afirmar-se como essencial e fazer do outro o inessencial, o objeto. (BEAUVOIR, 2009, p. 18)

Na esteira desse deslocamento, a característica fundamental da chamada segunda onda do feminismo é a construção da distinção entre os conceitos de sexo e gênero. Nesse mesmo sentido beauvoiriano, Robert Stoller (1968) propõe que o sexo (macho/fêmea) pode ser tomado como uma diferença biológica anatomicamente inquestionável ligada ao seu papel na reprodução humana, enquanto a distinção entre o gênero (masculino/feminino) é tomada como uma construção social produzida com base no sexo de nascimento, que confere, induz e prescreve, por meio dos costumes, certos comportamentos distintos ao menino e à menina. A partir desse novo marco, "as reflexões sobre a igualdade de gênero passariam a considerar concepções de identidade construídas culturalmente que estão além de uma essência inscrita na anatomia" (CYFER, 2010, p. 135).

Sob a ótica beauvoiriana, ninguém nasce mulher, mas torna-se uma pelo processo de confrontação do "sujeito" a um conjunto de fatores vinculados a uma dada civilização, a qual acaba por produzir a mulher como o "outro", sem que haja qualquer necessidade ou determinismo biológico que fundamente essa produção da cultura. Desse modo, subjaz à posição de Beauvoir uma crítica à interpretação vigente sobre a natureza ou a condição da mulher. Essa interpretação está fundada na confusão entre sexo e gênero, na medida em que tal indistinção oferece uma leitura equivocadamente reducionista da construção da feminidade apoiada sobre um determinismo de cunho biológico. Há, portanto, segundo a filósofa francesa, uma ressignificação do feminino por meio das relações travadas pelas intersubjetividades masculina e feminina no interior de determinada cultura, que toma essas subjetividades como essencialmente assimétricas. Nesse sentido, Beauvoir aponta a tese de que a condição de submissão da mulher encontra-se vinculada à modificação estrutural que as instituições produzem sobre a própria liberdade, dada a assimetria e a falta de reciprocidade que marcam o processo de interação das intersubjetividades masculina e feminina: "trata-se de uma desigualdade socialmente construída, uma construção social situada na concretude do corpo feminino" (CYFER, 2015, p. 67). Essa afronta a uma visão reducionista entre sexo e gênero pode ser observada na seguinte passagem de *O segundo sexo* (2009):

> Finalmente uma sociedade não é uma espécie: nela, a espécie realiza-se como existência; transcende-se para o mundo e para o futuro; seus costumes não se deduzem da biologia; os indivíduos nunca são abandonados à sua natureza; obedecem a essa segunda natureza que é o costume e na qual se refletem os desejos e os temores que traduzem sua atitude ontológica. Não é enquanto corpo, mas enquanto corpos submetidos a tabus, a leis, que o sujeito toma consciência de si mesmo e se realiza: e é em nome de certos valores que ele se valoriza. [...] É, portanto, à luz de um contexto ontológico, econômico, social e psicológico que teremos de esclarecer os dados da biologia. [...] o corpo da mulher é um dos elementos essenciais da situação que ela ocupa neste mundo. Mas não é ele tampouco que basta para a definir. Ele só tem realidade vivida enquanto assumido pela consciência no seio de uma sociedade; a biologia não basta para oferecer uma resposta à pergunta que nos preocupa: por que a mulher é o *Outro*? (BEAUVOIR, 2009, p. 69-70)

A proposta de Beauvoir para que a mulher consiga sair da condição subalterna do *outro* e vislumbrar qualquer caminho que conduza à libertação de sua opressão passa necessariamente pela busca da reciprocidade igualitária no encontro de sua subjetividade com a subjetividade masculina. Nesse sentido, a filosofia feminista beauvoiriana adota a tese de que a libertação da mulher só pode ser construída pela interação das intersubjetividades feminina e masculina, pois sua

FILOSOFIA FEMINISTA

dialética do reconhecimento supõe que devemos assumir a ambiguidade inerente a todo movimento epistêmico de nossa consciência frente a outra, a saber, ser sujeito e objeto de conhecimento. Para que esse jogo possa ser jogado sob condições igualitárias, ambos os jogadores precisam prescindir do "desejo narcisista de ver no Outro um espelho, aceitando-se como coisa diante dele" (CYFER, 2015, p. 74).

O ponto alto da originalidade da filosofia beauvoiriana nos parece ser, assim, suas considerações sobre o modo como a libertação feminina se torna possível. A filósofa francesa enfrenta a posição paradoxal de tomar a liberdade de modo absoluto, isto é, como se ela pudesse ser concebida como uma categoria essencialmente não relacional. Tal enfrentamento é construído na medida em que a filósofa lança mão da tese de que a liberdade só é alcançável por meio de relações que o sujeito mantém com sua situação ou condição corporificada. Assim, o sujeito perseguidor da liberdade não pode encontrá-la senão por relações de interação decorrentes da imersão de sua condição corporificada no meio social. Nesse sentido, Cyfer (2009) afirma que:

> Simone de Beauvoir criou o conceito de *"corpo como situação"* para sustentar a ideia de que a existência do sujeito não coincide com seu nascimento, mas é o resultado da negociação de seu projeto individual com as condições que seu meio oferece para realizá-lo. [...] Assim sendo, ser mulher não é algo previamente definido pela natureza, mas sim uma condição determinada pela relação dialética do sujeito com os significados que a cultura atribui àquilo que considera a essência do feminino. (CYFER, 2009, p. 16)

Nesses termos, é possível entrever as razões pelas quais a obra de Simone Beauvoir impactou, foi apropriada e serviu para a articulação do movimento feminista dos anos 1960 e 1970, cujas características simbolizam a militância da segunda onda. *O segundo sexo* teria contribuído para que as mulheres vissem suas frustrações pessoais enquanto uma condição geral da mulher. Como nos diz Beauvoir, foi negado à mulher o direito à plena humanidade, o direito humano a criar, inventar, transcender e encontrar o sentido para seu próprio projeto de vida, para além do escopo predeterminado pela sociedade patriarcal. Ao passo que os homens "remodelam a face da terra e criam novos instrumentos, eles inventam e dão forma ao futuro", por outro lado, as mulheres sempre são vistas segundo a forma do homem, como, arquetipicamente, o outro, sempre como objeto, nunca como sujeito (WALTERS, 2005, p. 98). Portanto, não seria difícil reconstruir os passos que nos levariam dos argumentos de Beauvoir à luta do *pessoal como político* ou, em outras palavras, aos movimentos pela libertação da mulher. Entretanto, é curiosa a relação da filósofa com a segunda onda do feminismo, pois, não obstante reconheça o impacto de sua obra sobre o movimento, Beauvoir negará o epíteto de "mãe da segunda onda", cuja origem, aos seus olhos, deveria ser atribuída aos protestos contrários à Guerra do Vietnã nos Estados Unidos, ao anticolonialismo na França e, por conseguinte, aos movimentos sociais constituídos no curso dos eventos da década de 1960.[6]

Com essas considerações no horizonte, é possível sustentar que, no plano dos movimentos sociais, se as sufragistas expressam o ponto alto da primeira onda feminista, os movimentos pela *liberação da mulher*, cuja base constitui-se durante as lutas da década de 1960, são o símbolo da segunda onda. Na esteira desses processos, as feministas encontram-se imersas entre um variegado de movimentos sociais pacifistas, verdes, envoltos na luta pelos direitos civis, pelo poder negro, movimentos lésbico e gay, cujo pano de fundo é constituído pelas teses críticas do capitalismo e do imperialismo, não obstante os atores principais focalizem claramente suas reivindicações a partir dos interesses de grupos oprimidos, como a classe trabalhadora, os negros e, especialmente, as mulheres e os homossexuais.

Isso posto, a obra de Beauvoir é um marco para a teoria e o movimento feministas não só pelo papel desempenhado no desenvolvimento da segunda onda, mas também porque estabelece os termos,

---

6 Tal interpretação foi sustentada pela própria Simone Beauvoir em entrevista intitulada "Por que sou feminista?", concedida a um canal de televisão francês em 1975.

delimita o terreno, bem como oferece as ferramentas teóricas para os debates feministas da onda subsequente. Como vimos, há duas concepções que marcam a originalidade filosófica da obra beauvoiriana e os desdobramentos da teoria feminista: a intersubjetividade do sujeito e a relação inerente entre corpo e subjetividade (CYFER, 2015). Adequadamente revisitados e articulados, esses tópicos podem contribuir para uma compreensão mais bem fundamentada do sujeito, que supere as tensões, os antagonismos e as limitações de uma interpretação moderna, com base em uma concepção abstrata e universal, *versus* uma interpretação pós-moderna, cuja abordagem desconstrói a noção de sujeito e, consequentemente, o fundamento que pode ancorar a noção de igualdade.

TERCEIRA ONDA DO FEMINISMO

A terceira onda do feminismo se estabelece por meio da problematização da noção de sujeito postulada pela segunda onda. Judith Butler afirmará que não há uma única identidade do feminino, construída a partir da confrontação binária entre homem e mulher. Assim, o termo "identidade" passará a ser sempre utilizado no plural, e não haverá, a partir de agora, uma base comum capaz de perpassar e fundamentar todas essas identidades. Butler considera que o único meio de libertação das mulheres seja a subversão da identidade feminina tomada no singular. Segundo a teórica norte-americana, a segunda onda funda essa identidade sobre pressupostos metafísicos que lhe atribuem e prescrevem uma essência uniformizante. Esse paradigma, constituído sobretudo por Beauvoir, não é metafísico ou ontologizante em um sentido ingênuo do termo, na medida em que não remete, como vimos, a um determinismo biológico conjugado a uma tese universalizante sobre a natureza humana tomada a despeito de sua imersão em determinada civilização histórica e culturalmente situada.

A crítica de Butler parece dirigir-se ao interior do feminismo, tentando apontar que não há um viés universalizável da concepção de "sujeito", tal como aquela construída pela filósofa francesa, que possa canalizar as demandas de todas as mulheres, pois há uma pluralidade de demandas não comensuráveis e irredutíveis a um denominador comum. Nesse sentido, mesmo que o "sujeito" beauvoiriano seja dotado de um corpo que o condiciona, sem reduzir sua explicação a considerações de cunho biológico, a segunda onda não parecerá capaz, aos olhos de Butler, de criticar e problematizar o fato de que o próprio sexo seja uma categoria social oriunda do predomínio de um paradigma científico que se impôs politicamente por meio das estruturas de poder. Butler operará uma rediscussão sobre os conceitos de sexo e de gênero, procurando mostrar que a distinção realizada pela segunda onda é problemática ou falha: "o gênero não está para a cultura como o sexo para a natureza" (BUTLER, 2015, p. 27). A teórica norte-americana parece, assim, recolocar as questões organizadoras do debate sobre a libertação feminina, se é que esse termo pode ser utilizado no singular, ao borrar as fronteiras entre os conceitos de sexo e gênero que a segunda onda buscava delimitar, pois julga que esses dois termos remetem ao mesmo conjunto de coisas na justa medida em que ambos são culturalmente construídos. Outro ponto de discórdia de Butler em relação à ótica beauvoiriana é se há um "sujeito" universalizável por trás do gênero que lhe serve de fundamento metafísico:

> a posição feminista humanista compreenderia o gênero como um *atributo* da pessoa, caracterizada essencialmente como uma substância ou um "núcleo" de gênero preestabelecido, denominado pessoa, que denota uma capacidade universal de razão, moral ou linguagem. (BUTLER, 2015, p. 32)

Movendo-se sob uma perspectiva foucaultiana, Butler operará uma "virada pós-moderna" na teoria feminista ao criticar a concepção universalista de sujeito beauvoiriana, apontando o fato de que essa pretensa universalidade se revela um instrumento de dominação, uma vez que privilegia uma concepção paradigmática que mascara

FILOSOFIA FEMINISTA

desigualdades sociais, raciais, regionais, de classe, orientação sexual, cultura e etnia. Nesse sentido, fará parte do itinerário investigativo da agenda feminista da terceira onda perguntar-se se tanto o gênero quanto a divisão binária do sexo (pretensamente natural e precedente) são produzidos por estruturas de poder que não só representam seus "sujeitos", mas também fabricam tais "sujeitos". Se a resposta a essa pergunta for positiva, então o gênero, enquanto produto de uma estrutura de poder, é aquilo que constrói a diferença entre os sexos, e não o contrário.[7]

Grosso modo, pode-se dizer que essa virada se assenta sobre uma teoria epistêmico-linguística que pressupõe que todo o acesso que possuímos àquilo que chamamos de "sexo" é inevitavelmente um produto da interpretação de nossa capacidade discursiva imersa e condicionada por um processo histórico atravessado pela luta pelo poder. Assim, o "sexo" sempre nos aparece interpretado: o termo da linguagem recria a coisa e faz com que ela "venha a ser" de determinada maneira, pois falar é interpretá-la e constituí-la. Assim, certas diferenças físicas serão narradas e discursivamente alocadas em lugares de maior ou menor poder, de acordo com a narrativa que consegue dominar e preponderar sobre as demais. Dessa perspectiva, não há como considerar o modelo científico que se impôs acerca da natureza e da distinção entre os sexos como uma narrativa neutra a partir da qual a noção de gênero construiu-se, pois esse modelo é em si mesmo produtor de regras que não apenas incidem sobre os sujeitos, mas também os constituem. Essas regras alcançam um *status* de reguladores hegemônicos e disciplinantes da atribuição das identidades de gênero quando conseguem se impor dentro de um processo histórico de luta pelo poder.

A partir do estabelecimento desse pano de fundo teórico, Butler poderá conceber tanto o sexo quanto o gênero como produtos engendrados

---

7 Para um aprofundamento da construção histórica da diferença e da desigualdade entre os sexos, ver Laqueur (2001).

das tentativas dos sujeitos de se adequar às regras dominantes.[8] Essas tentativas são chamadas por Butler de repetição estilizada de performances: desde que nascemos, somos estimulados e impelidos a certas performances, as quais, por sua vez, não podem ser realizadas de modo inteiramente livre, mas são consideradas válidas apenas quando se submetem às leis dominantes, que operam como mecanismos de controle social. Assim, as identidades de gênero são engendradas não a partir de uma diferença biológica entre os sexos tomada de modo neutro, mas por meio de regras que constrangem "os atores a performar" dentro dos limites precisos de um "script" binário segundo o qual as mulheres terão suas atuações validadas quando se comportam de modo feminino, e os homens, de modo masculino. Na esteira dessas constrições, os indivíduos mobilizarão seus maiores esforços para evitar comportamentos públicos ambíguos que extrapolem e borrem os limites das regras que estabelecem a heterossexualidade como marco regulador do sexo e do gênero, pois é justamente em público que o espaço da validação de suas performances se institui. Butler chama esse marco regulatório de "heteronormatividade", a qual será responsável pela identificação de todo comportamento não subsumível aos marcos binários de macho-fêmea, homem-mulher, masculino-feminino, a patologias e, subsequentemente, a consideração dos indivíduos que "saem do script" como párias.

Butler rompe, assim, com a ideia de uma identidade feminina única fundada sobre uma noção de sujeito substancial lastreado na ontologização (assentada sobre argumentos de suposta neutralidade científica vinculados a uma visão determinista da biologia) da cultura e da história. Nesse sentido, a teórica norte-americana dá voz, sistematicidade e fundamentação teórica à dispersão característica da terceira onda do feminismo, na qual a pauta e o itinerário emancipatórios, bem como

---

8 Nesse mesmo sentido, Foucault (1999, p. 144-145) afirma: "a noção de 'sexo' permitiu agrupar, de acordo com uma unidade artificial, elementos anatômicos, funções biológicas, condutas, sensações e prazeres, e permitiu fazer funcionar esta unidade fictícia como princípio causal, sentido onipresente, segredo a descobrir em toda parte: o sexo pôde, portanto, funcionar como significante único e como significado universal".

FILOSOFIA FEMINISTA

a luta pelo reconhecimento social das mulheres, estão permanentemente sendo revisados e ressignificados. A iminente fragmentação, dispersão e pluralização da pauta "feminista" foram bem captadas por Jaggar (1983):

> Constrangimentos que alguma vez foram concebidos como necessidades naturais são transformados em instâncias de opressão; simultaneamente, o possível domínio da libertação humana está constantemente sendo estendido. Em princípio, portanto, a liberação não é uma situação cabalmente alcançada; em vez disso, ela é um processo de eliminação de formas de opressão desde que elas continuem a surgir. (JAGGAR, 1983, p. 6)

CONSIDERAÇÕES FINAIS

Pretendemos com este capítulo ter oferecido uma breve notícia da importância da noção de natureza humana para a discussão da opressão da mulher por meio das três ondas do feminismo. Vimos, resumidamente, que o desenvolvimento desses três marcos do feminismo enfrenta e reformula, em um processo de diálogo e revisão progressiva em relação uns aos outros, a concepção de sujeito, que serve de base ao projeto de emancipação das mulheres. Nesse itinerário, nossa exposição flutuou entre dois planos, a saber: (1) a ação dos movimentos sociais enquanto expressão de um conjunto de ideias, princípios e valores; e (2) as teorias políticas feministas. Tentamos mostrar que esses dois planos se entrecruzam e se influenciam mutuamente: se, no caso das sufragistas, elas expressam o ponto alto de uma longa linhagem de reflexão sobre a igualdade da mulher no plano legal, Simone de Beauvoir, por sua vez, pioneiramente lança as bases de um movimento que sintetiza seus ideais no slogan "o pessoal é político". Por fim, no caso da terceira onda, os desdobramentos práticos de sua teoria política encontram-se espelhados nos movimentos sociais, ao mesmo tempo que sintetizam a pluralização radical dos atores que integram a luta pela libertação das mulheres. Essa luta passa, na atualidade, a integrar-se a um projeto mais amplo de subversão das identidades de gênero e da diversificação e democratização radical das frentes de luta, que, a partir de então, só poderão ser tomadas no plural. Portanto, não será mais adequado tentar reunir e subsumir essa diversidade irredutível sob a rubrica de um único e modelar feminismo baseado em concepções universais da mulher e da natureza humana, mas de *feminismos* cujo viés libertador passa necessariamente pela desconstrução da universalidade do sujeito, a qual opera como base de opressão.

REFERÊNCIAS

BARD, Christine. LES FÉMINISTES DE LA PREMIÈRE VAGUE. Rennes: PUR, 2015.

BEAUVOIR, Simone. O SEGUNDO SEXO. 2. ed. Rio de Janeiro: Nova Fronteira, 2009.

BENHABIB, Seyla. Models of public space: Hannah Arendt, the liberal tradition and Jürgen Habermas. *In*: BENHABIB, Seyla. SITUATING THE SELF: gender, community and postmodernism in contemporary ethics. New York: Routledge, 1992.

BUTLER, Judith. PROBLEMAS DE GÊNERO: feminismo e subversão da identidade. Rio de Janeiro: Civilização Brasileira, 2015.

CYFER, Ingrid. A TENSÃO ENTRE MODERNIDADE E PÓS-MODERNIDADE NA CRÍTICA À EXCLUSÃO NO FEMINISMO. 2009. Tese (Doutorado em Ciência Política) – Faculdade de Filosofia, Letras e Ciências Humanas da Universidade de São Paulo, São Paulo, 2009.

CYFER, Ingrid. Afinal, o que é uma mulher? Simone de Beauvoir e a "questão do sujeito" na teoria crítica feminista. LUA NOVA, São Paulo, n. 94, p. 41-77, 2015.

CYFER, Ingrid. Liberalismo e feminismo: igualdade de gênero em Carole Pateman e Martha Nussbaum. REVISTA DE SOCIOLOGIA E POLÍTICA, Curitiba, v. 18, n. 36, p. 135-146, 2010.

EUSTANCE, Claire. Meanings of militancy: the ideas and practices of political resistance in the Women's Freedom League, 1907-14. *In*: JOANNOU, Maroula; PURVIS, June (ed.). THE WOMEN'S SUFFRAGE MOVEMENT: new feminist perspectives. Manchester: MUP, 1998.

FOUCAULT, Michel. *HISTÓRIA DA SEXUALIDADE I*: a vontade de saber. Rio de Janeiro: Graal, 1999.

HANISCH, Carol. The personal is political. *WRITINGS BY CAROL HANISCH*, 2009. Disponível em: http://carolhanisch.org/CHwritings/PIP.html. Acesso em: 26 out. 2022.

JAGGAR, Alison M. *FEMINIST POLITICS AND HUMAN NATURE*. New Jersey: Rowman & Allanheld, 1983.

KROLOKKE, Charlotte; SORENSEN, Anne Scott. *GENDER COMMUNICATION THEORIES AND ANALYSES*: from silence to performance. London: Sage Publishing, 2006.

LAQUEUR, Thomas. *INVENTANDO O SEXO*: corpo e gênero dos gregos a Freud. Rio de Janeiro: Relume-Dumará, 2001.

OFFEN, Karen. *LES FÉMINISMES EN EUROPE*: 1700-1950. Rennes: PUR, 2012. (Collection Archives du féminisme).

PINTO, Céli Regina Jardim. *UMA HISTÓRIA DO FEMINISMO NO BRASIL*. São Paulo: Fundação Perseu Abramo, 2003.

STOLLER, Robert J. *SEX AND GENDER*: the development of masculinity and femininity. London: Routledge, 1968.

TEELE, Dawn Langan. Ordinary democratization: the electoral strategy that won british women the vote. *POLITICS & SOCIETY*, v. 42, n. 4, p. 537-561, 2014.

WALTERS, Margaret. *FEMINISM*: a very short introduction. Oxford: OUP, 2005.

WINGERDEN, Sophia A. van. *THE WOMEN'S SUFFRAGE IN BRITAIN*: 1866-1928. New York: Palgrave MacMillan, 1999.

CAPÍTULO 19

DANIELA ROSENDO

DIREITO EM PERSPECTIVA ECOFEMINISTA

TODOS IGUAIS, TODOS IGUAIS.

MAS UNS MAIS IGUAIS QUE OS OUTROS.

ENGENHEIROS DO HAWAII, "NINGUÉM = NINGUÉM" (1992).

Sociedades humanas precisam da justiça como ideal para garantir a pacificação das relações sociais, mas há que se perguntar: quem é considerado sujeito ativo desse processo e quem é subjugado? Quais princípios orientam esse processo? Tradicionalmente, ele é marcado por um discurso excludente e masculinista, de racionalidade que opõe razão e emoção, privilegiando a razão como a melhor maneira de se alcançar a justiça. Forjado na igualdade como princípio político, é preciso compreender quem entra – ou sai – desse círculo de *iguais*.

Neste capítulo, apresento os limites da concepção de igualdade tecidos pela ética do cuidado em uma perspectiva ecofeminista animalista. Consequentemente, busco uma reformulação da concepção de igualdade e proponho a ampliação da comunidade moral e política compatível com a crítica das eticistas do cuidado. Para isso, reconstituo brevemente as ondas do feminismo e, em seguida, os estágios da teoria legal feminista, a fim de compreender como as mulheres foram, ao longo das últimas décadas do século XX, usando e pensando o direito como instrumento de mudança. Por fim, teço críticas aos limites do direito e defendo a importância dos direitos junto com a ética e a política.

AS ONDAS FEMINISTAS

Inicialmente, é relevante compreender que os feminismos se desenvolvem de uma maneira simbiótica entre teoria, prática e práxis, esta considerada no sentido freiriano de relação dialética entre ação e reflexão e comprometida com a transformação (FREIRE, 2011).[1] É exatamente em virtude desse diálogo que existe uma pluralidade de feminismos com metodologias, abordagens epistemológicas e vertentes tão diversas que podem, inclusive, apresentar-se em oposição. Portanto, ao tratar dos feminismos, é possível se referir: (1) tanto aos movimentos sociais protagonizados por mulheres e que reivindicam direitos a partir da visão que essas categorias possibilitam (enxergar as desigualdades entre homens e mulheres oriundas do patriarcado e da dominação masculina, por exemplo); (2) quanto às teorias, desenvolvidas majoritariamente[2] por mulheres, que consideram as experiências

---

1 "A práxis [...] é reflexão e ação dos homens sobre o mundo para transformá-lo. Sem ela, é impossível a superação da contradição opressor-oprimidos" (FREIRE, 2011, p. 52).

2 Digo *majoritariamente* porque, em regra, são as mulheres que pesquisam e escrevem sobre feminismos. Contudo, também há homens que se dedicam à pesquisa sobre temáticas de gênero e feministas e ao uso dessas categorias de análise em outras áreas de pesquisa que não necessariamente a dos direitos das mulheres. Ao estudar o direito à cidade sob o viés democrático, por exemplo, é possível incluir a categoria gênero para compreender como o uso do espaço público é diferente para homens e mulheres, o que acarreta um problema de desigualdade social contrário à democracia. É o caso, por exemplo, do direito de ir e vir afetado de maneira desproporcional em razão do gênero. Ainda que qualquer pessoa possa ter sua vulnerabilidade aumentada com a ineficácia ou a deficiência do transporte público, são as mulheres que têm a integridade física posta em risco pelo assédio e pela violência sexual em ônibus, trens e metrôs lotados, pela iluminação pública precária, paradas longínquas, terrenos baldios, ruas sem movimento, etc. Como afirma Pinheiro (2017, p. 44), a "cidade é perversa especialmente para as mulheres ao restringir ou até bloquear o seu direito de ir e vir tranquilamente".

e, em grande medida, a exclusão das mulheres dos espaços *legitima-dos* de pensamento, fala e poder. É justamente por existir uma vasta diversidade nas experiências das mulheres que, dessa simbiose, surgem muitos feminismos.

Nesse sentido, importa compreender também como as categorias foram sendo construídas e articuladas e refletiram mutuamente nos movimentos sociais e no desenvolvimento das teorias feministas. Por isso, apresento a seguir uma breve reconstituição das ondas feministas, a fim de traçar um panorama, mesmo que limitado, dessa construção histórica, a partir de três autoras: Rosa Cobo Bedía, Martha Rampton e Noëlle McAfee. Essa exposição é feita sem pressupor que essas autoras deem conta das divergências em relação a outras abordagens históricas dos feminismos. Não se trata aqui de buscar uma genealogia dos feminismos – o que seria um trabalho para outro campo –, mas de entender os diferentes momentos históricos e respectivos fundamentos e reivindicações feministas, marcados pela sua ampla diversidade.

Em linhas gerais, Bedía (2014) compreende o movimento feminista em três ondas. Essa compreensão das ondas feministas pode ser feita por diferentes critérios a partir dos quais se agrupem ou sistematizem, para fins didáticos, determinadas reivindicações, demandas ou fundamentos. Bedía (2014) estabelece essa divisão por um conjunto de fundamentos e critérios localizados geográfica e temporalmente. A principal diferença entre a sistematização da socióloga e a de outras teóricas feministas (MCAFEE, 2016; RAMPTON, 2015) é a inclusão, por Bedía (2014), de pensadoras dos séculos XVII e XVIII que já reivindicavam direitos para as mulheres. Contudo, entende-se que esse período ainda não remonta a um movimento organizado de mulheres, embora as contribuições de pensadoras da Antiguidade, do período medieval e da modernidade[3] sejam extremamente relevantes para o desenvolvimento do pensamento e das teorias feministas (RAMPTON, 2015). Por

---

3 Rampton (2015) cita Safo, da Grécia Antiga; Hildegarda de Bingen e Christine de Pizan, do período medieval; e Olympe de Gouges, Mary Wollstonecraft e Jane Austen, da modernidade.

isso, o início das ondas feministas é situado somente no século XIX por McAfee (2016) e Rampton (2015).

Já no entendimento de Bedía (2014), a primeira onda foi desenvolvida especialmente na França, Inglaterra e Alemanha no século XVIII, reivindicando o princípio ético e político da igualdade entre homens e mulheres. A ideia da igualdade advinha do princípio moderno da universalidade, a qual começava a se consolidar. Nesse paradigma, a razão é o argumento central para essa reivindicação, refletindo em uma ideologia individualista que preceitua a liberdade e a autonomia dos indivíduos.

Bedía (2014) explica que, em 1673, François Poullain de La Barre publicou o livro *De l'égalité des deux sexes*, no qual sustentava que a subordinação das mulheres não tinha sua origem na natureza, mas na sociedade. No século seguinte, as mulheres da Revolução Francesa se articularam politicamente para reivindicar os direitos de cidadania que os homens já possuíam. Em 1792, a inglesa Mary Wollstonecraft publicou *A vindication of the rights of woman*, no qual denunciava que a sujeição das mulheres não era resultado de uma natureza inferior à masculina, mas de preconceitos e tradições. Foi nesse período também, em 1791, após a Declaração dos Direitos do Homem e do Cidadão (1789), que Olympe de Gouges publicou a Declaração dos Direitos da Mulher e da Cidadã, exigindo o reconhecimento dos mesmos direitos às mulheres.

A primeira onda feminista, portanto, é pautada nos princípios teóricos, éticos e políticos do racionalismo iluminista: razão, universalidade, virtude e igualdade compõem a linguagem que fundamenta o discurso intelectual e político associado à exclusão de mulheres do âmbito da racionalidade com a exclusão dos direitos civis e políticos decorrentes da mesma causa: a tirania dos homens. Com relação à crítica etnocêntrica direcionada à primeira onda, Bedía (2014) afirma que o local de origem das teorias e dos movimentos sociais não deveria ser determinante, mas os princípios políticos por eles defendidos. Essa visão decorre de um caráter universal do feminismo, em razão de que esses princípios devem ser assegurados a todas as mulheres.[4]

A segunda onda, de origem norte-americana e inglesa do século XIX, caracteriza-se especialmente pelo movimento sufragista, mas suas pautas não se restringiram ao voto. O direito à propriedade, à educação, ao acesso às profissões e à liberdade de organização e de falar em público, a crítica ao casamento e consequente morte civil para as mulheres, além do direito ao divórcio, também foram reivindicações desse período marcado pela tradição liberal[5] (BEDÍA, 2014). Na última fase do sufragismo, já no final do século XIX e início do século XX, surge a ênfase na autonomia sexual das mulheres e na crítica à moral patriarcal inerente à instituição do casamento.

Bedía (2014) ressalta que o sufragismo não foi um movimento homogêneo ideologicamente em suas sete décadas de existência. Podem ser observadas duas correntes de ideias e práxis política: uma moderada, com raízes políticas e demandas fortemente liberais, e outra mais radical, que traz para o cenário político sufragista algumas reivindicações que estarão presentes, posteriormente, no feminismo radical dos anos 1970. O setor mais radical do movimento sufragista é marcado pela ideologia socialista, que amplia o movimento feminista e inclui as mulheres trabalhadoras e de classe média. Para elas, não era suficiente criticar o casamento, por isso reivindicavam também a paridade nos

---

4 Apesar de considerar o argumento de Bedía relevante – na medida em que às mulheres não deveria ser negada a igualdade, com base na negação da racionalidade –, ainda que a gênese desse feminismo iluminista não reflita a diversidade material das mulheres (justamente por isso há outras ondas e vertentes), parece-me relevante situar a origem das teorias e dos movimentos sociais. É a partir do lugar e das experiências das mulheres que se extrairão os princípios políticos por elas defendidos. Por isso, apesar de concordar com Bedía quanto à universalidade dos princípios políticos (como é o caso da igualdade), há desdobramentos importantes dessa visão universal que residem nas particularidades. Como essa discussão da diferença é posterior à primeira onda, cabe essa observação quanto aos momentos históricos distintos e como os princípios se situam neles, a fim de que não se incorra em erros e contradições.

5 A tradição liberal e a ideia de justiça a ela associada pressupõem a existência de pessoas livres e iguais, justamente pelo fato de o liberalismo prezar pela liberdade e igualdade como princípios universais. Nessa concepção, o poder público do Estado deve ser limitado em relação aos direitos dos indivíduos.

tribunais, por exemplo. O movimento finaliza com a Primeira Guerra Mundial, após a conquista do voto em algumas sociedades ao redor do mundo (BEDÍA, 2014).

Já no século XX surge a terceira onda,[6] marcada inicialmente pelo feminismo da igualdade de Simone de Beauvoir, mas com profundas diferenças ao longo do seu desenvolvimento. A esse primeiro impulso sucede o feminismo liberal proposto por Betty Friedan. Depois vieram as relações do feminismo com o marxismo, que acabaram por resultar no feminismo radical dos anos 1970, com a defesa de que *o pessoal é político* e do uso de outras categorias, como classe, raça e colonialismo. É nesse período também que surge o feminismo da diferença, para o qual o feminismo da igualdade possui limitações ao não observar as diferenças que constituem as mulheres, inclusive em termos de moralidade.

> [A] diferença deve ser convertida em um paradigma político em torno do qual deve se organizar a vida social. A diferença não deve ser ignorada, mas reivindicada e, a partir de sua existência, deve construir-se a vida social, política, econômica e cultural. (BEDÍA, 2014, p. 29, tradução minha)

Chegando ao século XXI, o feminismo pós-moderno questiona os feminismos da igualdade/identidade e diferença. Dessa maneira, a pós-modernidade critica todas as abstrações modernas nas quais se fundamentam os feminismos nelas pautados, inclusive concepções de gênero e patriarcado. Para a teoria pós-moderna, os grupos são plurais e contraditórios, razão pela qual, ao buscar compreender a condição das mulheres a partir da concepção de gênero, ignoram-se as profundas diferenças que existem entre elas, seja de classe, etnia, raça, sexualidade, etc. O patriarcado, por sua vez, é criticado por ser essencialista, a-histórico e totalizador (BEDÍA, 2014). Apesar de Bedía (2014) localizar

---

6 Quando Bedía (2014) se refere à terceira onda, outras feministas identificam como a segunda onda. Contudo, importa ressaltar que a Third Wave Direct Action Corporation, organizada em 1992, posteriormente se tornando Third Wave Foundation em 1997, e o texto "Becoming the third wave", de Rebecca Walker, são considerados os marcos iniciais da terceira onda (BRUNNEL, 2008).

o início das ondas feministas antes do momento no qual surge, de fato, um movimento organizado e autoidentificado de mulheres e feministas, sua sistematização contribui para compreendermos o lugar da igualdade e da diferença, que serão posteriormente analisadas como princípios de reivindicação dos direitos das mulheres.

Embora não entenda aqui como uma disputa teórica, considero importante ter a compreensão histórica de como o pensamento feminista se desenvolve entre movimentos sociais e espaços acadêmicos, como afirmei anteriormente. Contudo, importa ainda ressaltar que o que Bedía (2014) identifica como primeira onda não é incluído pelas demais autoras por elas não entenderem que esse período represente uma expressão organizada em termos de movimento feminista, embora reconheçam a existência e a relevância dessas pensadoras. Assim, a segunda onda exposta por Bedía (2014) diz respeito ao que mais comumente se identifica como primeira onda feminista, ou seja, o movimento sufragista. Sob esse aspecto, é relevante lembrar que o sufragismo não reivindicou somente o direito ao voto, mas abordou também aspectos mais amplos da condição e da subordinação das mulheres, como educação, casamento, trabalho, etc.

Na terceira onda, portanto, Bedía (2014) aponta os elementos que McAfee (2016) e Rampton (2015) incluem na segunda (feminismo da igualdade, da diferença e ampliação das categorias de análise/interseccionalidade) e terceira ondas (feminismos pós-modernos/performatividade). Finalmente, a quarta onda é abordada somente por Rampton (2015), na medida em que essa é uma discussão de fato mais recente e se refere a um movimento ainda em construção e análise. Em resumo, a quarta onda visa voltar à esfera do discurso público. As temáticas levantadas nas ondas anteriores, como violências e desigualdades, são discutidas tanto em âmbito nacional quanto internacional, seja na mídia ou por políticos, com ênfase na equidade de gênero. São retomadas, portanto, questões oriundas da segunda onda ampliadas pela terceira onda, em especial a perspectiva interseccional.

FILOSOFIA FEMINISTA

Dessa breve reconstrução, pode-se observar a ampla variedade pela qual os feminismos se expressam, refletindo em fundamentos, princípios, argumentos e categorias por vezes muito distintas, que podem gerar inclusive contradições entre si. Seria o caso, por exemplo, da contradição entre um feminismo liberal que se coaduna com soluções de mercado e que privilegia um *empoderamento* individual das mulheres e um feminismo anticapitalista, como o socialista. Portanto, os feminismos são movimentos teóricos e práticos muito diversos, o que impossibilita haver uma visão única sobre *o feminismo*, em voz uníssona. Ao contrário, são vozes plurais que criam essa característica diversa dos feminismos.

GÊNERO

O gênero surgiu como uma categoria de análise, cujo uso passou a ser intensificado após a Segunda Guerra Mundial. As teorias que se desenvolvem nesse campo e a partir desse conceito são muitas e complexas, mas de uma maneira simplificada se pode dizer que o termo se refere à existência de uma normatividade imposta às mulheres com base em construções socioculturais baseadas em sua biologia. Assim, desvendar essa categoria nos permite compreender como homens e mulheres são localizados na sociedade contemporânea, e que essas alocações são historicamente construídas, em vez de decorrentes da natureza. Por exemplo, o fato de as mulheres serem identificadas com as esferas da maternidade, do cuidado e do trabalho doméstico e os homens com o trabalho econômico e político decorreria não de uma condição biológica, mas de uma construção social que designa esses locais em oposição (privado/público, natural/cultural) e em assimetria – o público tendo maior valor social do que o privado. Nesse sentido, trata-se também de uma discussão relacional: a discussão dos papéis femininos implica a discussão dos papéis masculinos, construídos em oposição.

422

Nesse contexto, a teoria feminista se configura como um "marco de interpretação da realidade que visibiliza gênero como uma estrutura de poder" (BEDÍA, 2014, p. 8, tradução minha). A teoria feminista evidencia como funcionam as estruturas e os mecanismos que reproduzem a discriminação das mulheres na sociedade, tanto nos espaços privados quanto nos públicos, em um sistema no qual existe uma relação de gênero assimétrica, concedendo mais privilégios a alguns grupos em detrimento de outros. Para Bedía (2014), existem três aspectos importantes que devem ser considerados sobre o conceito de gênero, cunhado em 1975 pela antropóloga Gayle Rubin. Inicialmente, o gênero associa uma normatividade feminina ao sexo como fato anatômico, de modo que ser mulher implica uma forma de ser e estar no mundo a partir de características que especificam o gênero feminino e o confinam em determinados espaços (maternidade, cuidado, trabalho doméstico, heterossexualidade, ausência de poder, etc.).

Em segundo lugar, essa normatividade se faz possível porque pressupõe um sistema social hierarquizado pelo gênero, ou seja, a sociedade determina espaços e distribui recursos de maneira diferente a homens e mulheres. Em terceiro, Bedía (2014) afirma que as ciências sociais utilizam gênero como um parâmetro científico, isto é, uma categoria de análise a partir da qual se expandem os limites da objetividade científica pautada em paradigmas teóricos que não utilizam a lente de gênero. Do ponto de vista da filosofia crítica, o gênero também se constitui como uma ferramenta que desvela o binarismo presente na história da filosofia ocidental supostamente neutra. Ou seja, o gênero não é só um conceito útil às ciências sociais, mas a todas as ciências humanas que investigam comportamentos e valores. Justamente por isso, uma epistemologia feminista é necessária antes da fundamentação teórica dessa tese, a fim de que seja possível se comprometer com um projeto ético-político ecofeminista animalista.

> No plano da filosofia, a ferramenta do gênero é mais difícil de ser aplicada, pois os conceitos filosóficos são aparentemente sexualmente neutros por estarem travestidos de uma

universalidade estruturante. É aqui que o conceito de gênero deve incidir a fim de nos mostrar que há uma repetição do dualismo estereotipado entre o gênero feminino e masculino por trás da aparente neutralidade sexual destes conceitos filosóficos fundamentais. A história da filosofia ocidental está arraigada neste dualismo de gênero fundamental e dicotômico, masculino *versus* feminino. Mesmo negando de que se trata de uma diferença entre gêneros, quando a filosofia diferencia razão da emoção, objetividade da subjetividade, exterioridade da interioridade, público do privado, alma do corpo, cultura da natureza, e assume, ainda que tacitamente, que o primeiro termo destes pares opostos é mais importante do que o segundo, está sim assumindo valores do patriarcado. (CASTRO, 2014, p. 14-15)

Nesse sentido, a filosofia feminista visa justamente usar essa categoria e sair da matriz cognitiva supostamente neutra em relação ao conhecimento. Assim, o gênero passa a ser também uma ferramenta metodológica para a filosofia crítica (CASTRO, 2014). Nessa perspectiva, afirma Scott (1995):

> Na sua utilização mais recente, o termo "gênero" parece ter feito sua aparição inicial entre as feministas americanas, que queriam enfatizar o *caráter fundamentalmente social das distinções baseadas no sexo*. A palavra indicava uma *rejeição do determinismo biológico implícito no uso de termos como "sexo" ou "diferença sexual"*. O termo "gênero" enfatizava igualmente o *aspecto relacional* das definições normativas da feminilidade. Aquelas que estavam preocupadas pelo fato de que a produção de estudos femininos se centrava sobre as mulheres de maneira demasiado estreita e separada utilizaram o termo "gênero" para introduzir uma noção relacional em nosso vocabulário de análise. Segundo esta opinião, as mulheres e os homens eram definidos em termos recíprocos e nenhuma compreensão de um deles podia ser alcançada por um estudo separado. (SCOTT, 1995, p. 72, grifo meu)

Com o uso da categoria gênero, buscou-se evidenciar, portanto, a diferença entre o corpo natural (sexo) e as construções sociais a partir dessa biologia (gênero). Essa diferenciação ficou conhecida como sistema sexo-gênero, a partir do qual se sustentava que as desigualdades entre homens e mulheres não ocorriam com base no sexo, mas nas experiências e nas relações humanas e seus significados. Nessa lógica, o corpo estaria para o sexo assim como a cultura para o gênero. Essa divisão entre *natureza* e *cultura* terá um impacto também na dicotomia *público* e *privado* (GONÇALVES, 2013). Essa dicotomia, no entanto, não é problematizada pelos liberais, uma vez que as violências não são distintas e as vulnerabilidades não são o cerne das preocupações morais. Gonçalves (2013) chama a atenção para o fato de que, apesar dos esforços das feministas em produzir esse deslocamento para explicar as desigualdades entre homens e mulheres, ou seja, tirá-las da biologia e levá-las para a cultura, o confinamento das mulheres no espaço privado ainda se dá pela capacidade reprodutiva. Assim, mesmo que a opressão das mulheres seja localizada na cultura, a biologia continua sendo responsável por marcar os dualismos cultura/natureza, público/privado, produção/reprodução.[7]

O uso da categoria gênero, portanto, é fundamental para compreender que não há neutralidade quanto ao sujeito e que, estabelecida essa categoria, gênero passa a ser a lente pela qual se permite ver as desigualdades decorrentes do gênero ao qual se atribui cada sujeito. A filosofia e o direito não podem assumir os valores do patriarcado e internalizar as disparidades de gênero. As questões culturais muitas vezes implicam relações de poder e opressão, para as quais precisamos voltar nossos olhares. Portanto, compreender criticamente as categorias de análise e não projetar uma visão universal sobre todas as

---

7 Por outro lado, é importante ressaltar que o conceito de gênero e sua utilização como categoria de análise não deixam de ser criticados também. É o que faz, por exemplo, a filósofa nigeriana Oyèrónké Oyěwùmí, expoente do feminismo negro africano. Oyěwùmí (2004) faz esse questionamento com base nas experiências e epistemologias culturais africanas. Embora reconheça que o gênero se tornou uma importante categoria analítica para descrever o mundo e lhe prescrever soluções, Oyěwùmí (2004, p. 2) problematiza "a identidade social, interesses e preocupações das fornecedoras de tais conhecimentos", ou seja, que advêm de experiências euro-americanas centradas. Assim, critica a universalidade que a categoria gênero impõe tanto à mulher quanto à sua subordinação.

mulheres é fundamental para o desenvolvimento de qualquer projeto ético-político.

O DESENVOLVIMENTO DA TEORIA LEGAL FEMINISTA

Em razão da centralidade que os direitos, sejam jurídicos ou políticos, adquirem quando se trata de reconhecer os sujeitos diversos dos feminismos, será analisado a seguir o desenvolvimento da teoria legal feminista. Como poderá ser observado, há um movimento parecido com o que ocorre com o desenvolvimento das ondas feministas.

Chamallas (2003) explica que, desde a década de 1970, o campo da teoria legal feminista cresceu rapidamente. Assim, a autora a divide em três estágios relacionados a três décadas de intenso desenvolvimento: o estágio da igualdade (1970), associado ao feminismo liberal; o estágio da diferença (1980), associado aos feminismos radical, cultural e relacional; e o estágio da diversidade (1990 em diante). Essa divisão é simplificada e somente indica quando certos temas ou orientações teóricas emergiram ou se tornaram visíveis, como no caso das ondas feministas. Tampouco representam necessariamente a influência feminista no direito ou estudos legais nos respectivos períodos. Ademais, em determinados períodos, havia autoras trabalhando temas característicos de outros estágios. Contudo, essa divisão ajuda a organizar e compreender os argumentos das feministas acadêmicas.

No estágio da igualdade, Chamallas (2003) explica que foi enfatizada a similaridade entre homens e mulheres, visando "desmantelar o sistema intricado de distinções legais baseadas no sexo que foram estabelecidas supostamente para proteger as mulheres" (CHAMALLAS, 2003, p. 16, tradução minha). Teóricas da igualdade alegavam que a proteção das mulheres pelo direito era danosa para elas porque seria somente para restringir suas vidas à casa e à família. Assim, ao arguir que homens e mulheres são iguais (em aspectos relevantes), ambos merecem igual acesso a instituições públicas, benefícios e oportunidades, independentemente do gênero.

As defensoras da igualdade são geralmente associadas ao feminismo liberal. "Feministas liberais partilham o comprometimento com a autonomia individual e a escolha, e insistem que essas liberdades sejam garantidas às mulheres, como são aos homens" (CHAMALLAS, 2003, p. 16-17, tradução minha). Tendem também a focar o acesso igualitário, em vez de questionar os próprios padrões, regras ou estruturas. Desse modo, mais do que outros feminismos, o liberal pode ser traduzido em termos de reformas legais.

Na década de 1970, nas faculdades de Direito, a expressão *teoria legal feminista* ainda não era utilizada. As feministas se identificavam como *defensoras dos direitos das mulheres, liberacionistas das mulheres (women's liberationists)* ou *igualitaristas (egalitarians)* (CHAMALLAS, 2003). Nesse aspecto, é perceptível a relação com a primeira onda feminista expressa pelo movimento sufragista. Foi somente após a década de 1980 que a teoria sobre a relação entre gênero e direito se tornou efetivamente um projeto das acadêmicas feministas (CHAMALLAS, 2003). Desse modo, novamente é possível notar o impacto dos movimentos feministas – agora na segunda onda – também no campo jurídico.

Já na década de 1980, portanto no segundo estágio, as teóricas legais feministas passaram a considerar o conceito de diferença – outro movimento da segunda onda. A reforma legal pautada na igualdade era vista como insuficiente para erradicar a desigualdade substantiva que afetava a vida das mulheres. Nesse momento, vieram à tona as discussões sobre a feminização da pobreza e a lacuna de gênero na política, por exemplo, evidenciando que, em muitos aspectos, homens e mulheres eram diferentes. Entretanto, reconhecer tais diferenças não implicava necessariamente aceitá-las como inerentes ou inalteráveis. Ao contrário, as teóricas da diferença eram majoritariamente construtivistas sociais, ou seja, "localizavam a origem das diferenças de gênero nas atitudes culturais, na ideologia, na socialização ou nas estruturas organizacionais" (CHAMALLAS, 2003, p. 17-18, tradução minha). Poderia se entender que essa visão é decorrente do sistema sexo-gênero (MCAFEE, 2016; RAMPTON, 2015), segundo o qual o sexo é biológico e o gênero é construção social, portanto passível de ser alterado.

Assim, o feminismo dos anos 1980 reviu o conceito de igualdade, a fim de pensar além do tratamento idêntico entre homens e mulheres. Tratá-los igualmente significava reconhecer que a vida das mulheres era diferente da dos homens e, paradoxalmente, que elas devem ser tratadas de modo diferente. Essa visão crítica com relação ao direito e à sociedade marcados por normas masculinas possibilitou uma mudança legal para além da assimilação, reconhecendo as especificidades das mulheres (CHAMALLAS, 2003).

No final dos anos 1970 e início dos 1980 é que são criadas redes globais e regionais de mulheres com enfoque na liberdade e autodeterminação sexual e reprodutiva, viabilizando a construção do que hoje se entende por direitos sexuais e reprodutivos. Na década seguinte, mais especificamente em 1994, esse movimento culminou com a Conferência Internacional de População e Desenvolvimento – a chamada Conferência de Cairo –, coroando a mudança de paradigma em relação às mulheres, que passaram a ser sujeitos de programas de desenvolvimento e população. Foram revistas, portanto, as noções de controle populacional e de desenvolvimento centradas na perspectiva masculina (FLEURY-TEIXEIRA; MENEGHEL, 2015).

A abordagem dos direitos iguais, dos anos 1970, era válida para lidar com questões que envolviam características compartilhadas por homens e mulheres. Ao tratar de questões biológicas, no entanto, essa abordagem se mostrou ineficaz. Assim, as feministas liberais dos anos 1970 focavam questões econômicas de acesso, ao passo que as feministas da diferença, nos anos 1980, abordavam questões relacionadas à gravidez, à violência sexual, ao estupro, ao assédio sexual, à violência doméstica e à pornografia (CHAMALLAS, 2003). Embora tivessem o foco nas diferenças, as feministas acadêmicas possuíam abordagens distintas sobre elas. Algumas enfatizavam a diferença do poder entre homens e mulheres e sobre a dominação masculina. A crítica delas era direcionada ao liberalismo, incluindo o feminismo liberal, na medida em que os conceitos liberais (privacidade, objetividade e direitos individuais, por exemplo) legitimavam o *status quo* em vez de empoderar as mulheres (CHAMALLAS, 2003). Essa é a abordagem do chamado feminismo radical, que evidenciou a falha do sistema legal em proteger a integridade física das mulheres.

O feminismo cultural ou relacional também usa a abordagem da diferença. Segundo as teóricas dessa corrente, as mulheres possuem uma *voz diferente*, segundo a qual tendem a abordar os problemas, a ver o mundo e a construir sua identidade a seu modo. As relações humanas e os valores como cuidado, nutrição (*nurturing*), empatia e conexão, segundo essas teóricas, devem ter maior expressão no direito. Apoiam, ainda, as atividades maternais e outras tradicionalmente associadas às mulheres (CHAMALLAS, 2003).

Com base nas críticas aos feminismos liberal, radical e cultural, nos anos 1990 surgiu a abordagem da diversidade, cuja marca é a atenção às diferenças entre as mulheres, oriunda das críticas das mulheres negras e lésbicas, que alegavam terem sido deixadas de fora das análises feministas clássicas/tradicionais. Além disso, as feministas da diversidade apontaram o problema do essencialismo supostamente comum a todas as mulheres, seja pela opressão, seja pela voz diferente (CHAMALLAS, 2003). Teóricas da diversidade defendem que raça, classe e gênero criam diferentes modos de discriminação, formando teorias de múltipla opressão. Argumentam, portanto, que diferentes formas de discriminação podem ser mutuamente reforçadas.

Foi nesse período que gays e lésbicas buscaram ampliar a definição de discriminação sexual, a fim de abarcar o assédio e a discriminação baseados também na orientação sexual. Nesse momento, foi cunhado o termo *heterossexismo*, a fim de designar a "ideologia que privilegia relações heterossexistas em detrimento das de mesmo sexo, sublinhando o caráter histórico de dominação masculina nas relações heterossexuais" (CHAMALLAS, 2003, p. 120, tradução minha). Além de estudar as múltiplas formas de opressão, as acadêmicas feministas passaram a ficar mais atentas à natureza complexa da identidade pessoal e da simultaneidade das mulheres como vítimas da opressão e agentes de seu próprio destino. O foco na violência sexual, nos anos 1980, gerou críticas sobre a vitimização da mulher, que a via sem capacidade para resistir e fazer escolhas (CHAMALLAS, 2003).

Já no século XXI, surgem discussões sobre a identidade, cujo entendimento convencional – de *status* atribuído ou fixo – passa a ser questionado. Alternativamente, propõe-se uma dimensão dinâmica ou performativa da identidade. Entretanto, mesmo com essas novas percepções pós-identitárias, houve também a expansão dos direitos das mulheres relacionados diretamente ao direito internacional dos direitos humanos, preocupada com a urgência material da situação das mulheres em nível global. Ou seja, enquanto as feministas tentam combater o conservadorismo a partir de interesses progressistas, elas trabalham com o direito internacional e as normas internacionais para promover reformas a favor das mulheres (CHAMALLAS, 2003).

Assim, é possível perceber que os diferentes estágios da teoria legal feminista refletem a diversidade do próprio pensamento feminista, geralmente compreendido a partir de suas ondas. A mesma ressalva feita às ondas como uma simplificação didática pode ser feita ao que Chamallas (2003) faz em relação à divisão em estágios. Portanto, esse desenvolvimento não ocorre de maneira linear e no sentido necessariamente de superação de uma onda ou um estágio por outro. Hoje, a defesa dos direitos das mulheres, ou do fim da dominação masculina, continua sendo feita por todos esses vieses: pela reivindicação da igualdade, diferença ou diversidade, seja pela via liberal, radical ou pós-moderna, por exemplo.

O DIREITO PELA LENTE DE GÊNERO E PELO CRIVO DA ÉTICA DO CUIDADO

Ao observar a prática das revistas vexatórias, dos partos de mulheres algemadas, da criminalização do aborto, do descrédito na palavra das vítimas de violência sexual ou da desproporção entre homens e mulheres ocupando cargos mais altos, vemos que a discriminação contra as mulheres está presente com toda a força nas questões relacionadas ao direito e à justiça. Exemplos pontuais apontam um pano de fundo que precisa ser analisado. O patriarcado capitalista colonial que estrutura a sociedade se reflete também no direito e no conceito de justiça. Precisamos problematizar o direito em si e a justiça como instituição. O direito como campo científico é marcado por um discurso masculinista, de racionalidade, que opõe razão e emoção, privilegiando a razão como a melhor maneira de se alcançar a justiça. Sociedades humanas precisam da justiça como ideal para garantir a pacificação das relações sociais, mas há que se perguntar: quem é considerado sujeito ativo desse processo e quem é subjugado? Quais as noções de justiça e de direito que orientam esse processo?

Como apresentei anteriormente, a igualdade ocupa um lugar central nas reivindicações feministas, em especial influenciadas pelos ideais do Iluminismo. Contudo, foram pontuados os aspectos materiais da igualdade entre homens e mulheres, e, consequentemente, foram percebidos os limites dessa reivindicação, dando espaço também à afirmação política da diferença para, na terceira onda, questionar as próprias categorias até então utilizadas. Em suma e retrospectiva:

> O feminismo da primeira onda esteve comprometido com os ideais universais do liberalismo ao *demandar os direitos e oportunidades pregados por ele e reservados aos homens*. Feministas, tanto liberais quanto marxistas, procuraram incluir as mulheres na esfera das discussões públicas e do trabalho enfatizando as inúmeras semelhanças entre homens e mulheres, tanto no plano intelectual (capacidade político-moral) quanto físico (capacidade

> produtiva). A segunda onda, por sua vez, passou a explorar muitas
> das *especificidades biológicas e da experiência femininas* (como
> a capacidade reprodutiva, o trabalho efetuado no mundo do
> doméstico, a violência de gênero, etc.), universalizando, de alguma
> forma, tais características às mulheres. A terceira onda, por sua
> vez, tem discutido a *validade de categorias universalizantes* pelo
> seu efeito de exclusão. (ZIRBEL, 2016, p. 112, grifo meu)

Mesmo que as demandas por igualdade tenham sido de fato alcançadas, ainda que parcialmente, e o direito ao voto é um exemplo, ainda permanecem falhas que discriminam as mulheres apesar da igualdade formal. Isto é, mesmo no exemplo do voto, apesar de nós, mulheres, termos o direito de votar e de sermos votadas, ainda há discriminação contra nós na política, que retrata desigualdades no número de candidatas e mulheres efetivamente eleitas. Além desses aspectos quantitativos, ainda há o fator qualitativo, ou seja, nem todas as mulheres que alcançam os lugares de poder efetivamente agem de maneira diferente da dos homens (ou da racionalidade masculina), tampouco promovem mudanças estruturais em prol da igualdade material.

Advogar a favor da igualdade substantiva requer admitir a existência "do sistema de privilégios e dominação com base no gênero e suas transversalidades" (ZIRBEL, 2016, p. 103). Conforme propõe a autora, o passo seguinte à referida admissão é o desenvolvimento de princípios e políticas que possam modificar e erradicar esse sistema.

Entender os motivos pelos quais a igualdade formal não se torna substantiva para as mulheres requer a compreensão de como esse princípio foi apresentado em primeira instância. A partir de Sevenhuijsen, Zirbel (2016) explica que, ao afirmar que *todos nascem iguais*, a igualdade se apresenta como um conceito descritivo. Contudo, ela requer aspectos tanto normativos quanto especulativos. Isto é, *todos devem ser tratados de maneira igual* e o *tratamento igual leva a resultados iguais*, respectivamente. A força normativa da igualdade reside especialmente nos aspectos especulativos, segundo os quais, nessa lógica, certas medidas políticas aplicadas igualmente acarretam determinados resultados.

Como observa a autora, historicamente, a igualdade foi anunciada para os homens com base no aspecto descritivo. No entanto, a reivindicação das mulheres quanto aos aspectos normativos e especulativos foi negada em razão do aspecto normativo. Isso leva a entender, portanto, que a igualdade foi forjada com base em uma concepção de *uniformização*, ou seja, uma ideia de iguais entre os *idênticos* ou *os mesmos*, relacionada às questões biológicas e comportamentais associadas aos gêneros de maneira estereotipada.

Por outro lado, em 1982, Carol Gilligan publicou In *a different voice*, um livro sobre a teoria psicológica do desenvolvimento da mulher. Gilligan (1997) percebeu que, quando se trata do desenvolvimento moral, as mulheres possuem uma voz diferente que não é considerada. Assim, elas tendem a ser vistas como menos desenvolvidas moralmente do que os homens. O que a autora quis mostrar é que a voz dos homens não poderia ser utilizada como padrão para avaliar a das mulheres.

Com base em estudos com crianças, Gilligan (1997) identificou que tanto meninas quanto meninos reconhecem a necessidade de fazer acordos diante de dilemas morais, mas os termos desse acordo são diferentes: "para ele o processo seria impessoal, através de sistemas de lógica e de leis, para ela o processo seria pessoal, por meio de comunicação nas relações" (GILLIGAN, 1997, p. 53). Essa diferença passa a ser vista pelo dualismo justiça e responsabilidade/cuidado.

Essa visão dualista da moralidade – justiça e responsabilidade – faz parte de uma lógica binária mais ampla, presente nas estruturas conceituais opressoras.[8] Ao fazermos uma análise vertical dos dualismos, percebemos as associações entre homem, branco, heterossexual e

---

8 "Conjunto de crenças básicas, valores, atitudes e pressupostos que dão forma e refletem como alguém vê a si mesmo e ao mundo", funcionando como "uma lente socialmente construída a partir da qual se percebe a realidade" (WARREN, 2000, p. 46).

FILOSOFIA FEMINISTA

razão hierarquicamente superiores a mulher, negra(o), homossexual e emoção.

Tradicionalmente, a moralidade afasta as emoções e os sentimentos como fonte legítima para a tomada de decisões, desvalorizando também as mulheres como consequência. Como explica Kuhnen (2017), essa, em geral, é a linha de argumentação seguida por filósofos animalistas e ambientalistas para a defesa de animais sencientes, *sujeitos--de-uma-vida*, espécies animais/vegetais e comunidades bióticas ou seres vivos individuais dotados de bem próprio e constituídos como centro teleológico de vida.[9]

Como afirma a autora, apesar de terem diferentes propostas teóricas bioéticas com relação aos animais e à natureza, o elemento em comum entre os referidos filósofos é o uso, como estratégia argumentativa, de "princípios racionais universais a serem aplicados imparcialmente por todos os agentes morais, a partir dos quais se derivam deveres morais de seres humanos em relação aos seres não humanos" (KUHNEN, 2017, p. 239).

Nessa mesma linha, Felipe (2014) afirma que, quando o círculo de moralidade é ampliado, as mulheres não usam os mesmos conceitos utilizados pelos filósofos homens. A defesa dos animais e dos ecossistemas feita por homens emprega conceitos de igualdade e direitos. A filósofa cita os três autores mais conhecidos no Brasil: Peter Singer, Tom Regan e Gary Francione. Singer utiliza o critério da senciência para defender sua posição utilitarista preferencial; Regan elege a capacidade de estar sujeito à vida, considerando igualmente em termos de direito todos os seres *sujeitos-de-suas-vidas*; e Francione defende que todos os seres sencientes e sujeitos de uma vida ativa sejam sujeitos de si, afastando a condição de objeto de propriedade.

---

9 Estas são, respectivamente, as propostas de Peter Singer, Tom Regan, Baird Callicott e Paul Taylor.

Contudo, para as feministas, isso denota o machismo característico do debate ético e político vigente, em virtude de utilizarem o padrão masculino de igualdade e torná-lo universal e como medida para a distribuição de liberdade, quando, na verdade, essa liberdade não é igualmente acessível a todos os cidadãos. Além disso, esse *extensionismo moral* por meio da senciência continua excluindo a maior parte da natureza e dos animais que não têm a consciência e a sensibilidade atestadas pela ciência. Isso acaba limitando os recursos teóricos e práticos no combate ao ecocídio e na demanda por justiça ambiental, além de "se opor ao arcabouço racionalista mais amplo que justifica a mercantilização e a destruição da terra" (ALLOUN, 2015, p. 163).

Felipe (2014) reforça que a lógica da dominação afeta "tudo que se encontra na condição de sofrer exploração, dano e morte, sem poder enfrentar o poder tirânico do opressor" (p. 276), independentemente de ser ou não do gênero feminino humano. Assim, a autora questiona se a igualdade de fato garante os direitos na medida em que a lógica dos campos jurídico e político, que universaliza o padrão masculino de igualdade, é um conceito moderno e excludente por escolher quem são os iguais. Nesse sentido, Felipe (2014) é crítica com relação ao uso dos conceitos tradicionais de direito e igualdade pelas ecoanimalistas feministas:

> Assim como "igualdade", o conceito de "direitos", no entender das filósofas feministas, está impregnado da herança machista, além de ter o caráter dos interesses e propósitos masculinos. Foram os homens que inventaram que os "iguais" devem ter "direitos iguais". Foram os homens que inventaram o sistema jurídico e a política que dá origem a novas leis que regulamentam o uso das liberdades que viram direitos. Os homens o fazem para atender a interesses, propósitos, necessidades e ambições masculinas. Quando as mulheres entram nesse jogo iniciado para tais fins, elas saem perdendo, de duas maneiras: ou incorporam o modo masculino para representarem bem seu papel no jogo, sufocando sua expressão feminina, ou tentam implementar nesse espaço machista o modo feminino de decidir e agir, e acabam no ostracismo. (FELIPE, 2014, p. 279-280)

Com base nessa crítica à própria gênese da igualdade e do direito, Felipe (2014) questiona como podem ser concebidos direitos não machistas, uma vez que às mulheres era relegada a condição de pacientes, não de agentes morais. "As regras da igualdade jurídica não foram definidas por elas, nem para elas" (FELIPE, 2014, p. 280). Como alternativa, isto é, para que as mulheres não tenham que se adaptar à igualdade e ao direito machista, Felipe (2014) propõe a construção de novos espaços de poder que não estejam subordinados aos conceitos tradicionais de direito e igualdade, mas que estejam associados às noções de singularidade e vulnerabilidade, os "únicos [conceitos] que permitem considerar interesses naturais animais com a mesma seriedade com a qual consideramos interesses naturais humanos, semelhantes aos deles" (FELIPE, 2014, p. 281).

O que as ecofeministas criticam e demonstram, portanto, é que não há uma única maneira de fundamentar a defesa de proteção aos animais e à natureza, na medida em que a ética do cuidado traz elementos importantes para a moralidade. Nesse sentido, a perspectiva feminista demonstra que o aspecto contextual na ética adquire importância fundamental. Kuhnen (2017) defende que há uma necessária complementaridade entre a ética de princípios e de justiça e a ética do cuidado. Filiada à Lindemann (2006), Kuhnen explica que a formulação de uma teoria ética implica duas etapas igualmente relevantes: a descritiva e a normativa.

> Antes de se propor uma teoria, é importante entender o funcionamento das *estruturas sociais*, sobretudo, as vinculadas à distribuição do poder, bem como o modo como as pessoas se adaptam a elas e o que significa para elas viver de acordo com tais estruturas. Depois de se entender a *rede de relações* nas quais os seres humanos se situam, pode-se propor então como as relações deveriam ser. (KUHNEN, 2017, p. 247, grifo meu)

Ou seja, as éticas feministas se diferenciam justamente por surgirem de práticas sociais reais e, consequentemente, de mudanças que se esperam em relação a elas, a fim de que não caibam mais relações de subordinação, discriminação e opressão. Dessa maneira, a ética ecofeminista enfatiza a *prevenção* "por meio do compromisso coletivo de reconhecimento das inter-relações existentes no mundo" (KUHNEN, 2017, p. 248). Dessa perspectiva, é possível perceber indiretamente os elementos da (inter)dependência e da vulnerabilidade, além da autonomia relacional, que serão desenvolvidos mais adiante no presente capítulo.

Enquanto a moralidade baseada nos direitos prioriza a igualdade e a justiça, a ética sensível ao cuidado é centrada no reconhecimento de diferenças nas necessidades, a partir de uma necessária contextualização. Nessa perspectiva, há uma complementaridade entre princípios universais e particulares. Levar em consideração as experiências do cuidado:

> não significa [...] abandonar por completo a abordagem da ética universalizável, mas é preciso dar lugar aos sentimentos e à particularidade, trazendo à cena certos conceitos morais em consonância com o feminismo, entre eles, o respeito, a solidariedade e o cuidado responsável nas relações, os quais fornecem instrumentos para a superação da perspectiva dualista. Essa abordagem permite ainda sustentar que sentimentos e emoções não são necessariamente desprovidos de racionalidade. (KUHNEN, 2017, p. 252-253)

Assim, a universalização do cuidado se afasta da abstração característica das éticas principialistas deontológicas ou consequencialistas, e visa compreender e contextualizar a situação particular de modo que a resposta seja *singular* a ela (KUHNEN, 2017). Importa ressaltar ainda que essa análise contextual pressupõe também que se considerem os aspectos políticos das relações, na medida em que eles comumente estabelecem ou reforçam opressões e discriminações. Enfatizar a prevenção dos problemas exige compreender os contextos nos quais eles surgem.

Desse modo, entendo que a concepção de igualdade pode ser reformulada e compreendida de maneira relacional, como propõe Zirbel (2016). A igualdade, nesse sentido, deixa de ter um aspecto de uniformização e abre a possibilidade de acomodar as diferenças e as singularidades das(os) concernidas(os) pela moralidade e justiça. Ou seja, não é preciso abandonar a igualdade como princípio para a defesa de uma concepção ética e política ecofeminista animalista. Ao contrário, o princípio da universalização do cuidado (tal qual propõe Kuhnen) visa à complementaridade que permeia a ética sensível ao cuidado, e significa que humanos, não humanos e natureza sejam *igualmente* sujeitos do cuidado.

A mesma situação ocorre com os direitos, desde que compreendidos nas esferas ética, política e jurídica (SILVA, 2018). Ou seja, penso que a crítica ecofeminista ao direito seja bastante válida para os direitos jurídicos, na medida em que eles dependem de instituições e de um sistema jurídico, que, na prática, também integra e reproduz as estruturas de opressão e os "ismos" de dominação. Entretanto, acredito que – para além dos direitos de algum modo positivados e/ou implementados por meio de políticas públicas/instituições, ambos limitados quanto à própria efetivação dos direitos – há uma construção histórica dos direitos humanos associada a valores e princípios fundamentais para a justiça e necessários para uma concepção de justiça plural.

Apesar de esses direitos historicamente terem sido de fato restritos, isso se deve à limitação do próprio círculo de consideração moral e político de cada tempo e lugar. Na medida em que esse círculo é ampliado, a linguagem dos direitos se traduz, de algum modo, nas práticas de cuidado, sem depender necessariamente do sistema e das instituições como o são hoje (isto é, adoecidas e opressoras).

Afinal, do ponto de vista jurídico, há potencial no direito para que ele seja um instrumento para o fim dessa dominação, dada inclusive a própria gênese do direito, que excluía as mulheres e sua associação a valores e princípios associados ao masculino? Inicialmente, cabe reconhecer que o direito tem sido utilizado como instrumento de mudança por organizações, redes e juristas feministas,[10] e há uma relevância material do âmbito jurídico nas questões de justiça e democracia.[11] Contudo, a concepção de justiça em um projeto ético-político ecofeminista animalista demanda que os direitos sejam percebidos para além da dimensão jurídica. Ou seja, para além da defesa dos direitos jurídicos, entendo que o campo da ética e da política são caminhos necessários para a construção de uma dimensão positiva dos direitos. Para isso, é necessário tecer a crítica sobre o contexto de afirmação e os valores que permeiam o surgimento dos direitos entendidos de maneira universal e a partir de critérios associados ao masculino, como a racionalidade e a imparcialidade.

Se, apesar de terem sido afirmados com base na igualdade e na universalidade, os direitos foram forjados inicialmente para um círculo restrito de indivíduos, faz sentido reivindicá-los para os sujeitos que foram deixados do lado de fora? Apesar das críticas que foram esboçadas, defendo que o reconhecimento das perspectivas ética, política e jurídica é necessário para a concepção de justiça social, ambiental e interespécies. Ou seja, reconheço as limitações do direito, mas acredito que, em conjunto com a ética e a política, ele é importante, desde que feitas as reformulações.

Nesse sentido, compartilho inclusive da crítica marxista ao direito, que o compreende como uma forma específica do capitalismo (MASCARO, 2017). Por isso, reconhecendo que os direitos humanos dependem do deslocamento do indivíduo natural para o *sujeito de direito*, afasto-me do uso dessa categoria para a ampliação da consideração ética e política. Da mesma maneira, afasto-me do núcleo dos

---

10 É o caso, por exemplo, da Rede Feminista de Juristas (deFEMde) e da Themis – Gênero, Justiça e Direitos Humanos, no Brasil, e do Comitê Latino-Americano e do Caribe para a Defesa dos Direitos da Mulher (Cladem), na região latino-americana e caribenha.

11 A questão da violência doméstica no Brasil é um desses casos. O caso de Maria da Penha, levado à Comissão Interamericana de Direitos Humanos, resultou na responsabilização do Estado brasileiro em relação à negligência quanto às mulheres em situação de violência, e acarretou mudanças na legislação e nas políticas públicas brasileiras.

direitos humanos necessário à própria existência do capitalismo: a igualdade formal, a autonomia da vontade e o direito à propriedade privada garantida por meio das forças estatais. A igualdade cede lugar à vulnerabilidade e à singularidade, e a autonomia é compreendida em seu aspecto relacional.

Conforme explica Mascaro (2017), determinados direitos são *estruturais* (centrados na tríade autonomia da vontade, propriedade privada e igualdade formal), e os demais (direitos políticos, sociais e coletivos) são *incidentais*, isto é, advêm da luta de classes e são periféricos. Por isso, os estruturais são garantidos pela própria dinâmica do capitalismo, enquanto os incidentais dependem dos movimentos dos grupos explorados e, parcialmente, do Estado. Portanto, não se pode perder de vista que, diante de um conflito entre ambos – direitos estruturais e incidentais –, os conteúdos centrais se sobressaem em relação às demais proteções.

> Se a forma dos direitos humanos é uma própria forma social da exploração capitalista – distintas combinações de conteúdos a partir do sujeito de direito, dos direitos subjetivos, da propriedade privada –, a luta pelos direitos humanos, sendo em favor de alguma dignidade, é feita no seio de uma indignidade estrutural. [...] Em se dando uma indignidade estrutural, os direitos humanos, como o caso exemplar dos direitos sociais, são tentativas de solucionar efeitos sem alterar as causas. (MASCARO, 2017, p. 135)

Nesse sentido, defender os direitos, junto com a ética e a política, não é sinônimo de defender o *status quo* do sistema jurídico, encerrado em suas formalidades e seus regimes jurídicos tradicionais,[12] e assumir que o direito sempre pode apresentar respostas adequadas para os conflitos. No limite, essa defesa poderia implicar o uso do direito pela

---

12 De acordo com Mascaro (2017, p. 120), o regime jurídico tradicional dos direitos humanos se exprime por meio da "obrigação dos agentes estatais ao orientar suas políticas públicas, pleito jurisdicional do desrespeitado, garantias normativas superiores que se configuram ou em cláusula pétrea ou em maioria qualificada para sua reforma legislativa, relação com um sistema normativo internacional".

via da criminalização e a manutenção de uma política criminal que acarreta encarceramento em massa, por exemplo, cujo sistema penal viola direitos humanos sistematicamente e, portanto, é contrário a uma concepção de justiça plural.

O que defendo, pela via do cuidado, é o reconhecimento dos direitos fundamentais de cada sujeito do cuidado, seja humano, seja outro que não humano. Entretanto, reconheço que, apesar de limitados, os sistemas de proteção aos direitos humanos – tanto o internacional quanto os regionais – têm sido um espaço de incidência das organizações feministas e de direitos humanos, as quais têm contribuído para a afirmação dos direitos humanos das mulheres e outras minorias políticas, inclusive em perspectiva feminista.

Por isso, é preciso incluir um olhar que Chamallas deixa de fora na sua reconstituição dos estágios da teoria legal feminista. Como se evidencia, o sujeito dessas teorias é muito bem localizado: são sempre as mulheres. Ainda que existam as críticas internas de quais mulheres constituem esses sujeitos e quais são marginalizadas, essa consideração não é estendida para além de nós. No entanto, mesmo que não haja um estágio no qual se destaque a defesa de outros sujeitos, a proteção da natureza e, em alguma medida, dos animais não humanos também foi – e continua sendo – objeto de preocupação das mulheres no âmbito jurídico e político.

REFERÊNCIAS

ALLOUN, Esther. Ecofeminism and animal advocacy in Australia: productive encounters for an integrative ethics and politics. **ANIMAL STUDIES JOURNAL**, v. 4, n. 1, p. 148-173, 2015.

BEDÍA, Rosa Cobo. **APROXIMACIONES A LA TEORÍA CRÍTICA FEMINISTA**. Lima: Cladem, 2014.

BRUNELL, Laura. Feminism reimagined: the third wave. *ENCYCLOPÆDIA BRITANNICA*, 2008. Disponível em: https://www.britannica.com/topic/Feminism-Reimagined-The-Third-Wave-1376924. Acesso em: 15 jul. 2018.

CASTRO, Susana de. *FILOSOFIA E GÊNERO*. Rio de Janeiro: 7Letras, 2014.

CHAMALLAS, Martha. *INTRODUCTION TO FEMINIST LEGAL THEORY*. 2. ed. Boston: Aspen Publishers, 2003.

FELIPE, Sônia T. O cuidado na ética ecoanimalista feminista. *In*: BORGES, Maria de Lourdes; TIBURI, Marcia (org.). *FILOSOFIA*: machismos e feminismos. Florianópolis: Editora da UFSC, 2014.

FLEURY-TEIXEIRA, Elizabeth Maria; MENEGHEL, Stela Nazareth (org.). *DICIONÁRIO FEMININO DA INFÂMIA*: acolhimento e diagnóstico de mulheres em situação de violência. Rio de Janeiro: Editora Fiocruz, 2015.

FREIRE, Paulo. *PEDAGOGIA DO OPRIMIDO*. 50. ed. Rio de Janeiro: Paz e Terra, 2011.

GESSINGER, Humberto. Ninguém = ninguém. *In*: ENGENHEIROS DO HAWAII. *GESSINGER, LICKS & MALTZ*. Rio de Janeiro: BMG, 1992. 1 CD. Faixa 1.

GILLIGAN, Carol. *IN A DIFFERENT VOICE*: psychological theory and women's development. Cambridge: Harvard University Press, 1982.

GILLIGAN, Carol. *TEORIA PSICOLÓGICA E DESENVOLVIMENTO DA MULHER*. Lisboa: Fundação Calouste Gulbenkian, 1997.

GONÇALVES, Tamara Amoroso. *DIREITOS HUMANOS DAS MULHERES E A COMISSÃO INTERAMERICANA DE DIREITOS HUMANOS*. São Paulo: Saraiva, 2013.

KUHNEN, Tânia A. Ecofeminismo e a complementaridade entre as vozes morais na bioética animal e ambiental. *In*: LESSA, Patrícia; GALINDO, Dolores (org.). *RELAÇÕES MULTIESPÉCIES EM REDE*: feminismos, animalismos e veganismo. Maringá: Eduem, 2017.

LINDEMANN, Hilde. *AN INVITATION TO FEMINIST ETHICS*. New York: McGraw-Hill, 2006.

MASCARO, Alysson Leandro. Direitos humanos: uma crítica marxista. *LUA NOVA*, São Paulo, n. 101, p. 109-137, 2017.

MCAFEE, Noëlle. Feminist political philosophy. *THE STANFORD ENCYCLOPEDIA OF PHILOSOPHY — SEP*. Winter 2016 Edition. Edward N. Zalta (ed.). Disponível em:

https://plato.stanford.edu/archives/win2016/entries/feminism-political/. Acesso em: 12 jul. 2018.

OYĚWÙMÍ, Oyèrónké. Conceptualizing gender: the eurocentric foundations of feminist concepts and the challenge of African epistemologies. African Gender Scholarship: Concepts, Methodologies and Paradigms. [Tradução para uso didático por Juliana Araújo Lopes: Conceituando o gênero: os fundamentos eurocêntricos dos conceitos feministas e o desafio das epistemologias africanas.] *CODESRIA GENDER SERIES*, Dakar, v. 1, p. 1-8, 2004.

PINHEIRO, Valéria. O peso da vida urbana sobre os ombros das mulheres e a dimensão dos despejos forçados. *In*: INSTITUTO BRASILEIRO DE DIREITO URBANÍSTICO (IBDU). *DIREITO À CIDADE*: uma visão por gênero. São Paulo: IBDU, 2017.

RAMPTON, Martha. Four waves of feminism. *PACIFIC UNIVERSITY OREGON*, 25 out. 2015. Disponível em: https://www.pacificu.edu/about/media/four-waves-feminism. Acesso em: 12 jul. 2018.

SCOTT, Joan W. Gênero: uma categoria útil de análise histórica. *EDUCAÇÃO & REALIDADE*, Porto Alegre, v. 20, n. 2, jul./dez. 1995.

SILVA, Maria Alice da. *DIREITOS AOS ANIMAIS SENCIENTES*: perspectivas ética, política e jurídica a partir do conceito de direito em Hart. 2018. Tese (Doutorado) – Centro de Filosofia e Ciências Humanas da Universidade Federal de Santa Catarina (UFSC), Florianópolis, 2018.

WARREN, Karen J. *ECOFEMINIST PHILOSOPHY*: a western perspective on what it is and why it matters. Maryland: Rowman & Littlefield Publishers, 2000.

ZIRBEL, Ilze. *UMA TEORIA POLÍTICO-FEMINISTA DO CUIDADO*. 2016. Tese (Doutorado) – Centro de Filosofia e Ciências Humanas da Universidade Federal de Santa Catarina (UFSC), Florianópolis, 2016.

CAPÍTULO 20

MARCIA TIBURI

FEMINISMO DIALÓGICO

A FUNÇÃO PERFORMATIVA DO TERMO "FEMINISMO"

Um dos maiores problemas que o feminismo enfrenta ao longo de sua história é a questão do seu próprio nome. Representações hostis fizeram do feminismo uma palavra que apavora (*scared word*) (SCHAFFER, 1998). Tais representações foram construídas pela máquina de produção simbólica e imaginária, discursiva e imagética, que é o patriarcado enquanto sistema de opressão e privilégios e, igualmente, um sistema linguístico, como gostaria de explorar neste capítulo.

A mídia e outros aparelhos produtores e reprodutores de linguagem do referido sistema, como igrejas fundamentalistas, continuam favorecendo a incompreensão do termo e do sentido histórico nele contido. A demonização do termo "gênero" faz parte desse mesmo processo. A pergunta que devemos nos colocar é: qual a importância e a potencialidade do significante "feminismo" na luta feminista e que o tornam alvo da guerra patriarcal?

O que vem sendo chamado há séculos de misoginia (BLOCH, 1995), o discurso de ódio às mulheres, se efetiva hoje no processo de produção de incompreensão e desinformação em torno de feminismo e gênero. O patriarcado é um sistema manipulatório de massas, como não poderia deixar de ser, enquanto face do capitalismo e do racismo. O discurso de ódio às mulheres e às pessoas LGBTQI+ serve ao capitalismo, ele mesmo é a forma econômico-política do patriarcado. O racismo, enquanto ódio aos negros e outras etnias não brancas, e o capacitismo, enquanto ódio às pessoas cujos corpos escapam às normas plásticas, visuais e auditivas do patriarcado, são mais que formas, são verdadeiras fórmulas do mesmo sistema de opressão. Por fórmulas quero dizer um operador teórico-prático de opressão que pode ser usado a qualquer momento por indivíduos, grupos e governos.

No entanto, a palavra que apavora à *"F word"* (LEVIT, 1998), ou "palavrão", como se diz em português, implica um "potencial epistemológico radical" (LAURETIS, 1994). Se o feminismo "apavora", é por provocar reviravoltas concretas e uma virada epistemológica que é capaz de impedir o retorno dos parâmetros de pensamento que sustentam o patriarcado. "Feminismo" se tornou uma palavra de resistência ao discurso misógino. Isso quer dizer que a palavra carrega nela mesma o sentido da luta epistemológica contra o patriarcado. É assim que a luta feminista é também a luta por dizer seu próprio nome e, a partir desse gesto de autoafirmação, seguir desestruturando um sistema ideológico de dominação e de opressão.

Dizer-se feminista é, portanto, uma declaração de participação no enfrentamento ao patriarcado e, evidentemente, um problema para esse sistema. Luta é, nesse caso, performatividade (PINTO, 2002), o "dizer" tem um potencial de causar efeitos simbólicos intensos. Daí a importância de dizer-se feminista em uma cultura patriarcal.

O feminismo pauta a insubmissão das pessoas ao sistema heteronormativo branco-capitalista-capacitista; a isso, a máquina de produção linguística do patriarcado responde transformando o problema que o feminismo cria para ele em um problema para as feministas, algo que, historicamente, as feministas do mundo todo vêm respondendo com a intensificação da luta. Isso quer dizer que a histórica violência patriarcal precisa especializar seu jogo retórico e de inversão de sentidos no âmbito do psicopoder (TIBURI, 2019). Alicerçado na prática das violências físicas e verbais, o patriarcado precisa de uma discursividade que garanta a permanência da artilharia antifeminista, na qual as palavras, as falácias e outras distorções – desinformação e fake news – são armas de ataque. Isso quer dizer que tanto o termo "feminismo" quanto o termo "gênero" (poderíamos estender essa análise ao termo "identidade", porém não faremos isso no espaço deste capítulo) são usados contra as suas próprias signatárias.

A misoginia, enquanto discurso de ódio e tecnologia político-afetiva, no cerne do regime discursivo que é o patriarcado, afeta a imagem das mulheres e do feminismo em favor do círculo vicioso entre violência verbal (na qual se incluem todas as práticas de silenciamento, xingamento, distorção) e simbólica próprias à dominação patriarcal. Se agentes da discursividade misógina usam o "feminismo" em contextos ofensivos (como o termo "feminazi", que se tornou muito popular em lugares como os Estados Unidos e o Brasil),[1] na continuidade muitas mulheres abominam o feminismo e outras tantas se negam a afirmar-se como feministas. Se, de um lado, pessoas subalternizadas intelectualmente pelos meios de comunicação corporativos no sistema gênero-raça-capital permanecem alheias à análise e à crítica (DAVIS, 2016; CARNEIRO, 2020; ARAÚJO, 2013), de outro lado, muitas outras não querem adotar em suas vidas uma expressão desabonatória que pode vir a prejudicá-las, ainda mais à medida que se tornam alvo. Se ser mulher ou ser um corpo inadequado ao patriarcado implica a misoginia, já que o patriarcado cria o feminino como um outro a ser

---

1 "Feminazi" é uma expressão que mistura as palavras "feminista" e "nazista" e que foi popularizada por um radialista norte-americano chamado Rush Limbaugh nos Estados Unidos. No Brasil, é utilizada pela extrema-direita. Algumas feministas a utilizam em tom de brincadeira.

abatido, ser e dizer-se feminista implica a possibilidade de ser alvo da misoginia duas vezes (TIBURI, 2018a).

O termo "feminismo", bem como a mulher "feminista", sofre dos mesmos preconceitos que as mulheres, pois o termo "mulher" é também parte da episteme da violência patriarcal. Logo, se "mulher" sempre foi objeto de misoginia, ser uma "mulher feminista", uma mulher que luta pelas mulheres e contra o patriarcado, o é em uma nova potência. "Mulher" é um termo que serve para marcar ("isso é coisa de mulher"), para xingar ("só podia ser mulher"), para admoestar e exigir enquadramento epistemológico no regime de gênero heteronormativo (como quando se diz "nem parece uma mulher"), enquanto "feminista" é um termo que, vindo atrapalhar a ordem criada na enunciação aceita da palavra "mulher", é tratado como uma abominação.

O patriarcado como regime linguístico de heterodenominação, para o qual o poder de nomear implica dominar a ordem epistemológica e do discurso, precisa impedir o gesto performativo da autoafirmação que torna alguém autônomo, ou seja, dono de si, no caso das mulheres, donas de seu próprio corpo. A misoginia joga um papel fundamental nesse processo impedindo que a posição feminista avance como uma mediação necessária para a produção da consciência acerca do direito ao corpo.

Para além do preconceito estrutural ou essencial construído pela filosofia, pela teologia, pela ciência moderna e até mesmo pelas artes, podemos chamar de *preconceito ativo* a ação contra o termo "feminismo" e o termo "feminista" no contexto do mundo da vida no patriarcado capitalista. Evitar que a luta das mulheres e das pessoas LGBTQI+ avance é o escopo dessa ação. Usando o preconceito ativo como estratégia, o patriarcado consegue produzir uma rejeição à luta fundada na rejeição ao termo usado para expressar a luta. Se dizer é fazer, a fala violenta é ação em si mesma, mas também incitação às violências materiais e físicas que criam e recriam condições simbólicas e concretas em um círculo vicioso. A misoginia é parte fundamental da pragmática do discurso falogocêntrico. Se o patriarcado é estruturado como (e na) linguagem, a misoginia garante a ordem simbólica, conceitual e moral, ou seja, as próprias condições de possibilidade do patriarcado diante das ameaças que ele sofre por parte daquelas que se negam à sua exigência de submissão.

No contexto em que a misoginia é o discurso oficial, quando mulheres seriam vistas como uma fraqueza ou um erro da natureza, como se pode ver em todo um período da filosofia europeia clássica que construiu um conceito de natureza feminina (da Grécia Antiga à modernidade, como Burke e Kant), as feministas seriam um duplo erro da natureza e da cultura. Feministas seriam mulheres duplamente desnaturadas e portadoras de algo "contranatural": sua insubmissão. Por exemplo, nesse processo, o ódio a livros como *O segundo sexo*, de Simone de Beauvoir (2009), com sua crítica às mulheres que apoiam o inimigo e sua teoria do "caráter inessencial" das mulheres no sistema do patriarcado, diante do caráter essencial dos homens, faz parte da tecnologia política da misoginia.

A misoginia como atitude da linguagem sempre foi providencial na organização da violência para que ela funcione efetivamente de maneira orquestrada. Ela está presente quando se associa as mulheres à natureza: na imagem da natureza, no que se diz da natureza, e no prisma usado para se construir discursos sobre as mulheres. As predisposições e as "originariedades" todas remetem à natureza: a "inconfiabilidade", o "mistério", a "impotência", a "fragilidade", o caráter de coisa disponível à manipulação, a "sedução", a "carne", a "sensibilidade", o "desejo", "a beleza", a "mulher como natureza morta" à qual a arte patriarcal tentou reduzir sua imagem (DÍAZ, 2001).[2] Cada uma

---

2 O texto de Díaz (2001) mostra como Vermeer retrata a mulher como "objet de luxe" e rodeada de fetiches como frutas, livros, objetos pessoais e coisas. Díaz nos diz que a mulher é "natureza morta de mulher, natureza detida, apreendida de mulher". Buscando firmar sua tese em torno da questão de um olhar masculino por trás do qual está um pensamento masculino, cuja característica principal é a objetificação, Díaz tenta compreender o interesse barroco pela natureza morta e a permissão que havia para que as mulheres impossibilitadas de se construírem como pintoras de grandes temas pudessem pintar os "pequenos", sendo elas mesmas o pequeno objeto da pequena pintura de gênero. Díaz nos lembra que "a natureza morta não significa a representação de algo morto, mas o contrário" (DÍAZ, 2001, p. 119-121).

dessas qualidades coloca as mulheres para uma posição subjugada. A inconfiabilidade, por exemplo, foi criada pelo próprio patriarcado como uma categoria operacional do discurso misógino e serve para abalar a relação das mulheres entre si, providenciando espaço de insegurança e fragilização que faz com que elas, por medo umas das outras, se entreguem aos homens com mais facilidade. Mais e mais violência se gera ao redor dos corpos soltos uns dos outros e dos corpos despotencializados pelo poder. A violência patriarcal é também uma metodologia de separação aplicada às mulheres e aos corpos que ela deseja controlar ou descartar. O poder é uma metodologia criada entre os homens para garantir sua coesão, segurança e proteção, e algo que as mulheres não devem usar segundo as normas do sistema patriarcal. Se as mulheres usarem o poder, a confiança simbólica e prática umas nas outras de maneira metodológica, o sistema sustentado na diferença hierárquica entre homens e mulheres pode ruir.

Nesse sentido, podemos dizer que o feminismo é um operador teórico-prático, mas no sentido de um contradispositivo que desmonta o programa patriarcal. Ele é acionado para desativar o dispositivo do poder da dominação masculina patriarcal. Desmontar a máquina misógina patriarcal é como desativar um programa de pensamento que orienta o comportamento dos corpos. Em outros termos, o patriarcado é um verdadeiro esquematismo do entendimento e um pensamento pronto que nos é imposto para que pensemos e orientemos a nossa ação de determinado modo: sempre na direção do favorecimento dos sujeitos privilegiados do capitalismo-racismo-capacitismo e de tudo o que sustenta seu poder.

O ódio misógino ao feminismo está ligado ao sistema da heterossexualidade compulsória de submissão dos corpos ao dispositivo da linguagem (podemos falar de uma episteme, mas também de uma moralidade ou eticidade patriarcal) segundo o qual as mulheres devem ser objetos para os homens, e não sujeitos para si mesmas. Nesse sistema, corpos devem ser encaixados segundo conceitos prévios, assim como as ideias e as palavras que veiculam conceitos e ideias na produção de discursos. O lugar da negatividade é reservado ao termo "feminismo" do mesmo modo como foi o lugar do termo "mulher" (ADORNO; HORKHEIMER, 1985; FEDERICI, 2017).[3]

Outra comparação pode nos ajudar a entender o paralelo entre linguagem e sistema patriarcal heteronormativo. Entre pessoas trans que enfrentam o problema da nomeação como mudança de registo civil e os problemas do feminismo com seu nome próprio, há uma analogia que pode nos ajudar a compreender o sistema de nomeação heteronormativa. Trata-se de refletir sobre o sistema de nomeação conveniente à heteronormatividade compulsória.

Assim como mulheres sofrem e correm o risco de padecer no patriarcado, pois devem adequar-se a ele ou morrer, pessoas trans igualmente sofrem e correm riscos diversos no sistema heteronormativo cisgênero. Da mesma maneira que pessoas trans têm problemas burocráticos, legais e sociais a enfrentar com seu "nome social" frente ao lugar do "nome" que lhes foi dado pela família em sua estrutura patriarcal (sendo a família a instituição que porta a tarefa burocrática e legal do registro em cartório ou do registro por meio de batismo quando há alguma igreja envolvida no processo de inscrição jurídica formal de alguém que nasce), o feminismo se enfrenta com seu nome como um problema criado pelo patriarcado.

O nome que os sujeitos institucionais imprimem em uma pessoa que nasce pode ser um fator de opressão, como acontece constantemente no processo de nomeação de uma pessoa transgênero. O nome de uma pessoa trans será tratado pelo sistema heterocisgênero como um nome inadequado, como se o nome que uma pessoa transgênero busca para si mesma fosse uma afronta ao regime da linguagem do sistema heterocisgênero, que se autocoloca como um regime de determinação da

---

3 O que estou chamando de negativo diz respeito ao que está fora do poder e que está sujeito, portanto, à violência, sendo o poder essa teia que captura os corpos e que "humilha a carne pelo poder". É o capitalismo/patriarcado que, na visão de Federici (2017), destruiu e sempre destruirá a figura da mulher desobediente, sublevada e livre. A palavra latina "mulier", por sua vez, vem de "mulet", "mula"; em todas as línguas latinas, seu significado é pejorativo.

verdade. Certamente, o uso do termo "cis" já é uma afronta a um sistema que acoberta sua ideologia (SIGUSCH, 1998). Se a ressignificação do termo "mulher" vem sendo alcançada a duras penas ao longo dos séculos de enfrentamento ao discurso misógino, para as pessoas trans, assumir um nome próprio e uma autodesignação autorrepresentativa é uma conquista tanto no campo do direito quanto no campo da cultura. O feminismo como expressão carregada de incômodo trabalha pela mesma conquista (FRAISSE, 1989):[4] a de ser um nome que é considerado "inadequado" e que deve ser reconhecido em sua dignidade, sobretudo pelas pessoas que têm seus direitos assegurados em razão das lutas feministas.

O problema do nome na cultura patriarcal sempre foi um problema de gênero (FOUCAULT, 1971; SPIVAK, 2010; ALCOFF, 1991; BUTLER, 2003).[5] Todo problema de gênero é linguístico, mas também performativo. Assim, pesa sobre os corpos violentados pelo patriarcado a proibição de dizerem quem são e como se veem por meio de suas próprias palavras, sob pena de atingirem de maneira manifesta e provocativa a condição de sujeitos (ou seja, donos de si), deixando de ser objetos do patriarcado. Entre o nome próprio e a biografia, e entre o "nomear" a si mesmo e o poder de definir uma autobiografia, avança a política da verdade feminista que visa libertar os corpos da sentença de morte patriarcal.

---

4 Segundo Geneviève Fraisse (1989), teria sido um homem, o filho de Alexandre Dumas, a usar o termo "feminista" pela primeira vez, e de modo depreciativo, para designar uma anomalia que deixaria os corpos masculinos "afeminados". Era o século XIX, e as teorias sobre a natureza humana ainda tinham muita força, mas até hoje não podemos dizer que essas teorias tenham desaparecido à medida que o machismo perde sua força sem elas.

5 O feminismo vem demolindo muros epistemológicos. Daí a questão de *quem pode falar* e *do que alguém pode falar* que, de Michel Foucault a Gayatri Spivak e Linda Alcoff, se tornou fundamental. É nesse sentido que podemos dizer que o feminismo é um dos seus primeiros e graves "problemas de gênero", para parafrasear o título do livro de Judith Butler.

GÊNERO COMO NOVA BRUXARIA

A violência que se faz aos corpos marcados como objetos pelo sistema patriarcal tem correspondência na violência que se faz à teoria produzida por mulheres e pessoas LGBTQI+ e àquelas teorias que, pelos mais diversos caminhos, fazem desmoronar os muros epistemológicos dos quais depende o patriarcado. Teorias que estejam no amplo campo dos estudos feministas, de gênero ou queer ficam na mira da artilharia patriarcal, de um lado, pelo apagamento acadêmico, contra o qual as teóricas feministas vêm lutando, e, de outro, por fundamentalistas que atacam e se organizam para perseguir. O ataque ao campo dos estudos de gênero em nossa época não se dá por acaso.

A criação de um campo de batalha no contexto da expressão "ideologia de gênero" é o melhor exemplo do que está em jogo (TIBURI, 2018b). A expressão "ideologia de gênero", ela mesma uma expressão feminista usada para definir o patriarcado (LAURETIS, 1994), foi sequestrada pela ideologia patriarcal. Contudo, a artimanha pela qual a expressão "ideologia de gênero", que é o patriarcado, usa uma definição conceitual que a ela se aplica para combater aquelas estudiosas e todo o campo de estudos de gênero tornou-se popular no Brasil, inclusive em meios escolares (REIS; EGGERT, 2017). A pesada violência conceitual contra teóricas, pesquisadoras, estudantes, escritoras, a reflexão, a ciência, o mundo acadêmico e a escola adquiriu ares de verdade em um verdadeiro movimento de populismo patriarcal. Nessa guerra, é o retorno da caça às bruxas o que assistimos, sendo "gênero" a nova bruxaria (RANKE-HEINEMANN, 1996).[6]

---

6 Não é por acaso que retornam ao centro dos interesses teorias ultrapassadas como o terraplanismo. A historiadora do cristianismo Uta Ranke-Heinemann nos lembrou, há trinta anos, que a igreja que conseguiu liberar o planeta Terra e o Sol de suas teorias sem sentido não conseguiu liberar o corpo de uma mulher da falsa doutrina da concepção virginal; e acrescentou que Maria seguia sendo usada para violar tanto a inteligência humana quanto a própria fé cristã. Hoje, precisamos levar a sério que nem mesmo a questão da Terra ser redonda foi superada. Ao contrário, ela retorna com a onda obscurantista, que acontece ao mesmo tempo que fascismos avançam junto a toda sorte de violência de gênero.

A partir de textos de teóricas norte-americanas – como a antropóloga Gayle Rubin (2017), com seu artigo "O tráfico de mulheres: notas sobre a 'economia política' do sexo", publicado originalmente em 1975; a historiadora Joan W. Scott (1995), que escreveu "Gênero: uma categoria útil para análise histórica", tornado referencial desde os anos 1980; e a filósofa Judith Butler, para citar uma das mais famosas entre as teóricas do feminismo contemporâneo, que publicou *Problemas de gênero: feminismo e subversão da identidade* –, todo um novo cenário teórico se erigiu em torno do tema gênero. Surgiu um verdadeiro campo ao qual se deu o nome "estudos de gênero" e que se confunde, muitas vezes, com os estudos feministas em função de uma perspectiva metodológica comum. Em visita ao Brasil em 2017, Judith Butler foi perseguida e agredida no aeroporto da cidade de São Paulo e teve uma imagem sua queimada diante do centro cultural onde iria proferir sua palestra (JB, 2017; CARTA CAPITAL, 2017).

O uso distorcido e falacioso da expressão "ideologia de gênero" passou a ser comum a partir de uma Conferência Episcopal da Igreja Católica ocorrida em 1998, em Lima, no Peru. O tema da referida conferência foi "A ideologia de gênero: seus perigos e alcances" (REVOREDO, 1998). Vale a pena ler um trecho no qual se verifica o tom de alerta inicial que será mais adiante usado para combater a categoria "gênero":

> Não é preciso pensar muito para perceber como essa posição é revolucionária e as consequências de negar que existe uma natureza dada a cada ser humano por seu capital genético. A diferença entre os sexos é diluída como algo convencionalmente atribuído pela sociedade, e todos podem "inventar" a si mesmos.
>
> Toda moralidade é deixada à decisão do indivíduo e a diferença entre o que é permitido e o que é proibido nesta matéria desaparece. As consequências religiosas também são óbvias. É desejável que o público em geral compreenda claramente o que tudo isso significa, pois os defensores dessa ideologia usam sistematicamente uma linguagem enganosa para se infiltrarem mais facilmente no meio ambiente, ao mesmo tempo em que habituam as pessoas a pensar como pensam. Este livreto pode ajudar muito no esclarecimento de

conceitos e na reivindicação de uma posição sobre essa ideologia. (REVOREDO, 1998, tradução minha)

O redator do texto, Monsenhor Oscar Alzamora Revoredo, entende o que está em jogo à luz de interesses religiosos que não são ocultados no texto, mas que não são totalmente declarados. Essa ambiguidade é importante para a conquista do leitor, que deve ficar inocente quanto ao subtexto e que, embora seja tratado com excessiva didática, ao mesmo tempo não deve se sentir um imbecil, apenas aceitando a visão da igreja como natural. Da perspectiva da igreja, sustenta-se uma espécie de monopólio epistemológico sobre o tema da sexualidade a partir da ideia de uma natureza sexual que o termo "gênero" vem questionar.

Gênero torna-se rapidamente, no texto do religioso, algo da ordem de uma ameaça. Em vez de se tratar gênero como uma questão de análise científica, a saber como uma "análise do ser", o texto parte para uma forma de falácia naturalista: aquela que deriva um "dever ser" a partir do "ser" e que define a ética a partir da ideia de natureza. No entanto, há ainda mais que isso. A falácia naturalista está ainda ligada à de correlação coincidente (*Cum hoc ergo propter hoc*). Desse modo, tem-se que sempre que se fala em gênero, alguém muda de gênero; ou sempre que alguém fala em gênero, se pretende ensinar alguém a mudar de gênero; ou seja, a conclusão falaciosa é que o termo "gênero", a categoria analisada e estudada ou simplesmente pronunciada, é que leva as pessoas a uma posição necessariamente "transexual", como se, pelo fato de estudar o tema, as pessoas passassem a atuar ou agir para mudar de sexo ou gênero ou para levar outrem a mudar de sexo ou gênero.

O que está em jogo é o regime de controle da linguagem/controle do corpo. O gesto da autoafirmação, dizer e contar a própria história, assume o mesmo lugar de sujeito que o herege e a "bruxa" tinham na Idade Média (HAIDU, 2003). Nesse contexto, estudar gênero, assim como estudar mulheres ou feminismo, bem como dizer-se feminista, torna-se uma ousadia e, no extremo, uma heresia pela qual a pessoa é demonizada e passa a ser tratada segundo o tratamento que se deve dar a um ser heterodenominado "bruxa". Ora, a formulação de uma não identidade como identidade é sempre uma estratégia política tanto para quem é nomeado quanto para quem nomeia (ADORNO, 2003). Contudo, nomear-se significa romper com o poder linguístico do patriarcado. Nomear-se torna-se um gesto de empoderamento. Aquele que nomeia é dono do poder simbólico sobre o outro na ordem do discurso. O que está em jogo é ainda, mais uma vez, o problema da autoridade – e do autoritarismo característico do patriarcado –, que implica a "autorização" para dizer o que ou "quem" alguém é. A disputa sobre gênero tem a ver com esse domínio epistemológico que determina a ontologia patriarcal. E esse aspecto – o ser de uma coisa que "é" – diz respeito a um problema mais que verbal: o modo pelo qual algo entra na ordem da linguagem e adquire existência no mundo humano movido pela máquina da linguagem.

O patriarcado é a máquina, o dispositivo, e o mecanismo que usa gênero e sexo como peças de sua engrenagem alucinada para produzir violência simbólica e física e, assim, dominação e poder. O feminismo vem mostrar que o funcionamento dessa máquina movida pelo "princípio de identidade masculino" e pela "política da identidade patriarcal" precisa ser freado. Nesse processo, a epistemologia feminista cumpre um papel fundamental e acaba por ser programática e pragmaticamente alvo do ódio orquestrado.

COLONIALISMO

O exemplo de Cristóvão Colombo ao invadir o território que veio a ser chamado de América ajuda a entender a política da linguagem colonizadora em analogia com a política da linguagem patriarcal entre as quais a continuidade é evidente. Colombo chamou de "índios" pessoas que ele encontrou em Guanahani (que Colombo invadiu e denominou de San Salvador), em 12 de outubro de 1492, lugar desconhecido dele e de seus compatriotas e que tampouco lhe interessava conhecer (TODOROV, 2003). Na postura de Colombo, é visível a negação do outro, negação que faz parte do caráter de dominação da nomeação enquanto princípio colonializante. A nomeação do outro está implicada na política da colonização própria à história das Américas enquanto espaço violentado pela colonização (FEDERICI, 2017).

Colombo tomava posse das terras que via por meio de atos de linguagem, organizando cerimônias como a que se deu em Guanahani: "Minha vontade", escreve Colombo já em sua primeira viagem, "era não passar por nenhuma ilha sem dela tomar posse". A atitude verbal é o que permite a ação da "posse" sobre Guanahani (COLÓN, 2006).[7] As palavras cerimoniais servem à legitimação da propriedade e acobertam o crime de apropriação indébita, para dizer o mínimo, do mesmo modo que os discursos cerimoniais de sedução romântica que fizeram sucesso do período do amor cortês ao romantismo acobertam violências sobre corpos femininos sob alegação de "conquista" (BLOCH, 1995).

Conquistar a terra e conquistar a mulher fazem parte da mesma retórica colonial/patriarcal (SHIVA, 2011; MERCHANT, 1990).[8] Não é de se espantar que discursos jurídicos de "legítima defesa da honra" e "crime passional" venham depois servir para acobertar crimes de feminicídio (TIBURI, 2010; ARRUDA; BRAIDE; NATIONS, 2014).[9] O destino das mulheres conquistadas ou das terras conquistadas é a sujeição ao homem e/ou a morte, ou seja, a eterna autoaniquilação e sujeição à normatividade estética e política do patriarcado ou a morte literal. A condenação à violência faz parte de uma cultura de condenação à

---

7 Conforme descreve em sua "Carta aos Reis", em 11 de outubro de 1492, Guanahani é a ilha que Colombo batiza como San Salvador.

8 A cultura antiecológica que nos trouxe à iminência de uma catástrofe planetária se relaciona diretamente com o ódio à natureza, às mulheres e à ciência moderna, bem como aos seus efeitos tardios, como a destrutiva "Revolução Verde", contra a qual feministas como Vandana Shiva vêm lutando há muito tempo.

9 Para muitas mulheres, em contextos de redes sociais e internet, a queima em fogueiras virtuais se tornou comum. No entanto, para muitas, a morte nas fogueiras infelizmente é mais do que simbólica. Não é por acaso que a "queima" de mulheres tenha se tornado uma prática constante em diversos territórios do mundo onde feminicídios acontecem.

morte que, embora continue contemporânea, remete ao mais arcaico (LORAUX, 1988). A relação entre o poder patriarcal e a violência que ele produz para se perpetuar desemboca em simbolismos e práticas de feminicídio, seja na literatura, no cinema ou na vida. A docilização e a submissão produzidas na matriz de subjetivação feminina têm relação direta com a morte, à qual as mulheres estão condenadas. A perseguição e a violência contra as mulheres são sustentadas pelo discurso misógino. Na cultura misógina própria ao patriarcado, sempre é mais fácil odiar mulheres do que homens, mesmo quando eles seriam muito mais odiáveis do que elas. Para docilizar as pessoas marcadas como mulheres, foi inventado o conceito de "feminino". O "feminino" é o termo usado para salvaguardar a negatividade que se deseja atribuir às mulheres no sistema patriarcal como uma coisa inofensiva.

Certamente, o que Todorov (2003) chamou de "furor nominativo" era parte da prepotência capitalista dos "conquistadores", assim como da dominação patriarcal, que visa dominar a terra como uma mulher usando o mecanismo da linguagem. Desenvolvi esse tema em outro trabalho, *Complexo de vira-lata: análise da humilhação brasileira* (2021), mas gostaria de apontar aqui que comparar o processo de produção epistemológica da colonização e do patriarcado nos faz ver que se trata de métodos e objetivos idênticos. A colonização é epistemológica e patriarcal, assim como o patriarcado é uma forma de colonização baseada em uma epistemologia da dominação. Ela se dá sobre pensamentos e corpos, sobre o espírito e a matéria, sobre a cultura e a natureza, e sobre as mulheres e os territórios. Tal comparação permite entender o papel da linguagem no que concerne às relações entre sexo, gênero e poder (e certamente raça, discapacidades e outras formas de opressão ideológica) que o feminismo vem perturbar.

JOGOS VORAZES DA LINGUAGEM

Por meio da comparação entre o gesto colonizador de Colombo e o gesto nuclear da linguagem misógina utilizada pelo patriarcado está posta a questão da política do sexo enquanto política da linguagem.

Podemos definir o "patriarcado" como uma ordem teórico-prática, como um regime epistemológico e afetivo amparado na linguagem. Nele, o machismo e a misoginia são um jogo de linguagem pelo qual se exerce um controle milimétrico das ideias, dos conceitos, dos textos e das palavras para o controle dos corpos. Todo o controle dos corpos passa tanto pela linguagem como pela língua (ANZALDUÁ, 2009). O patriarcado passa pela linguagem, que tem como estratégia e modo de ser justamente colonizar a linguagem. Ora, ao longo da história, as instituições que dominam a linguagem dominam o corpo.[10] A Igreja, a família, o Estado e o sistema econômico dominam os corpos pela linguagem e as linguagens pelo corpo. Podemos dizer que as "mulheres" e toda a população marcada e visada pelo capitalismo como objeto útil, descartável ou indesejável vivem lançadas em jogos de poder que são eles mesmos jogos de força e de violência. Além disso, os "jogos de linguagem" patriarcais/coloniais não são ingenuamente lúdicos: são "jogos vorazes" (*The hunger games*),[11] nos quais os corpos em jogo devem lutar por sua vida e sobreviver apenas se puderem escapar.

A atitude dos dominadores em todos os tempos usa a linguagem como meio da violência. Mulheres e pessoas estrangeiras à heteronormatividade, enquanto lei sobre corpos e afetividades, são violentadas simbólica e fisicamente com base no duplo gesto da heteronomeação. O "furor nominativo" de Colombo nos mostra um regime de pensamento,

---

10 É nesse sentido que, de Spinoza a Nietzsche, de Adorno a Foucault, encontramos diversas discussões sobre os enlaces entre poder e corpo. As teorias feministas (da filosofia à antropologia), contudo, dão ênfase aos tópicos de gênero e raça. No entanto, o que produzem é um desmascaramento do sistema que vem a ser combatido pelo próprio sistema, que perde ao ser desmascarado.

11 Obra original de Collins (2008); e filme *The hunger games* (2012), com direção de Gary Ross.

de emoção e de ação que se efetiva como "heteronomeação", em cuja base está o princípio de identidade masculinista: uma matriz subjetiva cujo principal ato é a marcação do outro com o objetivo de submetê--lo. Tal gesto linguístico aparece e reaparece mostrando seu caráter originário e constitutivo do patriarcado colonial ou da colonização patriarcal. Definições como "mulher", "homem", "macho", "fêmea", "hermafrodita", "sexo" e toda uma terminologia que escapa à criação feminina e feminista fazem parte do "furor nominativo" falocêntrico – ele mesmo um "jogo voraz" instaurado nas instituições e na vida cotidiana desde a percepção da linguagem como arma de guerra.

No regime patriarcal, não há palavra que se diga que não esteja a favor ou contra ele. Isso quer dizer que nenhuma palavra está isenta dos jogos de poder e violência nele estabelecidos. Ora, o patriarcado se constitui como uma equação: de um lado ficam os homens e o poder, e de outro, as mulheres (e demais corpos não masculinos) e a violência. As mulheres são lançadas na violência e afastadas do poder. Embora poder e violência estejam entrelaçados intimamente e a violência possa ser exercida sem palavras, o poder precisa muito mais delas.

Assim como há países que servem de laboratório do neoliberalismo, os corpos femininos sempre foram cobaias. Mulheres na posição de indesejáveis para o sistema – ou seja, quando não servem sexual, maternal, sensualmente, quando não produzem, não consomem e quando criticam a injustiça do sistema – são de algum modo eliminadas. Esse estado de coisas só será transformado se nos dirigirmos à produção de uma consciência feminista verdadeiramente radical. A consciência feminista não pode ser solipsista, universalista ou individualista como é a consciência patriarcal. Desse modo, proponho que estejamos atentas à intimidade entre diálogo e feminismo na superação dos jogos vorazes da linguagem patriarcal, bélica e devoradora.

CONTRA O HOMOLINGUISMO: O DIÁLOGO COMO METODOLOGIA FEMINISTA

Proponho tomar o diálogo como o operador feminista fundamental que permite estabelecer a ligação entre os diversos modos de pensar e fazer feministas preservando a singularidade das agentes, avançando na produção de novos elos e novas interações, e facilitando, assim, a ascensão do sujeito feminista como agente de práticas libertadoras e transformadoras. Contudo, o diálogo não é um elemento externo ao feminismo ou algo alheio que deveríamos introduzir no feminismo. Ao contrário, ele é uma potência do feminismo em todos os tempos de sua história e fundamental na teoria de algumas pensadoras. Por isso, ao falar do que venho chamando de "feminismo dialógico", é preciso entrar em contato com as camadas arqueológicas do feminismo, compreendendo que o próprio feminismo se constrói como um diálogo no tempo e no espaço, ou seja, na história e na geopolítica. O feminismo conecta uma pluralidade de mundos. Vamos buscar na arqueologia dessa questão alguns dos seus momentos importantes, que, a meu ver, se situam no processo pelo qual se funda o próprio conhecimento: a ética, a política, o saber e o diálogo.

Em um trecho chamado "A conversação" de seu livro *Metafísica da juventude*, Walter Benjamin (2002) nos ajuda a pensar nas potências do diálogo ao fazer a seguinte pergunta: "Como conversavam Safo e suas amigas?". Essa pergunta se constrói no contexto de um elogio do silêncio, algo que, na visão de Benjamin, as mulheres conheceriam muito melhor do que os homens. Não é possível entrar na complexidade do tema do silêncio nesse momento, mas gostaria de guardar apenas a oposição silêncio e diálogo que surge nessa pergunta. Enquanto os homens fazem a experiência da fala e dialogam, as mulheres fazem a experiência do silêncio. Contudo, o silêncio também é parte do diálogo. Enquanto um participante fala, o outro escuta, e essa é uma relação dialética. O que nos importa, no entanto, é o movimento que Benjamin realiza com sua pergunta. Esse texto de Benjamin nos serve de alegoria metodológica do que se produz em termos de um potencial e processual feminismo dialógico. Benjamin evoca Safo distante das conversas socrático-platônicas e desloca a atenção sobre o diálogo socrático para o desconhecido, complexo e misterioso diálogo entre as mulheres.

A reflexão de Benjamin nos levaria a outras questões, mas o que nos importa, agora, é a sua pergunta. Ela nos permite comparar dois mundos: o masculino "falogocêntrico" (DERRIDA, 1980), com seu domínio sobre a produção narrativa, e, por consequência, a vasta historiografia que lota bibliotecas e livrarias nas quais a biografia dos homens, seus cânones auto-honoríficos em literatura e filosofia e suas teorias constantemente misóginas são guardados como documentos de cultura. Parafraseando Benjamin, para quem "nunca houve um documento de cultura que não fosse também um documento de barbárie" (1994, p. 225), podemos dizer que todo documento de cultura é, ao mesmo tempo, um documento patriarcal. O patriarcado é análogo à barbárie.

O lugar do qual Benjamin parte é Platão e seu eterno personagem Sócrates. Para esses filósofos que, de fato, inauguram alguma coisa de muito importante em termos de filosofia, o diálogo é a forma filosófica por excelência, mas é também uma forma discursiva e literária. A filosofia ocidental se organiza principalmente a partir dessa forma textual, ela mesma um questionamento da textualidade e um apontamento para o que a transcende. Platão é o autor de uma formulação dialética fundamental: escrever para mostrar que é preciso ir além da escrita. O diálogo implica essa potência.

O diálogo é o pano de fundo de toda textualidade filosófica e literária das quais as mulheres sempre estiveram excluídas. É isso o que se pode ver em um diálogo como *O banquete* (PLATÃO, 2016), justamente na cena em que as mulheres devem se retirar para que a conversa filosófica tenha lugar. É verdade que Platão coloca na conta de Diotima, uma outra mulher, a autoria do conceito fundamental do diálogo, a saber, o amor. Mas, para compreender por que Diotima é autora de uma ideia tão importante, reconhecida por Sócrates, não se pode esquecer a simetria entre os dois modos de ser "mulher" no diálogo diante da "homossexualidade" como presença masculina em jogo na cena. O termo "homossexualidade" aqui não se refere apenas aos jogos amorosos ou sexuais que possa haver entre os participantes, todos homens, interessados no tema do "eros", que se traduz por amor, mas a uma "hegemonia" do sexo masculino que deve excluir os corpos femininos em sua presença física enquanto mantém uma presença metafísica, por assim dizer, ou idealizada: a de Diotima. Diotima não é uma flautista ou serviçal, ela é uma sacerdotisa e não está presente no local como estão as mulheres flautistas que devem se retirar.

Sócrates fala de Diotima por meio de uma memória e eliminando o problema de ter que bani-la da sala caso ela estivesse fisicamente presente. Não é difícil ver que o interesse de Platão está na alteridade idealizada e incorporal da sacerdotisa, e não nas mulheres corporais e presentes que devem ser afastadas. Diotima está além do espaço físico e sua própria condição a define como a imagem conceitual. Sua presença na cena a coloca como imagem de uma mediação para o conceito de Eros. Diotima é o "não presente" que é aceito por oposição àquelas que, estando presente, são banidas e que, se continuassem presentes, seriam tratadas como "intrusas". A presença dos corpos femininos é indesejável, e a permanência de uma mulher na esfera do não corporal, imaterial e ideal seria o desejável. O sentido de Diotima no diálogo tem mais a função de colocar em cena a diferença em relação aos corpos implicados na homossexualidade, seja ela uma prática ou uma construção simbólica de mundo e do que colocar positivamente algo como o "feminino" em cena. Nesse sentido, os limites do diálogo platônico são os limites dessa linguagem construída em um mundo ou sistema simbólico homossexual. O diálogo entre os homens tem algo de "monólogo" ou de "homogêneo". Platão sabe que a diferença precisa ser demarcada para que o homolinguismo seja superado, mas o personagem Sócrates não garante isso.

FILOSOFIA FEMINISTA

Para os fins deste capítulo, podemos agora trazer à cena os conceitos de dialogicidade e de polifonia e a "multiplicidade de vozes e consciências independentes" que encontramos em Bakhtin (2013). Eles nos ajudam a pensar o feminismo como uma antimonologia, ou seja, mais vale buscar no feminismo a multiplicidade de visões, de questões e, sobretudo, de singularidades que se expressam construindo seu campo de ação do que uma visão unitária – homossexual e homofônica, como vemos em Platão – sob a qual devem se encaixar os discursos, as teorias e as práticas feministas. A visão unitária remete a um padrão e a ideias de patamar e de "regra". O feminismo não é uma "regula" (HAIDU, 2003) sob a qual surge um "inferior" e a partir da qual surge o sujeito como um demônio incarnado. Ao contrário, o feminismo é um "aberto" diante da regula do patriarcado a ser superado.

Infelizmente, ainda é bastante desconhecido do público um livro de Christine de Pizan chamado A cidade das mulheres, publicado pela primeira vez em 1405 (CALADO, 2006). Podemos dizer que Christine é uma feminista, mesmo que esse termo ainda não existisse naquela época. Aliás, a própria Christine não é muito conhecida do grande público acostumado ao cânone patriarcal que define os textos a serem lidos e considerados importantes. Christine, que foi uma mulher emancipada econômica e intelectualmente e bastante diferente para seu tempo, elabora no livro citado um diálogo entre ela e algumas personagens, tendo como foco uma crítica da sociedade misógina. Naquela época, a consciência da misoginia foi o mesmo que a consciência do obscurantismo foi para o Iluminismo.

Em A cidade das mulheres, Christine construirá um diálogo muito criativo e rico no qual intercalará vozes de três figuras femininas que são personificações de virtudes: a senhora Razão, a senhora Retidão e a senhora Justiça, que se apresentam como aparições fantásticas. Não é um exagero dizer que o discurso dessas "mulheres", na forma de aparições mágicas, mostra as "virtudes" gerais que elas personificam como virtudes tipicamente feministas. O diálogo é uma apologia das mulheres: seja porque as personagens são apresentadas como imagens

464

de mulheres empoderadas como vozes potentes, seja por estarem em defesa de altos valores e na crítica daqueles que negam o valor das mulheres. Essa apologia se torna ainda mais radical quando essas vozes deixam claro que o projeto de construção de uma "cidade das mulheres" que elas têm em mente só poderá ser elaborado por uma mulher, que seria um ser capaz de um ato tão grandioso e, ao mesmo tempo, um ser tão modesto.

A cidade das mulheres é uma obra de crítica ao patriarcado e de crítica à misoginia. Christine visa mostrar seu estarrecimento diante do discurso dos homens, das contradições que eles cometem e dos seus erros em relação às mulheres, sem perder de vista o compromisso ético e político do seu projeto intelectual. Nesse sentido, podemos dizer que o diálogo de Christine não é apenas uma forma literária ou filosófica, mas que também está no cerne de um projeto a ser construído com a participação de outras mulheres.

Vou reconstituir brevemente os pontos do texto que podem ser úteis na fundamentação do feminismo dialógico que buscamos aqui.

Christine está em seu gabinete a estudar e lhe cai nas mãos um texto de um tal Mateolo que ela resolve ler para divertir-se. Logo desiste, pois o texto não merece muita dedicação. No entanto, ao ler as maldades e as bobagens de Mateolo, ela percebe que discursos como o dele são muito comuns em textos sérios, e começa a se perguntar sobre discursos imaginando que tais filósofos e pensadores incríveis devem ter razão acerca do que dizem sobre as mulheres. Christine está já pensando se Deus teria cometido um grande erro ao criar a mulher e está apavorada por ele a ter colocado em um corpo feminino. Então, a primeira aparição se faz ver.

O primeiro pronunciamento se dá no momento que Christine está duvidando de si mesma. A primeira mulher é a senhora Razão. Ela chama a atenção de Christine para sua própria consciência e sua capacidade de discernir o certo do errado e analisa a habitual misoginia (sem usar essa palavra) dos homens. A senhora Razão fará Christine

FILOSOFIA FEMINISTA

ver que a postura correta contra ofensas e injustiças não é a de se deixar levar pelos discursos carregados de más intenções dos homens. A difamação contra as mulheres é parte da história humana e depõe contra seus autores. As mulheres não se devem deixar atingir, afirma a dona da palavra. No momento da aparição, Christine está sendo atingida moral e intelectualmente pelo discurso misógino. Tomada por uma falácia de autoridade, afinal, são os grandes filósofos que dizem mal das mulheres, ela se questiona se ela mesma não estará errada. A senhora Razão segue a apresentar seus argumentos a Christine, que, segundo ela, precisa superar essa má influência que só a entristece. A aparição explica-lhe que está ali para ajudá-la e ajudar as mulheres diante de uma guerra sem defesa, na qual elas se veem desamparadas. É então que esta imagem de mulher lhe anuncia a construção de um edifício do qual Christine será a autora. Ela fala de uma cidade indestrutível, apesar de todos os ataques que ela vai sofrer. Além de tudo, ela nos diz que será uma cidade mais forte que o império das Amazonas.

A segunda mulher a falar-lhe é a Retidão, que lhe apresenta o apoio moral e ético e lhe fala da bondade, do bem comum, da defesa da verdade e do obstáculo aos perversos que ela vem a ser. A terceira é a Justiça, que explica como habita no céu, na terra, no inferno, e fala da complexidade de seu dever de dar a cada um o que lhe é devido. É a Justiça que lhe explica o trabalho conjunto que ela realiza com as companheiras: as virtudes da Razão e da Retidão. Sua tarefa, na cidade de Christine, é justamente concluir a cidade. Christine responde com uma típica autocrítica relativa a seus limites, mas aceita com alegria e coragem a proposta que lhe é feita.

A estrutura do texto é alegórica. As três aparições são personificações de virtudes e portam objetos: um espelho, um bastão e um cálice com seus significados próprios relacionados às virtudes. Na sequência, Christine vai conversando com as aparições, tirando suas dúvidas e obtendo respostas bastante desconstrutivas do patriarcado considerando a época e, sobretudo, quando percebemos que tais colocações ainda hoje têm validade cultural. Infelizmente, os tempos atuais guardam certas características insuperadas dos tempos passados. Os textos de Christine inscrevem-se na tradição dos *specula* e *exempla*, dedicando-se à defesa das mulheres como seres de direitos, como fazemos ainda hoje.

Na sequência do texto, Christine continua seu diálogo com as aparições levantando questões mais teóricas, e são apresentados vários exemplos de personagens femininas, todas consideradas importantes na construção da cidade das mulheres. Destaca-se um embate contra a misoginia, o puro preconceito contra as mulheres e uma defesa da educação para as mulheres. Christine é a primeira mulher a desconstruir de maneira sistemática a visão dos homens sobre esses seres marcados por preconceitos.

A posição de Christine e seus textos já colocam o feminismo, embora na fase histórica em que ele ainda não havia sido nomeado, como uma postura crítica e analítica que visa modificar condições sociais injustas produzidas a partir do operador de gênero. O método de Christine, tanto como forma quanto como impulso político do texto, foi o diálogo. Em Christine, o diálogo é uma forma, mas também uma busca por fundamentação. Com sua reflexão, ela mostra o papel político do texto para as mulheres e para a cultura que deseja superar o machismo, o sexismo e todas as opressões patriarcais.

FEMINISMO COMO FORMA DIALÓGICA

O feminismo continua carregando o mal-estar de sua origem e essa marca de uma anomalia original. Não há feminista que não seja vista com olhos feios, marcada pelos outros como uma pessoa degenerada e, dependendo do contexto, como uma figura que assume uma perspectiva monstruosa, a figura da mulher "desnaturada", contra a natureza. O horror que o feminismo causa é proporcional à sua força.

FILOSOFIA FEMINISTA

A potência de desmascaramento e desmontagem do patriarcado é o que ele carrega no seu simples nome.

O feminismo sempre foi uma fala inadequada porque ele é uma fala de mulheres de todas as formas e tipos, bem como de seres que escapam às heterodenominações do patriarcado. Essa é sua anomalia, sua monstruosidade e seu "mal" perante a língua patriarcal. Diante do discurso patriarcal, ele mesmo uma ideologia e um fundamentalismo, o feminismo é uma forma dialógica e uma nova episteme.

A história do feminismo é a história da luta contra a opressão epistemológica administrada pela misoginia enquanto prática astuciosa da razão patriarcal. A misoginia tem história e ela se confunde com a história da filosofia e da literatura. É a história de um discurso e de uma racionalidade. É a misoginia, ao mesmo tempo, que está na origem da palavra "feminismo". O embate do feminismo é também o de ressignificar corpos e palavras subjugados por uma ordem injusta que se sustenta pela produção de um discurso de violência. A astúcia é sempre uma forma deturpada da razão. No patriarcado, ela se expressa por meio da formulação linguística básica que é a misoginia. A misoginia é a própria astúcia da razão patriarcal.

Não existiria patriarcado sem misoginia. Sua astúcia consiste em escamotear a covardia inerente ao raciocínio machista que pensa que todos serão eternamente idiotas para não ver a verdade. É desse modo que se cria o termo "bruxa", que, tanto ontem como hoje, tem a mesma função e produz esse efeito de vilipêndio contra mulheres, contra feministas e contra quem possa perturbar a ordem da heterossexualidade compulsória.

Seja imaginária, simbólica ou física, a violência é o destino das mulheres e de todos os seres inadequados à heteronormatividade traçada pelo patriarcado. Nunca houve nada mais eficaz nos processos de subjugação, e, por isso, podemos dizer que não é apenas o poder que é um dispositivo, mas que a violência é um dispositivo quando se trata de mulheres. E, mais que isso, ela é um método que foi introjetado na forma de pensar e de sentir dos sujeitos envolvidos.

Contra o discurso patriarcal, o diálogo feminista é o caminho da libertação.

REFERÊNCIAS

ADORNO, Theodor W. *NEGATIVE DIALEKTIK* – Jargon der Eigentlichkeit: Gesammelte Schriften in 20 Bänden, Band 6: 1706. Frankfurt: Suhrkamp Verlag AG, 2003.

ADORNO, Theodor W.; HORKHEIMER, Max. *DIALÉTICA DO ESCLARECIMENTO*. Rio de Janeiro: Jorge Zahar, 1985.

ALCOFF, Linda. The problem of speaking for others. *CULTURAL CRITIQUE*, n. 20, p. 5-32, Winter 1991.

ANZALDUÁ, Gloria. Como domar uma língua selvagem. *CADERNO DE LETRAS DA UFF*, n. 39, p. 297-309, 2009.

ARAÚJO, Bárbara. "Enegrecer o feminismo": movimentos de mulheres negras no Brasil. *PORTAL GELEDÉS*, 6 mar. 2013. Disponível em: http://www.geledes.org.br/enegrecer-o--feminismo-movimentos-de-mulheres-negras-no-brasil/. Acesso em: 27 out. 2022.

ARRUDA, Cristiani Nobre de; BRAIDE, Andrea Stopglia Guedes; NATIONS, Marilyn. "Carne crua e torrada": a experiência do sofrimento de ser queimada em mulheres nor-destinas, Brasil. *CADERNOS DE SAÚDE PÚBLICA*, v. 30, n. 10, p. 2057-2067, 2014.

BAKHTIN, Mikhail. *PROBLEMAS DA POÉTICA DE DOSTOIÉVSKI*. Rio de Janeiro: Forense Universitária, 2013.

BEAUVOIR, Simone. *O SEGUNDO SEXO*. 2. ed. Rio de Janeiro: Nova Fronteira, 2009.

BENJAMIN, Walter. Sobre o conceito de história. *In*: BENJAMIN, Walter. *MAGIA E TÉCNICA, ARTE E POLÍTICA*: ensaios sobre literatura e história da cultura. São Paulo: Brasiliense, 1994.

BENJAMIN, Walter. *WALTER BENJAMIN*: selected writings, 1: 1913–1926. Cambridge: Harvard University Press, 2002.

BLOCH, Howard R. *MISOGINIA MEDIEVAL E A INVENÇÃO DO AMOR ROMÂNTICO OCIDENTAL*. Rio de Janeiro: Editora 34, 1995.

BUTLER, Judith. *PROBLEMAS DE GÊNERO*: feminismo e subversão da identidade. Rio de Janeiro: Civilização Brasileira, 2003.

CALADO, Luciana Eleonora de Freitas. *A CIDADE DAS DAMAS*: a construção da memória feminina no imaginário utópico de Christine de Pizan – estudo e tradução. 2006. Tese (Pós-Doutorado) – Centro de Artes e Comunicação da Universidade Federal de Pernambuco (CAC-UFPE), Recife, 2006.

CARNEIRO, Sueli. Enegrecer o feminismo: a situação da mulher negra na América Latina a partir de uma perspectiva de gênero. *NÚCLEO DE ESTUDOS AFRO-BRASILEIROS E INDÍGENA – NEABI*, 2020. Disponível em: https://www1.unicap.br/neabi/?page_id=137. Acesso em: 27 out. 2022.

CARTA CAPITAL. O ataque ao gênero emerge do medo das mudanças. *CARTA CAPITAL*, 6 nov. 2017. Disponível em: https://www.cartacapital.com.br/diversidade/judith-butler--o-ataque-ao-genero-emerge-do-medo-das-mudancas. Acesso em: 27 out. 2022.

COLLINS, Suzanne. *THE HUNGER GAMES*. New York: Scholastic, 2008.

COLÓN, Cristóbal. *RELACIONES Y CARTAS DE CRISTÓBAL COLÓN*. Alicante: Biblioteca Virtual Miguel de Cervantes; Madrid: Biblioteca Nacional, 2006.

DAVIS, Angela. *MULHERES, RAÇA E CLASSE*. São Paulo: Boitempo, 2016.

DERRIDA, Jacques. *LA CARTE POSTALE*: de Socrate à Freud et au-delà. Paris: Flammarion, 1980.

DÍAZ, Claudio. *VERMEER O LA MUJER, NATURALEZA MUERTA*. Málaga: Servicio de Publicaciones y Divulgación Científica de la Universidad de Málaga, 2001.

FEDERICI, Silvia. *CALIBÃ E A BRUXA*: mulheres, corpo e acumulação primitiva. São Paulo: Elefante, 2017.

FOUCAULT, Michel. *L'ORDRE DU DISCOURS*: leçon inaugurale au Collège de France prononcée le 2 décembre 1970. Paris: Gallimard, 1971.

FRAISSE, Geneviève. *MUSA DE LA RAZÓN*: la democracia excluyente y la diferencia de los sexos. Madrid: Alinéa, 1989.

HAIDU, Peter. *THE SUBJECT MEDIEVAL/MODERN*: text and governance in the Middle Ages. Stanford: Stanford University Press, 2003.

JORNAL DO BRASIL (JB). Filósofa americana Judith Butler é alvo de protestos no Aeroporto de Congonhas. *JORNAL DO BRASIL*, 10 nov. 2017. Disponível em: http://www.jb.com.br/pais/noticias/2017/11/10/filosofa-americana-judith-butler-e-alvo-de-protestos-no-aeroporto-de-congonhas/. Acesso em: 27 out. 2022.

LAURETIS, Teresa de. A tecnologia de gênero. *In*: HOLLANDA, Heloisa Buarque de (org.). *TENDÊNCIAS E IMPASSES*: o feminismo como crítica da cultura. Rio de Janeiro: Rocco, 1994.

LEVIT, Nancy. The "F" word: feminism and its detractors. *In*: LEVIT, Nancy. *THE GENDER LINE*: men, women, and the law. New York: NYU Press, 1998.

LORAUX, Nicole. *MANEIRAS TRÁGICAS DE MATAR UMA MULHER*: imaginário da Grécia Antiga. Rio de Janeiro: Jorge Zahar, 1988.

MERCHANT, Carolyne. *THE DEATH OF NATURE*: women, ecology and the scientific revolution. New York: Harper & Row, 1990.

PINTO, Joana Plaza. Performatividade radical: ato de fala ou ato de corpo. *REVISTA GÊNERO*, v. 3, n. 1, p. 101-110, 2002.

PLATÃO. *O BANQUETE*. São Paulo: Editora 34, 2016.

RANKE-HEINEMANN, Uta. *EUNUCOS PELO REINO DE DEUS*: mulheres, sexualidade e a Igreja Católica. Rio de Janeiro: Roda dos Tempos, 1996.

REIS, Toni; EGGERT, Edla. Ideologia de gênero: uma falácia construída sobre os planos de educação brasileiros. *EDUCAÇÃO & SOCIEDADE*, v. 38, n. 138, p. 9-26, 2017.

REVOREDO, Oscar Alzamora. La ideología de género: sus peligros y alcances. *ACI PRENSA*, 1998. Disponível em: https://www.aciprensa.com/controversias/genero.htm. Acesso em: 27 out. 2022.

RUBIN, Gayle. *POLÍTICAS DO SEXO*. São Paulo: Ubu, 2017.

SCHAFFER, Kay. Scare words: "feminism", postmodern consumer culture and the media. *CONTINUUM: JOURNAL OF MEDIA & CULTURAL STUDIES*, v. 12, n. 3, p. 321-334, 1998.

SCOTT, Joan W. Gênero: uma categoria útil de análise histórica. *EDUCAÇÃO & REALIDADE*, Porto Alegre, v. 20, n. 2, jul./dez. 1995.

SHIVA, Vandana. *MONOCULTURES OF THE MIND*: perspectives on biodiversity and biotechnology. New Delhi: Natraj Publishers, 2011.

SIGUSCH, Volkmar. The neosexual revolution. *ARCHIVES OF SEXUAL BEHAVIOR*, v. 27, p. 331-359, 1998.

SPIVAK, Gayatri. *PODE O SUBALTERNO FALAR?* Belo Horizonte: Editora UFMG, 2010.

THE HUNGER Games [Jogos vorazes]. Direção de Gary Ross. Estados Unidos: Lionsgate, 2012. (145 min.).

TIBURI, Marcia. *COMPLEXO DE VIRA-LATA*: análise da humilhação brasileira. Rio de Janeiro: Civilização Brasileira, 2021.

TIBURI, Marcia. *DELÍRIO DO PODER*: psicopoder e loucura coletiva na era da desinformação. Rio de Janeiro: Record, 2019.

TIBURI, Marcia. *FEMINISMO EM COMUM*: para todas, todes e todos. Rio de Janeiro: Rosa dos Tempos, 2018a.

TIBURI, Marcia. Ofélia morta – do discurso à imagem. *REVISTA ESTUDOS FEMINISTAS*, v. 18, n. 2, p. 301-318, maio/ago. 2010.

TIBURI, Marcia. The functionality of gender ideology in the brazilian political and economics context. *In*: FOLEY, Conor (ed.). *IN SPITE OF YOU*: Bolsonaro and the new Brazilian resistance. New York/London: OR Books, 2018b.

TODOROV, Tzvetan. *A CONQUISTA DA AMÉRICA*: a questão do outro. 3. ed. São Paulo: Martins Fontes, 2003.

SOBRE OS AUTORES

ANA CAROLINA DA COSTA E FONSECA tem bacharelado, mestrado e doutorado em filosofia pela Universidade Federal do Rio Grande do Sul (UFRGS), bacharelado em direito pela UFRGS e licenciatura em letras-português pelo Claretiano. É professora associada de filosofia na Universidade Federal de Ciências da Saúde de Porto Alegre (UFCSPA); organizadora das obras *Cinema, ética e saúde* e *Maternidade e solidão: relatos de professoras em tempos de pandemia*, que foi finalista do Prêmio AGES Livro do Ano 2021; coorganizadora da obra *Direitos humanos e saúde*; e autora de livros infantis.

CARLA RODRIGUES tem mestrado e doutorado em filosofia pela Pontifícia Universidade Católica do Rio de Janeiro (PUC-Rio). É professora de ética do Departamento de Filosofia da Universidade Federal do Rio de Janeiro (UFRJ), pesquisadora da linha gênero, raça e colonialidade no Programa de Pós-graduação em Filosofia da UFRJ e bolsista de produtividade do CNPq e da Faperj. Coordenadora do laboratório Filosofias do Tempo do Agora, integrante da Rede Brasileira de Mulheres Filósofas, da Rede de Pesquisa Lélia Gonzalez e da Rede Iberoamericana de Filosofia Política. É autora, entre outros, do livro *O luto entre clínica e política: Judith Butler para além do gênero.*

CAROLINE MARIM tem graduação e mestrado em filosofia pela Universidade Federal de Santa Catarina (UFSC) e doutorado também em filosofia pela Universidade Federal do Rio de Janeiro (UFRJ) e pela University of Oxford. Atualmente é professora substituta na Universidade Federal de Pernambuco (UFPE). Coordenadora do grupo de pesquisa Epistemologias, narrativas e políticas afetivas feministas, e coorganizadora da Coleção Pindorama de Estudos Decoloniais e de Gênero, com Susana de Castro.

DANIELA ROSENDO tem graduação em direito pela Universidade da Região de Joinville (Univille) e mestrado e doutorado em filosofia pela Universidade Federal de Santa Catarina (UFSC). Em 2022, finalizou um estágio pós-doutoral em filosofia na UFSC, em que aprofundou o desenvolvimento de um projeto ético-político ecofeminista. Com experiência em pesquisa, docência universitária e atuação nos movimentos sociais feminista, de libertação animal e de direitos humanos, dedica-se ao desenvolvimento da Quilting Educação & Filosofia Artesanal e integra redes e núcleos de diferentes universidades e instituições em âmbito nacional e regional. É autora de artigos e livros, entre eles *Sensível ao cuidado: uma perspectiva ética ecofeminista*.

FABIO A. G. OLIVEIRA possui graduação, mestrado e doutorado em filosofia pela Universidade Federal do Rio de Janeiro (UFRJ). Atualmente é professor de filosofia da educação da Universidade Federal Fluminense (UFF), atuando principalmente junto ao curso de licenciatura interdisciplinar em educação do campo. É membro permanente do Programa de Pós-graduação em Bioética, Ética Aplicada e Saúde Coletiva (PPGBIOS-UFF) e do Programa de Pós-graduação em Ensino (PPGEn-UFF). Coordena o Laboratório de Ética Ambiental e Animal (LEA) e integra o Instituto Latino-americano de Estudos Críticos Animais (Ileca). É coorganizador das obras *Ética animal: um novo tempo* e *Ecofeminismos: fundamentos teóricos e práxis interseccionais*.

SOBRE OS AUTORES

FELINI DE SOUZA é graduada em licenciatura em filosofia pela Universidade Federal de Santa Catarina (UFSC), mestre em filosofia pela UFSC e doutoranda em filosofia na área de ética e filosofia política também na UFSC. É professora de ensino médio e cursos preparatórios para vestibular. Foi bolsista de pesquisa da Capes no Observatório de Educação no Campo. Possui apresentações orais e publicações na área da educação, filosofia moderna e a moralidade de René Descartes.

GRAZIELA RINALDI DA ROSA é graduada em licenciatura em filosofia pela Universidade Federal de Pelotas (UFPel); especialista em metodologia de ensino pelas Faculdades Integradas de Taquara (FACCAT); mestra e doutora em educação pela Universidade do Vale do Rio dos Sinos (Unisinos). Realizou pós-doutorado sobre mulheres fontes do pensamento latino-americano pela Universidade de Santa Cruz do Sul (Unisc). É professora adjunta da Universidade Federal do Rio Grande (Furg), pesquisadora e militante feminista. Colaboradora do D'Generus (UFPel) e do Grupo de Pesquisa Sexualidade e Escola (Gese-Furg); integrante da Rede Brasileira de Mulheres Filósofas, do GT Filosofia e Gênero da Anpof, e do Grupo de Pesquisa Educação Popular, Metodologias Participativas e Estudos Descoloniais (Unisc); e coordenadora da linha de pesquisa relações de gênero e feminismos na educação (Gese-Furg). Publicou o livro *As relações de gênero na filosofia*, além de capítulos e artigos sobre mulheres filósofas, gênero e filosofia.

ILZE ZIRBEL é graduada em história pela Universidade Regional de Blumenau (Furb) e em teologia pela Escola Superior de Teologia da Igreja Evangélica de Confissão Luterana no Brasil (EST-IECLB), mestre em sociologia política e doutora em filosofia pela Universidade Federal de Santa Catarina (UFSC). Atualmente é professora do Complexo de Ensino Superior de Santa Catarina (Cesusc). É membro da Rede Brasileira de Mulheres Filósofas, do GT Filosofia e Gênero da Anpof e do Projeto Uma Filósofa por Mês, do Grupo de Estudos em Reflexão

Moral Interdisciplinar e Narratividade (Germina) da UFSC. Possui artigos e capítulos de livros publicados sobre filosofia feminista, que incluem discussões no campo da epistemologia, da ética e da política.

JANYNE SATTLER é graduada e mestra em filosofia pela Universidade Federal de Santa Catarina (UFSC) e doutora em filosofia pela Université du Québec à Montréal (UQAM). Docente do Departamento e do Programa de Pós-Graduação em Filosofia na UFSC. É membra do Instituto de Estudos de Gênero (UFSC), do GT Filosofia e Gênero da Anpof, e da Rede Brasileira de Mulheres Filósofas; e coordenadora do Projeto Uma Filósofa por Mês do Grupo Germina (UFSC). Possui artigos e capítulos de livros sobre filosofia e epistemologia feminista, filosofia e literatura, e diversos trabalhos sobre a filosofia de Ludwig Wittgenstein no campo da ética e da filosofia política.

MARIA ALICE DA SILVA é graduada em licenciatura em filosofia pela Universidade Federal de Santa Catarina (UFSC), mestra e doutora em ética e filosofia política pela UFSC. Fez seu estágio doutoral na Universidade de Santiago de Compostela, com supervisão do professor Oscar Horta. Pesquisadora vinculada aos grupos de pesquisa cadastrados no CNPq: Observatório de Justiça Ecológica (OJE), da UFSC, Laboratório de Ética Animal e Ambiental (Lea), da Universidade Federal Fluminense (UFF), e Ética Animal, da UFF. É autora do livro *Direitos animais: fundamentos éticos, políticos e jurídicos* e coorganizou a obra *Animalidades: fundamentos, aplicações e desafios contemporâneos.*

MARINA DOS SANTOS possui graduação, mestrado e doutorado em filosofia pela Universidade Federal do Rio Grande do Sul (UFRGS), concentrando seus estudos sobre a filosofia de Aristóteles. Tem experiência na área de filosofia antiga e atua como professora associada do Departamento de Filosofia da Universidade Federal de Santa Catarina (UFSC). Ligado ao tema feminista, publicou o artigo "Nota sobre a natureza da mulher na comunidade familiar e política segundo Platão, Aristóteles e Hegel".

MILENE CONSENSO TONETTO possui doutorado em filosofia pela Universidade Federal de Santa Catarina (UFSC). Realizou pós-doutorado na Oxford Uehiro Centre for Practical Ethics, na University of Oxford. Foi professora visitante na Michigan State University, em 2017. É professora associada do Departamento de Filosofia e do Programa de Pós-Graduação em Filosofia da UFSC. Autora do livro *Direitos humanos em Kant e Habermas*, coorganizadora de *Morality and life: kantian perspectives in bioethics* e editora associada da revista *ethic@ – An International Journal for Moral Philosophy.*

NAYARA BARROS DE SOUSA é graduada em direito pela Universidade Estadual do Piauí (Uespi), mestre em filosofia pela Universidade Federal do Piauí (UFPI) e doutora em filosofia pela Universidade Federal de Santa Catarina (UFSC). É poeta e pesquisadora nas áreas de feminismo, democracia, teoria crítica e neopragmatismo.

PRÍSCILA TEIXEIRA DE CARVALHO é graduada em licenciatura em filosofia pela Universidade do Estado do Rio de Janeiro (Uerj), mestre e doutora em filosofia pela Universidade Federal do Rio de Janeiro (UFRJ). Professora visitante de filosofia na Universidade Federal da Integração Latino-Americana (Unila). Membro do Laboratório Antígona de Filosofia e Gênero, do GT de Filosofia da Anpof, e do Núcleo de Estudos em Ética e Filosofia Política (Neéfipo) da Unila/CNPq.

SUZANA GUERRA ALBORNOZ é graduada em ciências sociais pela Pontifícia Universidade Católica do Rio Grande do Sul (PUCRS), mestre em filosofia pela Universidade Federal do Rio Grande do Sul (UFRGS) e doutora em filosofia pela Universidade Federal de Minas Gerais (UFMG). Fez estudos de história e filosofia política na École des hautes études en sciences sociales (Ehess), de 1986 a 1990. Lecionou na Universidade Federal do Rio Grande (Furg) e na Universidade de Santa Cruz do Sul (Unisc). Entre outros ensaios, publicou *O que é trabalho*; *Política e vocação brasileira*; *Ética e utopia*; *O enigma da esperança*; e *As mulheres e a mudança nos costumes*; além de livros de ficção, como *Maria Wilker* (Prêmio Cruz e Sousa de Romance) e *Contos encantados*.

TÂNIA A. KUHNEN é doutora em filosofia pela Universidade Federal de Santa Catarina (UFSC). Professora adjunta da Universidade Federal do Oeste da Bahia (Ufob) e docente do Programa de Pós-Graduação em Ciências Humanas e Sociais da Ufob. Possui artigos e capítulos de livros publicados sobre problemas do campo da filosofia moral, como fundamentos da ação moral, limites da comunidade moral, ética animal, bioética médica e ambiental e filosofia feminista. Coordena o Marginais: Grupo Interdisciplinar de Pesquisa sobre Minorias e Exclusões, e integra a Rede Brasileira de Mulheres Filósofas. Coorganizadora da obra *Ecofeminismos: fundamentos teóricos e práxis interseccionais* e autora de *Ética do cuidado: diálogos necessários para a igualdade de gênero*.